ESSAI

sur le

GÉNIE DANS L'ART

AUTRES OUVRAGES DE M. GABRIEL SÉAILLES

Léonard de Vinci : *l'artiste et le savant*. Essai de biographie psychologique (Perrin et Cie, éditeurs).

Ernest Renan. Essai de biographie psychologique (Perrin et Cie, éditeurs).

Histoire de la Philosophie : les Problèmes et les Écoles, par PAUL JANET et GABRIEL SÉAILLES (Charles Delagrave, éditeur).

LIBRAIRIE FÉLIX ALCAN

AUTRES OUVRAGES D'ESTHÉTIQUE
(BIBLIOTHÈQUE DE PHILOSOPHIE CONTEMPORAINE)

ARRÉAT. **Psychologie du peintre.** 1 vol. in-8 . . . . 5 fr. »
— **Mémoire et imagination** (Peintres, Musiciens, Poètes, Orateurs). 1895.
1 vol. in-12. . . . . 2 fr. 50
FIERENS-GEVAERT. **Essai sur l'art contemporain.** 1897. 1 volume
in-12. . . . . 2 fr. 50
GUYAU. **Les Problèmes de l'esthétique contemporaine.** 1 vol. in-8 5 fr. »
— **L'Art au point de vue sociologique.** 1 vol. in-8. . . . . . 7 fr. 50
A. FOUILLÉE, de l'Institut. **La Morale, l'Art, la Religion, d'après Guyau.**
2e édit. 1 vol. in-8. . . . . 3 fr. 75
LAUGEL (Auguste). **L'Optique et les Arts.** 1 vol. in-12. . . . 2 fr. 50
LÉVÈQUE (Charles), de l'Institut. **Le Spiritualisme dans l'art.** 1 volume
in-12. . . . . 2 fr. 50
PILO (Mario), prof. au lycée de Bellune. **La Psychologie du Beau et de
l'Art.** 1 vol. in-12. . . . . 2 fr. 50
SAISSET (Émile), de l'Institut. **L'Ame et la Vie,** suivi d'un *Examen critique de l'Esthétique française.* 1 vol. in-12. . . . . 2 fr. 50
SOURIAU (Paul), professeur à la Faculté des lettres de Nancy. **L'Esthétique du mouvement.** 1 vol. in-8. . . . . 5 fr. »
— **La suggestion dans l'art.** 1 vol. in-8. . . . . 5 fr. »
TAINE (H.), de l'Académie française. **Philosophie de l'art dans les
Pays-Bas.** 2e édit. 1 vol. in-12. . . . . 2 fr. 50

ESSAI

SUR LE

GÉNIE DANS L'ART

PAR

GABRIEL SÉAILLES

Directeur des conférences de philosophie à la Faculté des lettres
de l'Université de Paris

DEUXIÈME ÉDITION

PARIS

ANCIENNE LIBRAIRIE GERMER BAILLIÈRE ET Cie
FÉLIX ALCAN, ÉDITEUR
108, BOULEVARD SAINT-GERMAIN 108

1897

Tous droits réservés.

A

M. FÉLIX RAVAISSON

MEMBRE DE L'ACADÉMIE DES INSCRIPTIONS ET BELLES-LETTRES
ET DE L'ACADÉMIE DES SCIENCES MORALES

Hommage de reconnaissance et de profond respect.

G. S.

INTRODUCTION

Sommaire. — Le génie n'est pas un monstre. — Il n'est jamais qu'une différence de degré et non une différence de nature. — La pensée continue la vie, on peut la définir aussi justement que la vie du corps une « création ». — Pour comprendre le génie, il faut étudier cette puissance créatrice à tous ses degrés et sous toutes ses formes. — Distinction de la science et de l'art. — Une loi fondamentale de l'esprit : la tendance à organiser tout ce qui pénètre en lui; la renaissance de la sensation dans l'image; le rapport intime de l'image au mouvement qui la réalise : tels sont les éléments de l'explication du génie. — Utilité de l'étude du génie pour l'esthétique.

Il semble que la beauté veuille être aimée silencieusement et d'un peu loin, qu'elle ne se révèle qu'aux âmes naïves qui vont vers elle, sans lui demander la raison du charme mystérieux qui les attire, et que, dès qu'un œil hardi ou une main brutale se portent sur elle, elle s'évanouisse, ne laissant à l'analyse qu'un corps inanimé. Et cependant l'homme n'aime pas seulement la beauté, il la crée : c'est donc qu'elle est en lui, qu'elle est lui peut-être. Pourquoi ne pas chercher à la saisir au moment où elle naît? Le génie, c'est la beauté vivante dans ses lois, devenue puissance : une puissance réglée, capricieuse et féconde, capable de toutes les métamorphoses. Au lieu de nous tourner vers le dehors, d'interroger la nature, qui se prête à toutes les réponses et dont l'indifférence pour le beau n'est peut-être corrigée que par un hasard heureux, étudions le génie, regardons la beauté se faire, cherchons à surprendre avec ses éléments le secret de leurs combinaisons.

Mais le génie n'est-il pas lui-même un mystère? Comment analyser le génie qui s'ignore lui-même, qui dans l'inspiration crée des œuvres dont l'artiste de sang-froid s'étonne? Le poète n'est-il pas l'écho d'une voix divine que seul il entend aux heures privilégiées? Nous ne croyons plus aux miracles. Dans la nature, tout a ses lois : l'esprit comme les choses. La fièvre se représente, se raconte dans des courbes régulières dans leur irrégularité même. Si l'inspiration est une fièvre, elle doit avoir ses lois exprimées dans ses œuvres. Le génie, quoi qu'on dise, n'est pas un monstre. Si nous le comprenons, c'est qu'il a quelque chose de commun avec nous; s'il nous charme, c'est que ses créations répondent aux lois de notre esprit. Il n'est un problème aussi redoutable que parce qu'il est un problème mal posé. Il n'est inaccessible que parce que les regards fixés à son sommet ne voient plus ce qui élève jusqu'à lui.

Le génie est humain, il est une différence de degré, non une différence de nature. C'est une vérité aujourd'hui reconnue par tous les psychologues que l'esprit n'est pas un réceptacle vide de tout contenu, qu'il intervient dans la connaissance, qu'il a ses habitudes, ses instincts, qu'il s'empare des choses et ne les connaît qu'en les soumettant à ses lois. La pensée continue la vie, elle tend à s'assimiler, à organiser tout ce qui pénètre en elle; on peut la définir aussi justement que la vie du corps « une création ». Pour comprendre le génie, il faut étudier cette puissance créatrice à tous ses degrés, sous toutes ses formes, marquer son rôle dans les divers actes de l'intelligence, son intervention dans l'étude de la nature ; montrer enfin comment l'image lui permet de s'affranchir, de s'exprimer librement dans une matière qui ne lui résiste plus.

L'intuition sensible, qui donne l'élément de la connaissance, n'est-elle pas le premier acte de l'esprit qui s'organise? La perception n'est-elle pas une combinaison plus complexe, une forme supérieure, dont la sensation serait la matière? Avant d'être une froide analyse, la vérité n'est-elle pas comme une beauté vivante dans l'esprit de celui qui la découvre? L'induction, l'hypothèse et l'analogie, tous les procédés de la recherche scientifique ne sont-ils pas fécondés par le travail de cette activité spontanée qu'un mouvement naturel entraîne vers l'harmonie? L'effort constant de l'esprit pour se constituer, pour former de ses idées un tout en accord avec lui-même, n'est-il pas enfin la révélation la plus claire de ce génie, plus ou moins présent à toutes les démarches de l'intelligence? Cette étude achevée nous montrerait dans la pensée la vie, au delà de la réflexion la spontanéité, les tendances primitives, au principe de tout la loi d'organisation, d'où dérive toute la fécondité spirituelle.

Mais les phénomènes, matière indocile, ne se plient pas aux exigences de l'esprit, ils le troublent, ils font passer en lui leurs contradictions. La vie incomplète ne se maintient que par un effort. Pour que le génie pût se manifester librement, il faudrait une matière qui ne se distinguât plus de l'esprit. La vie intérieure des images permet la création de ce monde tout spirituel où, la matière même étant idéale, l'esprit est tout-puissant. Les éléments intérieurs tendent d'eux-mêmes à s'organiser sous l'action d'une idée maîtresse, d'un sentiment impérieux; c'est déjà la conception de l'œuvre d'art. Le rapport de l'image au mouvement relie l'œuvre conçue à l'œuvre exécutée. Une loi fondamentale, qui rattache la pensée à la vie : la tendance à organiser, à ramener le divers à l'un, et à varier l'unité en groupant autour d'elle les éléments qu'elle peut ordonner ; la renaissance de la sensation dans l'image; le rapport intime de l'image au mouvement qui la réalise : il ne faut rien de plus pour expliquer le génie. L'art est la conséquence nécessaire de la vie des images dans l'esprit.

Loin d'être un miracle, qui rompe brusquement la continuité des choses, le génie est peut-être le fait le plus général de la vie intérieure. Le plus souvent, il est vrai, le mouvement vital, qui prépare l'œuvre synthétique du génie, se fait hors de la conscience. Mais la conscience, en limitant son propre domaine, nous révèle indirectement ce qui se fait en nous et par nous, sans qu'elle intervienne. Les découvertes imprévues, les idées soudaines, les surprises heureuses l'avertissent qu'elle n'est pas toute la pensée, que le plus souvent elle recueille les fruits d'un travail vital qu'elle prépare, mais auquel elle ne saurait suppléer. L'observation extérieure et l'analyse critique des œuvres de l'art achèvent de déterminer par tout ce que la réflexion y découvre après coup la part qui revient à la nature, à la spontanéité vivante dans l'œuvre du génie. L'emploi simultané des deux méthodes (subjective et objective), la comparaison de leurs résultats, montre l'union et les rapports de la nature et de la réflexion dans leur travail simultané.

L'étude du génie nous met d'abord en garde contre les formules inflexibles. Partir d'une définition absolue de la beauté, c'est s'exposer à l'oubli de tous les faits qui la contredisent. L'esthétique ne doit pas être la théorie d'une école ni d'un art; elle doit trouver de la beauté une définition mobile, largement ouverte, qui se prête à des formes nouvelles. En voyant le beau se faire, nous apprenons à le connaître dans ses lois; en le saisissant dans la puissance mobile et féconde, qui en varie sans cesse les formes, nous évitons de faire la théorie de nos préférences et d'ériger nos goûts en lois nécessaires. Si la beauté dépend du génie, nous ne sommes plus tentés d'emprisonner le génie dans une définition arbitraire de la beauté.

La beauté définie par l'esprit, par le jeu libre et harmonieux de ses facultés en accord, par la plénitude de la vie spirituelle, nous comprenons la sympathie qu'elle inspire. Elle est nous comme nous sommes elle; mais elle nous achève, et l'amour naît spontanément en sa présence de la joie de se sentir vivre d'une vie plus complète et plus intense.

Il semble du moins que le génie nous enferme dans le monde de l'art! Le beau a-t-il une réalité en dehors de nous? Dans la nature, n'est-il pas créé par un accord fortuit entre l'esprit et les choses? Nous ne sommes jamais assurés des intentions de la nature. Est-il vrai qu'une inquiétude secrète la tourmente et l'agite, que nous devions nous confier à la sympathie qui nous porte à lui prêter quelque chose de nos désirs et de nos sentiments? N'est-elle pas plutôt la créatrice aveugle, indifférente, qui ne réussit qu'à force de multiplier les combinaisons, et ne crée le durable qu'à force de détruire l'éphémère!

On ne sort pas de soi, on ne devient pas la conscience d'un être étranger à soi. S'il fallait sortir de l'esprit pour entrer dans la nature, elle nous serait à jamais fermée. Ce n'est qu'en nous étudiant nous-mêmes que nous pouvons oser quelques conjectures sur la vie universelle. Le monde est ma représentation, ses phénomènes sont mes idées, il n'existe pour moi que par ma pensée, dont il doit prendre la forme. Il y a dans cette condition même de toute connaissance un premier trait d'union entre l'esprit et les choses. Si de plus l'intelligence continue la vie, si la spontanéité inconsciente prépare des œuvres qu'éclaire soudain la conscience, si le génie nous montre ainsi le passage incessant et insensible de la nature à l'esprit et de l'esprit à la nature, peut-être n'est-il pas impossible, en suivant les analogies auxquelles nous invite la continuité des choses, de rejoindre le sujet et l'objet, la beauté qui se crée en nous à la beauté que semble réaliser l'univers sensible.

ESSAI

SUR LE

GÉNIE DANS L'ART

CHAPITRE PREMIER

DU GÉNIE DANS L'INTELLIGENCE

L'esprit continue la vie; sans que la conscience intervienne, par une sorte de mouvement vital, ses idées tendent à s'organiser. — Il travaille spontanément pour la beauté en luttant pour la vie.

I. *Le génie dans la connaissance sensible.* — La sensation est composée de sensations élémentaires, celles-ci de mouvements en nombre indéfini (ondes aériennes, vibrations de l'éther). — Perception de l'étendue, de la forme. — Sans le travail spontané de l'esprit, chaque sens donnerait un monde irréductible. — Comment les sensations des divers sens sont combinées dans la notion de l'objet. — Comment la synthèse du monde sensible s'achève par l'éducation de la vue, qui permet de l'embrasser comme d'un regard. — Les sensations ne sont pas seulement associées, mais organisées.

II. *Le génie dans la connaissance scientifique.* — L'esprit s'organise en organisant les choses qui pour lui ne sont pas distinctes de ses idées. — Le travail de l'intelligence est une forme de la lutte pour la vie. — Formation des idées générales. — Analyse et synthèse. — La classification ordonne les genres comme les genres les individus; des caractères dominateurs. — Progrès du génie intérieur qui spontanément s'élève à la fois vers l'ordre et vers la vie. — Recherche des lois, de l'ordre dans la succession des faits. — Il n'y a pas de règle pour découvrir. — La formation des hypothèses est un acte spontané, vital. — La vérité se crée en nous par le libre jeu des idées qu'organise un acte synthétique. — L'analogie, étendant les genres, étend les lois. — Rôle de la volonté et de la réflexion; elles ne sont pas fécondes par elles-mêmes. — C'est la vie devenue le génie inconscient, spontané, en effort vers l'harmonie, qui fait la fécondité de l'esprit. — La science n'est-elle pas une analyse? ne tend-elle pas à prendre la forme déductive? à tout réduire à quelques principes abstraits? à supprimer l'harmonie en l'expliquant? — Tant qu'il y aura des vérités à découvrir, le génie aura occasion de s'exercer. — La science achevée, devenue déductive, le travail de l'esprit obéirait aux mêmes lois, révélerait les mêmes tendances. — Dans le monde donné, l'esprit cherche les éléments simples, parce qu'il a la diversité et que, aspirant à l'harmonie, il doit découvrir l'unité; si l'esprit avait les éléments simples, le génie synthétique serait plus que jamais nécessaire, puisque le problème serait de faire sortir de cette pauvreté élémentaire la riche diversité des choses. — Les sciences mathématiques montrent ce que deviendrait la science de la nature en prenant la forme déductive. — Dans les mathématiques, nous créons les éléments de la science, leurs combinaisons. — Comment se pose le problème? comment il est résolu? — La science, c'est la vie; elle naît et se développe quand les idées s'organisent; elle atteste à tous ses degrés l'action spontanée, inconsciente d'un génie épris d'ordre.

III. *Le génie dans les hypothèses rationnelles.* — La science faite, l'esprit n'a pas la plénitude de l'existence. — Dans son œuvre même, il trouve des raisons de douter de lui-même en doutant de la réalité de l'ordre. — L'esprit ne peut se donner vraiment l'existence qu'en rattachant les lois des choses à ses propres lois. — Tout est intelligible. — Telle est l'affirmation que pose implicitement l'esprit par cela seul qu'il est et qu'il veut être. — Loi des causes efficientes. — Son insuffisance. — La vie est une unité riche et mouvante, qui se multiplie par la diversité des actes qu'elle coordonne. — L'unité dans la diversité, c'est l'harmonie. — Donner la vie à la pensée, c'est donner la beauté au monde. — Loi des causes finales. — Réalité du mal. — L'optimisme est en dehors des faits, le pessimisme est en dehors de la raison. — Réaction de la vie contre les désordres qui l'amoindrissent. — L'idée du progrès. — Même problème et même solution dans l'ordre pratique. — Le devoir. — On ne démontre pas l'intelligible, on l'affirme. — Le devoir est une forme de cette affirmation.

IV. *Le génie dans la création du moi.* — Le génie, c'est la vie, l'effort spontané vers l'être. — Avec la réflexion naît le doute. — On ne prouve pas que tout est intelligible, mais l'esprit n'existe réellement, entièrement que par cette croyance. — La question dernière. — Être ou ne pas être. — On dit : le moi est la collection de ses états intérieurs. — Mais ces états représentent le monde et nos propres actes; ils sont des éléments qui ne constituent la vie spirituelle qu'ordonnés dans l'unité de la conscience. — L'esprit se donne l'être en créant l'harmonie. — Des défaites sont possibles. — Douleur. — Désordre moral. — Folie. — Ainsi, penser, c'est vivre. — La logique se subordonne à la vie, la réflexion à la spontanéité. — L'esprit de système est un besoin vital. — Valeur relative de l'erreur; elle consiste à créer des organismes non viables. — La certitude est une forme de cet effort vers l'être. — Cela est vrai, parce que je ne puis nier cette vérité sans m'anéantir moi-même. — Le postulat, c'est la vie. — La réflexion reconnaît l'existence du mal; mais, sous l'impulsion du génie, elle fait rentrer le désordre dans l'ordre. — La certitude s'achève ainsi par l'espérance. — Vivre, c'est affirmer. — L'action supprime le doute.

Le génie, au sens le plus étendu du mot, c'est la fécondité de l'esprit, c'est la puissance d'organiser des idées, des images ou des signes, spontanément, sans employer les procédés lents de la pensée réfléchie, les démarches successives du raisonnement discursif. Si l'on ne saisit pas le rapport qui l'unit à la pensée, c'est qu'on imagine qu'il s'ajoute à l'esprit comme une grâce d'en haut, et qu'il apparaît et disparaît soudainement, selon les caprices d'une puissance surnaturelle. Il n'en est rien. L'esprit n'est pas un miroir que la nature, suspendant son action et sa fécondité, se présente à elle-même pour regarder ses œuvres antérieures : en lui agit la puissance qui organise le monde et crée le corps vivant. Il ne reçoit pas ses connaissances, il se les donne; il ne les subit pas, il les crée. Toujours il agit, et le plus souvent spontanément, sans que la conscience soit informée de ce travail, si ce n'est par les fruits qu'elle en recueille.

Une même loi dirige toutes ses démarches, une même tendance est présente à tous ses actes : la multiplicité des idées le disperserait; par cela même qu'il vit, il les ordonne. Il n'est que parce qu'il met l'unité dans les choses; il ne peut s'organiser qu'en organisant le monde, et d'un mouvement naturel il va vers l'harmonie, qui seule lui permet l'existence. De la pluralité des impressions il fait l'unité de la sensation; de la pluralité des sensations, l'unité de l'objet; de la pluralité des objets dans l'espace, il compose le spectacle de l'univers visible; et cela sans intervention de la conscience réfléchie, par un travail que tout homme accomplit si spontanément que volontiers il le nie. Cette harmonie tout extérieure ne suffit pas à le satisfaire, il veut en saisir les raisons secrètes, et il cherche ses raisons dans les rapports qui unissent les êtres entre eux, dans les lois générales qui résument et expliquent les faits particuliers. De ces lois générales, il tend vers l'unité plus vaste encore des principes universels et nécessaires qui embrassent tout ce qui est, et il s'efforce de se comprendre lui-même et ses actes dans l'univers harmonieux, qu'il crée pour se créer lui-même.

S'il en est ainsi, si l'esprit agit spontanément pour l'ordre, et si ses actes dépassent sans cesse la conscience, l'inspiration, sans perdre son caractère mystérieux, est l'état naturel et normal de l'esprit, elle est la vertu propre de la pensée. Si l'esprit travaille pour l'harmonie, si c'est la condition même de son existence que d'organiser le monde et ses idées, à vrai dire il travaille pour la beauté, en luttant pour la vie. L'art et la science sont des formes de la vie; ils ont une même origine : les tendances spontanées de l'esprit, les lois de son être et de son action. Le génie artistique n'est plus un monstre ni un miracle; il est l'esprit même. Les hommes qui le possèdent ne sont que les hommes en qui l'humanité est à son apogée, ce qui explique à la fois l'admiration qu'ils inspirent et l'intelligence universelle de leurs œuvres. Suivons donc ce travail spontané de l'esprit, étudions son rôle à tous les degrés de la connaissance, et préparons-nous ainsi à éviter les surprises décourageantes quand nous aurons à le contempler dans la liberté de son action créatrice.

I

L'activité intellectuelle semble ne pas intervenir dans la connaissance des corps : nous n'avons ni la conscience d'un effort actuel, ni le souvenir d'un effort passé. Dès que les yeux s'ouvrent, il faut voir la lumière. La sensation s'impose, on la subit, et les philosophes qui veulent réduire l'esprit à l'inertie se contentent de ramener toutes ses idées, tous ses jugements à des complications progressives de cet élément primitif. Est-il vrai que dans la perception extérieure tout se fasse sans nous? Son œuvre achevée, l'artiste s'étonne lui-même de ce qu'il a fait en le comparant à ce qu'il a voulu; n'en est-il pas de même de l'esprit? ne compose-t-il pas le spectacle du monde dans une sorte d'inspiration, en obéissant spontanément à ses propres lois? et n'est-il pas possible en faisant, si j'ose dire, la critique de cette œuvre d'art, de retrouver par l'analyse les éléments divers qui se sont unis harmonieusement en elle?

La sensation paraît simple, irréductible; elle ne l'est pas; elle est composée d'abord de sensations élémentaires. Dans un son musical très grave, les sensations élémentaires, bien que s'unissant en un tout continu, peuvent être perçues distinctement. On peut décomposer une sensation de son qui dure une seconde en mille sensations qui durent chacune un millième de seconde et sont toutes perceptibles, et chacune de celles-ci en deux vibrations successives qui n'arrivent plus jusqu'à la conscience. Dans chaque couleur prismatique perçue sont présentes et diversement combinées les trois sensations élémentaires du rouge, du vert et du violet : quand les trois sensations sont excitées avec une force égale, nous avons la sensation de blancheur; quand le rouge domine et que les deux autres sensations sont excitées faiblement, nous avons la sensation du rouge spectral, et toutes les couleurs, toutes les nuances résultent ainsi des combinaisons variées de ces trois éléments.

Si nous considérons non plus nos événements intérieurs, mais les phénomènes qui leur répondent en dehors de nous, les vibrations de l'air ou de l'éther, c'est alors surtout que nous sommes surpris de tout ce qui s'unit, de tout ce qui se résume et se concentre dans une sensation. Les vibrations de l'éther, auxquelles répond l'impression lumineuse, sont en nombre prodigieux; dans le rouge, qui est constitué par les ondes les plus lentes et les plus longues, on en calcule des centaines de millions [1]. La vie mentale commence à peine, et voilà assez d'éléments pour occuper l'esprit à un calcul stérile, pour le disperser et l'anéantir, s'il ne concentrait spontanément toute cette multitude dans l'unité de la sensation;

---

1. Voyez *De l'intelligence*, par H. Taine, t. Ier, Les sensations de l'ouïe et de la vue.

Le travail de l'esprit est aussi spontané dans la perception de l'étendue, mais on voit plus clairement sa nécessité. La couleur n'est d'abord qu'une modification interne, un changement d'état qui survient en nous et se caractérise par son intensité. Comment donc percevons-nous par la vue l'étendue à deux dimensions? L'œil ne saisit distinctement qu'un point à la fois, mais il se meut sur lui-même de droite à gauche, de gauche à droite, de bas en haut, de haut en bas, et en se mouvant ainsi il parcourt tour à tour les divers points d'une surface : il reste à constituer de ces points l'étendue même, à les unir, à les relier, à mettre la continuité dans les impressions successives et à composer de leur multiplicité l'unité de la perception. Supposez l'impression réduite à elle-même, tout s'efface, tout s'évanouit : l'objet agit, l'esprit ne réagit pas; il n'unit plus en une perception ses changements successifs; il commence sans cesse une œuvre qu'il n'achève jamais.

L'œil fixé dans l'orbite, où il se meut sur lui-même, ne peut saisir que la ligne, la surface et leurs rapports; c'est en allant d'avant en arrière, c'est en se mouvant en tout sens, qu'on perçoit avec la profondeur la forme, la distance et la grandeur. N'est-ce pas dire déjà qu'il faut faire l'étendue à trois dimensions pour la percevoir? A la contraction d'un muscle répond une sensation originale; cette sensation varie selon le nombre des muscles mis en jeu, selon l'amplitude et la vitesse du mouvement. Si elle se continue librement, nous avons la sensation de l'étendue vide; si elle s'interrompt brusquement, sans intervention de notre part, nous avons la sensation de résistance; si la résistance tout à coup cesse, nous avons l'idée de limite. Avec l'étendue, la résistance et la limite, nous pouvons construire les formes et les grandeurs[1]; mais les sensations musculaires, étant successives, doivent

---

[1]. Voyez les analyses des psychologues anglais, Stuart Mill, Bain, Herbert Spencer, et M. Taine, *De l'intelligence*, t. II, ch. 1er.

être reliées entre elles, unies, coordonnées. Ce n'est pas tout : il faut tenir compte de la durée du mouvement et de sa vitesse, établir un rapport entre ces deux termes, qui varient selon les expériences, faire de l'un l'équivalent de l'autre. N'est-ce pas dire qu'il faut dominer les impressions passives, les embrasser d'un même regard qui saisisse ce qu'il y a de commun et de différent entre elles? Percevoir l'étendue, c'est la parcourir, puis c'est unir ses points successivement parcourus dans une intuition simultanée; connaître la forme, c'est la construire. Ici intervient la main, merveilleux instrument, qui va au-devant de l'objet, se plie à la forme des choses, les mesure, s'en empare. Mais rarement la main saisit à la fois toutes les parties d'un corps, elle les perçoit tour à tour, elle insiste sur les surfaces résistantes, elle suit les limites, elle dessine la figure de l'objet dans l'espace, peu à peu, par des mouvements successifs. C'est l'esprit qui, présent à toutes ses démarches, les dirige; c'est lui qui calcule, mesure et compare; c'est lui qui fait de toutes les impressions un ensemble, un tout, et met l'unité de la forme dans cette diversité d'éléments.

Ainsi, que nous analysions le son ou la couleur, l'étendue lumineuse ou l'étendue résistante, nous trouvons tout d'abord un nombre effrayant de mouvements extérieurs, qui, sans effort apparent, se ramassent et se concentrent dans l'unité d'une même intuition; puis une succession de sensations ordonnées dans l'harmonie d'une perception qui les résume et les comprend toutes. Ni la conscience ni la volonté n'interviennent dans ce premier travail, par lequel s'élaborent les matériaux de la connaissance. Tout se fait spontanément, par une sorte de privilège, de grâce efficace. Mais déjà, quoiqu'encore inconsciente et comme immédiatement réalisée dans les organes des sens, apparaît une puissance dont l'unité est à la fois la tendance et la loi. Les impressions s'organisent en traversant l'organisme, s'ordonnent en arrivant à la pensée.

Comme la cellule vivante déjà concentre une multitude de mouvements, ainsi la sensation est quelque chose de vivant; elle concentre une quantité indéterminée dans une qualité distincte, et elle fait concourir et concorder dans son unité la multitude effrayante des mouvements externes qu'elle coordonne.

De toutes parts m'arrivent des odeurs, des sons, des couleurs; je vois, j'entends, je touche, je me meus; tous mes sens sont ouverts à la fois aux impressions qui les émeuvent; mais les sensations étant irréductibles, le son ne pouvant être ramené à la lumière, ni la lumière à l'odeur, ni l'odeur au contact, il y a autant de mondes qu'il y a de sens différents. Et même chaque sensation ayant une certaine intensité, qui la distingue de toutes les autres sensations du même genre, il y a autant de mondes qu'il y a de nuances dans les sensations des divers sens; le bleu n'est pas le rouge ni le vert; le bruit n'est pas le son musical, le grave n'est pas l'aigu : voici que l'esprit de nouveau est menacé d'une totale dispersion et va se réduire en une poussière d'éléments. Avant tout, nous saisissons dans la multitude des nuances qui s'offrent successivement à la vue, l'unité de la sensation de couleur; dans la multitude des bruits, la sensation générale du son, et déjà nous nous recueillons en mettant une première unité dans cette infinie diversité.

Mais, cette œuvre faite, nous nous trouvons encore en présence de cinq mondes différents, qui, n'ayant rien de commun, semblent à jamais irréductibles. Sommes-nous donc condamnés à passer tour à tour d'un monde dans un autre monde, du son dans la lumière, de la lumière dans la résistance, sans parvenir jamais à faire coïncider ces sensations hétérogènes et à fondre ainsi ces divers mondes dans l'unité d'un seul et même monde? L'esprit ne peut se réaliser lui-même qu'en échappant à cette existence multiple dont l'anarchie l'anéantirait. Il y échappe en confondant les sensations des divers sens dans l'unité de l'objet qu'elles constituent. Un objet n'est qu'un ensemble de sensations coordonnées. Qu'est-ce qu'une rose? sinon l'ensemble des sensations qu'elle suscite en nous par sa présence. Percevoir une rose, c'est la faire, c'est la composer de la douceur de son parfum, du rose de sa corolle, du vert des feuilles qui la soutiennent et l'entourent, du contact caressant des pétales veloutés, c'est faire concourir ces sensations diverses, ne plus les distinguer, en former une sorte d'accord en lequel toutes sont vivantes et résonnent à l'unisson. Ainsi il n'y a plus cinq mondes irréductibles : l'esprit ramène à l'unité les sensations des divers sens en les combinant dans la notion de l'objet. La sensation était la résonnance d'impressions sans nombre; dans l'objet, ces harmonies partielles s'unissent à leur tour et s'accordent en une harmonie plus complexe qui les comprend et les maintient toutes.

Ici encore, tout se passe hors de la conscience; nul ne se souvient d'avoir accompli cette œuvre compliquée, ni d'être intervenu dans la création des objets qui lui apparaissent. C'est spontanément que l'esprit, obéissant à ses propres lois, organise ses sensations et crée les matériaux de la connaissance. Tout ce qui pénètre en lui participe de sa vie, devient quelque chose de vivant. L'objet, comme la sensation, est un tout organisé; toutes les expériences faites avec les divers sens y sont concentrées, et, comme les membres d'un corps animé vibrent sympathiquement, il suffit qu'une des sensations ainsi unies apparaisse pour que plus ou moins distinctement toutes les autres s'éveillent.

Les sensations saisies dans leurs rapports et coordonnées dans l'idée de l'objet, il n'y a plus autant de mondes irréductibles qu'il y a de sens différents; mais le monde est limité pour nous à l'objet que nous percevons, et les objets successivement perçus sont innombrables. Ne pourrons-nous jamais les embrasser d'un seul regard? comprendre pour ainsi dire leur multitude dans l'unité d'une sensation? Alors serait vraiment réalisée l'unité du monde considéré dans son apparence visible, du monde tel qu'il est perçu par les sens, avant que n'interviennent les facultés supérieures de l'esprit. Comment accomplir cette œuvre que tout semble rendre impossible? Les objets sont sans nombre, les sensations sont successives. Il n'y aurait qu'un moyen : parcourir en un instant une longue série de sensations, les faire se suivre avec une telle rapidité que leur succession devînt en quelque sorte une simultanéité : le monde sensible nous apparaîtrait ainsi comme concentré en une seule intuition. Cette œuvre est-elle au-dessus de la puissance synthétique de l'esprit?

L'œil reçoit les rayons lumineux de tous les points de l'horizon, et le moindre mouvement du corps ou de la tête lui permet de parcourir des distances considérables. Le malheur est qu'il est incapable par lui-même de discerner ces distances, parce que pour lui tout se réduit à des couleurs juxtaposées sur un plan. Quand pour la première fois les yeux d'un aveugle-né, qu'on vient d'opérer, s'ouvrent à la lumière, il ne peut rien dire de la forme, de la distance, de la grandeur des objets; il ne perçoit qu'un ensemble confus de taches colorées qui semblent toucher le globe de l'œil, un rideau bigarré qu'il cherche à repousser et qui recule devant lui. Seul le toucher, aidé du mouvement, nous donne l'étendue à trois dimensions, la forme, la direction, la grandeur. Et la main n'atteint que les objets voisins, et nos mouvements sont d'une lenteur désespérante! Il reste de faire des sensations visuelles les équivalents et les signes des sensations tactiles et musculaires.

L'œil nous instruit à la fois par les sensations de couleurs : elles sont plus ou moins nettes, plus ou moins claires, selon l'éloignement; par la diversité de ses mouvements : selon la distance la courbure du cristallin varie pour concentrer les rayons lumineux sur la rétine, et les deux yeux convergent plus ou moins ; selon la direction, c'est tel ou tel muscle moteur qui se contracte, tourne l'œil vers le haut ou vers le bas, vers la droite ou vers la gauche. En même temps que nous voyons, nous nous déplaçons, nous allons vers l'objet, nous faisons sur lui mille expériences qui nous permettent de juger de sa forme, de sa grandeur, de sa distance, de sa direction. Les sensations visuelles, jeux de lumière, atténuations des couleurs, contractions des muscles moteurs de l'œil, étant dans un rapport constant avec les sensations tactiles et musculaires, nous pouvons faire des unes les signes des autres. Je vois un objet, c'est-à-dire que je perçois tel ensemble de taches colorées en rapport les unes avec les autres, tel mélange d'ombres et de lumières ; je m'approche, je touche l'objet en même temps que je le regarde ; après quelques expériences, la sensation visuelle devient pour moi le signe et le résumé de toutes les sensations que pourrait me donner la main, si je me saisissais de l'objet. J'aperçois au loin une maison, une forêt ; la sensation de couleur est plus ou moins nette, les muscles moteurs de l'œil entrent en jeu et se contractent d'une façon déterminée selon la distance et la direction. Je marche vers la maison, vers la forêt ; j'ai toute une série de sensations musculaires qui me permettent d'apprécier avec exactitude leur éloignement ; que je retrouve l'ensemble des sensations visuelles éprouvées, elles pourront se substituer pour moi aux sensations tactiles et musculaires qui précédemment les ont suivies et dont elles sont désormais les signes et les équivalents. L'œil est comme le centre d'un compas dont les branches s'étendraient indéfiniment : le moindre déplacement au centre représenterait aux extrémités une distance considérable. Ajoutez que les mouvements, par lesquels l'œil s'accommode aux distances et se dirige en tout sens, à droite, à gauche, en bas, en haut, sont d'une très grande rapidité ; que ces mouvements instantanés, substitués à la longue série des sensations musculaires, nous permettent de résumer en une intuition des espaces immenses ; que les rayons lumineux nous arrivent de tous les points de l'horizon et qu'un mouvement du cou, de la tête ou du corps changeant soudain toutes les sensations visuelles, elles peuvent se multiplier indéfiniment sans perdre leur continuité. Résumant ainsi des mouvements sans fin dans un seul regard, concentrant leur durée dans un instant, nous nous affranchissons de la diversité des choses, nous nous faisons le centre du monde visible, que nous pénétrons de toute part. Nous ne sommes plus enfermés dans le monde étroit que nos mains hésitantes ouvraient devant elles, nous avons reculé jusqu'à l'infini le mur mobile et coloré qui se dressait et fuyait devant nous. Quand nous suivons l'Océan qui monte jusqu'au ciel, le plaisir physique de cette contemplation ne vient-il pas de ce que nous imaginons dans une intuition rapide tous les mouvements qui se concentrent dans cette vision instantanée? Regarder l'océan, n'est-ce pas le parcourir? éprouver tout à la fois l'effroi et la fierté de cette course libre qui, plus rapide que le vol, légère comme la pensée, concentre dans un instant la multitude infinie des mouvements qu'elle résume?

 La difficulté, que nous éprouvons à mettre les objets en perspective et à imiter les sensations de la vue telles qu'elles nous étaient primitivement données, nous avertit de la complexité du travail que nous avons spontanément accompli. La loi de cette activité inconsciente, vitale, est encore l'effort vers l'unité, la tendance à se dégager des phénomènes, à les dominer en les embrassant dans une intuition qui coordonne leur diversité. On dit que les sensations s'associent, il serait plus juste de dire qu'elles s'organisent. Quand je vois la distance, toutes les sensations musculaires que j'éprouverais pour la parcourir ne sont pas imaginées dans leurs rapports avec les sensations visuelles et musculaires de l'œil. S'il fallait repasser ainsi par leur série, le temps serait aussi long que pour les percevoir directement. Les sensations musculaires de l'œil, qui varient comme la distance et la direction; leurs rapports aux mouvements nécessaires pour atteindre l'objet; la diversité des jeux de la lumière et de l'ombre, leurs rapports aux mouvements de la main, nécessaires pour en percevoir la forme; tous ces éléments multiples, ces milliers d'expériences sont organisés dans l'acte unique et instantané par lequel je perçois l'objet coloré, étendu devant moi, situé à telle distance et dans telle direction. Par la combinaison de sensations hétérogènes, nous composons en les organisant la sensation visuelle de la forme, de la grandeur et de la distance; c'est une unité nouvelle, un point vivant, la résonnance et l'accord de toutes les expériences passées.

Il semble que l'esprit n'intervienne pas dans la connaissance des choses, qu'il ne soit qu'un miroir passif où elles se réfléchissent. Rien de plus faux. Cette illusion naît de ce que le travail spontanément accompli se fait en dehors de la conscience, qui n'en perçoit que les résultats. La sensation semble simple, elle ne l'est pas : supprimez le travail spontané de l'esprit et essayez de concevoir ce qui reste du monde. Vous êtes pris de vertige et d'épouvante devant ce chaos obscur et silencieux de mouvements lancés en tout sens : au lieu du son, vous avez les milliers de vibrations de l'air; au lieu de la couleur, les millions de vibrations de l'éther; tout s'agite, se décompose et se multiplie. C'est assez d'une sensation visuelle pour rendre impossible avec l'unité la vie de l'esprit; au premier pas, nous voilà fous, ivres, dispersés, anéantis. L'esprit, par un art encore tout instinctif, dont les procédés semblent vivre dans les organes des sens, se délivre de cette diversité infinie qui menace de le décomposer. Les vibrations de l'éther sont en nombre incalculables, il les ramène à l'unité de la sensation visuelle; les sensations des divers sens le transportent dans cinq mondes sans rapport, il les identifie dans l'unité de l'objet, qu'il compose de leur ensemble harmonique; les objets sont distincts, perçus tour à tour, il met entre eux l'unité en les saisissant comme dans une seule intuition, en les parcourant si vite qu'il les embrasse d'un seul regard. L'esprit ne réfléchit pas le monde, il le crée; son premier acte est un effort spontané vers l'harmonie; il commence à vivre en réalisant la beauté. Il ne reproduit ni ne compte les milliards de mouvements que conçoit l'analyse scientifique; il en compose la sensation, puis l'objet, et de l'ensemble des objets le tableau mouvant de l'univers visible, premier chef-d'œuvre du génie qui vit en tout homme par cela seul qu'il est; de la puissance créatrice et spontanée qui tend vers l'unité par cela seul qu'elle agit; de cet art intérieur, dont les procédés sont organisés dans le corps vivant et qui est la vie même, l'art de se recueillir, de se faire soi-même en réduisant le nombre des éléments pour les embrasser dans l'unité d'une même pensée.

II

Par son travail spontané sur les données des sens l'esprit déjà s'organise. Mais cette connaissance superficielle, rapide, tout extérieure, ne lui donne encore et au monde qu'une existence fragile et menacée. Chaque objet reste distinct, l'unité n'est qu'apparente, la multiplicité réelle est indéfinie. Pour nous, réduits aux sens, que sommes-nous? Un être d'un instant, entraîné dans le perpétuel devenir des choses, incapable de rattacher leurs états successifs, changeant de monde comme d'horizon, et dispersant son existence dans des perceptions sans lien. L'esprit ne se contente pas de cette généralisation superficielle des sens, qui le rapetisse en limitant le monde qu'il pense à l'horizon visible et ne lui laisse que l'apparence de l'être. Spontanément, parfois sous l'impulsion de la conscience, souvent en dehors d'elle, il tend à ordonner ses idées, c'est-à-dire, puisque ses idées constituent pour lui toute réalité, à ordonner le monde même. Il saisit entre tous les êtres qui existent en un même instant de la durée certains rapports; il discerne les caractères généraux, permanents, communs à tous; il les classe; il formule les lois partout présentes qui relient les états successifs du monde, font de la pensée de ce monde une seule pensée, de l'être qui le pense un seul et même être étendant sa vie dans l'espace et dans la durée; il ramène les lois particulières à des lois de plus en plus générales; il cherche l'idée maîtresse qui, coordonnant toutes les autres idées, les concentrerait dans une pensée sans contradiction, vraiment une et identique à elle-même.

Voyons à l'œuvre cette inquiétude d'être, ce vouloir vivre, et suivons les démarches successives par lesquelles le monde et l'esprit s'organisent simultanément. Les sens nous donnent des individus sans nombre et dans chacun de ces individus des qualités qui varient en degré de l'un à l'autre, une poussière d'intuitions qui se disperse dans l'espace et dans le temps en nous aveuglant. L'esprit ne se laisse pas emporter dans ce tourbillon; il regarde, il se recueille et il agit. Il compare ces êtres divers; il néglige les différences; il remarque les traits communs; il dégage les qualités toujours présentes; il obtient des caractères généraux, et de ces caractères comme éléments il crée l'idée générale, en laquelle ils sont résumés et vivants. Par les sens nous percevons vaguement les qualités multiples de l'individu; ce n'est pas encore une connaissance. Pour former l'idée générale de rose, il faut analyser en les discernant les qualités communes, porter son attention sur les traits caractéristiques, parfum, couleur, forme, puis, ce premier travail fait, comparer les roses aux autres fleurs pour les en distinguer, enfin de ces éléments composer la notion de la rose où vivent les caractères de toutes les roses, et ces seuls caractères. L'idée générale n'est pas un appauvrissement, la réalité vidée, le squelette banal des individus mutilés ; elle n'est pas un je ne sais quoi d'abstrait et de mort, elle est féconde, elle est riche de tout ce qu'elle résume et concentre.

Voyez par quels progrès successifs se forment les idées de l'enfant. D'abord la généralisation est indéfinie, c'est seulement la spontanéité de l'esprit qui entre en jeu et, de traits vagues, sans précision, compose une idée sans forme et sans limites : c'est un organisme homogène et simple, comme ces masses de matière vivante qui flottent sur la mer et qu'elle jette au rivage. A mesure que l'homme se développe, que les expériences se multiplient, les idées se différencient, les distinctions s'établissent, les rapports sont mieux définis. La vie de l'esprit se complique. Les idées se divisent en organismes qui s'enveloppent, s'accordent et se relient dans l'unité d'une même pensée. Ce qui fait la vie de l'idée générale, c'est la multitude des individus qu'elle résume ; isolée, elle ne serait qu'une unité vide, mais en elle vit toute la réalité qu'elle concentre et qui en jaillit à notre appel. Comme le point où la pierre frappe l'eau devient le centre de cercles concentriques qui s'enveloppent, ainsi au choc de l'idée générale tendent à se former des images réelles et des images possibles, comme si une agitation sourde soulevait la masse des expériences passées. Nous ne vidons pas la réalité, nous l'organisons : l'idée générale de rose, c'est plus et c'est moins que la rose individuelle, ce sont toutes les roses réelles et toutes les roses possibles. L'esprit ne travaille pas à se vider de plus en plus lui-même, il ne tend pas vers l'être indéterminé, sans contenu, vers le zéro, vers le rien ; il se crée en mettant l'unité dans la diversité des choses, en organisant cette diversité, en faisant ainsi de lui-même une activité riche d'actes réels et possibles, mais maîtresse de cette richesse et ne s'y dispersant plus.

J'accorde que « l'individu n'est qu'un tissu de propriétés générales diversement entrelacées [1] »; mais l'esprit, en possession de ces quelques propriétés, entrevoit la multitude de leurs combinaisons possibles et, par suite de sa fécondité propre, tend à les recréer dans leur diversité infinie.

Les idées générales naissent comme les mots, sans que la conscience intervienne, par le développement progressif de la pensée, qui spontanément s'organise. Mais les idées générales rapprochant les individus par des analogies trop souvent superficielles, s'attachant à ce qui se voit, à ce qui frappe les sens, elles distribuent les choses selon des rapports plus apparents que réels; ne tenant pas compte de l'importance des caractères, elles forment des groupes qui restent en présence sans s'unir. L'unité est incomplète; les individus s'ordonnent dans les genres, mais les genres sont juxtaposés; l'ordre est extérieur, superficiel; n'étant pas dérivé d'un ordre supérieur qui l'implique, il n'est qu'un hasard heureux, rien ne le garantit. Nous vivons encore d'une vie incertaine et provisoire. N'est-ce pas assez des genres pour nous étourdir et nous disperser? Que de plantes, dont chacune a ses feuilles, sa tige et sa fleur! Que d'insectes perdus dans ces plantes! Nous ne pouvons connaître ce que nous écrasons; le génie de la nature nous défie par sa fécondité.

L'esprit peu à peu se rassure, domine ce vertige; obéissant à la loi qui est son essence même et le constitue tout entier, il intervient avec la conscience de ce qu'il veut : il s'efforce d'organiser les genres, après avoir organisé les individus. Dans les propriétés générales, il en distingue qui, moins variables, plus étendues, sont présentes à des groupes d'êtres plus nombreux; dans la diversité des espèces il retrouve l'unité du genre, dans la diversité des genres l'unité de la classe. Ce n'est pas tout : il cherche et il découvre la raison de cette

---

[1]. J. Lachelier, *Cours de psychologie.*

unité : il y a des caractères dominateurs, qui entraînent à leur suite toute une série de caractères dérivés. Il se met en quête de ces idées maîtresses, de ces idées fixes de la nature, et, dès qu'il les possède, du même coup s'éveillent en lui les idées secondaires qu'elles coordonnent. Si un animal a des vertèbres, l'appareil circulatoire par exemple ne peut varier qu'entre quatre ou cinq formes; si les vertèbres disparaissent, tous les caractères secondaires sont supprimés. La classe embrasse donc tous les êtres qui possèdent ce caractère dominateur, et les caractères secondaires, qui varient cette idée maîtresse, marquent la diversité des genres. L'unité de plan se concilie avec la pluralité des formes; l'œuvre se complique sans cesser d'être harmonieuse. Dès lors, les genres ne sont plus juxtaposés, ils sont organisés; ils forment une hiérarchie, ils sont en rapport entre eux et avec le plan général de la nature; ils sont un moment dans la continuité progressive de l'Etre, et pas un des termes de cette série ascendante ne peut être supprimé, sans que manque un détail nécessaire à l'ensemble systématique des choses. La classification donne une valeur aux idées générales, en en formant un système, en les fondant non plus sur des apparences superficielles, mais sur les caractères les plus durables de l'être, découverts par l'analyse réfléchie; elle établit des rapports entre tous les êtres qui à chaque instant coexistent dans l'espace; et elle permet ainsi à la pensée de se recueillir dans leur multitude sans s'y disperser.

Ne suivons-nous pas ici le progrès du génie intérieur qui s'élève tout à la fois vers l'ordre et vers la vie, qui se crée en créant le monde, ne se donne la réalité qu'en la donnant à l'objet de sa pensée, et ne devient maître de lui qu'en devenant maître des choses? Qu'est-ce que la vie d'un être réduit aux données des sens? Il ne peut se recueillir dans la diversité des sensations, qui tour à tour le distraient de lui-même. Plus les images qui se succèdent sont multiples, plus son rêve est confus; plein de fantômes, il n'est qu'un être fantastique; ne pouvant fonder sa vie que sur l'éphémère, il est comme ces sols mouvants qu'un coup de vent transforme : il n'existe pas. L'esprit s'organise en organisant les choses : comme le monde qu'il pense, il prend une existence réelle, harmonieuse et durable. La vie intérieure est plus variée, plus complexe : le monde n'est plus un spectacle confus d'individus juxtaposés, les caractères de ces individus ont été analysés, classés selon leur degré de généralité et de permanence; les ressemblances sont définies, les différences ne sont plus des désordres, les idées se sont multipliées en se précisant. La vie est plus une : nos idées sont en rapport comme les êtres; nous sommes affranchis des diversités individuelles, nous les possédons toutes concentrées dans quelques caractères généraux qui varient à l'infini leurs combinaisons. Plus variée et plus une, la vie est plus intense : les idées en harmonie résonnent toutes ensemble dans l'unité de la conscience. La vie est réelle et durable : elle ne repose plus sur des apparences passagères, elle est édifiée sur ce qui dure, sur des idées solides et fortement cimentées.

Les idées générales naissent en quelque sorte d'elles-mêmes, par cela seul que l'esprit entre en rapport avec le monde et obéit à ses lois. La classification est l'œuvre de la pensée réfléchie, qui analyse et décompose; mais n'est-ce pas toujours le même élan spontané vers l'ordre et l'unité qui dirige la pensée consciente? Pour classer, nous cherchons des caractères dominateurs, pour les trouver, nous faisons des conjectures successives, nous imaginons un ordre possible, et nous croyons avoir découvert l'ordre réel quand nous avons formulé l'hypothèse la plus simple et la plus féconde. Ainsi travaille en nous le génie de la vie qui croit à l'harmonie parce qu'il croit en lui-même, et qui d'un élan spontané va vers cette harmonie qui seule lui permet de se réaliser en prenant conscience de lui-mêmes et des choses.

C'est un sentiment d'épouvante qui s'éveille quand nous songeons à la multitude des êtres divers qui coexistent dans l'espace, à la série sans commencement ni fin des faits qui se succèdent dans la durée. Si la réflexion précédait l'activité spontanée de l'esprit, si nous nous rendions compte de l'immense travail que suppose l'unité de la pensée, si nous imaginions le nombre effrayant de mouvements qui s'entre-croisent et se combinent pour former le tissu des choses, si nous n'éprouvions d'abord l'harmonie que nous ignorons encore, et si déjà, dans le premier regard qui s'ouvre naïvement au spectacle des choses et les dessine par un art inconscient, ne se concentrait en une intuition confuse l'ordre simple et grandiose que peu à peu révèle le lent travail de la science, pris de désespoir nous n'oserions jamais affronter l'intelligence de cet univers, dont l'immensité nous anéantit. Mais la sensation se fait d'elle-même, et des sensations l'objet, et des objets les genres, et des genres rattachés entre eux par la réflexion l'ensemble systématique des êtres qui coexistent. Déjà la pensée est une, elle est en possession d'un objet durable ; elle ne meurt plus à chaque instant.

Cependant, si les êtres se ressemblent, se groupent et s'ordonnent, ils ne composent pas encore l'unité vivante d'un univers organisé, parce qu'ils ne sont pas en action réciproque, parce que le passé ne tient pas au présent, le présent à l'avenir. A chaque instant de la durée existe un monde qui n'est pas sans analogie avec le monde qui l'a précédé ; mais ces mondes semblables ne se fondent pas dans l'unité continue d'un monde permanent. Il faut que l'esprit poursuive son œuvre, qu'il étende sa vie dans la durée, qu'en reliant les événements successifs il rattache ses pensées successives, qu'il en fasse les divers moments d'une pensée qui se développe sans cesser d'être identique.

Nous voici en présence des faits comme tout à l'heure en présence des individus, et, quand nous réfléchissons à l'œuvre nouvelle qui s'impose à nous, notre premier mouvement est encore l'hésitation et l'effroi. Par bonheur la vie précède la réflexion, l'action précède la conscience de sa difficulté : on peut ce qu'on croit pouvoir; si loin que paraisse le but c'est assez de le voir et d'y marcher pour l'atteindre. La réflexion même est soutenue, entraînée, vivifiée par le génie, qui est présent à elle comme à toute pensée. Pour établir les rapports des états successifs des êtres, il faut dans le tissu serré des faits, dont la trame s'étend à travers la durée, démêler les fils qui toujours s'unissent et sont liés l'un à l'autre, il faut dans les événements qui s'entrecroisent s'emparer de l'événement qui rend compte à lui seul de tel autre événement qui toujours lui succède. L'esprit aura beau prendre connaissance des phénomènes, il n'en saisira pas la loi; elle est cachée, puisqu'il la cherche; il faut qu'il intervienne, qu'il agisse, qu'il devine.

Observer, ce n'est pas découvrir, c'est préparer les éléments de la découverte. Vous voulez savoir quel est l'antécédent nécessaire de tel fait, la condition qui présente le pose, absente le supprime. Les circonstances sont très nombreuses, elles se mêlent, elles ne se laissent pas désunir. Le fait tantôt se produit, tantôt ne se produit pas; il est sujet à mille variations, et il faut dans la multitude des circonstances qui le précèdent démêler celle qui à elle seule rend compte de sa présence, de son absence et de ses variations Que donne l'observation? une multitude de cas en apparence contradictoires; elle est faite pour décourager celui qui ne la domine pas. C'est alors qu'intervient le génie, qui ne laisse rien pénétrer dans l'intelligence sans faire effort pour l'organiser. Les cas enregistrés en apparence se contredisent, il n'accepte pas cette contradiction; le désordre le gêne. Sans que la conscience intervienne, si ce n'est pour concentrer l'attention sur l'objet de la recherche, tous les rapports possibles entre ces faits différents se présentent à l'esprit toutes les combinaisons entre les circonstances données se forment, tout ce qui peut faire l'unité de ces cas divers est essayé. D'elles-mêmes, par une sorte de nécessité intérieure, par l'effort spontané de l'esprit pour se débarrasser d'une souffrance, en réduisant à l'unité une diversité qui le divise, les idées se combinent, tendent à se concentrer en une seule idée qui les coordonne et les concilie. Tant que l'hypothèse est fausse, elle ne répond pas à tous les cas, elle ne contient pas ce qui présent à tous donne le secret de leurs différences, elle ne supprime pas la diversité des faits recueillis, elle n'est qu'une unité imparfaite, une sorte d'organisme mort-né, détruit en se formant par les idées contradictoires qui luttent contre lui et qu'il ne peut s'assimiler.

De l'aveu de tous les savants, il n'y a pas de règle pour découvrir la loi, pour faire naître à propos des faits observés une idée juste et féconde. Il ne suffit pas de savoir ce qu'est la vie pour être vivant : découvrir c'est vivre, c'est soumettre ses idées à l'ordre, loi primitive de la vie, c'est organiser les choses, qui ne peuvent pénétrer dans un esprit puissant sans se soumettre à son génie en y participant. Ce n'est pas nous qui faisons l'hypothèse, elle se fait en nous. Troublé par la confusion des phénomènes observés, souffrant de cette confusion, l'esprit spontanément réagit. Un sourd travail s'opère en lui, et tout à coup, avec la rapidité de l'éclair, l'idée se dégage lumineuse, surprenant la conscience éblouie. S'il faut éviter l'esprit de système, c'est qu'il fixe la pensée dans une forme inflexible, c'est qu'il lui enlève sa souplesse et sa docilité, c'est qu'il ne laisse plus la vérité se faire en elle par le libre jeu des idées qui s'organisent. L'esprit de système ressemble à ces poisons métalliques qui tuent l'animal en fixant la matière vivante, en supprimant sa plasticité, en arrêtant le mouvement perpétuel qui la désagrège, la remplace et la renouvelle.

Ce n'est pas assez de l'association des idées, qui a reproduit ce qui a été, pour expliquer cette perpétuelle création de la vérité par l'esprit. Les idées s'appellent, se répondent et s'unissent, non seulement quand elles se sont présentées ensemble autrefois, mais aussi quand elles sont en rapport, quand elles dépendent l'une de l'autre, quand elles se complètent, s'achèvent et peuvent s'organiser dans l'unité d'une même conscience. Sans doute, pour découvrir, le savant analyse : observer, c'est démêler les circonstances qui s'entrecroisent, c'est fragmenter la grande action simultanée de la nature. Mais ce travail n'aboutit à la loi que par l'hypothèse, que par la découverte de quelque chose de commun qui est présent à tous les exemples recueillis et les ordonne en les expliquant. Sans doute la loi peut être considérée comme abstraite des phénomènes et les phénomènes comme des tissus de lois. Les phénomènes dans leur succession sont ainsi généralisés, comme les individus dans leur coexistence. Il reste quelques phénomènes généraux en rapport les uns avec les autres, des antécédents et des conséquents toujours les mêmes et toujours dans les mêmes relations; il n'y a plus pour ainsi dire de faits particuliers, il y a des faits universels. Mais il n'en est pas moins vrai que l'esprit ne découvre les lois que par une synthèse, que par un acte vital. Comme dans les genres vivent les individus, ainsi dans les lois vivent les phénomènes : pour l'esprit, la loi c'est un fait dominateur, général, qui, présent à tous les cas particuliers et en apparence contradictoires, les rattache, les concilie, les organise.

Toute découverte apparaît dans l'inspiration, comme par un hasard heureux; elle est l'œuvre du génie spontané qui tend vers l'harmonie, parce qu'il est la vie et que le désordre est la mort. Aussi, avant toute vérification, avant toute réflexion, qu'est-ce qui donne une valeur à l'hypothèse? Qu'est-ce qui lui mérite notre attention? Qu'est-ce qui fait qu'elle prend vie en nous? C'est qu'elle est simple et féconde, c'est qu'elle comprend toutes les circonstances observées, c'est que par un double mouvement nous allons de son unité à la diversité des phénomènes qui la développent, et de la diversité des phénomènes à son unité qui les concentre. Supposez qu'il y ait autant d'hypothèses que de circonstances ; à quoi bon? c'est toujours l'analyse ; les faits sont juxtaposés, ils ne sont pas organisés. Ce que nous voulons, c'est vivre, et pour vivre l'ordre, ce qui groupe le plus de faits, ce qui fait retentir en accord le plus d'idées et nous donne ainsi la joie d'une vie plus une et plus intense. L'hypothèse ne vaut que quand elle est vérifiée : c'est que l'idée ne peut se séparer de son objet, c'est que l'objet est l'idée même, et que l'accord entre les idées qui constituent la pensée n'existe qu'à la condition d'être l'accord entre les objets qui constituent le monde. L'hypothèse se vérifie par l'expérience. Toute expérience même faite au hasard suppose une hypothèse plus ou moins clairement exprimée. Qu'est-ce en effet qu'expérimenter? C'est faire agir l'hypothèse, c'est produire l'antécédent au milieu des circonstances les plus variées, et retrouver toujours le même conséquent; c'est faire un ordre réel de l'ordre encore idéal créé par l'hypothèse, c'est prendre possession tout à la fois et de la pensée et des choses.

L'induction se complète par l'analogie. L'induction dans le particulier saisit le général, dans le fait la loi ; pour elle, l'individu représente le genre ; la loi, dégagée des cas particuliers, exprime les rapports des genres. L'eau pour le chimiste n'est plus telle eau puisée à telle source, dans tel vase, à tel jour, c'est l'eau en général ; les termes sur lesquels il opère sont généraux, les relations entre ces termes, c'est-à-dire les lois, sont générales. L'analogie étend les genres, donc agrandit l'empire des lois. Deux choses ont des ressemblances, des propriétés communes, telle proposition est vraie de l'une, donc elle est vraie de l'autre. La chaleur, la lumière, l'électricité ont des rapports multiples : ne pourrait-on les faire rentrer dans un genre commun? du même coup réduire le nombre des lois découvertes, les ramener aux quelques lois du genre plus étendu qui les comprendrait? De là l'hypothèse de l'unité des forces physiques : reliant ces forces l'une à l'autre et toutes ces forces au mouvement, elle réduit leurs lois spéciales et multiples à n'être que les cas particuliers des lois plus générales de la mécanique rationnelle. Ainsi l'esprit poursuit son œuvre d'unité, rattache les lois particulières à des lois plus générales, concentre tout le détail des phénomènes dans quelques propositions universelles, où il l'embrasse d'une seule pensée.

Nous ne prétendons pas diminuer le rôle de la réflexion, du travail et de la volonté; nous ne prétendons pas que l'homme marche en aveugle vers la lumière; nous sommes convaincus qu'il n'y a qu'un moyen de réussir : l'effort constant; que le secret du génie, c'est la patience; que l'idée ne se donne qu'à celui qui, étant possédé par elle, mérite de la posséder à son tour. On ne résout un problème qu'en y pensant toujours. Mais d'abord la réflexion ne doit pas être distinguée de la pensée qui sourdement travaille en nous. La réflexion n'est que la conscience et la prise de possession de cette pensée par elle-même. Elle poursuit la même fin, elle obéit aux mêmes tendances. C'est le même désir de l'ordre qui lui donne l'impulsion, c'est le même amour qui soutient son effort, c'est le même génie qui fait sa fécondité. Il se connaît, il se veut, il s'aime en elle; mais toujours il est la force vive, l'activité créatrice et spontanée qui, dans l'inspiration, se soulève vers la vérité. Le rôle de la volonté, c'est de fixer l'esprit, c'est de l'occuper d'une idée, c'est de faire apparaître, en vertu des lois mêmes de la vie, les idées qui sont en rapport avec cette idée maîtresse, qui la complètent et l'achèvent.

Ainsi le génie, dont tout l'être est l'élan vers l'harmonie, est partout présent; pour le reconnaître, il suffit d'être impartial, de ne pas se plaire à s'humilier soi-même. N'est-ce pas ce vivant amour de la beauté qui fait tout ce qu'il y a de réel et de positif dans l'œuvre de la science? n'est-ce pas lui qui forme l'hypothèse; qui, par cela seul que les faits pénètrent dans l'esprit, les associe, les groupe et, en les combinant selon leurs affinités, les organise en une même idée? N'est-ce pas lui qui présent à la réflexion la dirige et par elle se contient, se modère, s'arrête, choisit et juge l'hypothèse après l'avoir créée? N'est-ce pas lui qui rejette les complications inutiles? qui veut que la vérité soit simple et féconde, ne doute pas qu'elle ne le soit, et ne croit l'avoir trouvée qu'en la reconnaissant au charme qu'il lui prête? N'est-ce pas lui qui fait ainsi de l'ordre une raison, de la beauté la première des preuves?

Tant que nous nous contentons de vivre et de penser, nous ne doutons pas plus de l'ordre que de nous, de ce qui est la condition de notre vie que de notre vie même. Nous n'enfermons pas la nature dans des formes inflexibles, nous lui laissons la liberté des créations nouvelles. Mais nous croyons à la permanence des lois, nous croyons non seulement que tel fait aura toujours le même antécédent, le même conséquent, mais que les mêmes faits se reproduiront, que notre vie et notre pensée pourront toujours se confier au rhythme des choses, au bercement harmonique qui ne laisse osciller notre monde que dans des limites déterminées; nous croyons que le mouvement universel restera le mouvement alternant, onduleux, qui ramène les mêmes espèces, les mêmes genres, les mêmes formes et les mêmes lois; qu'il ne deviendra jamais l'entraînement précipité d'une folie furieuse, créant pour anéantir, multipliant des idées sans suite, des êtres sans durée, pour satisfaire sa rage de destruction. Pourquoi voulons-nous qu'il y ait des analogies entre les différents êtres, que leurs ressemblances ne soient pas superficielles, apparentes ; qu'elles les rattachent à une même pensée, dont ils sont les variations? Pourquoi ne pensons-nous pas qu'il y a autant d'idées distinctes et sans rapport qu'il y a de genres dans la nature? Pourquoi? C'est que nous vivons, c'est que nous pensons ; penser, c'est encore vivre; et que l'ordre est la condition de la vie. Le doute nous limite, nous restreint ; la vie est croyance parce qu'elle est volonté, parce qu'elle est amour. Nous travaillons pour la beauté parce que nous l'aimons, et nous l'aimons parce qu'elle est la vie même : tout progrès dans la vie est un progrès dans la beauté. Supposez autant de mondes que d'instants successifs, essayez d'imaginer cette folie des choses, du même coup vous vous anéantissez. L'ordre, c'est la lumière et la vie, c'est la possession du monde et de soi-même.

Par la science, nous multiplions nos idées en les organisant. Nous ne nous contentons plus de parcourir le monde d'un regard, de le saisir d'une vue confuse; nous nous attachons à tout ce qui est; nous voulons tout comprendre, les êtres simultanés et leurs actions successives ; nous voulons tout avoir dans notre esprit, y concentrer la vie universelle; mais en même temps nous voulons nous posséder, ne pas nous disperser, jouir de cette connaissance, en être les maîtres et non les esclaves. Les faits sont réduits à l'unité par les lois, comme les individus par les genres. Nous résumons le détail infini des êtres dans quelques caractères généraux, le détail infini des phénomènes successifs dans quelques rapports généraux : voilà l'unité; mais cette unité contient virtuellement la variété infinie des individus et des phénomènes : voilà la diversité; les deux termes en s'unissant font l'harmonie des idées et de leurs objets; la vie est multiple, une, intense, durable; nous sommes maîtres des choses et maîtres de nous.

L'esprit s'efforce vers l'unité; il réduit les individus aux genres, les faits aux lois, les lois, sorte de faits généraux compris dans les faits particuliers, à des lois plus générales et plus simples; n'est-ce pas la preuve que son œuvre est une œuvre d'analyse et non de synthèse; qu'il poursuit l'abstrait dans le concret, le possible dans le réel, le moins dans le plus; que loin de chercher la beauté, il s'acharne à la supprimer? N'est-ce pas la preuve que savoir c'est décomposer et détruire, briser l'unité complexe des choses en éléments de plus en plus simples, de moins en moins nombreux. Le problème de la science peut se poser en ces termes : réduire au plus petit nombre possible les propositions générales qui étant admises auraient pour résultat l'ordre du monde tel qu'il existe. Quand les lois d'un ordre de phénomènes ont été découvertes par l'induction, ces lois sont rattachées à des lois plus générales, plus simples, dont elles pourraient être déduites, dont elles sont des cas particuliers ou des corollaires. La science achevée se résumerait ainsi dans quelques lois très simples, dont la combinaison permettrait par le calcul de reproduire les lois plus complexes et jusqu'au détail des phénomènes. Les sciences les plus avancées ont pris ainsi la forme déductive. La mécanique, l'astronomie, l'hydrostatique, l'optique, l'acoustique, la thermologie sont désormais des sciences mathématiques. Les lois ne sont plus seulement constatées par l'expérience, extraites des phénomènes par l'induction, elles sont déduites de lois plus générales qui les rendent nécessaires. Formant une série dont tous les termes s'enchaînent logiquement, elles se garantissent les unes les autres. Les lois ne dépendent plus des faits, elles s'imposent aux faits; non seulement elles sont, mais elles ne peuvent pas ne point être. Dès qu'une vérité nouvelle est découverte, il faut chercher les vérités générales ou les hypothèses auxquelles elle peut être reliée logiquement et dont par suite elle aurait pu être déduite avant toute expérience. Toutes les lois se ramèneront ainsi à un nombre très limité de lois primitives, à quelques axiomes, et la science entière à un enchaînement continu de principes et de conséquences, tous reliés à ces axiomes premiers, imposés à la fois par l'expérience totale et par la loi même de la pensée, qui est de ne pas se contredire elle-même. Ainsi de quelques principes abstraits se déduirait par une nécessité purement logique tout l'ordre des choses, et peut-être le progrès apparent du monde ne faisant que poser les expressions successives d'une équation mécanique, le problème si compliqué du monde se résoudrait-il par une série de formules équivalentes.

Dès lors, ne peut-on dire que l'hypothèse de l'ordre n'est qu'une hypothèse provisoire, une illusion qui a eu son heure d'utilité, qui a pu soutenir l'esprit en ajoutant une séduction à la science, qui s'explique par ce fait que le réel est enfermé dans les limites très étroites du possible, et que ces limites partout présentes mettent l'unité dans la diversité infinie des phénomènes? L'hypothèse est une divination; la loi apparaît pour la première fois, dans une heure d'inspiration, par l'effort spontané d'un génie inconscient qui semble, épris d'harmonie, la pressentir, la posséder et la répandre sur les choses, soit; mais l'esprit n'aspire qu'à tuer en lui le poète, qu'à remplacer l'action intermittente et capricieuse de la pensée créatrice par la démarche sûre de la pensée logique, indifférente, toujours égale à elle-même. L'harmonie est un problème, une résultante, la beauté une illusion : l'œuvre de la science, c'est de ramener toute loi au principe d'identité, tout ce qui est à une série linéaire de propositions qui s'enchaînent. L'humanité, comme l'homme, a son histoire; dans l'enfance, elle est surtout effrayée, elle ne pense pas, elle est toute à vivre ; jeune elle se laisse volontier aller à prendre ses rêves ou ses désirs pour des réalités ; elle donne à la nature tout ce qu'elle trouve en elle-même, elle imagine ainsi une sympathie mystérieuse qui fait de la science je ne sais quel entretien d'amour, où deux beautés s'appellent, se répondent et se reconnaissent ; vieillie, elle ne peut donner ce qu'elle n'a plus ; cette grande lumière de poésie s'est éteinte ; il reste le réel, la vérité dans son charme sévère, froide et sans ornements, la vérité telle qu'elle est, dépouillée de la beauté qu'elle ne devait qu'à l'amour de celui qui la contemplait ; il reste le mécanisme impersonnel, la série des propositions logiques qui s'enchaînent et se coordonnent selon la loi inflexible et sans passion.

La science ne prendra jamais la forme déductive, toujours elle aura besoin de l'expérience, toujours elle devra ses découvertes à l'organisation spontanée des faits dans les lois, des lois dans des lois plus générales et plus simples ; toujours elle sortira de la fécondité de l'esprit qui, en animant les idées, les soumet aux lois de la vie et du même coup les ordonne. — Cependant son œuvre est de décomposer, d'analyser, de remplacer la synthèse inconsciente, hasardeuse, qui donne naissance à l'hypothèse, par une analyse réfléchie, par un calcul toujours possible ; de supprimer le génie après avoir tué la beauté ; de ne laisser du monde que quelques formules abstraites, dont toutes les combinaisons puissent être prévues, de faire ainsi de l'esprit une machine qui, connaissant tous ses rouages, leurs rapports et leur mode d'action, soit maîtresse d'elle-même. — Si l'on suppose qu'il n'y ait plus rien à faire, il n'est pas étonnant que l'activité devienne superflue ; mais tant qu'il y aura un problème à résoudre, une loi inconnue à découvrir, l'esprit obéira aux mêmes tendances, et comme apprendre c'est en un sens retrouver la vérité, refaire la science, tant que l'homme vivra et pensera, la même activité créatrice et spontanée travaillera pour l'ordre vers lequel nous allons d'un mouvement naturel, d'un élan irréfléchi.

Supposons la science achevée, les données du problème sont changées ; la méthode, d'inductive, devient déductive ; le travail de l'esprit n'est pas différent, il obéit aux mêmes lois, il révèle les mêmes besoins et la même nature. En présence du monde tel qu'il nous est donné, du monde compliqué, parvenu jusqu'à la pensée consciente d'elle-même, l'esprit cherche les éléments, parce qu'il a la diversité et que, tendant à l'harmonie, il doit trouver l'unité. Voilà pourquoi la science détruit, décompose, dans les individus cherche l'universel, dans le concret l'abstrait, dans les faits les lois. De la multitude des phénomènes qui s'entrecroisent, l'esprit dégage le simple, le général, pour se recueillir, pour s'organiser, pour se créer lui-même en créant le monde, dont il est la pensée.

De même que par la vue tout l'horizon visible est comme concentré dans une intuition unique, ainsi par la science on voudrait concentrer tous les phénomènes en une seule pensée. Mais l'intuition unique est vague, incomplète; pour voir les objets avec précision, il faut les détailler, les parcourir de nouveau tour à tour et dans leur ensemble; il en est de même de la science. Des phénomènes elle abstrait quelques lois, des éléments très généraux; au terme, il reste un ou deux principes logiques et quelques axiomes mécaniques, l'Être indéterminé avec ses lois primordiales, universelles, aussi pauvres qu'étendues, le possible plutôt que le réel, un minimum, un néant. L'esprit ne représentant plus que les conditions les plus générales de l'Être, réduit à quelques idées élémentaires, transporté dans un milieu abstrait, ne plongeant plus dans la réalité, n'aurait donc tant travaillé que pour se raréfier, se vider, s'anéantir, avec le monde dont il est la pensée.

La science n'est pas ce suicide; elle est une lente métamorphose qui élève la pensée à une existence supérieure sans changer ses lois primitives. Il y a deux sortes d'unités dans une œuvre d'art : l'unité de l'élément et des procédés, qui marque le génie de l'artiste par la simplicité des moyens employés ; l'unité des idées exprimées, qui par leur nombre et leur ordonnance font toute la beauté de l'œuvre. En face du poème des choses, la science se préoccupe surtout du métier de la nature, de ses éléments, de ses procédés ; mais c'est que le poème est écrit, c'est que les combinaisons sont données. Supposez l'unité élémentaire obtenue, il faut que le génie spontané, dont la loi est l'effort vers l'harmonie, fasse sortir de cette pauvreté la richesse des idées, de cette monotonie la diversité des choses, qu'il arrive ainsi à l'unité supérieure, qui résulte du concours des éléments. Le problème est renversé, c'est la même loi subjective, le même besoin d'organiser ses idées en les multipliant, de varier sa vie en la concentrant. En laissant agir le génie qui le constitue, l'esprit devrait ainsi refaire l'œuvre de la nature, reprendre l'histoire du monde, suivre l'évolution progressive des choses, faire sortir de cette nébuleuse de l'abstraction l'univers dans la richesse de ses lois hiérarchiques. Si la science était alors à son plus haut point de perfection, ce n'est pas que la fécondité de l'esprit serait devenue inutile, c'est qu'elle serait plus libre, plus indépendante, plus active que jamais ; c'est que l'on ne sait vraiment que ce que l'on fait et que loin de ne rien faire elle ferait tout, imaginant le réel dans le possible, combinant les éléments simples pour obtenir les lois les plus générales, les lois générales pour atteindre les lois plus complexes, descendant ainsi jusqu'aux espèces et ne laissant au hasard que les accidents indéterminés des différences individuelles.

Ainsi la science faite, le simple obtenu, l'esprit plus que jamais devrait se livrer au génie qui lui donne l'impulsion, en l'entraînant vers la beauté ; plus que jamais, pour vivre, il devrait mettre l'ordre dans ses idées, non plus en appauvrissant leur contenu, mais par une création véritable, en faisant sortir de la pauvreté de quelques éléments abstraits la richesse des formes et des lois, en imaginant les combinaisons possibles, en multipliant ses idées par elles-mêmes, en faisant sortir du néant de l'Être indéterminé l'harmonie d'un organisme hétérogène, défini, cohérent, en se donnant ainsi la vie et à soi et au monde par une sorte de génération spontanée. Et nous savons par les lois mêmes de la pensée ce que serait ce monde, ce qu'il devrait être, ce qu'il ne pourrait point ne pas être. L'esprit ne peut créer que l'ordre, parce qu'il n'existe que par l'ordre. Le monde construit par la pensée, créé par la déduction, ne pourrait être que le nôtre ou un monde analogue à celui que nous contemplons. La combinaison des lois simples ne pourrait donner une série d'équations successives, sans autre rapport qu'un rapport d'équivalence; le désordre, en supprimant l'esprit, supprimerait la science. La pensée n'est possible que si son objet ne multiplie pas les idées à l'infini en se transformant sans cesse : elle exige des genres fixes, des lois permanentes, un rythme régulier, périodique, qui ne la livre pas à la perpétuelle attente de l'inconnu.

Les sciences mathématiques ne nous montrent-elles pas ce que deviendrait la science de la nature en prenant la forme déductive? ne suffisent-elles pas à prouver que, si les conditions du problème étaient différentes, l'effort de l'esprit, ses tendances natives, sa puissance créatrice n'auraient pas changé? Nulle part la pensée n'est plus indépendante, plus maîtresse d'elle-même; il n'est rien qui ne vienne d'elle; elle fait tout, les éléments comme leurs combinaisons. Elle part du simple et s'avance par des complications successives. Elle ne va plus loin qu'à la condition d'avoir été jusqu'au point qu'elle veut dépasser; c'est dans les vérités antérieures que toujours elle trouve la raison des vérités qu'elle cherche. Le progrès est continu, tout se tient, et, si elle ne pose que des vérités nécessaires, c'est que, les ayant tissées elle-même, elle sait qu'aucun fil n'en peut être brisé sans que tous les autres suivent. Elle tire tout d'elle-même, les éléments et leurs rapports; c'est un monde d'idées qui peu à peu s'éveillent, s'agitent et se combinent par un libre mouvement. Ne retrouvons-nous pas dans ce travail la tendance inconsciente vers l'ordre, le génie épris d'harmonie qui toujours actif travaille en nous à la découvrir quand elle est toute faite, à la créer quand il n'en a que les éléments? Qu'est-ce qu'une ligne? Une synthèse de points. Qu'est-ce qu'un nombre? Une synthèse d'unités. Le mouvement crée tout à la fois et la ligne et le nombre, mais grâce à l'imagination qui relie les moments successifs du mouvement pour en former un tout continu et qui donne ainsi les deux éléments nécessaires pour constituer la ligne et le nombre : l'un et le plusieurs. Mouvement, diversité de ses moments successifs, unité de l'effort qui le produit, de l'imagination qui le dessine, nous retrouvons l'esprit et ses lois au début de la science. Les éléments simples, par cela seul qu'ils vivent dans l'esprit, qu'ils sont en lui et quelque chose de lui, tendent à se compliquer, à s'organiser. Sans doute nous allons du simple au composé, et les propriétés du composé résultent des propriétés du simple, mais les combinaisons ne sont pas données, nous les imaginons, nous les construisons. De plus, nous ne saisissons pas du premier coup les vérités nouvelles qui sortent de ces combinaisons, il faut les imaginer et les construire à leur tour.

Comment se pose le problème? comment est-il résolu? L'idée du problème est déjà une découverte. Rien ne semble plus simple que de formuler un théorème; à vrai dire, c'est en entrevoir la solution, c'est faire une hypothèse, et faire une hypothèse en mathématiques, c'est trouver une combinaison nouvelle des éléments donnés, c'est se marquer un but qu'on croit possible d'atteindre et vers lequel on s'efforce, ce qui est déjà s'en rapprocher. Les théorèmes ne se découvrent pas comme ils se démontrent : ce qui se présente d'abord, c'est, après des hypothèses multiples et infécondes, après des tâtonnements, des essais, des expériences, l'idée même du théorème, c'est-à-dire la conclusion, dont on pressent la vérité sans pouvoir l'établir. L'esprit franchit d'un élan toute une série d'intermédiaires, il tombe sur la vérité par une sorte de divination, puis il cherche à la démontrer en la rattachant aux propositions antérieurement établies ou universellement admises. Ainsi c'est spontanément que se forment en nous les conjectures successives qui donnent naissance au théorème, c'est spontanément que se composent en nous les vérités plus complexes, qu'on vérifie par le raisonnement en cherchant les prémisses qui en constituent la preuve.

Comment se fait la démonstration? N'est-ce pas encore par le groupement spontané des idées qui s'unissent selon leurs rapports? Posez un théorème très simple : dans un parallélogramme les côtés opposés sont égaux. Il faut remarquer d'abord que ces côtés sont parallèles, songer aux propriétés des parallèles coupées par une sécante, tracer la diagonale, se souvenir que les angles alternes-internes sont égaux, que deux triangles ayant un côté commun adjacent à deux angles égaux sont égaux. Ici, les intermédiaires sont simples et peu nombreux; mais plus on avance, plus les données sont complexes, plus les éléments qu'elles comprennent sont nombreux; par suite, les combinaisons possibles se multiplient; il faut tomber juste, ne pas se perdre dans la multitude des conjectures qui fatiguent et découragent. Il s'agit non seulement de saisir dans le composé les éléments simples qui le constituent, mais encore les propriétés de ces éléments et les rapports de ces propriétés entre elles et aux propriétés du tout complexe qu'on a construit. Les phénomènes divers donnent naissance à la loi en s'organisant dans une même pensée; ainsi les théorèmes établis, vivant dans l'esprit, s'unissent, se combinent dans un théorème qui les comprend, les résume, les coordonne;

et c'est à la variété, à la complexité de ces constructions que se reconnaît le génie mathématique, génie vraiment spontané, qui plus que tout autre manifeste avec clarté les lois de la vie et de la pensée.

En résumé, la science continue la vie, elle en est une forme supérieure : elle naît et se développe quand les idées s'organisent. Sans doute c'est la volonté qui frappe sur l'esprit, qui l'émeut et le fait tressaillir jusqu'en ses profondeurs ; mais si la source de vie en jaillit, c'est qu'elle y circule obscurément, c'est que d'elle-même elle tend vers la lumière et s'y élance par la route qui lui est ouverte. Deux termes sont en présence : le monde, l'esprit ; plus les deux termes se rapprochent, plus leur correspondance est étroite, plus la vie progresse. L'esprit sans le monde n'est qu'une forme vide, une puissance qui n'agit pas ; seule l'unité n'est qu'une abstraction ; le monde sans l'esprit se dissout ; seul le multiple, c'est le chaos ; isolés, les deux termes donnent le néant ; les faits doivent devenir les idées, le monde doit devenir l'esprit. La condition de la vie et de la pensée, c'est l'unité dans la diversité, c'est l'harmonie. Par cela seul que la pensée existe, elle agit spontanément pour l'ordre. La multitude sans nombre des mouvements qui s'entrecroisent à tout instant dans l'espace épouvante la réflexion, nous ne la soupçonnons même pas : sans que nous intervenions, cette multitude s'organise dans la sensation. Des sensations diverses se forme l'objet, et de la multitude des objets se compose le spectacle de l'horizon visible. Avec quelques idées générales, quelques inductions qui rattachent les choses à ses besoins physiques, voilà le premier monde et la première vie de l'homme. Vie étroite dans un monde limité, pensée superficielle, incertaine, à peine maîtresse d'elle-même, à peine capable de jouir du chef-d'œuvre mouvant qu'elle compose en créant le monde visible. Alors intervient la volonté, elle se saisit des idées, elle les arrête, elle évoque le mystérieux génie dont elle est la conscience, et il répond à son appel : il groupe les individus qui passent dans les genres qui restent, il relie les genres entre eux, il les rend solidaires : le monde est un dans l'espace, déjà la pensée se recueille et s'empare d'elle-même. Les phénomènes successifs flottent encore, poussière dispersée, dans l'abîme des temps. Sous l'impulsion de la volonté, le même génie les enchaîne l'un à l'autre, les ramène à quelques lois toujours agissantes : le monde est un dans le temps : la pensée, comme son objet, est une et multiple, mouvante et durable. Ainsi, par un lent travail que poursuivent les générations successives, peu à peu se crée la science. Elle n'est pas distincte de l'âme, elle est l'âme même, l'âme d'abord toute petite, enfant dans un monde enfant et fait à sa taille, mais grandissant sans cesse, ouvrant en elle des horizons toujours plus étendus et répandant, dans ces espaces qu'elle recule sans fin, des créations toujours nouvelles. Le génie n'aura jamais fini son œuvre; son but est à l'infini; il ira jusqu'à ce qu'il ait réalisé l'impossible, jusqu'à ce qu'il reproduise par les démarches de sa dialectique l'évolution progressive qui constitue l'histoire des choses, jusqu'à ce que, maître des éléments primitifs, des lois partout présentes, rival du génie de la nature, dont il a l'étincelle, par la seule force de son libre élan, par sa seule fécondité dans l'harmonie, du possible il fasse sortir le réel, évoquant les idées, les appelant à l'être, puis les associant dans un chœur dont les enlacements variés et continus imitent le rhythme puissant de la vie universelle.

III

Quoi qu'il fasse, l'esprit travaille pour l'ordre; il ne vit qu'en mettant une certaine beauté dans les choses. S'il cherche la loi, c'est pour l'unité qu'elle introduit dans les phénomènes ; s'il rattache toutes les lois entre elles, c'est en obéissant au même instinct ; et, si de l'unité d'un principe il pouvait déduire l'ensemble des lois et des phénomènes, ce serait en exaltant encore cette puissance créatrice, source de combinaisons fécondes, qui du possible feraient sortir la réalité. Une découverte scientifique est un ordre intérieur qui s'établit spontanément entre des idées dont les rapports tout à coup sont aperçus. La science est un effort vers l'ordre. Mais, comme cet effort se ramène à trouver les éléments simples, dont les rapports constituent le phénomène complexe qu'on étudie, la science tend à ne tenir compte que des éléments, sans s'inquiéter de ce qui, étant donné, l'intéresse moins, c'est-à-dire de leurs rapports et de leurs combinaisons. La qualité est ainsi réduite à la quantité, le plus au moins, le complexe au simple. L'être est décomposé dans les éléments qui le constituent, le phénomène dans les circonstances qui concourent à le faire naître : l'ordre des éléments, le concours des circonstances, la direction des mouvements demeure sans explication. Aussi, pour la science exclusive, tout est réel, excepté l'ordre même. Les faits s'enchaînent, au même antécédent succède le même conséquent : voilà la loi que semble garantir l'expérience du passé. L'ordre est sans raison, il est parce qu'il est. On le constate, on en jouit et on l'explique en le décomposant.

Mais si la pensée repose sur l'ordre, si elle ne se réalise qu'en le réalisant, voilà la vie fondée sur un accident, livrée à toutes les incertitudes, menacée dans sa durée et dans sa réalité, édifiée sur le hasard. L'ordre, c'est l'esprit même, qui n'existe que dans la mesure où ses idées forment un ensemble systématique ; nier l'ordre, c'est nier l'esprit, c'est se nier soi-même. Ainsi, la science faite, l'esprit n'a pas la plénitude de l'existence ; bien plus, dans son œuvre même, il trouve des raisons de douter de lui-même. Au lieu de s'emparer du monde, il menace de s'y perdre et de s'y anéantir, en se considérant non pas comme la réalité, mais comme une combinaison fortuite, comme une résultante éphémère. Ce qui existe, ce n'est plus lui, ce ne sont plus ses idées, c'est un je ne sais quoi de simple et d'indéterminé; c'est un élément sans qualité, dont les combinaisons se sont multipliées au hasard selon des lois nécessaires. Dès lors, la pensée qui sort du monde s'oppose à lui; elle doit se défier d'elle-même; ses lois, ses tendances sont des illusions.

Cette timidité n'est pas le premier mouvement de l'esprit. Il agit avant de réfléchir sur les difficultés de l'action. Il a toutes les audaces de l'instinct. Il veut être, et comme il ne se distingue pas de ses idées, qui ne se distinguent pas des choses, il ne peut être pleinement que s'il rattache les lois des choses à ses propres lois, que s'il se confère une réalité souveraine, absolue. C'est assez qu'il s'abandonne à la nature, qu'au lieu de renoncer à lui-même il s'efforce vers l'existence, pour que toutes ses idées spontanément s'organisent dans la conception d'un monde vraiment un, et pour qu'il s'achève lui-même en mettant dans la pensée un ordre définitif et sans contradiction. La métaphysique a son origine dans l'instinct de conservation. Elle est la vie spirituelle suivant son libre cours, jouissant d'elle-même dans l'innocence et dans la joie, avant les déboires et les désillusions de l'expérience. Elle n'est pas une œuvre artificielle, un jeu abstrait de philosophes, un abus de la réflexion; elle est un penchant, un instinct; elle est une action spontanée, vitale. Elle est l'effort par lequel l'esprit assure sa vie, tout à la fois fonde et achève la science, et, en s'unissant à tout ce qui est, se délivre des oppositions qui le divisent et l'amoindrissent. Pour que l'esprit, qui n'existe qu'en pensant le monde et en intervenant par ses actes dans la vie universelle, ait une existence véritable, il faut qu'il puisse se confier à lui-même, qu'il ne soit pas un accident, qu'il soit partout présent et qu'il domine alors même qu'il semble vaincu. Tout est intelligible, l'univers peut devenir l'objet d'une pensée sans contradiction, telle est l'affirmation que pose implicitement l'esprit par cela même qu'il est et qu'il veut être.

Nous n'avons pas à examiner les divers systèmes, ni à faire un choix parmi eux, ni à proposer une solution nouvelle. Nous cherchons à dégager les sentiments auxquels répond la curiosité philosophique, les tendances, subjectives, les besoins esthétiques, qui donnent un sens à ce perpétuel effort. Nous étudions la vie dans l'intelligence, le rôle du génie dans le travail de la pensée réfléchie. Que la métaphysique ne puisse jamais atteindre la précision et la certitude incontestée des sciences positives, il n'importe. Elle existe, elle est le terme naturel de la connaissance; elle est la volonté d'aller jusqu'au bout de la vie, d'en poser toutes les conditions; elle continue l'effort de cette puissance primitive, inconsciente, qui tend à organiser toutes les idées qui pénètrent en nous : voilà ce qui nous intéresse. Suivons donc le mouvement spontané qui amène l'intelligence à ne rien laisser en dehors d'elle, en faisant tout intelligible? Des métaphysiques et des religions dégageons le principe commun qui les crée : le progrès dans la vie.

L'intelligence suppose l'intelligible. L'esprit est la pensée du monde; il ne peut exister que si ses lois sont en un certain accord avec les lois du monde. Quelles conditions rendent possible la science des phénomènes? Avant tout chaque instant de la vie universelle doit être en rapport avec l'instant qui précède et l'instant qui va suivre. Il faut que la raison du phénomène qui apparaît soit dans le phénomène qui disparaît; il faut que le conséquent soit déjà dans l'antécédent, d'un mot qu'il n'y ait pas dans la trame des choses d'événement inattendu, de fait sans cause qui, interrompant qrusquement la suite des pensées, ne se rattachant à rien, brise à la fois l'unité de l'esprit et de l'univers. La loi des causes efficientes n'est pas contestée; l'empirisme conséquent se contente de nier qu'elle soit absolue, en avouant que toute science la suppose.

L'esprit ne peut s'en tenir au déterminisme inflexible, qui fait des phénomènes successifs les métamorphoses d'un seul et même phénomène. Supprimez la qualité, comme la quantité ne change pas, comme rien ne peut y être ajouté ni en être retranché, tout est toujours le même, l'univers n'est qu'une perpétuelle tautologie. Quel objet reste-t-il alors à la pensée? L'abstrait de ce qu'il y a de commun dans toutes les réalités particulières, c'est-à-dire l'Être indéterminé, l'Être en général, le possible plutôt que le réel. Ce ne serait pas assez de ce vide pour remplir l'esprit, de ce néant relatif pour lui donner l'existence : nous partageons les destinées du monde dont nous sommes la conscience. En même temps que la monotonie du fond des choses raréfie la pensée, la diversité des apparences possibles menace de l'anéantir. Sans que la loi de causalité soit violée, le mouvement, par cela même qu'il se continue, modifie ses directions et peut donner naissance à un monde entièrement nouveau [1]. Rien ne garantit le retour des mêmes phénomènes, l'apparition des mêmes êtres; les lois permanentes peuvent disparaître avec les genres, dont elles expriment les relations nécessaires. Au lieu d'un monde, il peut y avoir une infinité de mondes, autant que de moments successifs dans le mouvement qui se poursuit sans fin. Les formules successives du théorème infini ne sortent du néant que pour y rentrer aussitôt; tout est enchaîné, et cependant tout est brisé.

Ce n'est pas là à coup sûr l'objet intelligible dont a besoin l'intelligence. L'esprit ne peut se donner l'être qu'en sortant

---

[1]. *Du fondement de l'induction*, par M. J. Lachelier. M. Lachelier a assez fait pour la philosophie en établissant contre Kant par une démonstration *à priori*, qui nous semble irréfutable, la nécessité de la loi des causes finales pour l'existence de la pensée.

tout à la fois de cette absurde identité d'un monde toujours égal à lui-même, et de cette possibilité infinie de formes sans valeur. Sans renoncer au déterminisme, nécessaire à la continuité de la pensée, comment transformer l'unité morte en une unité vivante et féconde? Sans détruire cette unité, comment en faire jaillir la multiplicité des idées et des êtres? La vie est à ce prix. La vie n'est pas la continuité d'un seul acte toujours le même; la vie, c'est une unité riche et mouvante, qui se multiplie par la diversité des actes qu'elle coordonne. L'unité dans la variété, c'est l'harmonie; le concert des actes multiples qui résonnent en accord, c'est la beauté; donner la vie à la pensée, c'est donner la beauté au monde. L'esprit n'hésite pas, il affirme que l'être indéterminé n'est pas tout ce qui est, qu'il y a vraiment de la diversité dans les choses. C'est dire que le mouvement n'est pas la seule réalité, que ce qui importe c'est moins le mouvement que sa direction, la quantité que la qualité, l'élément identique que les formes variées auxquelles il se plie. Le hasard éliminé, l'ordre n'est plus une réussite que rien ne garantit. La réalité vraie, c'est l'idée maîtresse qui, présente aux mouvements élémentaires, détermine leur direction; c'est l'ensemble et l'accord, c'est le tout qui, préexistant aux parties, en pose l'existence dérivée. La vie ne se fonde que sur l'idée du bien, d'une perfection au moins relative. Le monde n'est plus la répétition stérile d'une quantité abstraite; les êtres sont distincts; chaque idée de la nature a sa valeur et sa réalité, et toutes les idées de la nature se relient et s'organisent dans l'unité d'une idée vivante, raison de tout ce qu'elle concentre et coordonne. De même, en effet, que le principe de chaque être est l'harmonie relative qu'il réalise, ainsi l'ensemble des êtres qui constituent à chaque instant l'univers est compris dans une harmonie totale, principe de tous les détails qu'elle ordonne. La direction domine le mouvement; les idées se multiplient sans se disperser la pensée se reconnaît et se rassérène; l'esprit s'organise en même temps que le monde.

Sans doute, dès qu'elle a été formulée, déduite par les philosophes, la loi des causes finales est souvent mise en doute. La pensée réfléchie arrête le mouvement spontané de la vie. Mais ceux mêmes qui nient la réalité des causes finales expliquent le principe par une intervention du sentiment dans la connaissance : l'homme juge le monde d'après lui-même et pour le comprendre lui impose des lois, dont l'empire est limité à la pensée. Nous n'avons pas à nous prononcer sur la valeur objective de la loi des causes finales, nous étudions seulement les tendances subjectives qui produisent cette croyance spontanée. N'est-elle qu'une illusion? En fait, le monde permet la pensée, et les idées qui le représentent s'organisent dans l'unité de la conscience. Si de plus, comme on a tenté de l'établir [1], le mécanisme ne garantit nullement l'ordre relatif, qui seul rend la connaissance possible, tout homme affirme implicitement la loi des causes finales, par cela qu'il croit à la permanence des genres et des lois dans la nature. Dans ses procédés comme dans ses principes l'induction comprendrait la finalité.

Si le monde permet la pensée, que cette pensée semble imparfaite! Si le rythme des choses rend possible le rythme de la vie, que cette vie semble contrariée! que d'êtres en lutte! que d'idées qui se combattent! que de batailles sanglantes se livrent dans les choses et deviennent en nous des problèmes douloureux! On a dit que, si nous ne vivons pas dans la perpétuelle admiration du monde, c'est que nous nous habituons à ses merveilles; tout aussi bien pourrait-on dire que, si nous ne vivons pas dans un deuil sans fin, c'est que nous sommes distraits du mal comme du bien, des laideurs comme des beautés. Tout à la vie, nous ressemblons

---

1. J. Lachelier, *Le fondement de l'induction.*

à ces soldats qui n'ont pas le temps d'un regard pour ceux qui tombent. Mais, quand nous sommes frappés de quelque grand coup, par une clairvoyance soudaine nous découvrons l'immense plaie du mal ; quand nous poussons nous-mêmes un cri de douleur, par un soudain accord nous entendons les cris qui lui répondent de toutes parts. Nous sommes pris d'effroi devant cette fécondité indifférente qui ne se lasse pas de créer, parce qu'elle ne se lasse pas de détruire ; nous nous interrogeons avec angoisse sur les procédés de cet art souverain qui broie les êtres pour préparer les matériaux de ses œuvres ; nous nous demandons ce que supposent de luttes et de résistances ces équilibres harmonieux ; nous entendons tous les êtres écrasés qui meurent silencieux. Il n'est pas un vivant qui ne vive de la mort d'un autre vivant, pas un être qui ne plonge ses racines dans un autre être pour en extraire sa substance et sa vie ; il n'est pas un mouvement qui n'écrase, pas un changement qui ne tue, et la guerre n'est pas seulement entre les êtres, elle est dans le même être qui vit de sa propre mort et poursuit une lente agonie que varient ses efforts et ses souffrances. L'esprit n'accepte pas l'absurde ; la conscience proteste contre la douleur et le péché, qu'elle le veuille ou non, qu'elle en tremble elle-même, si Dieu est le coupable, elle le juge.

Notre révolte ne résout pas le problème, elle ne fait que marquer avec plus de force l'importance qu'il y a pour nous à le résoudre. Il y va de la vie. La pensée est la conscience du monde, elle a le même degré de réalité, elle participe des imperfections de son objet. Nous sommes faits de nos idées ; qu'elles se contredisent, nous sommes amoindris ; une contradiction nous divise ; il y a en nous, si j'ose dire, autant d'esprits en lutte que d'idées contradictoires. L'esprit n'existe que dans la mesure où ses idées s'accordent, et il semble que le monde ne puisse être que l'objet d'une pensée pleine de luttes et de contradictions.

Nier l'intelligibilité, c'est se nier soi-même, tout au plus se laisser une existence précaire, incertaine, et le monde semble nous condamner à ce suicide par ses absurdités irrécusables! Les idées s'opposent comme les êtres luttent; les désordres du monde deviennent les contradictions incurables de l'esprit. L'optimisme est en dehors des faits, le pessimisme est en dehors de la raison. Comment résoudre cette antinomie, qui nous tue, accorder la souveraineté absolue, nécessaire de la raison avec les démentis apparents de la réalité? Comment faire rentrer l'ordre dans la pensée? Comment trouver l'idée qui organise toutes les idées dans leurs oppositions? donne une raison à l'irrationnel et dans les combats intérieurs nous laisse la sérénité de la paix et l'intégrité de la raison?

La raison ne peut se contenter d'un empire limité, il faut qu'elle envahisse tout; si le hasard est possible quelque part, il est possible partout : le choix s'impose. L'esprit ne renonce pas à lui-même; spontanément, par l'entraînement naturel vers la vie qui le pousse à poser toutes les conditions de son être, il fait rentrer dans l'ordre le désordre même. Le génie spontané, par un effort nouveau de sa fécondité dans l'harmonie, soumet à la raison ce qui semble la contredire, concentre dans une idée qui les ordonne les beautés et les laideurs, trouve l'unité de ces oppositions, force ainsi les discordances mêmes à résonner dans l'universel concert. Quelle est cette idée qui concilie les contraires, découvre des ressemblances entre des termes qui s'opposent et organise ces analogies étranges dans une pensée une et vivante? L'idée du progrès qui dans le présent déjà met quelque chose de l'avenir, qui permet dans le mal de pressentir le bien, qui de la souffrance fait l'effort, l'idée du progrès se présente et s'impose à l'esprit comme la solution nécessaire du problème qu'il doit résoudre. Le passé est encore dans le présent, où déjà s'agite l'avenir : le monde est ce que nous sommes, une même pensée progressive, dont les divers actes s'enchaînent, s'organisent, se survivent dans le bien qu'ils réalisent. Alors tout a sa cause et sa fin, tout accepte les lois de la raison, tout peut être embrassé dans un système d'idées en accord : la beauté relative qui se dégage à chaque instant des désordres partiels est la raison de tout ce qui est en cet instant; cette beauté relative fait pardonner et comprendre les désordres qui la troublent, et elle se fait pardonner et comprendre elle-même par l'élan dont elle témoigne vers la beauté suprême, vers l'harmonie sans contradiction. A coup sûr, cette idée prend bien des formes : les paradis et les enfers des religions, comme les rêves raisonnés des métaphysiques, l'expriment. Elle est si vivace que ceux qui désespèrent du monde ne peuvent se résigner à désespérer de la raison, ils limitent son empire pour hâter son avènement, et ils se consolent des paradis incertains par l'espérance plus précise d'une société parfaite qu'ils croient entrevoir.

Nos actes sont des phénomènes, ils entrent dans la trame des choses, ils sont compris dans le système d'idées qui pour nous constitue le monde. La vie pratique se lie intimement à la vie spéculative, le problème de nos destinées au problème des destinées universelles. Le génie spontané, qui fait tout ce qu'il y a de positif dans l'œuvre de la pensée, est présent à la morale comme à la science. C'est encore en développant sa vie, en allant vers l'unité, en travaillant à se délivrer de toute contradiction que l'homme peu à peu dégage et pose les principes de la vie pratique. Une anarchie d'actes sans suite désorganiserait l'esprit. On ne se donne l'être qu'en composant sa vie d'actes en accord. Il faut qu'à la violence du désir éphémère s'oppose cet idéal de la vie rationnelle, dont tous les moments se tiennent et s'enchaînent. Il faut que l'homme aperçoive dans l'acte qu'il accomplit ses conséquences possibles, qu'il ait devant les yeux son existence entière, que comme l'artiste il voie l'ensemble avant le détail et sache sacrifier un détail à l'ensemble ; il faut qu'il ne soit pas comme un champ de bataille d'êtres en lutte, il faut que toutes ses idées et tous ses actes se concentrent dans l'unité de la conscience d'un être en paix avec lui-même. Mais l'homme ne peut s'isoler de la société, dans laquelle il vit ; de la nature, dont il fait partie. Pour être en accord avec lui-même, il devrait être en accord avec ses semblables, qui agissent sur lui, avec lui ou contre lui ; avec le monde, auquel il emprunte les éléments de son corps et de sa pensée. Il ne devrait pas trouver dans son milieu de contradictions imméritées, inattendues.

En fait, de même que l'ordre réalisé dans le monde suffit à rendre la science possible, mais non à faire l'univers pleinement intelligible, de même la vie pratique est possible, mais toujours incomplète. Dans l'individu même, la nature et la raison s'opposent. En même temps qu'un être prévoyant qui veut organiser sa vie, l'homme est un être sensible qu'un désir présent fascine. Il est égoïste envers lui-même ; l'être d'aujourd'hui est souvent tenté de sacrifier à lui tous les êtres qu'il n'est pas encore. Si la lutte entre la nature et la raison était localisée dans l'individu, tout serait clair. La vie serait à conquérir par le sacrifice du plaisir, par l'effort douloureux et triomphant. L'homme n'aurait qu'à prendre conscience de la raison qui est en lui, pour entrer dans le mouvement universel, pour suivre la direction où est lancé le monde et ne plus trouver d'obstacles. Mais, si la raison n'est pas maîtresse incontestée dans l'âme humaine, moins encore semble-t-elle s'être subordonné l'univers, l'avoir pénétré jusqu'en ses dernières profondeurs. La société n'est pas organisée rationnellement, elle est livrée à tous les hasards de la lutte pour la vie ; il y a des injustices qui paraissent les conditions mêmes de son existence. La nature a peu souci des exigences de l'esprit. Ses accidents imprévus semblent les caprices d'une puissance indifférente ; elle se plaît à démentir la raison, à la faire douter d'elle-même ; elle scandalise la conscience par les triomphes de ceux qu'elle favorise aussi bien que par les douleurs de ceux qu'elle frappe. Il faut bien en venir à cet aveu qu'il y a de l'absurde dans le monde.

A l'ordre troublé répond une existence incomplète et précaire. Le problème se pose pour la vie pratique comme pour la vie spéculative : ou il faut se décourager, renoncer à soi-même en renonçant à la raison, accepter une petite vie de prudence craintive et défiante ; ou il faut tout embrasser, faire rentrer ce qui est dans ce qui doit être, comprendre le mal même dans un système d'idées toutes subordonnées à l'idée du bien. La solution spontanée du problème, c'est l'idée du devoir. Si la morale devait reposer sur l'ordre universel, elle n'existerait pas ; l'ordre universel n'est pas actuelment réalisé, c'est l'esprit qui le pose, qui l'affirme, parce qu'il ne peut être sans lui. On ne démontre pas l'idée du devoir, on la justifie indirectement en montrant que seule elle répond aux exigences de la pensée. Le devoir est une hypothèse, il est la raison même. La raison s'accepte, ne se démontre pas elle-même. Le devoir corrige et redresse le monde ; il affirme que l'irrationnel est une apparence, que la raison règne, qu'elle comprend même ce qui semble la contredire, qu'elle est la loi souveraine, que c'est une obligation et un bonheur de lui obéir en toutes choses. L'esprit veut être, le désordre l'amoindrit, il supprime le désordre, il comprend jusqu'aux dissonances dans son harmonie. Il ne peut être que s'il est tout ; il se fait tout. Malgré les brutalités de la nature, malgré tous les démentis des choses, il maintient la suprématie de la pensée ; il subordonne l'ordre physique à l'ordre moral ; par le progrès, il fait de ce qui est un moment de ce qui doit être ; il affirme que la raison finit toujours par avoir raison ; lui, faible et chétif, qu'un rayon éblouit, qu'un atome écrase, il grandit jusqu'à embrasser le monde tout entier, il trouve dans sa foi la force de soulever cet univers immense, de l'entraîner dans son élan, de le détruire pour le transformer, de l'anéantir dans tout ce qu'il a de mauvais, pour le ressusciter dans la splendeur du bien.

Ainsi, à tous les degrés de la pensée, nous retrouvons le génie instinctif qui s'élève sans cesse vers une vie plus complète et ne s'arrête que quand il a posé toutes les conditions qui donnent à l'esprit la réalité. Il devance la réflexion qui parfois refuse de le suivre, que le plus souvent il entraîne à sa suite. La science, dans ce qu'elle a de positif, est son œuvre. Pour que ses méthodes, induction, hypothèse, analogie, soient justifiées, il ne suffit pas que le même antécédent soit toujours accompagné du même conséquent, il faut un rythme, une harmonie, qui, ramenant les mêmes combinaisons, maintienne les genres, les espèces et les lois.

Plus encore, les religions et les métaphysiques dépendent de cet art instinctif, vital. Le monde ne peut devenir l'objet d'une pensée en accord avec elle-même que s'il est lui-même une pensée progressive, dont toutes les idées de plus en plus conspirent, et à travers les luttes nécessaires, les efforts triomphants, les victoires douloureuses composent une harmonie de plus en plus parfaite. Sous des formes différentes, par leurs dogmes comme par leurs mystères, les religions affirment cette souveraineté de la raison. Elles imaginent le monde concerté dans tous ses détails par un esprit tout-puissant et admirent sa sagesse jusque dans les désordres les plus choquants. La réflexion, au service de la foi, ne sert qu'à la confirmer par ses subtilités. La métaphysique est plus défiante, moins naïve ; mais la réflexion le plus souvent ne subtilise que sur les données de l'instinct ; elle est le manœuvre, le génie est l'architecte ; elle se croit indépendante, elle travaille pour le sentiment. Socrate affirme que l'ordre logique, l'ordre réel, l'ordre moral se confondent, que le monde, l'intelligence et la volonté conspirent, que tout étant subordonné à l'idée du bien quiconque fait le mal fait son mal, quiconque sort du bien sort de la réalité, doit y être ramené par une fatalité qui est une justice. Platon tente d'établir ce que Socrate affirme, de faire dériver tout ce qui est des idées, de coordonner logiquement toutes les idées à l'idée du bien ; on n'a jamais pu rétablir la démonstration. Le génie d'un élan court aux vérités dernières qui organisent toute la pensée : la réflexion cherche en vain à rétablir les intermédiaires en les parcourant de son allure lente et laborieuse.

IV

Comme l'homme ne se distingue pas des idées, qui sont les éléments de sa vie consciente, tant qu'il n'a pas organisé toutes ses idées, il n'existe que d'une existence imparfaite. Or les idées de l'homme, ce sont tous les phénomènes qu'il contemple et tous les actes qu'il accomplit ; c'est le passé, le présent, l'avenir même ; c'est le réel et c'est le possible, ce qui a été, ce qui est, ce qui sera ; c'est lui et c'est l'univers ; c'est tout ce qui semble lutter, s'opposer, se contredire, n'exister que par cette guerre, dont le vieux philosophe proclamait l'inépuisable fécondité : παντων πατηρ πολεμος. Voilà tout ce que l'homme doit comprendre dans une même pensée pour ne pas laisser détruire sa raison par la déraison des choses. Voilà de quels bruits discordants il faut composer la musique divine qui charme les folies menaçantes. L'homme ne se crée qu'en créant l'univers ; il n'existe qu'en donnant l'existence à tout ce qui est et non pas une existence superficielle, hasardeuse, mais une existence solide et durable. Il n'existe que si l'ordre qui le constitue est réel, et cet ordre n'est réel que s'il est la vraie raison des choses, que si les désordres mêmes ne sont que des efforts vers lui. L'esprit n'existe qu'en se donnant une réalité absolue, pour la communiquer et la répandre en tout, et c'est assez qu'il se livre à l'élan spontané vers la vie pour qu'il franchisse les intervalles immenses qui le séparent de l'absolu en emportant dans sa pensée l'univers tout entier. C'est ce besoin d'être, c'est cette fécondité dans la vie et dans la beauté qu'expriment toutes les religions, toutes les métaphysiques. Ne voyant plus le présent à force de regarder l'avenir, elles bravent et nient le mal, elles font tout sortir de l'esprit pour tout y ramener ; elles lancent le monde vers la perfection, elles concilient les oppositions, les luttes, les désordres et les douleurs dans l'unité harmonique d'une pensée dont toutes les idées concourent en une idée suprême. L'homme veut vivre, et il se crée lui-même : c'est la première et à vrai dire la seule œuvre qu'il ait à accomplir, car il ne donne l'être à son propre esprit qu'en l'agrandissant sans cesse jusqu'à y comprendre tout ce qui est.

Tant que l'homme pense et agit, sans s'interroger sur lui-même en s'abandonnant à la spontanéité de la nature, tant qu'il vit au lieu de se regarder vivre, il suppose réalisées les conditions de sa vie ; il les affirme implicitement pas ses actes, qu'il construise le monde dans son apparence, qu'il en classe les êtres ou en découvre les lois, qu'il affirme l'universalité des principes rationnels ou la prééminence de l'ordre moral. Quand il se prend à s'inquiéter de la valeur de son œuvre et qu'il cherche anxieusement à la justifier, ce qui fait la grandeur et l'effroi de cette question suprême, que pose tout à coup la réflexion, c'est que c'est une question de vie ou de mort.

Par la science, par la morale, par la religion, par la métaphysique, nous affirmons spontanément que tout est intelligible, la réflexion intervient et demande : Pourquoi tout est-il intelligible ? Quelle est la preuve de cette affirmation partout présente? Justifiez ce principe des principes; avant de construire, essayez au moins le fondement sur lequel va poser tout l'édifice. A coup sûr, quand ce problème se pose, le premier mouvement est d'effroi. Pourquoi tout serait-il intelligible? Pourquoi tout serait-il subordonné à l'ordre moral? Qu'est-ce qui prouve que la raison finit toujours par avoir raison? Pourquoi l'absurde ne serait-il pas? Pourquoi nier le mal? Le désordre est dans les choses, des choses il pénètre dans les âmes; l'absurde que vous niez est partout; il y a la mort, la douleur pire que la mort, et le péché pire que la douleur. Les âmes faibles et douces se détournent du monde, elles ferment les yeux pour ne pas le voir, elles s'en échappent comme d'un lieu d'exil et se réfugient dans leur rêve : voilà l'origine des métaphysiques et des religions. — Rien ne prouve que tout soit intelligible, c'est vrai; rien ne prouve que le bien soit l'idée maîtresse, qui noue et dénoue le grand drame des choses, c'est vrai; rien sinon que cette foi est en nous, qu'elle est présente à tous les efforts, à toutes les pensées de l'homme, qui n'est pas en dehors de a nature; rien, sinon qu'elle est l'esprit même et qu'avec elle il s'anéantit. L'homme est l'œuvre de l'homme; tout s'en vient finir à cette question dernière : être ou ne pas être.

Voulez-vous la vie, la voulez-vous non pas arbitrairement limitée, mais dans son plein et libre épanouissement? Voulez-vous être ou ne pas être? Nier l'intelligible, c'est rendre incertain, éphémère le rythme harmonieux qui seul permet le rythme de la vie; c'est menacer l'homme dans son existence physique, qui suppose le balancement et le retour régulier des phénomènes, comme dans son existence spirituelle, qui suppose la persistance des genres et de leurs rapports, la continuité même dans le progrès. Nier la suprématie de l'ordre moral, éteindre l'idée du bien, c'est livrer l'homme aux batailles de l'intérêt, c'est rendre la vie pratique impossible, c'est enlever tout sens à l'effort, c'est mettre la guerre et l'incertitude dans les actes comme dans les idées. La vie spéculative enfermée dans le monde qui s'écoule et n'est déjà plus; la vie pratique bornée au désir éphémère qui meurt avant même d'être satisfait, l'emprisonnement dans l'instant qui passe, la perpétuelle menace de l'inconnu, la hâte de jouir : voilà la conséquence logique de ces doutes et de ces négations. Qu'on ne dise pas que le passé garantit l'avenir, que le souvenir d'hier devient la prévision de demain, que la vie pour être relative n'est pas supprimée; il n'y a pas de limites au relatif; la vie est incertaine, éphémère; la logique pousse cette incertitude jusqu'au néant. Si vous affirmez sans preuves que l'ensemble des mouvements sera tel demain qu'il reproduira le grand rythme harmonieux qui permet la vie, vous obéissez à l'instinct spontané qui pousse l'homme à poser les conditions de sa vie et de sa pensée; si vous reconnaissez n'avoir rien à dire, poussés à bout, vous êtes contraints d'avouer que la vie est sans garanties, que la pensée n'a que la réalité de l'instant présent. Pauvre réalité, pauvre vie spirituelle d'une âme livrée à toutes les contradictions des choses!

Dans les moments de lassitude, où l'élan vers la vie s'affaisse; quand vient l'heure pour les peuples de disparaître ou de se renouveler, la réflexion est un instrument de négation : affirmer, c'est vivre; être, c'est croire; comme on n'a plus la force de vivre, on n'a plus la force d'affirmer, comme on n'a plus le courage d'être, on n'a plus le courage de croire. L'âme n'a plus assez d'élan pour parcourir le monde, pour l'embrasser dans un vaste amour et pour le soulever vers l'absolu. On a juste assez de force pour l'existence limitée, relative, pour le jour qui s'écoule, jusqu'à la nuit qui va venir. La réflexion n'est pas nécessairement cet instrument de négation : son œuvre est de développer les affirmations implicites de la nature, de donner conscience de lui-même à l'universel instinct, d'éclairer d'une lumière nouvelle les idées, que tout plus ou moins exprime, par l'action spontanée, de les rendre visibles à elles-mêmes. Aux heures où la force surabonde, où la nature jeune encore garde toutes ses audaces et toute sa fécondité, la réflexion est vraiment la conscience du génie intérieur, qui spontanément travaille à créer l'esprit en créant le monde : elle est ce génie de la pensée et de la vie, mais en possession de lui-même, conscient de sa grandeur et de sa dignité; et elle va jusqu'au bout de la pensée et de la vie, organisant tout ce qui est dans un système d'idées triomphantes, emportant l'âme très loin dans l'avenir jusqu'aux hauteurs sereines où les désordres du présent se fondent dans la divine harmonie de l'univers pacifié.

Qu'on ne nous accuse pas de réfuter les doctrines par leurs conséquences, d'essayer d'attendrir ou d'effrayer l'homme sur lui-même; nous ne faisons pas une métaphysique. De l'étude des instincts primitifs qui président à la vie de l'esprit nous concluons que le perpétuel effort vers l'harmonie qui crée la science et pose les principes nécessaires de la vie spéculative et de la vie pratique n'est que l'effort vers l'être; nous constatons que l'absurde nous anéantit et que le génie spontané qui nous entraîne vers la vie nous entraîne du même élan vers l'intelligible. Est-ce à dire que la métaphysique soit une façon de mysticisme, une intuition ou une extase; la raison ne proclame pas sa souveraineté absolue pour renoncer aussitôt à elle-même, pour s'éprendre de rêveries et de mystères qui l'anéantiraient. La métaphysique, c'est l'effort vers la vie, donc vers l'intelligible; c'est à la raison que les métaphysiques se proposent, c'est d'elle qu'elles doivent se faire accepter. Si la réflexion pouvait représenter le monde dans un système d'idées, qui réponde à toutes les lois de l'esprit et à toutes les lois des choses; si cette déduction partait d'un principe immédiatement évident et par une série de conséquences non moins évidentes arrivait à supprimer tout ce qui est absurde, à résoudre tous les problèmes qui veulent être résolus, la raison accepterait ce système non pas en renonçant à elle-même, mais en s'acceptant tout entière et en formulant sa propre législation. Mais, si évident que fût le principe, si rigoureux que fût l'enchaînement des idées, le scepticisme pourrait toujours hésiter; toujours en dernière analyse l'adhésion reposerait sur la foi de la raison en elle-même, sur la volonté d'être, sur l'acceptation de la vie.

L'esprit n'existe qu'à la condition de se créer lui-même en concentrant dans son unité tout ce qui est. Les empiriques énumèrent les éléments qui sont unis dans l'idée du moi ; ils croient qu'ils ont expliqué l'esprit quand ils ont compté et classé les phénomènes qu'il coordonne. Leur analyse confirme nos conclusions, elle les impose. Nous ne trouvons rien de réel, rien de positif dans l'idée du moi, disent les empiriques, que nos états présents, passés, futurs, sensations, images, idées, souvenirs, émotions, volitions : c'est leur trame qui nous constitue. Soit, mais à quoi répondent ces événements et ces états intérieurs? Nos sensations, ce sont les phénomènes extérieurs; nos émotions, nos désirs, nos volitions, ce sont les actes par lesquels nous répondons à ces phénomènes. L'analyse des empiriques nous amène donc à cette conclusion : le moi se constitue dans son unité, dans son identité, en organisant ses états intérieurs, et il ne peut organiser ses états intérieurs qu'en organisant le monde et ses actes dans l'unité d'une même pensée. Le problème qui s'impose est celui que l'esprit résout spontanément. Dès lors, quelle singulière solution que celle qui borne la vie de l'esprit à reproduire les sensations passées sous forme d'images et à mettre bout à bout ces faits successifs, dont la chaîne s'allonge jusqu'à la mort. Le problème ne demeure-t-il pas tout entier? Nos états intérieurs, en admettant qu'ils se survivent et qu'ils s'additionnent, ne changent pas de nature en vieillissant, ils répondent toujours aux phénomènes du monde et à nos actes passés, ils sont toujours des éléments divers qui ne peuvent constituer la vie spirituelle qu'en s'ordonnant dans l'unité de la conscience individuelle.

Plus ces éléments sont nombreux, plus il importe de les réduire, plus leur multitude est menaçante, plus il importe de les dominer. Or que sont ces éléments? Les faits extérieurs et les faits intérieurs, les phénomènes et nos actes, toute la réalité. Au premier regard, on est effrayé de tout ce qui doit être uni, ordonné, concentré dans un esprit. L'observation intérieure confirme donc nos analyses précédentes : tout le travail de l'esprit revient à se créer lui-même. Le génie dont nous avons constaté à tous les degrés de la vie spirituelle l'action inconsciente et spontanée exprime bien l'effort vers l'être. Pour comprendre l'esprit, il ne suffit pas d'énumérer ses éléments, bien plutôt faut-il chercher la loi qui les ordonne et les organise. La vie, c'est l'effort, le mouvement, le progrès. « Pour l'esprit comme pour le corps, cesser de lutter, c'est commencer à mourir » (Maudsley). Des sensations aux lois les plus générales de la science l'esprit s'efforce vers l'harmonie. Mais, si l'esprit n'est rendu possible que par l'ordre, il ne prend une existence réelle, indépendante, durable, qu'à la condition que l'ordre qui le constitue ne soit pas un accident heureux ; il n'existe donc que s'il se confère une réalité souveraine, que s'il se pose comme le principe des choses, le législateur et le créateur des mondes. Emporté par son mouvement vers l'être, obéissant à l'instinct de la vie, il n'hésite pas, il affirme que tout est intelligible, que tout est pour la pensée, que les désordres sont compris dans un ordre supérieur et que les contradictions les plus douloureuses ne doivent pas arrêter l'âme dans son élan vers la paix et la beauté. Ainsi l'esprit se donne l'être et à l'univers entier par l'audace d'un génie que rien ne décourage et qui d'un élan spontané s'élève à la réalité suprême, en laquelle seule il trouve le repos et l'existence. S'il s'effraye de son audace, s'il n'ose pas s'abandonner à la vie, son existence peu à peu se restreint, s'appauvrit jusqu'au néant. Les lois ne sont plus garanties ; le souvenir n'est plus prévision, le présent est incertitude, l'avenir est menacé ; non seulement les genres et les espèces actuels peuvent disparaître, mais tout ordre peut être supprimé, la direction des mouvements changeant brusquement. La raison pure et la raison pratique s'unissent et se confondent; en dernière analyse, la raison pure n'est qu'une forme de la raison pratique, et ses lois reposent sur la nécessité pour l'esprit de défendre et de garantir son existence.

Des faits externes devenus faits internes en vieillissant, en s'effaçant, en se perdant peu à peu dans l'ombre grandissante du temps, ce n'est ni le moi, ni le monde. Les sensations et les souvenirs, les émotions et les actes ne sont que les éléments du monde et du moi. Il faut que l'esprit à l'élan qui lui permet de parcourir l'univers et de s'emparer du détail des phénomènes unisse la force de soulever ces faits sans nombre et de les plier aux exigences de la pensée, aux conditions de la vie intérieure. Plus il recueille de faits en dehors de lui et plus il trouve en lui de génie et de beauté pour concilier leurs oppositions, plus sa vie grandit et s'exalte. Chaque esprit est un point de vue original sur le monde ; il y a autant de mondes qu'il y a d'esprits, ou mieux de degrés dans la vie spirituelle, depuis l'ignorant enfermé dans un monde étroit, qu'il imagine autant qu'il le peut en conformité avec ses besoins, avec ses aspirations morales, jusqu'au savant qui plonge ses regards dans les espaces infinis et qui réduit la multitude des phénomènes coexistants et successifs aux quelques lois partout présentes qui les dominent. L'âme la plus âme, c'est celle qui multiplie le plus ses pensées et ses actes en les maintenant en accord ; c'est celle qui manifeste avec le plus de grandeur sa puissance et son harmonie ; c'est celle qui ne perd rien de ses forces, parce que toutes ses énergies concourent, celle dont toutes les pensées, tous les sentiments et tous les actes trouvent leur unité dans quelque puissant amour : l'âme la plus âme, c'est l'âme la plus harmonieuse et la plus belle. Organiser une multitude d'éléments, faire que de cette variété infinie de phénomènes mobiles se dégage l'unité d'un caractère, qu'en tous soit présente et vivante une même pensée qui les relie et les coordonne, se créer soi-même : voilà l'œuvre qui résume tout l'effort de l'homme et qu'il accomplit spontanément par cela seul qu'il vit et qu'il pense.

La vie est une conquête, une victoire ; mais toute lutte a ses vaincus. Tout homme ne réussit pas à organiser ses idées et ses actes : tantôt la nature, par un de ses accidents imprévus, arrachant brusquement la clef de voûte qui supportait tout l'édifice de la vie, l'écroule ; tantôt il semble que l'âme soit trop faible pour résister à l'envahissement des phénomènes, pour s'en distinguer en les dominant, et elle ne sait plus ce qui vient d'elle ou des choses. Dans une grande douleur l'âme se brise, le mot n'est que juste, l'être d'aujourd'hui ne se rattache plus à l'être d'hier ; on se pleure soi-même ; et c'est un spectacle douloureux que le vain effort d'un homme pour rallier ses pensées et ses actes à quelque fin qui vaille encore d'être poursuivie. Le désordre est pire que la douleur, car son principe n'est plus dans les choses, il est en nous ; au terme, c'est la folie, c'est la mort de l'esprit dispersé par l'anarchie des idées rebelles. Tout désordre moral devient un désordre intérieur qui menace l'esprit dans son existence, en lui rendant les choses inintelligibles. C'est une terrible fécondité que celle du mal commis ; ce principe de contradiction pose logiquement toutes ses conséquences ; les événements les plus indifférents deviennent hostiles, les actes ne peuvent plus s'accorder entre eux ni avec les actes des autres ; les forces s'épuisent dans cette lutte pour faire l'absurde raisonnable, et la pensée troublée ne peut rétablir l'unité en elle et dans les choses qu'en faisant rentrer violemment ce désordre dans l'ordre, qui seul peut satisfaire l'esprit alors même qu'il le viole. De là l'existence agitée, inquiète, la lutte continue pour faire face aux surprises, l'effort pour prévoir et prévenir les fatalités suspendues, et par-dessus tout le mécontentement de l'âme, qu'une logique implacable contraint à se frapper elle-même.

Parfois, qu'il soit victime de l'absurdité des choses ou de ses propres fautes, l'esprit est définitivement vaincu. Tantôt la fin à laquelle il avait subordonné ses idées et ses actes disparaissant tout à coup, il se désorganise, il n'a plus la force de dominer et de concentrer les éléments de son être ; c'est l'anarchie d'un esprit dispersé qui assiste à la dissolution de lui-même. Tantôt, sous l'action d'une passion dominante, le fou ajoute à sa vie toute une série de phénomènes qu'il invente, ou même remplace toute la série de ses événements par une série étrangère : il devient dieu, roi, empereur; au lieu de constituer sa pensée en s'accordant avec les choses, il subordonne tout à lui-même, il s'attribue ce qu'il n'a pas fait, il voit ce qui n'est pas, il réalise le monde qu'il imagine et auquel il donne pour loi suprême d'exprimer son idée fixe, son désir violent et dominateur. L'individu doit se faire sa place dans l'univers, sans se laisser envahir par les choses, sans tout absorber dans son égoïsme étroit. Il se crée par son propre effort en se comprenant lui et le monde dans l'unité d'une pensée consciente d'elle-même, à la fois distincte et parente des choses. Il y a autant de degrés dans la vie, autant de points de vue sur le monde qu'il y a d'individus : chaque homme existe dans la mesure où il parvient à se constituer lui-même, à multiplier ses idées et ses actes en les conciliant, à faire conspirer toutes ses puissances, à comprendre le monde, ses semblables et lui-même dans l'unité d'une pensée organique et vivante.

Au-dessous de la surface, qu'éclaire pleinement la lumière

de la conscience, vit donc une activité latente qui sans cesse en travail organise les éléments de la vie intérieure. C'est ce génie toujours en effort qui dirige toutes les démarches de l'esprit; c'est lui qui fait tout ce que nous faisons sans le savoir, lui qui prépare les matériaux de la science et qui seul rend féconde la pensée réfléchie. Il agit spontanément; il est l'esprit même dans sa fonction primitive qui est d'organiser tout ce qui pénètre en lui, et il ne se révèle à nous que par les œuvres merveilleuses qui sont nôtres, sans que nous les ayons voulues, sans que nous les ayons faites. Tout ce qu'il y a d'originalité et d'invention dans le travail de l'intelligence vient de cette activité créatrice, inconsciente et spontanée. La sensation, première harmonie, avec laquelle apparaît la conscience; les genres, en lesquels se résument les individus; les lois durables et générales qui remplacent les phénomènes particuliers et éphémères; les théories qui comprennent les lois dans l'unité d'un principe systématique; les principes rationnels qui s'imposent à tout ce qui est, soumettent le monde, l'homme, tout le réel et tout le possible à l'esprit, tout est l'œuvre de ce génie qui va jusqu'au bout de la vie. Toujours inquiet d'harmonie, il n'agit que pour la beauté; c'est ce mystérieux amour qui lui donne l'élan, qui le soutient et qui le guide, et cet amour n'est que l'amour de l'être : l'être se mesure à la beauté. Penser, c'est vivre; l'homme veut vivre et il soumet tout aux lois de la vie, qui ne se distinguent pas des lois de la pensée. La logique se subordonne à la vie, la réflexion à la spontanéité. C'est la nature, en laquelle l'esprit plonge ses racines, qui, poursuivant son travail, crée le monde des idées après avoir créé le monde des choses. La critique ne fait que décomposer les œuvres du génie, la raison n'est féconde que parce qu'elle est le plus élevé des sentiments, le plus impérieux des instincts. La science repose non pas sur une démonstration logique, mais sur les affirmations qu'impliquent la vie et la pensée, par cela seul qu'elles ne renoncent pas à elles-mêmes.

Tout ce qu'il y a de fécondité dans l'intelligence vient du génie qui va vers la beauté, parce qu'il va vers la vie. La première œuvre d'art de l'homme, c'est l'homme même, œuvre grandiose, toujours inachevée, puisque la vie complète, ce serait le monde entier devenu la pensée. S'il en est ainsi, l'erreur n'a rien de monstrueux ni de décourageant; elle est une forme de ce désir de vivre et pour vivre d'organiser ses idées en les multipliant. Seule la multiplicité n'est qu'une confusion; loin d'enrichir l'esprit, elle le divise; les forces qui s'opposent se détruisent, elles n'ont tout leur effet que quand elles concourent. L'esprit de système est un besoin vital, l'erreur vient du même principe que la vérité. Vivre, c'est organiser, organiser tout ce qu'on reçoit du dehors, le transformer en quelque chose de vivant; penser, c'est vivre, c'est organiser ses idées, c'est y mettre l'unité de la vie. L'erreur consiste à créer des organismes non viables, dont les éléments réunis artificiellement tendent à se désunir. Ils portent en eux-mêmes leur principe de mort, ils sont condamnés en naissant, ils disparaissent tués soit par leurs contradictions internes, soit par les idées qui de toutes parts les combattent et les détruisent par leur opposition.

La certitude n'est-elle pas elle aussi une forme de cet amour de l'être, de cet effort vers la vie? La certitude est l'état de l'esprit en présence de la vérité, un état de bien-être et de joie, un sentiment de paix profonde, inaltérable, qui ne laisse l'inquiétude d'aucun doute, le désir d'aucune recherche. Toute démonstration suppose des principes et n'est qu'une suite d'intuitions; en dernière analyse on ne prouve pas la vérité, on la reconnaît au sentiment qu'elle inspire. Quel est donc le fondement de la certitude; qu'est-ce qui nous autorise à croire que notre sentiment intérieur nous est une garantie suffisante de la vérité? n'est-ce pas l'affirmation implicite que le monde est subordonné à la pensée? que les lois de l'esprit sont les lois des choses? Quelles que soient les lois de la logique, les procédés qu'elle suggère, les précautions qu'elle conseille, au dernier terme, tout l'édifice repose sur la foi de la raison en elle-même. Cela est vrai parce que cela me paraît vrai; cela me paraît vrai parce que je ne puis nier cette vérité sans m'anéantir moi-même en niant l'un des principes constitutifs de mon être. Je ne puis vivre sans affirmer, la vie est une perpétuelle affirmation, j'affirme parce que je veux vivre. Si je n'ai pas confiance en mon esprit, si je me livre au doute, je suis dans l'incertitude, dans la perpétuelle angoisse de l'inconnu. Je veux vivre, donc je pense, donc je crois à ma pensée. Je ne doute pas de la vérité parce que je ne doute pas de moi-même. Je n'accepte qu'un postulat; mais je l'accepte tout entier jusqu'à ses dernières conséquences; ce postulat, c'est la vie. La foi de la raison en elle-même n'est que la forme la plus élevée de l'instinct de conservation. Etre ou ne pas être, croire ou douter, tels sont les termes dans lesquels doit se poser le problème de la certitude que tout homme résout spontanément par cela seul qu'il existe.

Les gens naïfs ne comprennent pas qu'on pose le problème de la certitude, et ils ont raison : je pense comme je vis, il est aussi absurde de contester ma pensée que ma vie. Le scepticisme absolu est un non-sens; il est contradictoire de vouloir vivre en renonçant aux conditions de la vie. On a dit : le rôle du sceptique est d'être muet, il faut dire : Le rôle du sceptique est d'être mort. Le positiviste est un sceptique inconséquent et timide. Il ne vit et il ne pense qu'à la condition de ne pas réfléchir sur les conditions qu'il fait à la vie et à la pensée. Il accorde à la nature ce qu'il faut de stabilité pour ne pas menacer l'individu; il fait le monde assez raisonnable pour rassurer le sens commun; mais poussé logiquement, il doit avouer que rien ne garantit ni la vie ni la pensée. La raison n'admet pas ces demi-mesures ; il faut qu'elle soit tout, ou elle n'est rien. Le positivisme veut arrêter la vie, la vie n'accepte pas ces limites arbitraires, elle va droit devant elle jusqu'au bout d'elle-même et des choses. La science n'est possible que par les genres et les lois, les genres et les lois ne sont possibles que par les idées, je cherche les lois, je crois aux idées, j'affirme tout ce qui permet ma pensée, je pose toutes les conditions de mon existence spirituelle. La certitude est inconsciente, spontanée, irréfléchie, comme l'élan vers la vie ; par cela seul que je pense, j'applique les lois de mon esprit aux choses, je subordonne le monde à ma pensée. Ce qui fait la certitude invincible à tous les arguments, à toutes les subtilités, à tous les sophismes, c'est qu'elle repose sur la nécessité de vivre, c'est qu'elle est la vie même se développant, s'emparant des choses, s'assimilant le monde.

Le rôle de la réflexion, c'est d'abord de diriger cet élan vers l'être, d'arrêter les précipitations dangereuses, de modérer l'entraînement vers les systèmes superficiels où tout semble s'organiser. L'expérience a montré que la nature dépasse l'imagination, qu'elle humilie nos systèmes les plus grandioses, c'est une victoire encore pour l'esprit, qui grandit comme le monde qu'il pense; c'est un avertissement aussi qui doit le mettre en garde contre les impatiences orgueilleuses. Mais la réflexion n'a pas seulement un rôle négatif, elle n'est pas condamnée à s'enfermer dans une prudence ironique et stérile; elle n'a pas perdu toute fécondité propre, en elle vit le génie spontané qui travaille obscurément pour elle, elle est ce génie même mais conscient de sa nature, de ses désirs, de ses lois, maître de lui-même, sachant où il va et pouvant y marcher librement. Le vrai rôle de la réflexion, c'est d'accepter la vie spirituelle, d'en poser hardiment toutes les conditions, d'assurer à la pensée une existence véritable en la dégageant de la nature, en lui donnant la conscience d'elle-même et de sa valeur absolue. La certitude est d'abord irréfléchie, comme la vie est spontanée; la pensée s'exerce plutôt qu'elle n'existe, puisqu'elle s'ignore elle-même; la réflexion pose le problème de la certitude, saisit toutes les contradictions qu'il renferme, et le résout sans hésiter par l'orgueil de la pensée qui ne veut pas s'anéantir en doutant d'elle-même. L'esprit n'existe vraiment que quand il a affirmé son existence absolue en face de tout ce qui le nie.

Mais, dans le monde tel qu'il nous est donné, la pensée est possible, elle n'est jamais pleinement réelle. Les contradictions de ce monde, ses désordres, ses douleurs la déchirent, atteignent le principe même de son existence : la souveraineté absolue de la raison. La réflexion voit le danger, le conjure : alors même que la pensée semble vaincue, elle affirme qu'elle est triomphante, et c'est déjà un premier triomphe que cette superbe de l'esprit qui ne reconnaît pas ce qui le tue.

Ce n'est pas assez de refuser le problème, la réflexion le résout; par l'idée du progrès elle fait rentrer le désordre dans l'ordre : la certitude s'achève par l'espérance. La pensée n'est plus seulement possible, elle est réelle : toutes les idées peuvent être définitivement organisés par cette correction du monde soumis aux lois de la raison jusqu'en ses révoltes. En devenant l'espérance, la certitude ne change pas de caractère, elle est toujours la foi de la raison en elle-même, l'amour de la vie et de la beauté qui seule permet la vie. Nous n'existons qu'en affirmant que la pensée est possible et réelle, que ses lois sont les lois des choses, et que rien ne peut se soustraire brusquement à leur empire : la science et la vie posent sur ce principe. C'est donc une nécessité logique et vitale qui nous entraîne à ne nous arrêter que quand tout est soumis aux lois de la raison, que quand la foi est devenue l'espérance.

Si nous nous emprisonnons dans l'heure présente, si nous nous bornons à regarder ce qui est, nous entrevoyons par la science l'unité des lois, la simplicité des procédés ; mais, étourdis par les désordres et les contradictions, nous ne saisissons pas l'unité véritable, l'unité de l'idée qui seule donne un sens à tous ces efforts en leur imprimant une direction. Quand l'homme dans la lutte qu'il soutient pour vivre se sent vaincu, quand par un accident imprévu, par une brutalité des choses, par une défaillance morale, il voit s'éteindre tout à coup l'une des grandes lumières qui le guidaient en éclairant sa route, d'abord il se sent pris de découragement et d'effroi, les ténèbres qui l'enveloppent l'épouvantent ; mais, s'il lui reste la force de vivre, s'il n'est pas à jamais vaincu, des profondeurs de son âme jaillit une lumière nouvelle qui brille au loin et dont le rayonnement affaibli vient jusqu'à lui : c'est l'espérance. Comme l'homme redresse sa vie individuelle, comme il s'efforce de corriger ce qu'elle a d'injuste et d'absurde, ainsi il redresse et corrige l'univers, dont il est la conscience et dont il ne peut accepter les désordres sans troubler sa pensée. L'espérance est une loi primitive de la raison, la logique l'impose, la vie l'exige ; c'est par elle seule que l'esprit s'achève en faisant du monde un tout, dont les désaccords mêmes rentrent dans l'universelle harmonie, c'est par elle seule que tout se tient et se concilie, que l'âme s'apaise à la paix universelle, que tous les éléments de l'esprit et des choses s'unissent pour composer un monument grandiose, que nous ne contemplons pas dans sa majestueuse ordonnance, nos yeux étant trop faibles pour pénétrer l'infini de l'avenir et embrasser l'immensité d'un regard, mais dont nous suivons les colonnes qui s'élèvent, les arceaux qui s'inclinent, les lignes qui toutes montent d'un même élan pour se rencontrer et s'unir dans des hauteurs éternellement sereines.

Qu'il crée le monde dans son apparence sensible, qu'il

découvre dans la simplicité des moyens et des procédés de la nature l'image de l'art supérieur qui les combine dans des créations d'une variété infinie, ou que, saisissant dans sa pensée les lois de l'universelle pensée, il cherche le sens des choses et s'élève jusqu'au principe de beauté, raison et garantie de l'ordre cosmique, toute la fécondité de l'esprit vient du génie, de la puissance vitale, inconsciente, spontanée, qui organise tous les éléments dont elle s'empare. En dernière analyse, tout repose sur la vie. Ce qui fait la force irrésistible de l'évidence, c'est qu'elle ne se prouve pas, c'est qu'elle est la santé, l'énergie vivante, comme le doute est la maladie d'un esprit affaibli qui renonce à lui-même et s'en va vers la mort, suprême négation. L'homme sort de la nature, il résume tous ses états antérieurs, il concentre tous ses progrès successifs; la raison, c'est la nature qui pense en lui, qui continue son œuvre et se regarde à la fois dans son passé, dans son présent, dans l'avenir vers lequel elle s'efforce.

Vivre, c'est affirmer; l'action supprime le doute. Il n'est pas un acte de la pensée, il n'est pas un raisonnement, une hypothèse, une loi formulée, qui n'unisse la nature à la pensée et ne pose l'identité de leurs lois. Plus encore que la science, la vertu est une foi dans la souveraineté de la raison. L'homme qui agit comme si, l'ordre physique étant subordonné à la raison, une justice immanente dirigeait tous les mouvements cosmiques, déjà vit dans ce monde supérieur. De là sa sécurité profonde. « Soyez assurés, disait Socrate à une heure solennelle, que rien de mal ne peut arriver à l'homme de bien. » La foi ne se sépare pas des œuvres; la vraie grâce efficace, c'est l'énergie, c'est l'action, c'est l'effort vers le meilleur. On ne nie point ce dont on éprouve la réalité par la conscience qu'on prend de soi-même. Un acte de désintéressement, un sacrifice volontairement accepté rassure l'esprit sur l'avenir du monde. On mérite la grâce, on mérite la foi. Comment une âme, en qui le bien triomphe, douterait-elle du triomphe du bien? Faire le bien contre les séductions du plaisir, contre les sophismes de l'intérêt, c'est pour un instant croire à la souveraineté du bien. Si l'acte se répète, s'il devient vertu, l'habitude enracine la foi, la rend vivante, peut lui donner une force invincible. La certitude morale est ainsi la récompense de la vertu. L'erreur de Socrate et de Platon, c'est d'avoir cru qu'on pouvait prouver logiquement le règne de l'amour, coordonner par une dialectique savante toutes les idées à l'idée du Bien ; c'est d'avoir dépossédé les humbles esprits du royaume de Dieu, rêvé je ne sais quel concile de philosophes infaillibles, la papauté laïque d'un mathématicien du bien. On ne prouve pas logiquement la foi, l'espérance; on ne prouve pas la vie, on l'accepte, et cette acceptation est avant tout un acte d'énergie vitale, un acte aussi de courage et de force morale. On ne peut retrouver tous les intermédiaires qui relient la réalité au bien suprême; il faut franchir un espace infini; sans sortir du réel, le traverser hardiment; suivre l'esprit jusqu'au bout de lui-même.

N'est-ce pas là ce qui rétablit l'égalité entre les hommes? Tandis que les esprits les plus riches de connaissances s'oublient, se perdent dans les choses, les plus humbles peuvent garder la force de croire en eux-mêmes et de tout subordonner à la pensée. La vertu est un effort où se marque encore l'opposition de l'esprit et des choses ; l'amour est une possession, non pas l'amour mystique, contemplatif, l'amour vrai, l'amour agissant. Si la foi est action, quelle affirmation plus haute qu'un acte d'amour accompli par une victime? Si la bonté contient le secret du monde, plus l'être est humilié, souffrant, plus la bonté est bonté. Si la charité vient du misérable, de celui que la souffrance semble condamner à l'isolement, à la lutte et à la haine, n'est-ce pas à lui surtout que revient la gloire de faire entrevoir l'univers pacifié? Seul le pauvre peut entrer dès ici-bas dans le Royaume de l'Esprit, parce que seul il peut réaliser l'amour infini : c'est ainsi que dans la cité céleste les conditions se renversent. Le riche n'est jamais charitable, il n'est que juste ; mais le pauvre, la veuve, « qui donne de son indigence, » elle oppose au mal la suprême ironie du cœur qui le nie, qui refuse d'y croire, alors même qu'il en souffre; elle prouve qu'il y a dans l'esprit et dans la nature de quoi s'élever au-dessus des désordres réels, qu'il y a une force simple, souveraine et sans violence, qui déjà triomphe : la douceur persuasive de l'amour infini.

CHAPITRE II

L'IMAGE ET SON RAPPORT AU MOUVEMENT

CHAPITRE II

L'IMAGE ET SON RAPPORT AU MOUVEMENT

La loi générale de la vie spirituelle, c'est l'effort pour organiser les idées. — L'esprit ne trouve pas dans le monde la satisfaction de toutes ses tendances subjectives. — Les phénomènes lui résistent, la vie est une perpétuelle conquête. — Pour que l'art naisse, il suffit que se crée et s'accumule une sorte de matière spirituelle qui, tout en représentant le monde, soit l'esprit même et ne résiste plus à ses lois.
I. — L'analyse réfléchie ramène notre connaissance du monde à une combinaison d'éléments subjectifs. — Les états subjectifs, que provoque la présence des objets, se renouvellent spontanément en leur absence. — Des images. — Elles sont d'autant plus vives que le sens auquel elles répondent est plus actif. — L'ouïe et la vue. — Influence de la force, de la répétition, des sensations. — L'image est un élément vivant. — Son rapport avec la sensation. — Il suffit que l'une s'exagère ou que l'autre s'affaiblisse pour qu'elles ne puissent plus être distinguées. — Illusion. — Hallucination. — Différences de l'image et de la sensation. — L'image est moins vive, moins nette. — Elle est plus dans ma dépendance. — La perception est pour ainsi dire un composé stable, l'image un composé instable. — Le rapport des perceptions, leur ordre m'est imposé. — L'ordre des images dépend surtout de l'esprit. — Objets et pensées, réelles et idéales, les images sont encore la nature, mais elles sont surtout l'esprit.
II. — La vie est un double mouvement. — Acquérir et dépenser. — Mouvement réflexe. — La contraction continue l'irritation. — La deuxième loi que révèle la vie dès son apparition, c'est une sorte de mémoire et d'imagination. — L'image, comme la sensation qu'elle ressuscite, est liée au mouvement. — Exemples. — Images d'un état organique. — L'image d'un mouvement tend à produire ce mouvement. — Le pendule explorateur. — Les tables tournantes. — Le somnambulisme. — Le vertige physique et moral. — Le désir exagère cette tendance de l'image à devenir mouvement. — En résumé, l'image est un élément spirituel, mêlé à la vie intérieure, pouvant obéir à toutes ses lois, et l'image tend à s'exprimer par le mouvement; là est le germe de l'art.

Le grand homme n'est qu'un homme grandi dans toutes ses puissances. C'est un tort d'étudier le génie comme un monstre. On évite les surprises en l'étudiant dans la continuité de son évolution. La vie spirituelle est l'activité continue du génie inconscient et spontané qui s'efforce vers l'ordre. La confusion, c'est la folie et la mort. Par cela seul qu'il est et qu'il dure, l'esprit manifeste sa fécondité dans l'harmonie. Les biologistes ont raison, la pensée est la forme la plus haute de la vie : la vie étant création, le génie est essentiellement humain. Il se développe comme la vie, en même temps qu'elle, par l'effort des générations successives, dont les acquisitions transmises par l'hérédité modifient et perfectionnent l'organisme. Il est partout présent : chez les plus humbles comme chez les plus grands, il construit des sensations l'objet, et des objets répandus et ordonnés dans l'espace le spectacle du monde visible. Fortifié par l'exercice, instruit par ses propres erreurs, il travaille dans la science à retrouver les procédés simples que dissimulent les phénomènes complexes. Il fait effort pour comprendre ce qui est dans l'unité d'une pensée en accord avec elle-même, et il s'élève à la conception d'un ordre moral et religieux, qui s'amplifie comme la vie spirituelle et l'univers même, à mesure que la réflexion détruit les poèmes insuffisants, les rêves indignes de la raison et de la réalité.

L'esprit ne se distingue pas de ses idées, et son existence se mesure à leur accord. Le désordre est une souffrance, une blessure; l'effort pour mettre de l'ordre dans le monde c'est la lutte pour la vie. De là nos révoltes contre l'inintelligible, notre optimisme entêté. L'esprit n'atteindrait la plénitude de l'être que si, tout étant intelligible, il saisissait toutes choses en accord entre elles et lui-même en accord avec toutes les choses. En fait, il n'existe jamais, parce que jamais il n'arrive à cette harmonie intérieure, à cette conspiration de toutes ses forces. Sa vie est une vie disputée, incomplète, qu'il ne maintient qu'en la défendant sans cesse contre les contradictions qui la menacent. En lui et dans ses semblables, l'homme trouve l'ignorance et le péché, dans la nature le désordre, la douleur et la mort. Il faut un effort pour affirmer contre les démentis de la nature que tout est intelligible; il faut un effort plus douloureux encore pour conformer ses actes à cette croyance, pour en faire les preuves vivantes de la vérité. La certitude est une lumière tournante, dont on cherche parfois en vain la clarté; le doute est toujours possible; la foi de l'esprit en lui-même est un acte de volonté. La vie est une lutte sérieuse, une perpétuelle conquête : tant qu'elle s'exprime par la science et par la morale, par la métaphysique et par la religion, elle n'a pas le loisir de jouir d'elle-même, elle est tout occupée à se maintenir par un acte d'énergie sans défaillance.

L'esprit ne trouve pas dans le monde la satisfaction immédiate de toutes ses tendances subjectives; en ce sens, il s'en distingue et s'en sépare. La beauté est préparée, vivante dans le génie. Les phénomènes lui résistent, il ne leur communique la beauté qui est en lui qu'en la leur imposant par une sorte de violence. Que faut-il donc pour qu'au monde réel s'oppose le monde de l'art? L'esprit est un organisme qui tend à organiser tout ce qui pénètre en lui, une harmonie vivante qui tend à comprendre et à résoudre en elle toutes les dissonances. Il suffit que dans l'esprit circulent des éléments dociles, que se crée et s'accumule une sorte de matière spirituelle, qui, tout en représentant le monde, soit l'esprit même et ne résiste plus à ses lois. L'art naîtra du libre mouvement de la vie, jouant avec ses propres lois et jouissant d'elle-même.

I

A parler d'une matière spirituelle il semble d'abord qu'il y ait contradiction dans les termes. L'objet ne s'oppose-t-il pas au sujet, le monde à la pensée? Un rapide examen des moyens par lesquels nous entrons en rapport avec les choses nous convaincra que l'existence de cette matière spirituelle est non seulement possible, mais nécessaire. L'analyse réfléchie ramène notre connaissance du monde à une combinaison d'éléments subjectifs. Le monde pour nous, c'est l'ensemble de nos sensations. Le vulgaire est tenté de croire que les choses entrent directement dans l'esprit : avant d'être en nous, le parfum serait dans la rose, la chaleur dans le feu, le son dans la cloche. Pour le savant comme pour le philosophe, ces qualités n'existent que par le rapport de l'objet à la pensée. Il est aussi raisonnable, dit Descartes, de mettre la chaleur dans le feu que d'attribuer à l'épingle une sensation de piqûre analogue à la sensation qu'elle produit en nous.

La science confirme l'analyse psychologique. Les centres nerveux ont une *énergie spécifique*; le centre acoustique traduit tout ce qui l'émeut en son, le centre optique en lumière. La même cause, agissant sur les divers sens, produit des sensations différentes. La sensation dépend donc plus encore de nous que des choses. La théorie de l'unité des forces physiques confirme cette vérité en ramenant au mouvement le son, la lumière, la couleur, la chaleur, l'électricité, qui sont pour les sens autant de qualités irréductibles.

On parle de *qualités premières* qui révéleraient l'essence de la matière; on cite l'étendue, la résistance. Ces qualités n'existent pour nous que par nos sensations; nous ne connaissons en tout cas que nos modifications internes. Nos sensations ne sont pas les qualités des choses, elles sont des états intérieurs, des changements qui surviennent en nous. C'est de ces éléments subjectifs que nous construisons le monde. Le monde ne nous est connu qu'après avoir été traduit en une sorte de langage spirituel. S'il en est ainsi, ne suffit-il pas que les états subjectifs, que provoque la présence des objets, se renouvellent spontanément en leur absence, pour que nous trouvions en nous des éléments qui ne diffèrent pas des éléments du monde réel ?

Que la sensation se survive à elle-même et renaisse dans l'image, c'est plus qu'un fait d'expérience ; c'est une condition de la pensée. Si tout ce que nous faisons disparaissait aussitôt, la vie ne serait qu'une mort perpétuelle. Chacun de nos actes pourrait être divisé à l'infini comme l'espace et le temps ; il ne resterait de nous et des choses qu'une poussière imperceptible de moments successifs et sans lien. L'esprit n'existe qu'autant qu'il dure ; il ne dure qu'autant que ses actes ont quelque chose de définitif, deviennent des vivants, dont chacun lutte pour la vie, dans le conflit des actes multiples qui tendent à persister. L'imagination est un cas particulier de la vie. Puisque nous ne savons rien du monde que les modifications qu'il provoque en nous et que celles-ci survivent à leurs causes, peuvent renaître spontanément en leur absence, nous possédons la matière spirituelle qui rend l'art possible. Quand nous fermons nos sens aux impressions du dehors, nous ne sommes pas dans la solitude d'une pensée abstraite et silencieuse. Nous nous retrouvons dans un monde qui ne diffère pas de celui qui nous entoure. Il est composé des mêmes éléments. Sans qu'aucune vibration de l'éther vienne ébranler notre rétine, nous voyons ; sans qu'aucune onde sonore frappe la membrane du tympan, nous entendons des voix familières ou inconnues, auxquelles se mêle notre propre voix. La sensation laisse après elle quelque chose d'elle-même, une image dans laquelle elle revit plus ou moins affaiblie.

A toute sensation répond une image ; mais l'image diffère de précision et de netteté selon les sensations. On peut imaginer un plaisir, une douleur physique ; il suffit de se croire atteint d'une maladie pour en ressentir plus ou moins vaguement les symptômes. Mais le plus souvent les images des sensations organiques restent obscures et se distinguent à peine de l'idée générale du plaisir ou de la douleur. Nous n'imaginons que faiblement les odeurs et les saveurs; nous les imaginons cependant, puisque nous reconnaissons le goût d'un fruit ou le parfum d'une fleur. Les sensations tactiles et musculaires ont leurs images. Ces images peuvent acquérir une grande netteté : il suffit que l'imagination tactile ait l'occasion d'entrer souvent en exercice. L'adresse de l'aveugle, sa prévoyance, son art de deviner les obstacles, de discerner au seul contact des analogies ou des différences que nous saisissons à peine par les yeux; les exemples merveilleux des numismates reconnaissant une médaille à son relief, des sculpteurs reproduisant une figure après l'avoir touchée, tout nous montre que les images tactiles ne manquent que parce qu'elles sont avantageusement remplacées par les images visuelles. Ce sont les sensations de l'ouïe et de la vue qui renaissent le plus aisément, celles de la vue surtout. Il est difficile de chanter de mémoire un air qu'on n'a entendu qu'une fois; il suffit de fermer les yeux pour revoir le visage, la taille, l'attitude, les gestes du chanteur. Les images de l'ouïe sont cependant assez nettes. Quand un musicien lit une partition, à vrai dire il ne voit pas, il entend. S'il est bien doué, il peut saisir l'accord de plusieurs sons simultanés ; l'harmonie se compose en lui des notes qu'il regarde. Beethoven déjà sourd composait des sonates, des quatuors, un opéra qu'il entendait comme en rêve. Mais aucun sens ne donne des images aussi nettes que la vue. L'image se confond presque avec la sensation; en fermant les yeux je revois mille objets familiers, je m'aperçois moi-même, et je me distingue à peine de l'image qui me représente.

D'où vient, selon les divers sens, cette aptitude inégale à reproduire leurs données primitives? Pour reproduire, il faut avoir produit déjà. Or les sens sont plus ou moins actifs. Les sensations organiques, les odeurs, les saveurs, nous affectent plus qu'elles ne nous instruisent; elles ne nous demandent pas d'effort, elles sont à peine des actes. Au contraire, l'ouïe est un sens actif, intelligent; il distingue dans les sons la qualité, l'intensité, le volume, la hauteur, le timbre; il saisit les accords, il se forme lui-même, il s'instruit, et toujours ouvert, toujours en travail, il ne cesse d'entendre ou d'imaginer des sons, ne fût-ce que le murmure de la parole intérieure. De même, la vue est un sens toujours en éveil qui nous assiste sans cesse, un sens intellectuel qui ne reçoit pas ce qu'il donne, qui le crée. On ne voit pas, on apprend à voir, en associant les mille nuances des sensations visuelles aux mouvements du corps, aux expériences du tact. Les perceptions de la vue sont plus que des sensations, elles sont un véritable langage artificiel, qu'elle s'enseigne à elle-même en le composant. Si l'imagination est une forme de la vie, si l'image est la sensation qui dure comme l'esprit dont elle est un acte, n'est-il pas nécessaire que le sens le plus vivant soit le sens qui donne les images les plus nettes, les plus précises?

C'est par la même raison que l'image se conserve et renaît d'autant plus aisément que la sensation primitive a été plus forte ou s'est plus souvent répétée. On imagine mieux une très forte douleur qu'une souffrance légère, une couleur d'un éclat très vif qu'une nuance très pâle, le bruit de la mer que le murmure affaibli d'une eau dormante. C'est à l'attention que se mesure la tendance à survivre et à reparaître. Quand un objet se recommande par sa nouveauté, quand il nous frappe, nous surprend, nous émeut, pour un instant il est l'esprit même; désormais il fait partie de sa vie et ne disparaît plus [1]. Si les souvenirs de l'enfance sont si vivaces, c'est

---

1. « Un voyageur vit en Abyssinie un de ses hommes déchiré par un lion; plusieurs années après, quand il pensait à cet événement, il entendait en lui-même les cris du malheureux, et il éprouvait la sensation d'un fer aigu qui lui entrait dans l'oreille. » (Brierre de Boismont, cité par H. Taine, *De l'intelligence*, t. Ier.)

que, tout étant nouveau pour l'enfant, tout l'étonne, l'intéresse et fixe son attention. Les sensations acquièrent aussi en se répétant une tendance à renaître. Quand nous avons entendu plusieurs fois un air, il se chante en nous de lui-même, parfois il s'impose jusqu'à nous irriter. La maison que nous habitons nous est si présente et si familière que nous pouvons nous y diriger dans la plus profonde obscurité ; à vrai dire, nous ne marchons pas dans la maison réelle, envahie par les ténèbres ; nous parcourons la maison que composent en nous les images nettes, distinctes, lumineuses, des sensations mille fois éprouvées. Tous ces faits s'expliquent par la même loi. L'image est un point vivant : ce qui a occupé l'esprit fait partie intégrante de l'esprit. Plus la sensation est forte à sa naissance, plus elle garde de force pour résister aux sensations qui lui disputent l'esprit ; plus la sensation se répète, plus sa tendance à renaître s'accroît et se fortifie, la tendance de chaque sensation à reparaître se multipliant indéfiniment par elle-même. Tout élément de la vie intérieure est ainsi une sorte d'être vivant qui lutte pour la vie, naît plus ou moins bien armé pour ce combat et trouve dans son milieu des obstacles plus ou moins grands à surmonter.

Le monde n'a d'existence pour nous que par nos sensations ; à toute sensation répond une image ; nous trouvons donc en nous les matériaux d'un monde idéal semblable au monde réel. Il est si vrai que l'image et la sensation sont de même nature qu'il suffit que l'une se précise et s'exagère, ou que l'autre s'affaiblisse et s'atténue, pour qu'elles ne puissent plus être distinguées. Quand la sensation est très faible, elle ne se distingue pas de l'image. Un homme égaré cherche au loin quelque lumière, il la désire, il l'attend, vingt fois il croit la voir alors qu'il l'imagine, et, au moment où réellement elle frappe ses regards, il a un instant d'incertitude, il craint d'être dupe d'une illusion nouvelle. Écoutez un son qui peu à peu décroît et meurt, vous ne pouvez fixer le moment où vous cessez de l'entendre. On pourrait aller plus loin, dire que la sensation n'existe que par l'image. Une sensation se décompose en sensations élémentaires, comme le temps qu'elle dure en instants successifs. Ces éléments ne disparaissent pas en parvenant à la conscience, puisqu'ils se fondent en un total qui est la sensation même. La sensation pourrait se définir un total d'images. De plus, une sensation n'est distinguée que par contraste. Discerner une couleur, n'est-ce pas la comparer aux autres couleurs qu'on imagine faiblement?

Mais ce qui surtout révèle la parenté de l'image et de la sensation, ce sont les cas extrêmes où l'image devient si nette, si précise, si persistante, qu'aucun caractère ne la distingue plus de la sensation. Dans l'illusion, les objets se transforment en étant perçus. Un état d'attente ou d'excitation suffit à subordonner ainsi la sensation aux images. Le moindre bruit devient pour un mystique exalté la voix de Dieu. Des aliénés lèchent un mur et croient percevoir la saveur de fruits délicieux. Une parole est prononcée, le maniaque se croit insulté, menacé. Des nuages blancs courent dans le ciel, c'est une légion d'anges. Que les bruits cessent, que les nuages s'évanouissent, l'illusion disparaît. L'illusion est une hallucination entée sur une perception véritable; la représentation n'est pas sans objet, mais elle ne répond pas à l'objet; au moindre choc, des images impérieuses s'éveillent et s'imposent irrésistiblement. Les jeux de l'enfant nous montrent sous une forme charmante cette puissance de métamorphose. Il dit aux choses ce qu'elles doivent être, et elles le sont pour lui. Comme une baguette magique, son imagination, en touchant les objets, les transforme. D'un jouet inanimé, il fait un être vivant qui lui ressemble et qu'il aime, un être plus petit que lui, plus faible encore, qu'il protège et qu'il domine.

L'illusion, dit le docteur Lasègue, est à l'hallucination ce que la médisance est à la calomnie [1]. L'illusion s'appuie sur la réalité, mais elle brode ; l'hallucination invente de toutes pièces, elle ne dit pas un mot de vrai... Rien ne prouve mieux l'analogie de l'image et de la sensation. Dès que l'image n'est plus refoulée par la sensation présente, elle est ce que serait l'objet directement perçu : elle se projette au dehors avec tant de netteté que l'action s'adapte non plus à la réalité externe, mais à ce monde imaginaire. Dans la rêverie, il nous suffit d'ouvrir les yeux pour que les images qui se jouent en nous, s'effacent ou s'obscurcissent en reculant au second plan. Que ces sensations antagonistes viennent à manquer, qu'elles ne soient plus aperçues, l'image n'a plus rien qui la distingue de la sensation. C'est ce qui arrive dans le rêve, c'est ce qui arrive dans l'hallucination qu'on a définie le rêve de l'homme éveillé. Le malade voit des figures effrayantes, des maisons, des prairies, des ruisseaux ; il entend des voix moqueuses, il a commerce avec des êtres mystérieux. Le plus souvent, les expériences qu'il fait ne servent qu'à fortifier son erreur : tous ses sens s'accordent à le tromper ; ce qu'il voit, il l'entend, il le touche. Comme l'objet réel, son hallucination est composée de l'unité des sensations multiples. Peu à peu, son doute s'efface, la contradiction l'étonne, l'irrite ; il est sûr que le monde qu'il perçoit existe, et c'est dans ce monde fantastique qu'il vit. Une jeune fille tient à son médecin ce raisonnement irréfutable : « Comment connaît-on les objets? parce qu'on les voit et qu'on les touche. Comment connaît-on les personnes? parce qu'on les voit, parce qu'on les entend et qu'on les touche. Or je vois, j'entends, je touche les démons qui sont hors de moi, et je sens de la manière la plus distincte ceux qui sont dans mon intérieur. Pourquoi voulez-vous que je répudie le témoignage de mes sens, lorsque tous

---

[1]. Cité par Michaud, *De l'imagination*, p. 143.

les hommes les invoquent comme l'unique source de leurs connaissances? Ce que mon œil voit, ma main le touche, mon oreille l'entend[1]. »

Quand l'image s'exagère ainsi jusqu'à se poser hors de nous, elle ne se distingue plus de la sensation. Ce que nous cherchons, ce n'est pas cette matière rigide, qui s'oppose et s'impose à nous, c'est une apparence souple et mobile, une matière spirituelle, qui tienne à la fois des choses et de la pensée. Dans l'état normal, l'image n'est-elle pas cette matière spirituelle? Etant l'état de l'esprit, qui répond à la connaissance de l'objet, n'est-elle pas quelque chose de l'objet et quelque chose de l'esprit? Dès lors, n'avons-nous pas les éléments d'un monde qui tout à la fois est nature et pensée?

L'image, c'est la sensation spiritualisée. D'abord elle est moins vive, moins distincte. Les sensations présentes qui la contredisent et la nient la font reconnaître comme intérieure. Les perceptions sont nettement dessinées, les images ont des contours vagues et fuyants : on ne sait où elles commencent, où elles finissent, et il suffit parfois d'y insister pour qu'elles se modifient. Mais ce qui surtout importe, c'est que l'image, ne vivant que de la vie intérieure, en une mesure dépend de nous, peut être évoquée, transformée par la volonté. La sensation s'impose ; un bruit violent se fait entendre, je ne puis m'y soustraire. L'image est plus dans ma dépendance. Je puis la repousser, me détourner d'elle, y insister, l'achever par l'attention que je lui prête. Sans doute elle ne se présente pas toujours au premier appel de la volonté; mais il y a un art de l'évoquer, en se tournant vers les images qui lui sont associées. Ce qui ajoute au prix de l'image, c'est qu'elle n'est pas enfermée dans une forme inflexible, c'est que sans cesse elle se modifie. Dans la perception, les sensations tou-

---

[1]. Michaud, *De l'imagination.*

jours les mêmes se présentent toujours dans le même rapport. Je compose un arbre de la rugosité du tronc noir, de la souplesse des branches flexibles, de la dentelle mouvante des feuilles légères ; ces éléments me sont donnés et leur ordre. Chaque fois que j'ouvre les yeux et que je m'élance du pied de l'arbre à son sommet, toutes les parties dont je le construis en moi se présentent tour à tour dans leur rapport invariable. Le mouvement de l'esprit est nécessaire à la connaissance du monde sensible, mais il suit un chemin tracé d'avance et dont il ne peut s'échapper. Au contraire, l'image est souple, légère et vivante ; elle a je ne sais quelle impatience qui ne la laisse pas s'enfermer dans une forme inflexible. Dans une seule image vivent ainsi mille images variées, qui apparaissent plus ou moins précises, puis s'effacent, dont les unes s'arrêtent plus longtemps sous l'œil de l'esprit, dont les autres passent si vite qu'elles sont à peine aperçues. Comme la perception est composée de sensations en accord, l'image est composée d'éléments multiples. Mais, tandis que la perception est un composé stable, l'image est un composé instable, dont les éléments tendent à entrer dans des combinaisons toujours nouvelles.

Ajoutez que l'ordre des perceptions ne dépend pas plus de l'esprit que leurs éléments. Si je parcours un paysage du regard, je vois toujours les mêmes objets dans les mêmes rapports : ici une prairie, plus loin une terre labourée, à l'horizon un bouquet d'arbres, sous lequel s'abrite un village. Ces taches colorées sont dans un rapport fixe, elles se succèdent dans un ordre imposé, je passe du vert de la prairie au violet vineux de la terre humide et fraîchement remuée pour atteindre la masse assombrie des maisons et des arbres tranchant sur le ciel clair. Les images ne naissent pas au hasard ; elles s'éveillent et s'appellent l'une l'autre selon des lois fixes ; mais, comme elles tiennent tout leur être de l'esprit, elles n'ont de lois que ses lois. Elles ne se bornent pas à répéter ce qui est, elles brisent le lien qui les attache à la réalité, elles prennent une existence indépendante et peuvent suivre, subtiles et légères, tous les mouvements de la vie intérieure.

Ainsi le monde pour nous se réduit à nos sensations : ce n'est que la force, la vivacité, la permanence, avec laquelle elles s'imposent, qui nous assurent de la réalité des objets auxquels elles répondent. Ces sensations renaissent en l'absence de leurs causes, ressuscitent sous forme d'images. Sans cesser de représenter le monde, d'être le monde tel qu'il nous apparaît, elles vivent d'une vie tout intérieure. Réelles et idéales, objets et pensées, elles sont encore la nature, mais elles sont surtout l'esprit. Par l'image, la sensation qui est l'élément des choses devient l'élément de la pensée : les deux termes s'unissent et se réconcilient en elle. Ainsi se prépare en nous une matière spirituelle, des éléments dont l'ordre ne nous est pas imposé, qui peuvent se varier et se combiner à l'infini selon les lois de la pensée qui fait toute leur existence.

II

L'image n'est pas inerte, elle tend à se prolonger en mouvement, à devenir la réalité même qu'elle représente. Percevoir, imaginer, c'est agir déjà ; mais l'action se continue, se propage, retourne au monde dont elle vient. La vie se compose d'un double mouvement. Vivre, ce n'est pas seulement emmagasiner des sensations, des images, des idées, ce n'est pas seulement acquérir et s'accroître ; c'est aussi dépenser, rendre aux choses ce qu'on leur emprunte, intervenir dans l'ensemble des phénomènes par des mouvements spontanés qui restituent au dehors les forces concentrées par l'esprit. Vivre, c'est se créer sans cesse pour se détruire sans cesse, c'est se faire pour se défaire, c'est s'user pour se réparer. La vie est une mort perpétuelle suivie d'une perpétuelle résurrection. Les physiologistes expriment symboliquement cette vérité, quand ils comparent la cellule nerveuse à une sorte de machine explosible qui au moindre choc éclate et rayonne en tous sens les mouvements qu'elle condensait. « La cellule nerveuse n'est pas seulement un conducteur inerte, transmettant l'impression reçue sans l'affecter ou sans être affectée par elle; la cellule au contraire est un centre à construction complexe, doué de la faculté de dégager ou de libérer la force qu'il renferme à l'état latent, sous le coup d'un stimulus convenable... Il n'y a point génération de force, mais transformation d'une qualité supérieure de force latente ou potentielle, enveloppée dans la monade nerveuse, en force de qualité inférieure à effet plus étendu... C'est lentement et pour ainsi dire laborieusement, par une constante appropriation et une incessante ascension dans la série progressive de vitalité que la matière organique arrive à la nature suprême et complexe de l'élément nerveux. Celui-ci au contraire rend facilement et rapidement à la nature la force et la matière au moment de la soudaine modification, que son fonctionnement implique [1]. » L'instabilité de l'élément nerveux, qui répond au moindre choc par une explosion de force vive, montre comme réalisée dans l'organisme et saisissable sous la forme de l'étendue une des grandes lois de la vie. L'être vivant n'est pas seulement une forme harmonieuse en accord avec les lois du monde, qui la créent et la maintiennent. Ce qui caractérise la vie, c'est l'initiative du mouvement. Répondre aux actions subies par une réaction appropriée, c'est la vie même. Plus l'être trouve en lui de spontanéité, plus il agit, plus il donne par rapport à ce qu'il reçoit, plus il est vivant.

---

1. Maudsley, *Physiologie de l'esprit*, p. 149, 150.

Dès l'apparition de la vie, cette loi s'applique. Les organismes les plus rudimentaires répondent par un mouvement aux excitations du dehors. Il est des plantes qui, à la seule approche de la main, comme inquiètes, émues, se replient et se ferment. A mesure qu'on s'élève dans l'échelle des êtres, les organes se différencient comme les fonctions. L'irritabilité devient le système nerveux, la contractilité devient le muscle. Une impression affecte l'extrémité périphérique du nerf, elle se transmet jusqu'à un ganglion d'où elle revient par un autre nerf jusqu'au muscle qui se contracte. La respiration, la toux, la succion, le vomissement, l'adaptation de l'œil et du tympan, tous ces mouvements plus ou moins compliqués sont les réponses immédiates de la spontanéité vivante à des stimulants externes. L'irritation varie, les muscles sont volontaires ou involontaires, dans tous les cas l'organe répond à l'impression par le mouvement. Une grenouille décapitée peut accomplir des actes qui semblent dirigés par l'intelligence [1]. Tout un ensemble de mouvements, exécutés d'abord péniblement, se sont enregistrés dans le système nerveux. Incorporés à l'organisme, ils sont devenus de véritables instincts que l'hérédité transmet. La sensation est une irritation transmise jusqu'aux centres nerveux secondaires qui forment la base du cerveau. Tantôt elle est inconsciente, tantôt elle est perçue par le sujet sentant, tantôt elle disparaît de la conscience par l'habitude; dans tous les cas, elle se réfléchit en mouvement. On enlève à un pigeon les hémisphères cérébraux, toute la partie du cerveau située au-dessus des ganglions sensoriels; l'intelligence et la volonté disparaissent. Ainsi mutilé, si on le jette en l'air, il vole; si on le met sur le dos, il s'agite et se relève; la pupille se contracte à la lumière; si la lumière est intense, les paupières se ferment : à chaque irritation transmise aux cen-

---

1. Maudsley *Physiol. de l'esprit*, p. 128.

tres sensoriels répond un mouvement automatique approprié [1].

Tant que l'irritation ne parvient pas à la conscience, qu'elle se transmette aux nerfs moteurs par la moelle épinière ou par les centres de la face inférieure du cerveau, nous ne sortons pas de l'action réflexe. Cette vie obscure qui s'agite au-dessous de la conscience nous montre réalisées dans l'organisme les lois qui, par un lent progrès, deviennent les lois de la pensée. Excité par un stimulant externe, l'élément vivant entre en action, se modifie et répond par un mouvement spontané à l'impression du dehors. Il n'y a pas, à vrai dire, deux phénomènes, l'un passif, l'autre actif; il n'y a qu'un phénomène, qu'une action, dont le rayonnement s'étend, se propage ou se limite. L'élément n'est irrité que parce qu'il se modifie, et le mouvement n'est que cette réaction spontanée qui se prolonge et multiplie ses effets. La seconde loi que révèle la vie dès qu'elle apparaît, c'est une sorte de mémoire et d'imagination. « Une moelle épinière *sans mémoire* serait une moelle épinière idiote, incapable de culture [2]. » L'action accomplie laisse quelque chose d'elle-même; ce qui a fait partie de l'être vivant participe de sa vie, dure comme lui et tend à renaître.

En parvenant à la conscience, la sensation ne perd aucun de ses caractères, elle en acquiert un nouveau, elle est aperçue par l'être vivant. La tendance spontanée devient le désir; le mouvement devient la volonté. Mais il suffit de l'habitude pour que la sensation et les actes qui lui sont associés sortent de la conscience et se réalisent dans l'organisme. De volontaire le mouvement devient réflexe, tant la pensée et la vie se pénètrent! L'image, c'est la sensation qui ressuscite, affaiblie; à vrai dire, par cela seul qu'elle dure la sensation suppose l'image et la comprend; sans se con-

---

1. Maudsley, *Id.*, p. 180.
2. Maudsley, *Id.*, p. 145.

fondre, les deux termes sont intimement unis et obéissent aux mêmes lois. L'image est active comme la sensation. Ayant une existence indépendante, elle est un principe propre de mouvement. Tout ce que nous imaginons tend à devenir réel. Il semble que la nature poursuive en nous son œuvre : ses idées sont des êtres, les nôtres veulent le devenir.

L'image persistante d'un état organique, que la volonté ne pourrait directement produire, par une correspondance mystérieuse modifie la nutrition et suscite un ensemble de mouvements que la conscience ignore. « L'idée des aliments fait affluer la salive; une idée triste provoque les larmes; l'idée d'allaiter produit la sécrétion du lait; les idées érotiques mettent puissamment en jeu l'appareil génital; l'idée d'une démangeaison en un point donné du corps la produit réellement; enfin l'idée qu'un défaut de structure sera sûrement guéri par une certaine manipulation affecte parfois l'activité organique de la partie intéressée de façon à amener positivement la guérison. Le médecin le plus heureux dans ses cures sera toujours celui qui saura inspirer à ses malades la plus grande confiance dans l'efficacité de ses remèdes, et les personnes les plus exposées aux maladies épidémiques sont celles qui en ont le plus peur [1]. »

Une pilule de mie de pain peut purger un malade; l'idée que les intestins agiront provoque leur activité et affecte leurs mouvements péristaltiques involontaires. Une femme croit respirer du protoxyde d'azote, elle s'endort. On admet que les stigmates qui apparaissent sur le corps de certains mystiques sont produits par l'action de l'image sur la nutrition. A force d'imaginer leurs pieds et leurs mains atteints des mêmes plaies que celles de Jésus crucifié, ils amènent un afflux sanguin, d'où résultent des rougeurs, des ulcères, des

---

1. Maudsley, *Physiol. de l'esprit*, p. 284.

plaies véritables. Nous pouvons mesurer par ces phénomènes l'énergie de l'image, sa puissance d'action, sa tendance à se réaliser elle-même. Nous ne comprenons pas quel rapport existe entre une image qui apparaît dans la conscience et un mouvement qui s'exécute, sans que nous puissions en prendre l'initiative, dans un organe que nous ignorons. L'un des deux termes est conscient, l'autre inconscient : l'image est dans la pensée, le mouvement dans la vie ; il y a passage de l'un à l'autre sans que nous saisissions les intermédiaires. La fixité de l'image suffit à créer le mécanisme qui la réalise.

Il en est de la vie de relation comme de la vie organique. Nous ressemblons à des acteurs qui ne peuvent imaginer un rôle sans le jouer. Quand nous racontons une aventure émouvante, le récit devient drame. Nous reproduisons les gestes, les cris, les mouvements en les imaginant. Rien n'est pittoresque comme un chasseur qui conte ses exploits. Il est tour à tour le paysage, le gibier, le chien et lui-même. Cette loi a été constatée scientifiquement. Les curieuses expériences de M. Chevreul sur « le pendule explorateur » prouvent que l'image d'un mouvement est bien le principe d'une impulsion qui tend à le produire. Tenez un pendule, et en le regardant imaginez un mouvement possible dans un sens déterminé, le pendule décrit des oscillations en ce sens. Imaginez un mouvement inverse, le pendule, après quelques oscillations saccadées, change de direction ; imaginez l'arrêt du mouvement, il s'arrête. L'image du mouvement détermine dans la main un frémissement insensible, mais suffisant pour donner le branle à un pendule léger [1].

Nous imaginons le mouvement, nous ne le voulons pas, et il se produit en nous sans que nous ayons conscience de l'accomplir. De là bien des illusions, bien des superstitions, qui font la preuve de la loi. C'est une vieille croyance popu-

---

[1]. Voyez *De l'imagination*, par H. Joly.

laire qu'une baguette de coudrier, dans la main d'un sorcier, s'agite d'elle-même à l'appel de l'eau qui court sous terre. L'homme marche; quand la baguette s'agite, on creuse le sol, la source jaillit. Faut-il croire à la puissance surnaturelle du brave homme? n'est-il pas dupe de sa propre sorcellerie? L'eau souterraine s'annonce par des signes extérieurs : elle ne peut être dans cet endroit stérile où tout est brûlé; ici, l'herbe est d'un ton plus vif, la végétation d'une poussée plus vigoureuse. Les observations antérieures du batteur de campagne l'avertissent qu'une source se cache sous cette verdure plus riante; il est convaincu que sa baguette va s'agiter, il la suit des yeux, elle s'agite. C'est l'expérience du pendule. Il en est de même des tables tournantes, du magnétisme animal, des effluves de force vive qui soulèvent les guéridons, les animent de l'âme des morts et leur font conter des histoires. Il est vrai que l'imagination et le désir remuent le monde, mais à la façon de la foi qui soulève les montagnes; il n'y a rien là de surnaturel. Des gens crédules se réunissent autour d'une table; leur attention est surexcitée; la table doit se mouvoir; elle se meut, comme la baguette divinatoire, comme le pendule; elle se meut parce qu'ils la mettent en mouvement, parce que leurs mains impriment à l'objet une impulsion dont ils n'ont pas conscience. C'est assez du fait réel et de quelques charlatans pour que la foule crie au miracle.

La maladie est souvent une façon de microscope qui rend un fait plus distinct en le grossissant. Le somnambule *agit son rêve;* les images suscitent les actions qu'elles représentent. Il vit dans son rêve. Pour lui, le monde est réduit à ce qui est en rapport avec son idée dominante. Insensible à une douleur très vive, il est d'une extrême sensibilité pour les sensations en accord avec les images qui l'occupent. Dans le somnambulisme artificiel, le patient obéit à toutes les suggestions : l'image s'impose à lui avec une force irrésistible et se traduit en un mouvement immédiat. Un homme, sujet à des accès de somnambulisme, est accusé d'un attentat à la pudeur. Un médecin, qui l'avait soigné, convaincu de son innocence, en offre une preuve irrécusable. Il l'endort devant le tribunal, lui suggère l'image de la scène, et en lui imposant cette image l'oblige à la réaliser par ses mouvements. L'accusé démontre son innocence et est acquitté. Le somnambulisme, en isolant l'image, nous montre la relation qui l'unit au mouvement. La maladie fait une expérience pour nous. L'image n'est plus combattue par les images contraires, par les sensations, par les souvenirs, par les prévisions ; elle est seule ; sa puissance s'exagère, et elle entraîne aussitôt les mouvements qui la réalisent.

En dehors de toute exaltation morbide, l'image, par cela seule qu'elle s'impose, peut contraindre aux actes qu'on redoute, l'emporter même sur l'instinct de conservation. Plus l'image est terrible, plus l'esprit l'enfonce en lui par ses efforts mêmes pour la rejeter, plus elle tend à se réaliser. « Le plus grand philosophe du monde, dit Pascal, sur une planche plus large qu'il ne faut, s'il y a au-dessous un précipice, quoique sa raison le convainque de sa sûreté, son imagination prévaudra. D'aucuns n'en sauraient soutenir la pensée sans pâlir et suer. » On imagine la chute, le corps lancé dans l'espace, le mouvement qui s'accélère, les vains efforts pour accrocher l'espace qui se dérobe; la volonté résiste, les idées en lutte tourbillonnent; dans une sorte d'ivresse la réalité disparaît, l'image reste seule, devient le mouvement et se réalise. La nuit, quand on regarde longtemps l'eau noire et mouvante qui s'en va vers l'inconnu, on éprouve cette attirance du gouffre qui sollicite la chute et doit faciliter la mort à ceux qui vont vers elle. L'imagination populaire a symbolisé ce vertige. Dans la ballade allemande, l'eau devient l'ondine à la beauté humide et ruisselante, dont la vue est un charme irrésistible. Elle invite le pêcheur à se mêler à son mouvement onduleux et doux, à se baigner dans la fraîche lumière du soleil ; elle parle, elle chante, elle lui montre son pied nu, et tout son être s'en va vers elle, elle l'attire, il s'abandonne, et nul jamais ne le revit.

Imaginer un mouvement, c'est déjà l'accomplir ; tout ce qui contraint notre imagination à se représenter un mouvement nous pousse à l'exécuter. Encore un corollaire de la loi posée que l'expérience confirme. Le rire provoque le rire, les larmes appellent les larmes ; la vue du bâillement, son image seule fait bâiller. La sympathie, qui prend une valeur morale, quand elle est acceptée librement, est une loi fatale. Tout ce qui évoque en nous fortement l'image d'une douleur, en une mesure nous impose cette douleur. La grâce d'un mouvement aisé nous donne le plaisir d'une action facile ; la vue d'un effort laborieux et stérile produit en nous une fatigue réelle. Nous commençons ce que nous voyons faire. De là le penchant à l'imitation, qui peut devenir une fatalité véritable. C'est surtout chez les femmes plus nerveuses, plus excitables, que l'image prend cette puissance tyrannique. Si elles sont réunies, la contagion est d'autant plus rapide que les imaginations s'exaltent l'une par l'autre. Dans un atelier de femmes, une ouvrière pâlit, perd connaissance, a des convulsions ; en deux heures, trente ouvrières sont frappées du même mal ; en trois jours, cent quinze ont été atteintes par l'épidémie convulsive[1]. C'est un fait qu'un crime extraordinaire devient aussitôt un crime à la mode. « Un suicide accompli en se jetant du haut des tours de Notre-Dame, de la colonne Vendôme, de l'arc de triomphe de l'Etoile, a été plus d'une fois suivi de suicides semblables... L'imitation dans le suicide affecte, en général, la plus bizarre fidélité dans la reproduction de l'acte qu'elle copie. Cette fidélité ne s'étend pas seulement au choix des mêmes moyens, mais

---

1. Observations du docteur Bouchut, cité par H. Joly, *De l'imagination*.

souvent au choix du même lieu, du même âge et à la plus minutieuse représentation de la première scène. Sous l'Empire, un soldat se tue dans une guérite; plusieurs autres font élection de la même guérite pour se tuer. On brûle la guérite, l'imitation cesse. Sous le gouverneur Serrurier, un invalide se pend à une porte; dans l'espace d'une quinzaine de jours, douze invalides se pendent à la même porte. Par le conseil de Sabatier, le gouverneur la fait murer; la porte disparue, personne ne se pend plus [1]. » C'est ce penchant à l'imitation qui fait le danger du scandale. On n'assiste pas impunément au spectacle du mal. L'imagination se remplit d'exemples qui encouragent et qui sollicent. L'heure venue, l'acte s'accomplit sans lutte, sans résistance.

L'acte imaginé tend à se réaliser; plus l'image persiste, plus la tendance grandit. Comme il y a un vertige physique, il y a un vertige moral. On n'est pas séduit, on se séduit soi-même. On joue autour de la faute, on aime le danger, l'émotion qu'il donne; la fascination commence; la chute est redoutée et nécessaire; les efforts qu'on fait contre l'image la fortifient, et son irrésistible puissance précipite les mouvements qui la réalisent. Toutes les scènes intérieures où nous acceptons de jouer un rôle commencent à se réaliser par nous. L'idée de la faute, c'est la faute déjà, ayant assez de réalité pour que nous soyons obligés de lutter contre elle. Les âmes très pures sont celles pour qui le danger n'existe pas, parce qu'elles ne le conçoivent pas.

Si l'image par une sorte d'automatisme devient une impulsion qui se propage fatalement, plus encore tend-elle à se réaliser quand elle est acceptée, entretenue, exagérée par l'esprit auquel elle s'impose. Le besoin est une inquiétude de l'organe vivant, une puissance qui entre en acte et ne peut poursuivre son mouvement spontané que par un concours de

---

1. Brierre de Boismont, *Le suicide et la folie suicide*, p. 141, 144, cité par H. Joly, *Id.*

circonstances dans lesquelles elle tend à se placer. Donnant à la fois le spectacle du besoin satisfait et des actes qui permettent de le satisfaire, l'imagination suscite le désir. En même temps que l'émotion agréable sont voulus tous les actes qui peuvent la faire naître. A la force de l'image s'ajoute la force du désir qui accepte l'image et accélère le mouvement.

Le signe expressif, qui révèle l'état intérieur, est une contraction musculaire. Cette contraction musculaire n'est que la première impulsion du mouvement qui aurait lieu, si l'émotion entraînait tous les actes qui lui répondent. Le muscle qui exprime une passion est le muscle qui entre en jeu quand elle se satisfait par des actes appropriés. Dans la faim, le besoin suscite l'image des aliments, aussitôt la salive abonde; le désir de donner le sein, qui se satisfait par l'écoulement du lait, fait ériger les mamelons et sortir le lait. Ce qui est vrai de la vie organique est vrai de la vie de relation. Si telle contraction des muscles du visage exprime telle ou telle passion, c'est que cette contraction est nécessaire pour que telle ou telle passion se satisfasse. Si le rictus est l'expression de la rage, c'est que la rétraction des lèvres est le mouvement par lequel l'animal s'apprête à saisir et à déchirer avec les dents. Dans la vengeance qui s'apaise en faisant du mal à l'ennemi, les armes naturelles entrent en activité : les animaux lancent leur poison, essayent de piquer ou de mordre ; l'homme serre les poings, frappe du pied, respire violemment, grince des dents. Tout langage est action. L'émotion qui non seulement suscite l'image, mais qui de l'image fait le désir, multiplie la force propre de l'image et en fait sortir l'action par une impulsion irrésistible.

Résumons-nous. A chaque sensation répond une image, plus ou moins précise, plus ou moins distincte, selon que le sens plus ou moins actif se doit plus ou moins à lui-même. Tout ce qui a vécu en nous survit et peut reparaître. Les images qui ne parviennent plus à la conscience ne sont pas effacées pour jamais ; le délire, la fièvre, une excitation violente parfois les évoque après un long intervalle. Une langue oubliée se reproduit tout à coup dans son intégrité. Dans l'extrême vieillesse, les faits les plus insignifiants du premier âge se réveillent avec une grande précision. Nous possédons des richesses que nous ne soupçonnons pas. Ce n'est pas seulement un monde déterminé, limité, qui vit en nous, ce sont des sons, des couleurs, des images élémentaires qui peuvent se combiner dans les scènes les plus variées ; ce sont tous les aspects du ciel et de la terre, toutes les nuances des choses ; c'est l'enfance, la jeunesse, la virilité, la vieillesse de tout ce qui s'agite, de tout ce qui est, de tout ce qui peut être. Ce qui vit en nous, ce n'est pas un monde, ce sont les éléments d'une infinité de mondes possibles. En pénétrant dans l'esprit, les choses se transforment, deviennent semblables à lui, se subtilisent, s'allègent. Ce qui survit en nous vient de la nature ; c'est la nature même, puisque ce sont les sensations ; mais c'est la nature spiritualisée, c'est une matière mobile qui ne résiste plus à la pensée, dont elle est l'élément. Tout ce qui vit agit. L'image est vivante, elle agit. Dès qu'elle est présente, elle tend à se réaliser, à retourner au monde dont elle sort ; mais c'est surtout quand elle se présente comme une fin à atteindre, quand elle suscite le désir, qu'elle provoque les mouvements qui la réalisent.

Dans cette vie encore inférieure de l'image, qui spontanément apparaît et s'exprime par les actes qui lui répondent, n'entrevoyons-nous pas comme les origines de l'art ? Ne peut-on dire qu'en elle vit l'espérance des mondes futurs qu'enfantera le génie ? L'image est un élément spirituel, mêlé à la vie intérieure, obéissant à toutes ses lois ; l'image tend à s'exprimer par le mouvement. Dans ce rapport de l'image à l'esprit et au mouvement est contenu le germe de l'art.

CHAPITRE III

ORGANISATION DES IMAGES

CHAPITRE III

ORGANISATION DES IMAGES

I. — Il n'est pas un état intérieur qui ne tende à se créer un corps d'images qui le symbolise. — Rêves. — Dans la veille, l'imagination se mêle à tout ce qui se passe en nous. — L'objet perçu se transforme selon les images qu'il évoque et groupe autour de lui. — Plaisir poétique que causent les objets nouveaux ou familiers. — L'imagination transforme les actes de la vie comme les objets de la nature. — La poésie des choses est dans l'esprit.
II. — Poésie du souvenir. — Le souvenir simplifie et idéalise. — Poésie de l'espérance. — Tout homme est le poète de ses propres désirs. — Tout ce qui contredit la passion est négligé; tout ce qui la confirme est concentré. — Fictions et romans. — Libre jeu de la fantaisie. — Même loi. — Abstraction et concentration.
III. — Imagination collective. — Traditions, épopées. — Il suffit que l'histoire ne soit pas écrite pour qu'elle devienne l'épopée. — Même loi que pour les souvenirs de l'individu. — Oubli de certains faits, prédominance d'un sentiment qui groupe les images expressives. — Les conceptions morales et religieuses se créent une expression vivante, un corps d'images. — Les idées morales n'ont d'action que symbolisées dans la vie d'hommes meilleurs dont on peut prendre l'attitude. — Stoïciens et épicuriens. — Vies des saints. — Action pratique de la vie de Jésus. — L'imagination est contagieuse, elle unit tous les esprits en un même esprit qui travaille dans la même inspiration. — La fantaisie collective a les mêmes lois que la fantaisie individuelle. — Spontanéité, élimination des images discordantes. — Combinaison de toutes les images expressives. — Idéal religieux. — Formation des légendes.
IV. — L'imagination créatrice, c'est le génie intérieur disposant à son gré d'une matière spirituelle, se représentant et ses lois dans une nature qui ne se distingue pas de lui. — Elle nous montre le commerce incessant de la nature et de la pensée. — Est-ce assez de l'association des idées et de ses lois pour expliquer les créations de la fantaisie? — Une idée tient à une multitude d'autres; c'est la fin que je poursuis qui détermine et la nature des images et l'ordre dans lequel elles apparaissent. — Isolée de la spontanéité vivante qui la féconde, l'association des idées est une répétition stérile. — La vie spirituelle, c'est la création

de la forme spirituelle; à chaque instant, un certain nombre des éléments de la vie intérieure est compris dans l'unité d'une même conscience. — Quand le centre de direction se déplace, les éléments et leurs rapports se modifient. — L'action de la fantaisie est spontanée, inconsciente, harmonieuse, parce qu'elle est une action vitale. — Par là même, elle idéalise.

Rien ne pénètre dans l'esprit qui ne tende à s'organiser; il donne quelque beauté à tout ce qu'il reçoit en lui. Les images n'existent que par lui, elles n'ont de lois que ses lois. Elles ne restent pas isolées, distinctes; elles se soulèvent quand il s'émeut et traduisent son émotion dans les scènes qui se composent de leur concours. Elles sont des éléments spirituels, sans cesse entraînés dans le grand courant de la vie intérieure, sans cesse décomposés, puis organisés dans l'unité de formes visibles, expressions des sentiments et des idées qui dominent la conscience. Imaginer, c'est vivre; à des degrés divers, tout homme est artiste. Les œuvres de la fantaisie, comme le travail de l'intelligence, montrent que le génie n'est pas le privilège de quelques-uns, qu'il est à tous, qu'il est l'esprit même. Les obscurs besoins de l'organisme, les perceptions sensibles, les souvenirs, les émotions, les désirs, les passions, suscitent spontanément les images qui leur répondent. Il n'est pas un état intérieur qui ne tende à se créer un corps qui le symbolise. Suivons ce mouvement de la vie, qui sans cesse décompose les images, réorganise leurs éléments. Etudions cet art tout spontané, qui se mêle à toute notre existence, cet art tout individuel, qui modifie la réalité selon les images qu'il lui associe, qui du monde réel nous porte dans le monde idéal que créent nos sentiments en s'y exprimant.

I

Dans le sommeil réduit à une sorte d'automatisme intermittent, la vie intellectuelle ne se distingue plus de la vie végétative. Un mouvement spontané se produit et se propage ; les images qui s'éveillent n'ont entre elles que des rapports accidentels et composent les fantasmagories étranges du rêve. Déjà cependant se manifeste l'action vitale qui tend à exprimer les états intérieurs par un symbolisme d'images. Les images ne se succèdent pas toujours au hasard, sans qu'il soit possible de déterminer les causes qui les suggèrent et les rapports qui les unissent. Quand l'être tout entier s'enveloppe dans l'indifférence du sommeil, si des images sortent de cette nuit et s'éclairent un instant de la lumière de la conscience, elles disparaissent aussitôt : ce sont des ondulations légères qui courent et qui s'effacent. Parfois le sommeil n'est pas total ; un besoin, une sensation, une idée s'éveille et se met à vivre. Dès qu'un état intérieur domine et s'impose, il devient un centre d'images, il organise le rêve en une scène qui le représente. Un besoin corporel évoque l'image des objets propres à le satisfaire. Parfois c'est l'état général de l'organisme que symbolise le rêve. Les rêves aident les médecins dans leur diagnostic.

Si une sensation s'éveille, c'est elle qui crée le songe. Appuyez la main sur la poitrine d'une personne endormie, elle rêve qu'on l'étouffe, et son cauchemar est un ensemble de faits qui s'accordent avec cette sensation d'étouffement. Parfois l'imagination construit ces petits drames avec une rapidité incroyable ; en un instant, les images se décomposent, se combinent et représentent une longue série d'événements qui répondent à la sensation éprouvée, la préparent et l'expliquent [1]. La sensation en s'éveillant devient un

---

1. « J'étais un peu indisposé, raconte M. Maury, et me trouvais dans ma chambre ayant ma mère à mon chevet. Je rêve de la Terreur ; j'assiste à des scènes de massacre ; je comparais devant le Tribunal révolutionnaire ; je vois Robespierre, Marat, Fouquier-Tinville ; je discute avec eux ; enfin, après bien des événements que je ne me rappelle qu'imparfaitement, je suis jugé, condamné à mort, conduit en charrette, au milieu d'un concours immense, sur la place de la Révolution ; je monte sur l'échafaud ; l'exécuteur me lie sur la planche fatale et la fait basculer, le couperet

centre, autour duquel se groupe tout un organisme d'images en accord. La conscience n'intervient pas, le drame se compose d'un seul coup, tous ses instants sont concentrés dans un acte vital instantané.

Les images dans le rêve peuvent encore se grouper sous l'action d'une idée. De la vue des tableaux d'un peintre se dégage l'idée de son style, de sa facture, de sa composition. Je rêve que je suis dans un musée, j'y vois des tableaux de maître, que je crée d'après cette idée; je les reconnais de loin, je m'en approche, je les étudie; j'éprouve cette émotion particulière que donnent devant une œuvre nouvelle le souvenir et la comparaison; je retrouve l'expression habituelle des figures, les gestes, les attitudes, le dessin et le coloris, jusqu'aux détails de la signature, que je ne me rappelle plus en y réfléchissant. Ainsi dans le rêve déjà se manifeste la tendance des images à s'organiser. Il suffit que dans l'être endormi et comme mort un point reste vivant; il suffit qu'un appétit non satisfait, qu'une sensation, qu'une idée s'éveillent et donnent l'unité à l'œuvre de la fantaisie.

Le sommeil est une mort partielle; au réveil, la vie reprend son cours, les éléments sortent de leur torpeur, vibrent sourdement, prêts à répondre à l'appel de la conscience, en laquelle rien ne retentit sans éveiller sympathiquement les notes en accord. L'imagination se mêle à tout ce qui se passe en nous, elle intervient sans cesse, elle modifie jusqu'aux objets que nous percevons. Comme une couleur dans un

tombe, je sens ma tête se séparer de mon tronc; je m'éveille en proie à la plus vive angoisse, et je me sens sur le cou la flèche de mon lit qui s'était subitement détachée et était tombée sur mes vertèbres cervicales, à la façon du couteau de la guillotine. Cela avait eu lieu en un instant, ainsi que ma mère me le confirma; et cependant c'était cette sensation externe que j'avais prise pour point de départ d'un rêve où tant de faits s'étaient succédé. Au moment où j'avais été frappé, le souvenir de la redoutable machine, dont la flèche de mon lit représentait si bien l'effet, avait éveillé toutes les images d'une époque dont la guillotine a été le symbole. » (A. Maury, *Du sommeil*, p. 161.) A l'École normale, entre deux coups de cloche séparés par un intervalle de quelques minutes, j'ai eu l'occasion de faire une expérience analogue.

tableau n'est rien par elle-même, comme elle est éteinte ou exaltée par les couleurs voisines, ainsi l'objet se transforme selon les images qu'il évoque et qu'il groupe autour de lui. Sans doute un objet peut plaire par lui-même, grâce à la diversité des sensations agréables qu'il unit en une perception harmonieuse ; mais que de fois il est impossible de trouver dans l'objet seul la raison du plaisir qu'il nous cause! La fantaisie l'embellit en l'enveloppant d'images charmantes qui semblent en rayonner. Il n'est plus perçu tel qu'il est, il ne peut s'offrir à nos regards qu'entouré du cortège d'images auxquelles il est associé. Nos émotions se mêlent aux choses, qu'une mystérieuse correspondance semble unir à nous. Le langage est plein de métaphores involontaires, instinctives. La lumière est la gaieté, le sourire de la nature ; le ciel se trouble, s'assombrit ; la nuit est sereine, la mer s'inquiète et s'agite ; l'eau frissonne ; la moisson sort du sein de la terre déchirée. Le culte de l'hirondelle dans nos contrées ne témoigne-t-il pas de ce besoin de figurer nos sentiments, de les exprimer dans des images et de les aimer sous cette forme sensible qui leur donne plus de réalité? L'hirondelle, c'est le printemps ; nous aimons en elle tout ce qu'elle présage : elle a le charme de l'espérance.

L'aspect des choses change selon les images que nos habitudes leur associent. La nature n'est pas pour le paysan ce qu'elle est pour l'homme des villes. La terre n'éveille dans le paysan que l'idée d'un travail rude ; il ne l'aime pas, il la désire pour s'en servir, pour l'exploiter ; il sait trop qu'elle est utile, pour se demander si elle est belle. L'homme des villes est las de l'air mille fois respiré ; pour lui, la campagne est le lieu où l'on ne travaille pas, un grand jardin, plein de chants et de parfums, avec des bois pour se mettre à l'ombre. Selon les images qui s'éveillent, la nature est pour l'un une chose indifférente et précieuse, pour l'autre une grande âme sympathique et mystérieuse. L'objet que nous contemplons presque jamais n'est seul; il est compris dans un tableau dont la beauté dépend des richesses intérieures et du génie poétique qui les ordonne. Ce tableau nous plaît et nous charme; ce que nous aimons dans l'objet, c'est ce que nous y mettons de nous-mêmes, c'est la vie harmonieuse dont nous donne conscience cette création soudaine.

Le même art tout intérieur explique le plaisir poétique que causent les objets nouveaux ou familiers. Ce n'est pas dans les choses qu'est le principe de ce plaisir, c'est dans l'activité dont elles sont l'occasion : elles ne sont intéressantes que parce que nous nous y intéressons. Nous ne nions pas qu'il y ait des cas où la nature semble faire pour nous tous les frais. Il y a des objets qui plaisent par leur beauté propre; mais il en est qui ne plaisent que parce qu'ils sont nouveaux ou familiers. D'où vient leur charme, sinon de l'esprit qui jouit de lui-même? Le voyage est une poésie. En nous arrachant brusquement à notre milieu, il nous réveille du sommeil de l'habitude qui ne nous laisse plus voir ce que nous voyons sans cesse. Avec l'étonnement renaît la curiosité; tout existe pour nous, parce que tout nous intéresse. Nous ne nous contentons pas de regarder ce qui est; nous imaginons la vie des habitants, leurs mœurs, leurs préjugés, leurs croyances. Rien n'est insignifiant : les différences fixent notre attention, les analogies éveillent les images dont se forment nos conjectures. Sur un mot, sur un fait nous construisons un édifice léger qui nous charme un instant. Les sentiments que nous prêtons aux autres s'éveillent en nous par sympathie, nous nous regardons vivre d'une vie simple et silencieuse de labeur rustique; nous nous choisissons des retraites charmantes pour des bonheurs imaginaires, et la fantaisie multiplie ses tableaux sur les fonds mobiles qu'elle décore de ses ébauches successives. Dans le souvenir, du tissu monotone de notre vie banale sortent en vigueur les images très nettes de ce rêve réel.

Le plaisir du retour ne laisse aucune place au regret. Nous retrouvons la maison familière, toutes choses à leur place accoutumée, comme des amis fidèles qui nous attendent pour reprendre la vie commune. Les vieux meubles ne sont plus des choses, ils sont des personnes, ils nous parlent de nous : leur âme est faite de nos souvenirs. L'habitude affaiblie par l'absence n'est plus une cause d'indifférence, c'est elle qui fait jaillir la foule des images et chanter les voix intérieures.

L'imagination transforme les actes de la vie aussi bien que les objets de la nature. S'il faut en croire Epicure, l'homme, affranchi de toutes les illusions de la fantaisie, uniquement occupé de satisfaire les désirs naturels et nécessaires, est heureux avec un morceau de pain. Epictète ne demande au sage que de voir les choses comme elles sont. L'homme aime les symboles, il en est dupe comme il les crée, spontanément. De là les costumes de magistrat, les bonnets de docteur, les titres et les décorations. On s'en moque et on les recherche. Il faut bien de la philosophie pour dépouiller un sot de ses grandeurs imaginaires et le regarder tranquillement dans la nudité de sa sottise (La Bruyère).

La fantaisie peut être un principe d'illusions ; souvent elle nous trompe sur la valeur des hommes et des choses ; parfois elle exalte les passions mauvaises par l'éclat de ses tableaux mensongers ; mais elle est aussi l'artiste bienfaisant qui donne avec l'audace des grands desseins le courage des efforts patients, le poète ingénieux qui prête un charme aux devoirs modestes, aux sentiments très simples, dont on vit. C'est l'imagination qui soutient la volonté dans les œuvres de longue haleine. Chaque acte ne semble rien par lui-même, et cependant c'est de l'ensemble, c'est du concours de ces actes que se compose le grand effort qui assure le succès. Celui qui s'enferme dans l'heure présente, qui ne voit que l'ennui des démarches partielles, celui qui dans chacun des moyens nécessaires n'aperçoit pas la grandeur de la fin qu'il veut atteindre, dédaigne comme petit ce qu'il n'a pas su grandir. Pour l'homme fort, l'acte présent se transfigure ; il est une pierre de l'édifice ; il tient aux efforts passés, il prépare l'avenir ; en lui vit l'œuvre entière ; il emprunte à tout ce qui l'entoure une poésie qui l'élève, et il est voulu avec enthousiasme de toute la force de la volonté. Touché par la baguette magique de la fantaisie, il n'est rien qui ne puisse devenir une source de beauté qui s'épanche. En une âme élevée tout s'élève. Ce n'est pas l'acte qui importe, ce sont les sentiments qui l'inspirent et qu'il symbolise. Il est des cœurs simples qui trouvent en eux de quoi donner du prix aux actes les plus humbles.

Ainsi nous ne voyons pas les choses comme elles sont, elles se transforment en pénétrant en nous, selon les images qu'elles éveillent et dont elles s'entourent. Le charme d'un objet dépend pour la plus grande part des souvenirs, des émotions, qu'il fait renaître par sa présence. Pour l'âme paresseuse, qui ne voit que ce qui est, qui n'agit pas, qui ne tire rien d'elle-même, tout est silencieux et muet. La poésie des choses est dans l'esprit ; à tout instant elle en jaillit comme une source vive. De là la diversité des goûts. Ce qui ne me dit rien me laisse indifférent, et c'est toujours moi qui me parle à moi-même, qui prête aux choses ma propre voix et compose leur langage de mes souvenirs et de mes sentiments. L'objet le plus insignifiant peut emprunter à un hasard de la vie individuelle une valeur expressive. Tout ce qui me fait penser ou sentir, tout ce qui remue en moi le trésor des souvenirs endormis m'intéresse et me charme.

En chacun de nous vit un poète caché ; à tout instant, en tout esprit se compose une poésie incommunicable. Il y a des beautés dont nous jouissons seuls, parce que nous les créons de nous-mêmes, de ce que les autres ignorent et ne peuvent savoir, de nos habitudes, des événements intimes, des émotions que le hasard a associés pour nous à tel objet, à tel aspect de la nature. Nous ne jouissons pas des choses, de ce qui est à tous, mais de nous-mêmes, de ce qui n'est qu'à nous. On objecte souvent ce fait à l'esthétique : comment trouver un caractère commun pour définir la beauté, si ce qui est insignifiant ou laid pour les uns peut devenir beau pour les autres? Peut-être le problème n'est-il pas insoluble; peut-être n'est-il pas impossible d'attribuer aux objets une beauté qui leur appartienne et qu'ils ne nous doivent pas. L'étude de l'imagination nous montre du moins que la beauté, que crée l'esprit pour la répandre sur les choses, n'est pas une œuvre de hasard et sans lois. L'objet, en pénétrant dans l'esprit, se transforme et s'embellit, parce qu'il devient une image, qui évoque et organise les images qui lui peuvent être associées. Cette œuvre du génie est une œuvre vivante, qui se fait d'elle-même, sans qu'interviennent la conscience ni la volonté. Ce qui nous plaît en elle, c'est l'unité des idées et des images qui s'éveillent à la fois, apparaissent, s'effacent, se jouent en mille façons. La beauté n'est pas seulement l'unité dans la variété, elle est la vie, un concours d'éléments où en chacun est présent quelque chose de tous les autres, un être idéal où rien ne peut être touché sans que tout frémisse. La laideur n'est jamais la beauté, pas plus que la mort n'est la vie; mais un objet indifférent à tous, laid pour la plupart, peut être associé en moi à des images charmantes, les éveiller, les organiser : ce qui est beau, ce n'est pas l'objet même, c'est l'œuvre qui se fait en moi, c'est ce que je vois seul, c'est moi-même, c'est ma vie, c'est mon amour et mon génie.

II

L'imagination transforme la nature et la vie, elle anime les choses, elle leur donne un sens, une expression, un langage, une poésie. Mais elle n'a pas besoin du secours des choses ; bien plutôt la réalité la gêne par ses limites précises. Dès que nous cessons de fixer notre pensée sur un objet déterminé, les images circulent et s'organisent.

Par cela seul qu'il n'est plus, le réel devient l'idéal. D'où s'ajoute le charme poétique qu'il ne se doit pas à lui-même? L'esprit n'est pas un écho qui rend moins qu'il ne reçoit, c'est un merveilleux instrument qui du bruit des choses compose la musique de l'âme. Nous ne reproduisons pas ce qui a été. L'esprit est si naturellement poète qu'il l'est sans le soupçonner. Nous croyons revivre notre vie passée ; c'est une illusion. Mille détails sont oubliés ; ce qui reste, c'est une impression dominante, un sentiment général de tristesse ou de joie qui s'impose à la conscience. Cette émotion appelle et groupe toutes les images du passé qui lui répondent ; tout ce qui n'est pas d'accord avec elle est oublié, atténué, transformé. D'où vient le charme des souvenirs d'enfance ? De ce que l'indécision du souvenir fait plus grande la liberté de la fantaisie. L'enfance n'est une poésie que pour celui qui l'a perdue.

Comme l'individu, la société a sa poésie du souvenir. Les peuples tendent à embellir le passé. C'est assez que l'esprit ne soit plus contraint d'avouer le mal, qu'il n'en subisse plus l'atteinte immédiate, pour qu'il soit tenté de le nier. La tradition idéalise la vie sociale comme le souvenir la vie individuelle. Volontiers on parle des aïeux, on regrette le bon vieux temps. Pour que la tradition naisse, il suffit que l'esprit critique n'intervienne pas. Les détails disparaissent ; de quel-

ques traits épars, de quelques souvenirs, du retentissement
d'un grand nom, se construit dans l'imagination populaire
une tradition poétique.

Cette poésie du souvenir est utile. La tradition est l'habitude de l'humanité; c'est elle qui relie les générations, qui
fixe ce qui est acquis, qui en fait une possession durable et
transmissible. Sans elle, le mouvement n'est plus le progrès,
il détruit ce qui est au lieu de l'achever par ce qui doit être.

Plus encore que le souvenir, l'espérance est une poésie.
L'avenir n'est à personne, nous nous en emparons. Nous devançons le monde, nous croyons qu'il nous suit. Si jamais la
réalité ne vaut l'espérance, c'est qu'espérer n'est pas prévoir.
Le plus grand bonheur est troublé par quelques soucis : l'inquiétude seule de le perdre suffirait à y mêler quelque amertume. L'espérance ignore les vérités douloureuses, elle ne
sait que ce qui la justifie. Tout homme est le poète de ses
propres désirs, et ce poème intérieur se crée dans l'inspiration, par la force vivante du désir même qui rejette ce qui le
nie, suscite et groupe ce qui l'exprime. Le désir n'est pas
une idée abstraite, il n'existe qu'au moment où il prend un
corps. C'est aux images qu'il soulève qu'on reconnaît sa présence, il est l'artiste caché que ses œuvres révèlent. Qu'est-ce
que désirer si ce n'est imaginer le désir satisfait? Un désir,
c'est un drame aux actes divers, un drame dont on est à la
fois l'acteur et le spectateur, le théâtre et le poète. Il y a dans
le désir une merveilleuse fécondité poétique : il invente sans
cesse des formes nouvelles; en dépit même des résistances
de la volonté, il occupe la conscience de ce qui l'intéresse. Si
l'on y réfléchissait, on serait étonné de ce qu'il y a de poésie
dans l'âme la plus vulgaire. L'égoïsme le plus mesquin, la vanité la plus misérable crée des scènes d'autant plus surprenantes peut-être que le sujet en est plus banal. Amour,
jalousie, ambition : c'est tout un poème que nous résumons
dans un mot; la passion, qui n'est que l'exaltation du désir,

n'est jamais lasse de poésie. Tout lui est occasion de jouir d'elle-même, parce qu'elle ramène tout à elle-même. L'ambitieux sans cesse compose quelque nouveau drame, dont l'intrigue change, dont les personnages se transforment, mais dont il est toujours le héros et dont le dénouement toujours le même est son triomphe et son apothéose. Il dresse des obstacles pour les renverser; il imagine des difficultés à vaincre pour se donner le spectacle de son activité victorieuse; il fait conspirer les événements avec sa volonté; toujours au dernier acte il se repose dans la jouissance du succès mérité et du pouvoir conquis. L'amour n'est-il pas une poésie? L'amour n'a pas besoin de la beauté; le plus souvent il la crée. Il prend bien des formes; il est délicat, grossier, égoïste jusqu'à la fureur, désintéressé jusqu'à l'héroïsme; parfois dans le même homme il est tout cela tour à tour. La fantaisie varie ses tableaux comme le sentiment ses nuances. Il n'est pas une affection qui n'ait ainsi sa poésie, qui, frappant sur l'esprit, n'en fasse jaillir des gerbes d'images. Comme l'âme est toujours occupée de quelque désir, de quelque espérance, toujours à la vie réelle se mêle une vie idéale, qui le plus souvent soutient l'effort présent et donne le courage de vouloir et d'agir. Plus la passion est impérieuse, plus la fantaisie est active. L'esprit est ému jusqu'en ses profondeurs; l'idée fixe dispose de tout ce qui pénètre ou vit en lui, elle crée sans cesse pour s'exprimer des corps qu'elle anime et qu'elle transforme; tout ce qui contredit la passion est écarté; tout ce qui la confirme, tout ce que lui donne raison est uni, concentré; elle suscite les images, elle les organise, elle en compose un drame mobile, dont les scènes éphémères toutes vont à la satisfaire, à lui donner enfin la paix dans la possession.

La société, comme l'individu, a sa poésie de l'espérance. L'avenir est grand ouvert, il est le possible; qui peut dire ce qui en sortira? L'idéal, c'est déjà le possible; demain, il sera le réel; nous n'avons qu'à le vouloir, nous le voulons. La poésie de l'espérance enivre les âmes, elle peuple l'horizon de ses enchantements, elle dissimule les obstacles, elle attire par son mirage les jeunes hommes qui se précipitent. Ainsi l'imagination est à la fois le principe du progrès et de la tradition, double mouvement dont l'unité marque le rhythme de la vie sociale. Si nous ne sommes jamais dans le présent (Pascal), si nous sommes sans cesse en arrière ou en avant, dans ce qui n'est plus, dans ce qui n'est point encore, n'est-ce pas que toujours dans la réalité quelque chose nous contredit et nous gêne? n'est-ce pas que les désaccords de ce monde de lutte plus ou moins troublent nos harmonies intérieures, n'est-ce pas que l'homme, qu'il le sache ou non, qu'il l'avoue ou qu'il le nie, est un génie poétique qui, dès qu'il dispose d'une matière spirituelle, dès qu'il crée dans la liberté, simplifie en éliminant les désaccords, concentre en faisant concourir tous les signes expressifs, et transforme ainsi la réalité même en un idéal conforme à ses lois?

Il n'est pas nécessaire que la fantaisie soit sollicitée par la passion; elle entre en jeu spontanément, elle crée pour créer; elle jouit non plus d'un désir réel, mais de tous les désirs possibles. Nous aimons les fictions, les romans, dont nous sommes les héros, dont nos caprices dirigent le cours. Nous gardons notre personnalité, nous agissons selon notre caractère, mais nous disposons des lois des choses et des volontés humaines. Comme nous ne cherchons plus dans le rêve l'image d'une réalité future et désirée, nous n'avons plus à nous enfermer dans les limites du possible pour nous tromper nous-mêmes. Nous avons toutes les audaces et tous les bonheurs. Nous sortons de la vie réelle; pour un instant, nous ne sommes plus du monde, nous nous échappons dans le paradis du rêve, où la matière subtile, éthérée, n'a plus ni solidité ni résistance, où sans cesse s'ébauchent des mondes éphémères et charmants, images légères qui, sous le souffle de la fantaisie, se disposent en scènes mobiles et colorées pour donner une forme au désir qui passe. La rêverie n'est plus arrêtée dans son essor par la nécessité de flatter l'espérance, de rester dans le vraisemblable. L'espace est libre, elle y bâtit ses palais aériens, elle le remplit de ses fictions merveilleuses. Poète elle jouit de la poésie, elle aime l'art pour l'art, ses rêves ont leur réalité pour elle, et déjà les joies qu'elle imagine vaguement sont éprouvées. L'enfant n'est jamais las des contes de fées ; il aime ce monde du miracle, où tout est beau, où tout est surprenant. Longtemps l'enfant survit en nous : les rêveries sont nos contes de fées. De ce qu'il y a de clair, de gai, de souriant, des bonheurs possibles, des joies de la fortune, de l'héroïsme, de la beauté, nous composons les poèmes imprévus de la fantaisie, dont nos caprices sont les fées toutes-puissantes.

Des sentiments, des désirs, de tout ce qui s'agite en nous se crée ainsi, par un concert d'images en accord, une poésie tout individuelle, une poésie cachée, incommunicable, qui invisible à tous n'offusque pas les pudeurs de l'âme et garde le charme des choses ignorées. N'est-ce pas cette poésie spontanée, tout au moins son écho, sa musique lointaine, que recueillent et précisent, avant qu'elle s'évanouisse, les poètes qui se chantent eux-mêmes ?

III

Comme il y a une imagination individuelle, il y a une imagination collective. A tous ses degrés, la vie est une unité, une conspiration de vies multiples. Tout organisme est une société, toute société est un organisme. Cet organisme social, composé d'individus plus ou moins dépendants, a sa vie physique, ses organes et ses fonctions. Il a sa vie intellectuelle ; il a aussi son imagination, où s'expriment les désirs, les sentiments, les rêves, qui sont à tous. Dans nos sociétés compliquées, les individus ne sont souvent rattachés les uns aux autres que par des liens extérieurs ; la réflexion n'a laissé aucune idée, aucun sentiment sans le discuter et l'affaiblir. L'être social n'est plus traversé tout entier par un même souffle, il est une addition d'êtres collectifs juxtaposés et toujours prêts à entrer en lutte. Le premier type de la société, c'est la ruche et la fourmilière. La société est une forme de la vie, elle continue la nature. Naïves et fécondes, les âmes forment un milieu moral, d'où sortent des formes vivantes. L'histoire devient l'épopée ; la conception de la vie et du monde s'exprime par un ensemble de mythes, de légendes, de récits terribles ou charmants. Ainsi se compose par le travail de tous le poème inépuisable des vies héroïques, des traditions nationales, des légendes religieuses ; ainsi se prépare et s'accumule par l'art collectif le trésor auquel puisera l'art individuel. Nulle part plus qu'en ces œuvres sans auteur, qui se font d'elles-mêmes, n'apparaît la parenté de l'imagination et de la vie, la présence réelle de la nature dans l'esprit. Les poèmes et les légendes poussent, se développent, se transforment, comme les arbres sortent de terre, grandissent et montent vers le ciel.

Les peuples jeunes n'écrivent pas l'histoire, ils confient le passé à la mémoire de tous. La fantaisie entre en jeu, l'histoire devient la tradition, la tradition l'épopée. L'œuvre court d'esprit en esprit, s'y enrichit, s'y organise. Ainsi sont nées en Grèce les épopées homériques, tout le cycle de la guerre de Troie et des *Retours;* ainsi s'est composé en Germanie tout un cycle d'épopées, dont un fragment, après bien des transformations, le Nibelungenlied, est seul parvenu jusqu'à nous. Les peuples vieillis aiment à revenir à ces œuvres de leur enfance, à ces œuvres de leur nature. Après toutes ses philosophies, la Grèce croyait trouver toute la sagesse dans Homère. C'est que ces œuvres, toutes de génie, qui ont vécu dans des milliers d'esprits, qui s'en sont comme nourries, plus que les œuvres de l'art réfléchi, voulu pour lui-même, réalisé par un individu, expriment ce quelque chose de complexe, de multiple, qu'on pourrait appeler l'âme d'un peuple. On y respire l'air natal, on y voit puissants dans leur naïveté les instincts premiers de la race qu'on porte en soi ; on y embrasse toute la patrie, le ciel, la terre et l'homme dans leur unité vivante.

Des mythes obscurs de l'Orient, la Grèce, sans y songer, rien qu'en les laissant vivre dans son âme lumineuse, fait sortir le poème de ses dieux humains, qui par les héros relient le ciel à la terre. Ses côtes se dessinent précises sur le ciel clair ; elle a l'habitude de voir de loin dans l'air transparent des formes distinctes ; son esprit, c'est encore sa nature ; pour elle l'infini (τὸ ἄπειρον) c'est le mal ; elle aime ce qui se définit, ce qui se mesure, les idées précises se détachant dans la pleine lumière d'une pensée qui se voit tout entière.

Dans ses épopées, pas de mythes obscurs, de puissances vagues et mystérieuses : les dieux descendent en armes de l'Olympe et se mêlent aux combats des hommes. Les héros parlent volontiers et clairement, ils aiment la lumière et la vie, qui est le plus grand des biens. C'est la beauté d'une femme qui a allumé les guerres sanglantes que chantent les rapsodes. Quand Hélène apparaît devant les vieillards de Troie, assis aux portes de Scée, pas un qui s'étonne ou s'indigne ; ils se lèvent devant elle et murmurent entre eux, à voix basse : « Certes, ce n'est pas sans raison que les Troyens et les Achéens aux belles cnémides endurent pour une telle femme des maux si affreux ; elle ressemble aux déesses immortelles. » Jusqu'aux derniers jours de la Grèce, Hélène traverse les épopées, les tragédies, les élégies, respectée, sanctifiée par la beauté. Même les monstres, les géants, les cyclopes, les centaures ne sont pas difformes : la sculpture peut naître, les artistes n'auront qu'à suivre en eux le dessin des scènes plastiques, pour qu'autour des temples se déroulent les bas-reliefs.

En Germanie, l'hiver est long, rigoureux et sombre; le printemps, imprévu et court; on n'a pas le temps d'admirer le soleil, on en jouit, on s'y baigne, on s'en pénètre; on l'espère, on le regrette. Cette nature, en se faisant esprit, devient la mélancolie, le sentiment profond que tout passe, que les plus belles choses, les plus aimées sont les plus éphémères. Le plus souvent, le ciel est pesant et bas; le brouillard noie les formes; les forêts font des masses noires et confuses s'enfonçant dans les vapeurs grises; les plaines s'étendent, comme des mers immobiles et mortes, qui ne réfléchiraient aucun ciel, sans frémissement, sans ondulations, sans éclat. Le monde diminuant autour de l'homme, il tend à rentrer en lui-même. Vivant dans une sorte d'obscurité, comme tous les animaux à courte vue, il est tenté de soupçonner partout des puissances ennemies. L'œil ne voit que ce qui est tout près de lui; peu à peu, il perd de sa puissance; du même coup l'esprit devient myope. La clarté ne lui semble possible que par l'étroitesse de l'horizon; il regarde à ses pieds, il s'attache aux moindres détails; ou il s'élance dans les idées vastes qui de toutes parts s'ouvrent et semblent étendre l'esprit à l'infini, dans la rêverie mystérieuse, où les formes en s'effaçant se transforment au gré de la fantaisie. Philologie et musique! L'Allemagne aime encore le Nibelungenlied; elle se reconnaît dans cette œuvre des ancêtres, qui est sortie spontanément des âmes, qui y a vécu longtemps, qui s'y est plusieurs fois transformée. La Grèce combat pour la beauté, l'Allemagne pour un trésor, pour de l'argent. Dans la rédaction qui nous est parvenue, les Nornes (Destinées), les Nibelungen (nains), les dieux jaloux ont disparu, mais autour des héros et en eux-mêmes on sent s'agiter ces obscures puissances. Toute joie est courte comme le printemps, comme lui se termine par une douleur d'autant plus sombre qu'elle tranche sur une joie plus éclatante. Il n'y a pas un héros qui soit heureux impunément. Le poème se termine par la lutte et par la mort de tous les héros qu'il a chantés, et son dernier bruit est l'écho de la vaste plainte qui répond à cette destruction fatale de toute joie, de toute jeunesse, de toute beauté [1]. Poème de brigandage et de mélancolie!

Ce qui caractérise ces épopées nationales, sorties peu à peu du génie spontané des peuples, c'est que, comme les œuvres de la nature, elles ne sont pas composées logiquement. Même dans les œuvres relativement récentes, expression et collection tardives des traditions populaires, qui nous sont parvenues, on ne trouve pas la trace d'un esprit qui se donne un sujet et qui le traite, qui choisit un héros et qui le chante. Quel est le héros de l'*Iliade?* Est ce Achille? Est-ce Hector? Diomède même a son chant. Quel est le héros des Nibelungenlied? Est-ce Siegfried? Il meurt avant la moitié du poème. Est-ce Dietrich? Il n'apparaît qu'à la fin. Est-ce Hagen? Est-ce Kriemhild? Brünnhild? Aucun et tous; l'œuvre vit, voilà son unité. Un même souffle de vie la traverse, en relie toutes les parties, en compose un organisme vivant. Ces œuvres ressemblent à ces armées d'arbres, coupées çà et là de clairières, tour à tour taillis et futaies, mais qui de loin se fondent dans l'unité grandiose de la forêt. C'est dans ce fond des traditions populaires, dans ces trésors de la fantaisie collective que le plus souvent l'art individuel puise l'élément de ses œuvres. Jusqu'à ses derniers jours, même à Alexandrie, la Grèce est restée fidèle à ses vieilles légendes. L'Allemagne affranchie, par cela seul qu'elle prend conscience d'elle-même, retrouve ses vieux souvenirs; avec plus ou moins de

---

1. Voyez Vilmar, *Geschichte der deutschen Litteratur*, p. 80. Dans les épopées grecques, comme dans le *Nibelungenlied*, nous ne considérons les œuvres qui nous sont parvenues que comme l'expression tardive de légendes et de traditions multiples, créées peu à peu par l'imagination populaire, en courant de bouche en bouche.

succès elle taille des drames dans l'épopée nationale, et le plus grand de ses musiciens actuels, voulant donner au nouvel empire un chef-d'œuvre germanique, dans une tétralogie étrange, confuse et grandiose, chante les crimes et la mélancolie des aïeux.

Si les faits historiques, les guerres et les batailles de peuplades barbares, par cela seul qu'elles vivent dans le souvenir, deviennent des légendes épiques, les chants de l'orgueil national, plus encore ce qui n'est pas, ce qui devrait être, l'idéal moral et religieux, les sentiments les plus élevés, les plus universels, les mieux faits pour associer les âmes en une même inspiration, doivent-ils solliciter la fantaisie collective et se créer une expression vivante dans des poèmes spontanés. L'homme est esprit et corps; il est l'unité de ces deux termes, qui en apparence s'opposent, qui en fait sont conciliés et se pénètrent en lui. Il a besoin de toucher son propre esprit; il ne prend conscience de ses sentiments qu'en les faisant sortir de l'abstrait, qu'en les faisant participer de sa double nature. Les idées morales logiquement déduites d'un principe abstrait, du respect de la dignité humaine, du rapport des êtres raisonnables et prévoyants, n'ont que peu d'action sur les âmes naïves. Penser sans images suppose une longue éducation; encore les idées les plus abstraites ne sont-elles que celles qui éveillent des images plus vagues, plus indécises, ou plus délicates, ou plus nombreuses. L'imagination exprime l'invisible par le visible; elle étend l'inétendu, si j'ose dire, et nous conduisant sans cesse du spirituel au sensible, du sensible au spirituel, qu'elle manifeste, elle identifie l'esprit et le corps, la nature et la pensée.

Empire sur soi, tempérance, courage, sacrifice, désintéressement, piété, des signes vaguement compris, des mots sans éclat, sans retentissement, qui n'éveillent pas d'écho dans les cœurs simples. Mais que ces idées soient réalisées dans des exemples, que toutes ces vertus, avec les luttes qu'elles supposent, deviennent visibles dans l'histoire d'un homme semblable à nous, la sympathie sollicite l'imitation, l'admiration élève les courages et purifie les cœurs. Toutes les doctrines, qui ont exercé une influence sur les hommes, pour avoir une action pratique, efficace, ont eu recours à cette poésie morale. Il est difficile de comprendre des principes généraux, plus difficile encore de les appliquer; en devenant un exemple, la vertu peut être directement imitée. Les idées morales n'ont de force que symbolisée dans la vie d'hommes meilleurs dont on peut prendre l'attitude.

Même aux époques de raffinement intellectuel, l'antiquité a eu ses saints. Les premiers Stoïciens faisaient un portrait du sage, qu'ils composaient de toutes les vertus, portrait redoutable, dont on ne pouvait trouver l'original qu'en remontant très loin, aux époques légendaires, jusqu'à Hercule, le héros du travail, jusqu'à Ulysse, le héros de la patience, de la sagesse tranquille, résignée, persévérante. Puis les Zénon, les Cléanthe, les Chrysippe deviennent eux-mêmes les modèles de la sagesse qu'ils ont enseignée par leur vie autant que par leurs discours. Le lointain efface les détails de leur physionomie réelle, l'admiration de leurs disciples les transfigure. Le stoïcisme devient une religion, de véritables congrégations morales se forment. On se réunit dans des *cènes*, on se raconte la vie des maîtres, on évoque ces grandes figures dont on s'efforce de reproduire en soi la vivante image. Les Epicuriens rendaient un culte à leur maître : ils se réunissaient pour célébrer sa mémoire; ils relisaient l'histoire de sa vie avec dévotion; ils apprenaient par cœur le catéchisme de ses pensées maîtresses; ils portaient son image sur des bagues, sur des scapulaires, et Lucrèce traduisait le sentiment de tous les disciples quand il s'écriait : « Est Deus... »

Le christianisme a la vie des saints, toute une suite de

poèmes charmants, enfantés par l'imagination populaire [1].
Toutes les vertus se sont mises à vivre dans ces héros de la
conscience, dont chacun dans la perfection de tous a sa vie,
ses aventures, son caractère original. La morale ne s'exprime
plus par des définitions, par des formules abstraites ; elle se
réalise dans les légendes de la vie des saints : sa beauté
devient une beauté visible, qui ne convainc plus seulement
l'intelligence, qui s'insinue doucement dans le cœur. Contre
les entraînements de la sensibilité, c'est trop peu de la réflexion, seul l'amour est fort contre l'amour. C'est pour cela,
c'est afin d'être aimé, c'est afin d'être fort dans les âmes, que
Dieu s'est fait aimable en se faisant homme, qu'il a fait
apparaître le divin dans un corps, dans la vie la plus belle, la
plus séduisante, la plus irrésistible. L'œuvre du chrétien,
c'est de vivre dans l'intimité de Jésus, c'est de se pénétrer
de son âme douce et puissante, de penser comme il pensait,
de faire ce qu'il faisait, c'est d'être le compagnon, le disciple,
l'imitateur du divin Maître. Symbolisé dans la vie de Jésus,
le bien prend la séduction d'une beauté sensible. Tout se
colore et s'anime ; les préceptes sont des récits charmants.
La tempérance, le courage, la justice, la charité, le respect
des parents, la douceur envers tous, la piété envers Dieu, ne
sont plus des maximes générales, ce sont des paroles exquises,
des actes émouvants. Quel poème ! Dieu, l'être tout-puissant,
que l'esprit ne peut comprendre, l'infini, l'abîme, devant
lequel le cœur et la pensée sont pris d'épouvante, Dieu,
acceptant tout de la vie, les infirmités, les cris et la soumis-
sion de l'enfance ; toutes les tristesses, toutes les douleurs de
l'homme, pour donner du courage à tous ceux qui souffrent,
pour opposer un acte de vertu à toutes les tentations ; pauvre
et refusant l'empire du monde, les yeux au ciel, pour donner
l'exemple à ceux qui surtout en ont besoin ; descendant au der-

---

1. E. Renan, *Etudes d'histoire religieuse*, p. 307, sq.

nier degré de l'humiliation, voulant le supplice des esclaves ; souffrant mort et martyre avec des gémissements pour ne pas être surhumain, pour donner droit aux larmes, pour ne pas être l'orgueil, mais la résignation soutenue par l'espérance.

Comment se forment ces légendes? Quel est l'auteur de ces œuvres flottantes qui peu à peu se fixent et s'arrêtent? Nul ne le sait, personne et tous. L'imagination est contagieuse, elle unit tous les esprits en un seul esprit qui travaille dans la même inspiration. Comment douter de ce qu'on désire, de ce qu'on aime, de ce que beaucoup ont vu, de ce qu'on aurait pu voir, de ce qu'on a vu soi-même? La foi court et s'allume dans les âmes sympathiques. La légende se répand, se propage, et en passant par toutes ces âmes elle prend quelque chose à chacune d'elles. Il y a dans les plus humbles une vague inquiétude du meilleur, une poésie, une beauté ; c'est cette poésie, c'est cette beauté, qui se dégage et se condense dans les légendes. Un homme a frappé les autres hommes par ses efforts sur lui-même, par sa vie étrange, par ses mortifications. Il est mort, c'est assez pour qu'il se prête à tous les caprices de la fantaisie. L'imagination populaire s'empare de lui. Il ressuscite dans les esprits, il y prend une vie nouvelle. Sans que personne croie ajouter à ce qui fut, la légende grandit, se forme d'images en accord, se développe comme un corps vivant. Elle se transmet, parfois se modifie selon les peuples, toujours répond aux instincts profonds de la race qui la crée. Le besoin de réaliser l'idéal moral, de le représenter dans des images fait les saints. Et ce besoin reste vivace dans les âmes les plus raffinées. Quoi que nous fassions, nous ne devenons jamais pur esprit. Toujours l'imagination reste l'intermédiaire par lequel s'unissent l'esprit et le corps, le centre où ils se touchent et se confondent. Ceux qui ne croient plus au merveilleux, ceux que les saints parfois rudes et grossiers du peuple ne peuvent plus satisfaire, ne sont-ils pas entraînés à symboliser les idées morales dans la vie de ceux qu'ils admirent? Les libres penseurs de l'antiquité ont eu les Zénon, les Cléanthe, les Epicure; les libres penseurs de notre temps sont en train d'écrire leur vie des saints. Et tous n'avons-nous pas nos saints, ceux que nous avons aimés, qui ne sont plus, que nous ne voulons pas laisser mourir, que nous faisons les témoins de notre vie, à qui nous en appelons sans cesse, et aussi ceux que nous aimons, ceux dont l'estime nous est précieuse et nous impose des devoirs dont elle est la récompense.

Qu'elle agisse en un même esprit ou qu'elle élabore lentement son œuvre dans l'esprit d'un peuple, d'une race, l'imagination suit toujours les mêmes lois. Que l'inspiration soit individuelle ou collective, son œuvre est une œuvre vivante qui se fait d'elle-même. La légende naît, se développe et s'organise spontanément. Une histoire réelle est confiée au souvenir de tous; sans qu'on y songe, par un besoin d'harmonie, qui n'est que la loi de la vie intérieure, les traits discordants sont effacés, oubliés; en même temps, toutes les images qui conviennent au caractère simplifié, à la nature idéale du personnage transfiguré, sont évoquées, combinées dans la légende. L'idéal n'est pas une idée abstraite, à laquelle la réflexion cherche des signes expressifs de sang-froid. L'idée est un germe vivant, elle court d'esprits en esprits, puise dans ces sols féconds les éléments qui lui permettent de grandir, de vivre et d'épanouir ses fleurs charmantes.

Comme l'idéal moral, l'idéal religieux devient une poésie[1]. La métaphysique est une œuvre de réflexion qui reste inintelligible à la plupart. La foule ne raisonne pas sur des principes abstraits, elle ne distingue pas le réel du possible, ni le possible de l'imaginaire; pour elle, ses idées, ses émotions

---

1. E. Renan, *Etudes d'histoire religieuse*, p. 70, 71; Préface, p. xv, xvi.

sont la plus réelle des réalités. Le sentiment religieux se représente dans une poésie qui varie comme le sentiment qui la crée. Ce n'est que peu à peu, par le spectacle des choses, par la vie, par l'expérience, par la douleur que l'âme prend une conscience plus nette de ce qui est et d'elle-même, des désordres du monde et de ses besoins de justice, de réparation, d'harmonie. Dans l'antiquité, il n'est rien qui ne puisse devenir Dieu. L'enfance répand sur les choses le merveilleux qui est en elle. Les imaginations naïves et fortes se troublent, s'hallucinent les unes les autres. La nature mobile de la mer, l'écume des vagues, les nuages qui courent, le soleil obscurci, la lune mystérieuse, douce et froide, qui monte à l'horizon et sur la terre endormie s'éveille silencieusement ; une terreur, une joie, une impression vague et mal définie, la poésie qui sort de toutes choses par les sentiments qui s'y mêlent; tout ce qui étonne, tout ce qui épouvante, tout ce qui rassure, tout ce qui devient émotion devient Dieu. La nuit se peuple de fantômes, que dissipe le premier rayon du matin, âmes en peine, loups-garous, lavandières. Les dieux de l'antiquité naissent ainsi des aspects des choses, des sentiments qui sortent de tout ce qui est, des terreurs, des admirations, des émotions confuses qui créent la légende par une action spontanée, comme un vivant, dont la réflexion ne saurait déterminer ni les éléments ni le principe d'unité qui les pénètre et les ordonne.

Peu à peu, en se donnant des corps multiples, qui ne l'expriment jamais tout entière, l'âme prend une conscience plus claire d'elle-même, de ce qui seul pourrait la satisfaire. La souffrance avertit la foule que le monde n'est pas ce qu'il devrait être. D'instinct, elle a fait les héros de la moralité luttant, souffrant comme elle, le plus souvent vaincus ici-bas après avoir épuisé toutes les douleurs. Elle ne peut s'arrêter à cette suprême injustice qui la laisse en face d'un problème douloureux. Le sentiment de tous, comme la pensée philo-

sophique, aspire à un monde intelligible qui satisfasse le
cœur et la raison, à un monde de réparation, où l'esprit
puisse se réfugier loin des contradictions qui le blessent. Si
la religion commence par la crainte, elle ne se continue, elle
ne s'achève que par l'espérance. L'âme courbée peu à peu
se relève, et en se redressant elle redresse le monde. Mais
la foule ne s'analyse pas, elle ne cherche pas des symboles
à un dogme, elle ne raisonne pas, elle crée. Elle ne s'empare de ses idées et de ses sentiments qu'au moment où elle
les voit, où elle les touche, réalisés dans un corps d'images.
Nul ne sait comment se font les grands poèmes religieux.
Un même sentiment vivait dans des millions d'âmes, des
légendes se sont formées, ont traversé toutes ces âmes, se
nourrissant de leur poésie, s'embellissant de leur beauté.
Tous ces hommes d'imagination vive et contagieuse, de
cœur ardent, ont travaillé ensemble à une même œuvre
qu'ils ont faite tous à la fois dans une même inspiration.
Le philosophe dirait : en tout homme vit le divin, l'intelligence qui comprend l'universel, l'amour qui par la charité
nous agrandit jusqu'à nous unir à tout ce qui est. Comme
la légende, plus étroite peut-être, plus exclusivement humaine à coup sûr, est aussi plus claire! plus ouverte à
tous ! Dieu fait homme naît, souffre et meurt, pour nous
montrer dans une longue suite d'actes et d'images ce que
doit être la vie divine en l'homme. Il unit le ciel et la
terre; il comprend l'univers et l'homme dans l'harmonie
d'une même pensée créatrice; il donne une raison même au
mal, même à la douleur, à l'injustice et au péché.

Ainsi, par un travail dont la gloire revient à tous, l'idéal
devient la poésie charmante des esprits simples, qui ont
besoin de toucher les idées, les plus pures en apparence de
toute forme sensible. L'œuvre la plus élevée de l'imagination spontanée fournit à l'art une matière qui est déjà la plus
expressive des poésies. Quoi de plus propre à tenter le génie

de l'artiste que cette conception du divin réalisé dans un corps humain? Les sculpteurs de la Grèce ont reproduit, sans se lasser jamais, leurs dieux plastiques. Le christianisme a été le principe d'un art nouveau. La suprême beauté, qui est la beauté morale, toute l'intelligence, toute la vérité, toute la beauté, visibles sur un visage humain, quelle tentation ! Trouver dans la forme humaine de quoi rendre visible à tous Dieu lui-même ! Et montrer cet esprit souverain dans tous les actes de la vie, le montrer enfant aux bras de sa mère, doux, familier, redoutable, jugé, insulté, condamné, mis en croix, mourant ; et dans tous ces actes, sous toutes ces formes, faire apparaître le divin, ce qu'il y a de supérieur à la souffrance, le courage, la résignation qui l'accepte, toute la grandeur de l'esprit qui en souffre, qui en gémit, qui n'en est pas atteint. Tout l'esprit dans un corps ! Dieu dans l'homme ! quel chef-d'œuvre, créé par le génie de tous, proposé au génie de quelques-uns !

Le désir de tout rendre intelligible pour tout comprendre, qui domine la science, cherche à s'exprimer tout entier dans une œuvre qui ne laisse rien en dehors d'elle. Comme l'intelligence tente de soumettre le réel et le possible à la raison et de former un système d'idées, qui s'accorde à la fois et avec les besoins de la pensée et avec tout ce dont l'expérience impose l'aveu ; ainsi la fantaisie tente de créer un monde poétique, un monde de légendes en accord, qui pacifie l'esprit et le cœur. Dans l'individu, le désir égoïste fait oublier ou supprime tout ce qui le contredit, appelle et concentre les images qui l'expriment : selon la même loi se crée spontanément, dans des milliers d'âmes en sympathie, comprises dans une même contagion de croyance et de foi, le poème des sentiments universels, le poème des grands mythes religieux, des grandes formes symboliques, qui de moins en moins manifestent les désirs inférieurs et limités, de plus en plus s'efforcent de traduire avec plus ou moins d'ampleur la loi même de la vie, l'âme tout entière dans l'amour profond qui la constitue.

IV

L'étude de l'intelligence nous a montré comment l'esprit se donne l'existence et au monde par le progrès d'un génie spontané, dont la loi est l'effort vers l'harmonie. L'imagination créatrice, c'est le génie intérieur, libre de toute contrainte, disposant à son gré d'une matière spirituelle, se représentant et ses lois dans une nature qui ne se distingue pas de lui. Les images reproduisent le monde, mais elles ne vivent que par l'esprit : elles obéissent à tous ses mouvements, elles en suivent la direction et les lois. Qu'on le veuille ou non, la vie est une perpétuelle poésie. Cette poésie transforme toutes choses par les images dont elle les entoure et qui semblent en rayonner ; elle ne nous laisse voir le monde qu'à travers le voile transparent et coloré de nos joies, de nos tristesses, de nos souvenirs ; elle donne du prix aux actes les plus humbles ; elle nous permet de jouir de ce qui n'est plus, de ce qui n'est pas encore, de ce qui ne sera jamais ; d'opposer à l'heure présente tous les souvenirs, toutes les espérances. Comme la science cherche à résumer tout ce qui est dans quelques principes intelligibles, à faire ainsi de la nature même l'expression de l'esprit; ainsi la loi d'harmonie, qui domine toutes les créations de la fantaisie, semble vouloir s'exprimer tout entière dans l'unité d'un poème grandiose qui embrasserait, concilierait, organiserait le monde et l'homme, toutes les images. Cette poésie n'a rien d'étrange, de mystérieux, de surnaturel; elle est la loi même de la vie intérieure. Le génie poétique dans la science est tout occupé à reproduire ce qui est; il s'affranchit dans l'imagination, quand il trouve une matière spirituelle, quand, au lieu de chercher et de deviner par quels procédés la nature travaille, il se fait nature à son tour, non par un effort, par une violence sur soi, mais en se laissant aller à la spontanéité, qui est son être même, comme sans doute l'Être universel, dont la science analyse les œuvres.

L'imagination nous montre le commerce incessant de la nature et de la pensée, le perpétuel mouvement qui de l'un mène à l'autre. Il semble qu'elle franchisse l'abîme qui sépare l'étendu de l'inétendu, qu'elle résolve, sans même que nous y prenions garde, l'insoluble problème des rapports de l'esprit et du corps. L'esprit se fait corps, le corps se fait esprit. L'image est encore la sensation, et déjà elle s'en distingue : matière par son origine, esprit par sa vie tout intérieure, elle unit le monde et la pensée. L'esprit inétendu semble s'étendre pour reproduire les choses, se multiplie, se divise comme elles ; le monde perd l'étendue réelle pour se concentrer dans la pensée. Le sentiment, le désir, l'idée même n'est plus quelque chose d'abstrait ; le sentiment, le désir et l'idée se créent un corps qu'ils animent et qui les manifeste.

Suffit-il pour expliquer l'invention de remarquer que l'esprit est composé d'éléments en rapport? Suivant les empiriques, si l'on s'étonne des œuvres de la pensée, c'est qu'on n'étudie pas d'assez près le merveilleux mécanisme qui les produit et les compose. Les images ne sont pas isolées, toutes se tiennent, il n'en est pas une qui ne puisse en suggérer mille autres, auxquelles elle est rattachée par des liens subtils. *Par la loi de contiguïté,* les idées de toutes les choses, que l'expérience a présentées ensemble ou successivement, se suggèrent l'une l'autre ; *par la loi de similarité,* les actions, sensations, pensées, émotions présentes, tendent à rappeler les états d'esprit qui leur sont semblables. Ces deux lois concourent pour associer et combiner tous les états de conscience. Une habitude, une émotion originale donne l'impulsion; le mouvement suit. En face d'une tempête, la femme du marin songe à ceux qui sont en mer, le paysan calcule les dommages qu'il attend, le savant pense aux lois nécessaires qui régissent ces forces révoltées. Des éléments qui dans l'expérience se sont présentés ensemble ou simultanément et qui se relient selon des ressemblances plus ou moins distinctes, une habitude, une émotion, une idée maîtresse, qui met en jeu le mécanisme, voilà tout ce que supposent les œuvres de l'imagination créatrice.

D'après les lois mêmes de l'association, une image est en rapport avec une multitude d'images qu'elle peut éveiller, et chacune de celles-ci tient à son tour à la foule de celles dont un hasard l'a rapprochée dans le temps, dont une analogie plus ou moins lointaine peut la rapprocher dans l'esprit. Les combinaisons se multiplient à l'infini. Est-ce cette agitation stérile de mouvements sans direction que nous montre l'observation de l'esprit et de ses œuvres? En fait, c'est mon idée, c'est mon émotion, c'est la fin que je poursuis, qui détermine et la nature des images et l'ordre dans lequel elles apparaissent. Selon le problème que je me pose, une idée peut s'associer tour à tour aux idées les plus différentes [1]. Les éléments ne sont pas suggérés au hasard; sous une impulsion commune, ils s'élancent et se combinent, comme parcourus par un même esprit qui les embrasse et les coor-

---

1. E. de Hartmann, *Philosophie de l'Inconscient*, p. 313, 314 de la traduction française. « Si je considère, par exemple, un triangle rectangle, sans avoir un intérêt particulier à l'étude de la question, toutes les idées possibles peuvent s'associer dans mon esprit à la pensée de ce triangle. Mais si l'on me demande de démontrer une proposition relative au triangle rectangle, que je rougirais de ne pas savoir, j'ai un intérêt à rattacher à l'idée de ce triangle les idées qui servent à la démonstration demandée. Un intérêt de ce genre décide justement de la variété des associations d'idées dans la diversité des cas. L'intérêt ressenti (?) par l'âme est donc la cause unique du phénomène. » — « Même lorsque le cours de nos idées semble entièrement livré au hasard, lorsque nous nous laissons aller aux rêveries involontaires de la fantaisie, l'action décisive de nos préférences, l'influence de nos sentiments secrets ou de nos prédispositions, se fait sentir tout différemment à une heure qu'à une autre, et l'association des idées s'en ressent toujours. »

donne. Les lois de l'association ne sont que les lois du réveil des souvenirs : ce qui se tient dans la perception se tient dans la mémoire. L'association reproduit les états intérieurs et leurs rapports, elle ne crée pas. Si on l'isole de la spontanéité organique, qui en la dirigeant la féconde, elle n'est plus qu'une répétition stérile. On invoquera la loi de similarité, qui crée l'ordre, en découvrant des analogies inattendues, rapproche des images en apparence sans rapport. La loi de similarité n'est pas une loi d'association passive, elle dépasse la mémoire. Elle suppose autre chose que le réveil des perceptions passées; elle suppose la vie intérieure des idées et des images, leur tendance à former un *organisme psychique*, dont les éléments soient en action réciproque. Encore l'invention poétique exige-t-elle plus que cette découverte des rapports réels, plus que cette divination des analogies lointaines; elle exige une activité vraiment spontanée de l'esprit, qui pose avec des idées nouvelles, avec des émotions originales, toutes les images qui les expriment. Les lois de l'association travaillent pour la vie et sont subordonnées à ses lois.

L'image est déjà quelque chose de vivant. Elle enveloppe tout un détail d'éléments qu'elle organise, elle manifeste sa puissance par le mouvement qu'elle engendre. Elle est à l'esprit ce que la cellule est au corps. La vie physique, c'est la création perpétuelle de la forme vivante. Le corps n'accepte que ce qu'il s'assimile, que ce qu'il confond dans son être, que ce qu'il emporte dans le grand courant de sa vie mobile et continue. La vie spirituelle, c'est la création de la forme spirituelle. A chaque instant, un certain nombre des éléments de la vie intérieure est compris dans l'unité d'une même conscience; mais aucun de ces instants ne ressemble tout à fait à ceux qui le précèdent ou le suivent. La vie est un drame multiple dont les actes se tiennent sans se répéter. Quand le centre de direction se déplace, les forces et leurs rapports se modifient. Sans perdre sa forme générale, en gardant les traits caractéristiques qui le distinguent de tout autre, l'organisme psychique se varie à l'infini. La science est communicable, elle tend à nous confondre, elle unit dans tous les esprits les mêmes idées maîtresses aux mêmes idées secondaires. Dans l'imagination les idées maîtresses et les éléments que groupe chacune d'elles varient selon les individus. La science cherche les éléments simples dans des combinaisons complexes données, elle va vers l'harmonie par l'analyse. L'imagination continue la fécondité de la nature, elle combine les éléments dans des formes originales qu'elle multiplie.

Comme toute action vitale, son œuvre est spontanée. Sans doute la volonté et la réflexion peuvent intervenir. Souvent elles fixent dans l'esprit l'idée à exprimer, elles l'y font vivre; mais souvent aussi elles luttent en vain contre le désir qui s'impose, et toujours c'est dans l'inspiration, par une action spontanée, dont nous ne sommes pas les maîtres, que tout à coup se précipitent et se groupent les images. Bien des choses se font en nous, sans que la volonté directement intervienne et sans que la conscience en soit informée. Nous avons beau nous observer, nous n'assistons pas au travail que supposent les créations de la fantaisie. Ce n'est pas nous qui décomposons les images en leurs éléments, qui faisons un choix entre ces éléments pour les combiner en images nouvelles. Il y a là un double travail d'analyse et de synthèse, qui s'accomplit de lui-même, en dehors de la conscience, avec une rapidité prodigieuse, et qui suffirait à occuper indéfiniment l'activité réfléchie. La conscience ne connaît pas toutes les images, moins, encore leurs éléments; comment donc ferait-elle un choix entre ces matériaux qu'elle ignore? Elle peut bien rejeter le tableau qui surgit en elle, elle ne peut le créer. La conscience n'éclaire pas l'esprit tout entier, c'est une lumière mobile qui se déplace et ne nous montre jamais que des fragments de tout ce qu'embrasse notre complexe individualité. Il semble qu'un artiste inconnu, d'une agilité merveilleuse, travaille pour nous, embrasse d'un regard la diversité infinie des images et de leurs éléments, et s'empare d'un seul coup de tout ce qui peut servir à son œuvre.

Le mystère des créations de la fantaisie, c'est le mystère de la vie. La vie n'est pas seulement inconscience et spontanéité. Elle est harmonie. Elle ne se maintient que par le perpétuel concours des éléments qui constituent l'être vivant. L'esprit ne sait pas tout ce qu'il est; mais, par cela seul qu'il vit, il tend sans cesse à organiser, à concentrer dans l'unité de sa conscience actuelle tout ce qu'il peut des images qui sommeillent en lui. L'idée, le sentiment, qui domine l'esprit, qui pour un instant est l'esprit même, devient le centre autour duquel se groupe cet organisme idéal. Les images ne sont pas figées dans une forme immobile, elles sont composées d'éléments, dont chacun peut entrer dans des combinaisons nouvelles. Le mouvement se communique et se propage; il gagne les profondeurs que n'éclaire pas la conscience; de grands courants se forment qui, sur leur parcours, entraînent tout ce qui peut les grossir : de toutes parts les éléments accourent, se combinent; les images se composent et d'elles-mêmes se groupent et s'ordonnent dans l'unité des scènes vivantes qui expriment le sentiment intérieur. Ainsi imaginer, c'est vivre; vivre, c'est créer. Le sentiment, qui s'impose à la conscience, se représente dans un corps d'images par un travail analogue à celui par lequel la nature construit un corps vivant.

L'œuvre de l'imagination est une œuvre vive : de là ses caractères. Tout ce qui n'est pas nécessaire à l'être vivant lui est nuisible; tout ce qui dans l'organisme ne conspire pas à la vie commune la divise et l'affaiblit. En composant les corps d'images dans lesquels il se voit lui-même, l'esprit spontanément rejette tous les éléments qui ne peuvent être assimilés, combinés, ne groupe que les images en rapport entre elles et avec l'idée maîtresse qui les suscite et les organise. Il ne reproduit pas ce qui est; les spectacles intérieurs qu'il crée sont pénétrés de ses lois. Tandis que dans le monde rien n'est complet, achevé, rien n'apparaît qui ne soit aussitôt nié, contredit, menacé, la fantaisie crée une réalité nouvelle, plus caractéristique, plus expressive, dont tous les éléments conspirent. Avant tout, elle simplifie, élimine ce qui est inutile, ne tient compte que de ce qui l'intéresse. Du même coup, elle concentre, puisqu'elle supprime les contradictions, les banalités, les détails inutiles, ramasse et ordonne tout l'expressif. Simplifier la réalité, en la dégageant de l'insignifiant, concentrer tous les traits qui la caractérisent, après avoir supprimé tout ce qui l'atténue ou l'efface, n'est-ce pas idéaliser? L'esprit transforme la réalité en s'exprimant par elle; il la spiritualise, il la simplifie, il la concentre en l'animant. L'idéal n'est pas hors de nous; il ne faut pas, pour l'atteindre, sortir de soi, s'élever jusqu'au monde inaccessible des idées éternelles; l'idéal, c'est l'esprit même. Il n'y a pas un type immuable pour chaque genre, une idée immobile, vers laquelle doive se tourner en une sorte d'extase l'œil de l'âme. L'idéal est variable comme les esprits, il monte, il descend comme eux; il exprime toujours la même loi de simplicité, d'unité, de concentration; mais il est mobile, indéfiniment varié comme la vie. Nous ne pouvons imaginer sans idéaliser. Il y a, si j'ose dire, autant d'idéals qu'il y a d'objets et pour chaque objet d'esprits qui le contemplent.

Ainsi l'imagination créatrice, c'est encore le génie qui dirige la pensée scientifique et l'entraîne vers la vérité en s'efforçant vers la vie. Mais c'est ce génie disposant à son gré d'une matière qui ne se distingue pas de lui, ne travaillant plus à reproduire ce qui est, mais à se produire lui-même dans une réalité qui exprime ses lois fidèlement. Avec cette liberté du

GABRIEL SÉAILLES. — *Génie dans l'art.* 9

génie, l'art commence : art tout individuel encore, enfermé dans l'esprit dont il ne peut sortir sans renoncer à lui-même, mais où déjà s'entrevoient les procédés et les conditions de l'art véritable, d'où déjà se dégage cette vérité : l'idéal n'est que le mouvement naturel de la pensée vers la vie toute harmonieuse.

CHAPITRE IV

L'ORGANISATION DES MOUVEMENTS
DANS SON RAPPORT A L'ORGANISATION DES IMAGES

CHAPITRE IV

L'ORGANISATION DES MOUVEMENTS
DANS SON RAPPORT A L'ORGANISATION DES IMAGES

I. — Au milieu de ses complications, l'image reste en rapport avec le mouvement. — Les mouvements doivent donc se décomposer et se recombiner par un travail spontané, analogue et parallèle à celui qui résout les images pour les grouper en des formes nouvelles. — Il y a ainsi une imagination créatrice du mouvement, que rend possible la mémoire motrice. — La traduction du désir en une scène où l'être se voit agir se continue par une tendance de l'être à réaliser les mouvements qu'il imagine et à jouer le rôle qu'il se donne.
II. — De l'instinct. — De l'habitude. — De l'adresse et de la grâce. — Danse, escrime. — Sorte de fantaisie motrice. — Dans tous ces faits, rapports d'une combinaison d'images à une combinaison de mouvements. — Quand la vie de l'esprit se dégage de la vie du corps, il est difficile d'établir un rapport immédiat entre l'image et le mouvement. — Que l'imagination reste seule, qu'elle domine, il reparaît. — Dans la vie, l'imagination est le principe de l'action. — Quand l'imagination s'affaiblit, la puissance pour l'action diminue. — L'homme, avant d'agir, pour agir imagine. — Quand l'homme veut faire d'une idée un principe d'action, il la traduit en images. — Dans l'antiquité, la morale pratique, c'est la vie des philosophes. — De même dans les religions. — La passion isole l'image, lui livre l'esprit; aussitôt le mouvement naît. — Les héros de la tragédie. — L'image au milieu de ses combinaisons reste liée au mouvement. — Il suffit d'exagérer ou d'isoler l'image pour produire le mouvement. — C'est le génie dans ses deux moments, conception, exécution.

I

La forme vivante n'est pas une forme inerte. L'harmonie visible, simultanée, qui naît du rapport de ses éléments, devient l'harmonie des mouvements externes par lesquels elle réagit au dehors. Il en est de même de la vie de l'esprit. L'image, nous l'avons vu, tend à se transformer en un mouvement qui lui répond et qui continué la réalise. D'une façon générale, imaginer un mouvement, c'est l'ébaucher; l'imaginer avec persistance et intensité, c'est l'accomplir. Dans les tableaux mobiles et variés que crée la fantaisie, les images se désagrègent et leurs éléments spontanément s'unissent en des combinaisons nouvelles. Au milieu de ces complications et de ces métamorphoses, l'image reste en rapport avec le mouvement. Les mouvements doivent donc se décomposer et se recombiner par un travail spontané, analogue et parallèle à celui qui résout les images pour les grouper en des formes nouvelles. Sans doute il ne faut pas oublier que toute image n'a pas pour conséquence nécessaire tout le mouvement qu'elle tend à susciter, que souvent l'ébranlement qu'elle imprime reste intérieur ou ne se manifeste que par un nouveau jaillissement d'images. Mais, ces réserves faites, on peut maintenir qu'à l'organisation des images répond une organisation parallèle des mouvements qui, exécutés, les réaliseraient.

Il y a ainsi une véritable imagination créatrice du mouvement. Elle est moins libre que la fantaisie, dont elle dépend; elle n'est ni aussi féconde ni aussi rapide; ses démarches sont le plus souvent mêlées d'hésitations laborieuses, mais elle est de même nature et obéit aux mêmes lois. Il y a une mémoire des mouvements. La mémoire n'est pas seulement une loi de l'intelligence, elle est une loi de la vie. Pas plus que la sensation, le mouvement ne meurt tout entier, quelque chose de lui persiste. La volonté ne meut pas directement les muscles; elle ignore leur nombre, leur place exacte, leurs attaches, leurs rapports; elle ne sait pas combien entrent en jeu ni dans quelle mesure, pour produire les mouvements qu'elle ordonne. Elle pose le but; ce but est atteint par un mécanisme qu'elle ignore. Mais ce mécanisme est pour ainsi dire composé de pièces nombreuses qu'il faut ajuster; la première fois qu'on veut exécuter une action complexe, on ne peut coordonner les mouvements élémentaires dont elle suppose l'accord. Par tâtonnements, après des échecs, on rencontre cet accord, on s'efforce de le retrouver, on le retrouve de plus en plus facilement, et à la suite d'exercices répétés l'action semble s'accomplir d'elle-même. Il y a là un acte de mémoire. Les mouvements accomplis modifient la forme vivante, s'y enregistrent, s'y organisent et durent comme elle [1]. Cette mémoire motrice chez l'animal devient l'instinct. La vie complexe, mobile de l'homme ne se laisse pas enfermer dans ces limites infranchissables; elle n'est jamais achevée. Mais, si nous ne sommes jamais des automates, il n'est pas un de nos actes qui ne prouve l'existence et l'utilité de la *mémoire motrice*. Les mouvements réflexes, adaptés à une fin, que l'animal décapité exécute en réponse aux excitations de l'opérateur; les habitudes qui transforment les mouvements les plus difficiles au début en des actes automatiques; les aptitudes, acquises par l'exercice, qui font du corps le plus souple des instruments; la multitude des mouvements que nous confions à l'organisme et qui s'exécutent sans que nous y prenions part, tout nous atteste la puissance et le rôle de cette mémoire toujours active. Les sensations laissent en nous quelque chose d'elles-mêmes et peuvent reparaître sous forme d'images : elles sont autant d'éléments

---

1. « Une moelle épinière qui ne posséderait pas cette faculté de rétention (que nous nommons mémoire dans les centres supérieurs) serait une moelle épinière idiote, incapable de culture... (p. 145). Les mouvements, déterminés ou effectués par un centre nerveux particulier, laissent, comme les idées, leurs *résidus* respectifs, qui, répétés plusieurs fois, s'organisent ou s'incarnent si bien dans sa structure que les mouvements correspondants peuvent avoir lieu automatiquement. Il y a par conséquent entre l'impulsion volontaire et l'action une région comprenant les résidus moteurs qui sont les agents immédiats des mouvements, une région (psychologiquement parlant) de mouvements *abstraits*, *latents* ou *potentiels*. » (Maudsley, *Physiologie de l'esprit*, p. 433.)

actifs, mêlés à la vie intérieure, entraînés dans son cours, sans cesse organisés par elle. De même les mouvements que nous avons exécutés laissent quelque chose d'eux-mêmes ; ils vivent en nous de notre vie. La conscience ne les aperçoit pas ; mais nous constatons leur présence quand nous voulons agir et que, comme sous l'impulsion immédiate de la volonté, l'acte s'accomplit spontanément.

Ces mouvements possibles ne sont pas des abstractions ; ils sont, comme les images, des éléments vivants, soumis aux lois de la vie, sans cesse organisés par l'effort vers l'unité, vers la concentration qui la constitue. L'image est liée au mouvement : quand l'une apparaît, l'autre tend à se produire. Ce n'est que l'analyse qui isole les deux termes ; en fait, ils sont solidaires ; l'imagination, comme la vie, est un phénomène à double face. Il y a donc des rapports intimes entre la multitude des images et des mouvements que la vie intérieure embrasse et contient, sans que la conscience les éclaire. Dès lors, quand les images, par une action vitale, se décomposent pour s'organiser en des scènes dont l'unité répond à l'unité d'un désir, d'un sentiment, les mouvements qui répondent à ces images doivent se décomposer à leur tour, puis s'organiser en un mouvement complexe, dont les divers moments sont rattachés l'un à l'autre et expriment à leur manière l'unité qui coordonne les images et préside à leur combinaison. La traduction du besoin, du désir en une scène où l'être se voit agir se continue par une tendance de l'être à réaliser les mouvements qu'il imagine et à jouer le rôle qu'il se donne. Pas plus que la mémoire des images, la mémoire des mouvements n'est une vaine accumulation, un magasin distinct de l'esprit. La mémoire des mouvements, ce sont les mouvements mêmes participant de la vie intérieure, devenus ses éléments, sans cesse entraînés dans son courant créateur, en même temps que les images auxquelles ils sont liés et avec lesquelles ils sont harmoniquement organisés.

Dans les cas les plus simples et les moins nombreux, le rapport de l'image au mouvement est constaté par une expérience directe : l'image est donnée, le mouvement suit. C'est ce qui a lieu par exemple dans l'expérience du pendule. A mesure que le phénomène se complique, il devient plus difficile de discerner, avec tous les éléments qu'il comprend, toutes les relations qui les relient l'un à l'autre. D'abord une multitude d'images passent comme à l'horizon de la pensée, sans s'y fixer assez longtemps pour poser toutes leurs conséquences. La rêverie se joue en arabesques capricieuses ; c'est en se développant qu'elle s'épuise. Beaucoup d'images ne manifestent ainsi leur force d'impulsion qu'en faisant jaillir autour d'elles des images nouvelles. Le plus souvent aussi, les mouvements se mêlent aux images qui se succèdent, sans qu'il soit possible de faire à chacune sa part; leur rapport est un fait complexe, qu'on constate sans pouvoir en discerner tous les éléments. C'est seulement quand un désir impérieux s'empare de l'imagination et la contraint de travailler pour lui que le rapport réapparaît avec clarté. Les scènes successives, que crée la passion, comprennent l'image des mouvements qui exécutés lui donneraient satisfaction. La tendance devient une inquiétude qui parfois grandit jusqu'à devenir une impulsion irrésistible. Étudions les faits qui manifestent ce rapport d'un ensemble d'images à un ensemble de mouvements qu'elles suscitent, qu'elles dirigent et qui leur répondent.

II

Dans l'instinct de l'animal inférieur, un ensemble d'excitations donne naissance à un ensemble de mouvements coordonnés, mais toujours les mêmes. L'imagination créatrice, comme la vie, est à son plus bas degré. A mesure qu'on s'élève dans l'échelle des êtres, l'invention suit un développement parallèle à la vie. La faim pour le carnassier, c'est tout un drame. Sous l'action d'une douleur vague, l'être s'inquiète : le désir s'éveille, suscite les images, les groupe en tableaux successifs où l'animal se voit lui-même et repasse par tous les actes accomplis jusqu'au sommeil paisible et lourd qui suit l'appétit satisfait. C'est un mirage qui l'attire et le fascine. Il part en chasse : ses sensations ne le guident que parce qu'elles répondent aux images qui tout à la fois le poussent et le dirigent. Il joue la scène qu'il imagine, la modifiant selon les circonstances, inventant des ruses nouvelles dont il se souviendra. L'habitude confie nos mouvements les plus fréquents à une sorte de mécanisme organique qui agit pour nous. Mais cet automatisme se modifie sans cesse, comme les circonstances auxquelles il s'adapte spontanément. L'image d'un mouvement, analogue à ceux que nous avons accomplis mille fois, se dessine en nous, et du même coup ce mouvement s'exécute. La vie est une perpétuelle invention, une adaptation constante des mouvements aux images qui se forment selon les besoins de la vie ou même selon les caprices de la fantaisie. Sauter un fossé, franchir un obstacle, escalader des rochers, accomplir pour la première fois le mouvement le plus simple, c'est l'imaginer avec plus ou moins de précision et laisser l'image se continuer, se propager, mettre en jeu certains muscles dont l'action se combine sans même que nous y songions.

Voulons-nous saisir plus clairement la nature et le rôle de ce génie qui pénètre le corps, l'assouplit, lui donne je ne sais quelle légèreté spirituelle? Qu'est-ce que l'adresse, qu'est-ce que la grâce, sinon la liberté de la fantaisie dans le mouvement? Que d'efforts, que d'attention d'abord pour dessiner, selon les lois de la cadence, les figures d'une danse peu compliquée! Mais quand la mémoire motrice s'est enrichie de souvenirs et d'expériences, le corps n'est plus lourd et stupide; il semble qu'un esprit harmonieux et léger comme la musique le soulève et l'accorde. La danse peut devenir un art, une poésie étrange. Il y a des corps de génie qui suivent toutes les improvisations d'une fantaisie qui les entraîne jusqu'à l'épuisement.

La science de l'escrime se ramène à un petit nombre de mouvements élémentaires que le maître fait répéter sans cesse. Mais de cette science acquise sort un art merveilleux. Que de combinaisons inattendues trouvées, réalisées dans une inspiration subite! L'image et le mouvement se suivent de si près qu'il n'est plus possible de les distinguer. C'est ici qu'il faut parler d'invention, d'un génie présent au corps qui le pénètre tout entier. La réflexion ne saurait imiter cette sagacité admirable. Le calcul se fait tout seul, le corps raisonne par élans, conclut par intuitions soudaines, d'un mouvement brusque, infaillible comme l'instinct. L'épée en ligne se déplace si vite que partout présente à la fois elle fait à la poitrine une cuirasse d'acier. A un contact, à un choc elle pressent l'attaque et du même coup la prévient, jusqu'à ce que, sans découvrir la poitrine qu'elle enferme et protège, sous la détente du corps, d'un seul bond, qui répond à l'unique instant favorable, elle s'élance au but et frappe.

Quand la vie de l'esprit se détache de la vie du corps, il est souvent difficile d'établir un rapport immédiat entre l'image et le mouvement. Ce n'est pas à dire que ce rapport soit supprimé. Que l'imagination reste seule, qu'elle domine, comme dans la passion, il reparaît. Ce qui parfois l'obscurcit, c'est que les images passent trop vite, c'est qu'elles s'équilibrent ou qu'elles sont arrêtées dans leur effort par l'action de la volonté réfléchie. C'est que souvent aussi la vie de l'esprit est trop complexe pour qu'il soit possible de se reconnaître dans la diversité des actes qu'elle comprend, pour rattacher tel mouvement à telle image, pour suivre la marche parallèle des deux termes associés.

L'imagination, nous l'avons vu, modifie, transforme les objets qui nous entourent. Le monde ne nous apparaît pas tel qu'il est, mais tel que nous le voyons. A chaque objet plus ou moins se mêlent les images qu'il évoque. La nature prend les sentiments que nous lui prêtons, ou mieux, en devenant l'esprit, elle se fond dans ses émotions. Or dans quel monde vivons-nous, agissons-nous? n'est-ce pas dans ce monde où le réel se mêle à l'imaginaire, dans ce monde où nous nous voyons agir? Le sentiment se nourrit d'images, s'en construit un corps, corps tout spirituel, il est vrai, mais qui lui sert de point d'appui pour entraîner et mouvoir la machine corporelle. C'est quand la fantaisie est la plus active, dans la jeunesse, que l'action est la plus ardente. Le poème du regret, de l'espérance, devient l'effort pour retrouver le passé, l'effort pour marcher vers l'avenir, pour le faire sortir du présent tel qu'on le rêve. L'histoire le plus souvent exprime les luttes de ceux qui voient l'âge d'or dans le passé et de ceux qui le voient devant eux et prétendent y marcher. Des deux parts, c'est l'illusion peut-être, l'imagination à coup sûr, qui est le principe de l'action. Le passé n'était pas ce qu'on imagine, l'avenir ne sera pas ce que l'on espère. Tradition et progrès, les deux idées ne s'opposent que dans l'esprit de leurs partisans; elles se supposent, elles s'impliquent; l'histoire est un perpétuel équilibre.

Quand l'imagination s'affaiblit, la puissance pour l'action diminue. Les peuples sans foi, sans enthousiasme, sont des vieillards marqués pour la mort prochaine. Sans doute l'expérience acquise, la connaissance des lois naturelles, la juste idée de sa propre puissance, permettrait d'aller plus directement au but. Qu'importe si le sentiment ne donne pas des raisons d'agir, si l'imagination ne projette pas devant nous, à l'horizon du temps, des images brillantes qui soutiennent l'effort. Si jeunesse savait, si vieillesse pouvait; dans la lutte pour la vie, la victoire sera au peuple qui, vieux par la science, restera jeune par l'imagination et n'aura pas tari par la critique négative, par le scepticisme sénile, les sources de l'action et de la vie.

Il est si vrai que l'image tend à se réaliser elle-même que l'homme, avant d'agir, pour agir imagine. Il le fait d'instinct, par une application spontanée des lois de sa nature. Une formule abstraite peut résumer les lois de la vie ; elle n'est pas la vie, elle est sans force efficace, elle n'entre pas d'emblée dans la réalité. Pour agir il faut qu'elle se traduise dans l'esprit, qu'elle se décompose ou mieux qu'elle soit saisie dans les faits concrets qu'elle résume, que, transformée en éléments vivants, elle devienne quelque chose de la vie et se mêle à son cours. Voulant faire sortir la morale d'une abstraction, Kant cherche un acte où le sentiment, où l'imagination n'ait aucune part. Il en est réduit à avouer que peut-être jamais sur la terre il n'y a eu un acte vraiment désintéressé. En ce sens, c'est fort probable. L'homme n'est pas un entendement pur, il ne saurait agir comme il n'est pas. Entre l'idée et l'action, il y a un intermédiaire, l'image, intimement liée au sentiment. Quand l'homme veut faire d'une idée un principe d'action il la traduit en images. Ou plutôt il n'y a là ni calcul ni réflexion : l'idée ne se sépare pas de l'image, elle forme avec elle un tout naturel. La vertu, c'est d'abord l'homme vertueux. Par cela seul que l'homme se plaît à imaginer une action, il est porté à l'imiter. Chez les peuples primitifs, il n'y a ni professeurs de vertu, ni systèmes de morale. Il y a des héros et des poètes. Pour catéchisme, on a les épopées. Les saints sont les hommes très forts, dont les muscles puissants manient des armes redoutables. Le courage est le talisman qui enchante les épées, qui grandissant le corps à sa mesure d'un coup d'estoc ouvre la brèche de Roland. Toutes les images qui représentent l'homme dans l'action violente, voilà la morale. Libre aux philosophes de dégager aujourd'hui la formule abstraite de cette morale de la lutte pour la vie.

Quiconque veut entraîner les hommes à l'action, d'instinct soulève en eux des images. Dans le dénuement moral des sociétés antiques, deux philosophies prétendent à la direction des âmes; y réussissent-elles par des formules abstraites? Nullement. La morale pratique, c'est la vie des philosophes. Le principe du mouvement, c'est l'image. Croyez-vous que la foule des Epicuriens se soucie fort de la définition du plaisir et des trois cents volumes du maître? Ils lisent la vie d'Epicure. Sa sobriété, ses paroles vivantes, ses aphorismes, sa sérénité dans la douleur, la preuve qu'il donne par sa vie même de la liberté que garde l'esprit dans un corps débile, son testament en faveur des enfants de Métrodore, voilà les images qu'ils évoquent sans cesse pour devenir « peu à peu semblables à l'objet de leur contemplation ». Pour l'action pratique du stoïcisme, les sept cent cinq volumes de Chrysippe valent-ils le courage de Cléanthe? Cet ancien athlète, d'esprit lourd et tenace, qui la nuit puise de l'eau et pétrit la pâte pour gagner la liberté d'entendre Zénon le jour, voilà qui fait mieux qu'une dissertation dans les petits manuels que répand la propagande stoïcienne. En fait, un sentiment ardent, des images vives et persistantes qui, l'heure venue, suscitent les mouvements qui leur répondent, voilà la vraie morale pratique. A s'attacher à l'image d'une attitude morale, l'homme la prend spontanément.

Quel levier plus puissant que la religion fut jamais appliqué à la volonté humaine? Elle est une œuvre de la fantaisie, son œuvre la plus haute. Elle est l'idée morale se créant un corps d'images, qu'elle vivifie, pour entrer dans le monde des réalités. Elle est la transition naturelle de l'idée au mouvement, de la pensée pure à l'action efficace. Dieu est trop abstrait, trop loin de nous. Comment l'homme imiterait-il un Dieu incorporel, immense, éternel, qui est partout, qui n'est nulle part. L'homme a besoin de voir, d'imaginer, d'imiter. L'homme seul peut instruire l'homme. Dieu se fait homme.

La morale bouddhiste, c'est Bouddha ; la morale chrétienne, c'est Jésus-Christ. On est parfois surpris de voir le peu de place que Dieu tient dans les religions : il a le tort d'être invisible. Encore l'être en qui s'incarne Dieu est-il trop loin de nous. Il y a dans son attitude quelque chose de trop pur, de trop serein, de trop triomphant : il garde quelque chose d'inimitable. La loi de l'homme, c'est l'effort; sa victoire est rude et sanglante. C'est pour la lutte surtout qu'il a besoin d'exemples. Toutes les formes de cette lutte morale s'expriment dans des images qui sollicitent l'énergie. Les vies des saints sont les drames de la conscience religieuse, de la volonté dans son effort vers Dieu. Une religion qui ne fait plus de saints, qui ne crée plus de légendes, qui ne multiplie plus les exemples visibles est une religion épuisée, dont les sources vives sont taries. Quiconque prétend mettre les hommes en mouvement doit susciter le mouvement par l'image. Nul n'échappe à cette loi. S'il en fallait une preuve plus décisive, A. Comte, le fondateur du positivisme, pour mettre fin à l'ère des religions, n'a trouvé qu'un moyen : créer une religion nouvelle. Peut-être l'essence des religions est-elle moins le surnaturel que ce symbolisme des idées morales dans des images expressives, dans des exemples persuasifs, et à coup sûr de cette religion il est permis de dire qu'elle est éternelle.

Dans la vie de l'esprit, riche de tant d'éléments qui se mêlent, se croisent ou se combinent, il est difficile de faire la part de chacun et de saisir en quelque sorte l'image au moment même où elle devient le mouvement. Mais la vie fait pour nous une expérience irréfutable. La passion isole l'image, la grossit, lui livre l'esprit. Tous les autres éléments étant pour un instant éliminés, il est facile de constater par ses effets son rapport au mouvement. La passion naît parfois subitement, sa frénésie éclate comme un orage que sa propre violence épuise : la colère lance l'homme comme un ressort brusquement détendu. Parfois elle couve de longues années dans l'âme silencieuse, et elle se satisfait lentement sans s'épuiser : la vengeance lâche et tenace des êtres humiliés prend ces allures sournoises et ces raffinements réfléchis (la cousine Bette). Elle n'est parfois qu'une forme de l'habitude; elle mène l'homme, comme l'instinct la dernière des brutes, jusqu'à boire la boue voluptueusement (le baron Hulot). Quelle que soit son origine, la passion est une grande et redoutable puissance. Elle est pour nous ce qu'est la folie pour les peuples primitifs, une sorte de mal sacré. Elle nous impose une superstition craintive, presque respectueuse. Elle force l'intérêt et la sympathie. Elle déconcerte le jugement moral, elle fait des criminels des victimes, et elle se justifie tantôt par la terreur, tantôt par la pitié qu'elle inspire. Elle tente l'esprit des poètes, elle peuple les prisons et les drames, et c'est assez de son image pour arracher des larmes.

D'où vient cette prédilection des poètes! C'est qu'à vrai dire la passion est le tragique dans l'homme, et que, si elle ne le fait pas meilleur, à coup sûr elle le fait plus grand et plus beau. Entrée dans l'esprit, elle s'en empare, elle l'envahit tout entier. Elle chasse toutes les images qui la contrarient; si elle les laisse un instant lutter contre elle, c'est pour s'exalter encore et s'exaspérer par le combat. A force d'être victorieuse, elle désespère la résistance. L'homme est à elle, elle est l'homme même. En faisant conspirer toutes les puissances de l'esprit, elle fait de l'intelligence un instinct limité mais infaillible; en supprimant tous les sentiments qui la contrarient, elle fait de la volonté une force aveugle et sûre qui va droit devant elle irrésistiblement. Comme elle concentre toutes les forces de l'individu, elle les multiplie : elle donne avec le génie qui conçoit l'audace qui réalise. Elle ne laisse voir que la fin qu'elle propose; tous les moyens lui sont bons pour l'atteindre; elle traverse jusqu'au crime pour arriver à son dénouement : la joie exagérée par l'attente et par le délire de la fantaisie. A la fatalité de l'image répond la fatalité de l'action. Il y a une folie impulsive [1] qui, sans raison, sous la tyrannie d'une image soudaine, arme le bras de l'individu et le contraint à frapper. La passion est un vertige plus lent, aussi sûr, quand elle s'exalte. Elle fait de la vie le rêve d'un somnambule qui se meut dans son rêve. Toujours présente, l'image se réalise; l'effort même pour s'en délivrer, l'enfonçant davantage, ne fait que hâter le mouvement, qui se précipite.

L'homme n'est pas un héros de tragédie, il est bien rare qu'il s'élève à cette beauté tragique de la passion, dont il est la première victime. La vie comprend des idées, des sentiments, des instincts, des désirs, qui s'opposent, s'équilibrent et font de l'homme un être moins séduisant pour l'imagination, mais aussi moins redoutable et à lui et aux autres.

La tragédie est une abstraction. En isolant la passion de tout ce qui la dissimule, la complique ou l'éparpille, elle lui donne un relief extraordinaire. Elle la sertit dans un cercle de faits pressés qui ramassent et concentrent ses éclairs successifs. La passion étant seule, ses lois éclatent aux yeux : nourrie, oppressée d'images, elle se soulage par le mouvement. « Quand je veux prier et penser, mes pensées et mes prières errent d'objet en objet! Le ciel a de moi de vaines paroles, tandis que mon imagination, n'écoutant pas ma langue, est ancrée à Isabelle [2]. » Un moyen de la posséder se présente. Angelo le sage, le dédaigneux, le justicier n'hésite pas : l'image née, le mouvement suit. « Tout moyen m'est bon qui peut servir à mon but, » s'écrie Edmond dans *le Roi Lear* [3]. Le but, c'est le titre et la fortune des comtes de Glocester; les moyens, c'est la calomnie contre un frère qu'il faut

---

1. V. Maudsley, *Le crime et la folie.*
2. Shakespeare, *Mesure pour mesure*, sc. VIII.
3. Sc. II.

déshériter ; la trahison contre un père, dont il faut hâter la successión tardive ; les crimes à peine conçus sont exécutés avec une sérénité machinale. La passion du pouvoir royal est suggérée à Macbeth violemment, c'en est fait, « il a dans la tête d'étranges projets qui de là passeront dans ses mains[1]. » Vainement il se débat. Lady Macbeth n'est que sa passion même, elle ne fait que dire tout haut ce qu'il pense tout bas ; l'action suit avec une rapidité effrayante : « L'acte même, à l'instant de l'exécution, est moins terrible que ne l'est un humble projet de l'imagination. Ma pensée, qui ne commet encore qu'un meurtre idéal, ébranle si violemment toute ma machine que toutes mes facultés sont alarmées et suspendues devant cette image. » Dès qu'Othello est sous l'empire de la jalousie, comme tous les faits confirment ses soupçons ! avec quel art sa fantaisie transforme les choses pour y réfléchir sa passion ! Yago prépare le meurtre de Desdémona scientifiquement, en combinant dans l'esprit du More un mélange explosible d'images. Ce que Roméo aime dans Rosaline, c'est l'amour même ; il cherche la solitude, il se lamente, il rêve, il n'agit pas. Dès qu'il a vu Juliette, l'action commence. « J'ai escaladé ces murs sur les ailes légères de l'amour, car les limites de pierre ne sauraient arrêter l'amour, et ce que l'amour peut faire, l'amour ose le tenter. » Demain le mariage, après-demain la mort. Shakespeare est d'une époque de violence, où la réflexion n'intervient guère pour arrêter le mouvement qui suit l'image dans la passion : l'histoire de l'Angleterre au XVIe siècle est pleine de meurtres. La passion naît d'un seul coup comme la colère et jette brutalement l'individu sur le bien qu'il convoite.

Racine écrit pour une aristocratie de causeurs et de psychologues, qui aime les fines analyses et chez qui l'habitude de la réflexion et la délicatesse morale se mêlent aux en-

---

1. *Macbeth*, acte III, sc. V.

traînements irrésistibles. Mais la mécanique de la passion ne change pas. Elle naît spontanément, elle se nourrit d'images, elle se décharge en mouvements [1]. Soumis à son empire, l'homme est un automate spirituel : il n'agit pas, « il est agi. » Le mouvement plus lent est aussi fatal, aussi sûr. Il ne va plus d'un élan brusque, en ligne droite; il ondule, c'est une marche rythmée. L'être n'avance qu'au milieu de reculs successifs; mais l'effort en arrière devient un nouvel élan qui le jette plus avant. Les résolutions contraires se touchent jusqu'à se heurter, le oui succède au non; mais de la pensée en désordre naît une action d'une logique implacable. Le destin de Pyrrhus, c'est d'agir sous l'impulsion des images que suscite en lui sa passion pour Andromaque; le destin d'Hermione, c'est d'assassiner Pyrrhus et de s'en indigner ;

> Et le destin d'Oreste
> Est de venir sans cesse adorer ses attraits
> Et de jurer toujours qu'il n'y viendra jamais.

Le dernier mot reste toujours à la passion. Le chef-d'œuvre de ce drame complexe, où la force de la passion se révèle par les obstacles mêmes qu'elle franchit, c'est Phèdre. Elle veut mourir, elle ne meurt pas; elle ne veut pas avouer son amour, il monte de son cœur à ses lèvres et s'en échappe :

> De l'austère pudeur les bornes sont passées;

l'espérance a suscité l'image du bonheur possible. Le retour de Thésée arrête brusquement l'action, la détourne; mais la jalousie, sous un flot nouveau d'images douloureuses, la précipite jusqu'au crime. La passion est une large blessure, profondément ouverte, d'où s'écoule toute la vie du héros, au milieu des convulsions d'une agonie qui tue.

1. V. Paul Janet, *Psychologie de Racine* (*Revue des Deux-Mondes*, 1875).

Ainsi, toujours l'image tend à se réaliser. Quand elle se décompose pour se combiner dans des formes nouvelles, elle reste liée au mouvement qui la suit dans ses métamorphoses. Ce n'est que la complexité des faits de la vie spirituelle qui rend difficile de saisir directement le rapport des deux termes. Dès que l'art dans la tragédie, ou la vie dans la passion donnent un rôle prépondérant, exclusif à l'image, elle devient le mouvement qui lui répond et la réalise. Les images sont organisées par le désir selon les lois de la fantaisie. A ces poèmes intérieurs répond un effort pour les exécuter. N'est-ce pas le génie dans ses deux moments : conception, exécution? Dans ces œuvres de la fantaisie créatrice, il y a quelque chose de l'art, son principe, son origine ; il n'y a pas l'art encore. Dans la passion, l'effort même pour exécuter le poème intérieur l'altère. Ce n'est pas l'image qu'on veut, c'est la réalité qu'elle représente. L'homme n'est pas seul, il faut qu'il sollicite la nature, qu'il la violente, et elle lui résiste. L'art n'est possible que parce que les images, sous l'action du désir, s'organisent par le seul mouvement de la vie, et organisées tendent à se traduire par un organisme de mouvements qui leur répondent. Mais l'art n'existe qu'au moment où l'homme aime pour elle-même cette vie des images et l'harmonie qu'elle réalise. L'art suppose une sorte d'industrie, de ruse, par laquelle on utilise le rapport de l'image au mouvement. L'image tend à devenir le mouvement qui fait d'elle une réalité : éliminons ce qui ne dépend pas de nous ; faisons répondre à l'image un mouvement qui, créant une apparence, nous donne l'image elle-même. Alors seulement nous pourrons voir l'esprit et, en saisissant la vie et ses lois dans une réalité sensible, contempler la beauté.

CHAPITRE V

DE LA CONCEPTION DANS L'ART

CHAPITRE V

DE LA CONCEPTION DANS L'ART

Jusqu'ici, nous avons étudié le génie dans sa dépendance. — L'artiste n'a pas besoin de facultés nouvelles. — Mais dans l'art l'image est voulue pour elle-même, le mouvement qui lui répond tend à créer une apparence qui la reproduise.

I. — Le génie emprunte ses éléments. — Nécessité pour l'artiste de vivre par les sens. — Le sentiment vivifie l'image, fait sa valeur expressive. — Le monde dans l'imagination prend quelque chose d'humain. — L'artiste trouve dans l'histoire un trésor d'images. — Avant tout, il doit vivre lui-même. — Ce n'est qu'en vivant qu'on comprend la vie et qu'on peut la communiquer. — Sens délicats, vaste mémoire, imagination vive et tenace, sensibilité exquise qui déjà vivifie les éléments, telles sont les conditions du génie artistique. — Déjà, dans ce travail préparatoire, originalité. — L'artiste ne voit que ce qui l'intéresse, néglige le reste; le monde dont il tirera les éléments de son œuvre a déjà quelque chose de personnel.

II. — Les éléments donnés, quel principe les groupe? — Comment l'idée de l'œuvre est-elle suggérée? — L'œuvre d'art qui se présente comme une conclusion, comme une thèse, est condamnée d'avance. — L'art n'est pas l'imitation de la nature. — Ni l'apparition de l'Idée. — Ni une pure forme. — L'art ne distingue pas la forme de l'idée. — C'est l'idée qui, en se faisant aimer, devient sentiment et suscite ensuite les images qui l'expriment. — Peu importe ce qui suggère l'œuvre d'art, pourvu que ce ne soit pas un raisonnement. — La seule chose qui importe, c'est l'émotion de l'artiste qui lui donne naissance. — Le sujet choisi, c'est l'esprit du poète se découvrant, s'aimant lui-même dans le sujet qu'il attendait. — L'œuvre naît spontanément dans l'inspiration.

III. — De l'émotion confuse comment peu à peu se dégage-t-il un tout organique et vivant? — Ce n'est pas par le raisonnement. — C'est en vivant dans l'esprit, c'est en s'en nourrissant que l'œuvre grandit. — L'idée de l'artiste est un désir qui, selon la loi d'organisation des images, se réalise dans une forme vivante. — Rôle de la volonté et de la réflexion. — Mais tous les efforts ne peuvent remplacer la spontanéité vivante. — La conscience n'est pas créatrice. — C'est le libre mouvement de la vie qui crée l'œuvre d'art. — L'inspiration, c'est l'accord vivant de toutes les puissances intérieures. — *L'esprit vit toute sa vie à la fois.* — L'œuvre d'art est créée, comme l'être vivant, par un développement simultané de toutes les parties. — L'ensemble crée le détail. — Loi de corrélation organique. — Dans la conception de l'art comme dans la vie, groupement de tout ce qui peut être assimilé, élimination de tout ce qui contrarie la forme vivante. — Abstraire et concentrer, c'est idéaliser. — Du caractère. — De l'expression. — La conception de l'artiste étant vivante, l'œuvre de la vie n'est pas une chose, mais une personne. — De la personnalité dans l'art.

Loin de briser la continuité des choses et de nous déconcerter par un prodige, l'art ne peut manquer de naître. Par la science, par les œuvres de la fantaisie individuelle, plus encore par la création des légendes, qui sortent spontanément d'un milieu spirituel donné, la nature, qui est encore l'esprit, peu à peu se rapproche de l'art, l'annonce et le prépare. Mais, si l'esprit est encore la nature, il est son dernier-né, sa création la plus haute : elle lui résiste, même en lui parfois se révolte contre lui. Par la science, il cherche à se retrouver et ses lois dans le monde : la science lui donne ce qui est, l'ordre partiel et troublé, la vie possible, mais contrariée. Les images qui se groupent pour exprimer le désir se modifient comme les circonstances ou les caprices de la fantaisie; elles composent un monde mobile, éphémère, qui n'existe jamais, parce qu'il se transforme sans cesse. De plus, ce qui est voulu, ce n'est pas l'image, c'est la réalité qu'elle représente. Cette réalité ne dépend pas de nous. Nous demandons à la nature de vouloir avec nous, nous tentons de l'y contraindre, et c'est une vérité banale que nul ne peut faire écrire par les choses le poème qu'il a conçu. La tradition n'est pas l'art encore, elle n'est que l'histoire des peuples primitifs. Si élevées que soient les légendes religieuses, elles s'imposent à la croyance, elles ont quelque chose de redoutable et de fort qui humilie l'individu devant ce qu'il y a de meilleur en lui-même : dès que l'homme veut exprimer par sa vie son idéal, la vertu reste un rêve comme le bonheur.

De la laideur même sort la beauté : le désordre exalte

l'amour de l'ordre en nous le faisant plus désirable. Le paradis supprimerait l'art comme la morale. C'est parce qu'il trouve devant lui un monde indifférent ou hostile que le génie tend à créer un monde qui soit tout à lui. L'art, c'est l'œuvre de l'amour blessé qui se venge et se console. Pour qu'il naisse, il faut que la volonté intervienne, qu'elle s'attache à l'image; il faut que l'esprit prenne conscience de lui-même, qu'en restant la nature il s'en distingue. Il faut en second lieu que l'image intérieure devienne une image extérieure et visible, une sensation; qu'elle se réfléchisse dans une apparence qu'elle crée et qui la reproduise. Dès qu'il s'est donné par l'effort le droit au loisir, au monde réel l'homme oppose un monde d'apparences, dont il est le maître et le créateur. Il se plaît à se regarder lui-même dans un objet extérieur, à voir avec ses yeux l'esprit et ses lois. La vie n'est vraiment réalisée que par l'art qu'elle crée pour se posséder dans sa plénitude. L'art est un jeu : pour un instant, il nous donne le spectacle et l'illusion d'une nature toute spirituelle.

L'artiste n'a pas besoin de facultés nouvelles, c'est assez que se produisent en lui les phénomènes qui se produisent chez tous les hommes, c'est assez que les images s'organisent et que les mouvements propres à les traduire leur répondent. Mais dans l'art, œuvre de désintéressement et de loisir, l'image doit être voulue, aimée pour elle-même. Tous les mouvements qu'elle fait naître doivent être dirigés vers elle, la transformer en une apparence sensible, objet d'un amour sans désir, qui, sans rien perdre d'elle-même, se donne à tous ceux qui la contemplent. Du même coup, la conception et l'exécution se modifient. Sans doute c'est toujours sous l'action du sentiment, par un mouvement analogue à celui de la vie, que l'œuvre est conçue et exécutée. Mais l'impulsion est donnée, tout au moins continuée par la volonté; la réflexion intervient, elle prépare le libre jeu de l'imagination, elle lui marque certaines directions, elle l'arrête s'il dévie, elle le fait concourir à l'expression des sentiments, des idées qu'elle préfère. La conception n'est plus abandonnée au hasard, et cependant elle est plus libre, étant voulue pour elle-même. L'exécution n'est plus un effort chimérique. Il ne s'agit plus d'en appeler à la complaisance du monde ; il s'agit de produire une apparence qui soit l'image elle-même. Nous avons étudié le génie dans sa dépendance, il nous reste à l'étudier dans sa liberté. Que suppose la conception désintéressée d'un monde d'images voulu, créé pour lui-même ? par quelle application nouvelle de la loi du rapport de l'image au mouvement la conception de l'artiste se transforme-t-elle en un mouvement qui lui répond et qui l'exprime ? Peut-être l'étude de cette faculté créatrice dans ses deux moments, l'analyse des phénomènes qu'elle concentre dans l'unité de son action spontanée, l'intelligence de toutes les conditions, qu'elle suppose combinées par un hasard heureux, nous fera-t-elle comprendre l'admiration presque superstitieuse qu'elle inspire.

I

L'imagination ne crée pas, au sens rigoureux du mot ; elle ne produit pas de toutes pièces des formes nouvelles. Etudiez les arabesques les plus capricieuses, analysez les centaures, les sphinx ou les anges, les monstres qui se tordent dans les bronzes de la Chine et du Japon, vous y trouverez toujours, plus ou moins déguisées par leurs combinaisons, des images répondant à des sensations réelles. Le génie ne crée pas la matière de ses œuvres ; il l'emprunte. Comme l'image reproduit la sensation en l'affaiblissant, quiconque n'a que des sensations obtuses ne peut avoir que des images pâles, effacées, sans relief. L'artiste ressemble à

l'enfant dont la sensibilité délicate toujours est en éveil :
une couleur le charme, un bruit l'irrite. Ne regardant pas
les choses d'un œil distrait, il les voit non dans ce qu'elles
ont de banal, non dans leur répétition stérile, mais dans ce
qu'elles ont de propre, d'original, dans la richesse de leur
diversité individuelle. Il ne connaît pas la nature, à la façon
du savant, dans ses lois uniformes, abstraites, géométriques ;
il la connaît, en l'aimant, dans ses formes multiples et vivantes [1]. Être artiste, c'est d'abord vivre par les sens, jouir
et souffrir de tout : du son, de la lumière, des couleurs, des
lignes qui ondulent, de toutes les harmonies, de tous les désaccords ; c'est, en s'intéressant à tout ce qui est, donner
en soi une seconde existence au monde. Et ce ne sont pas
seulement les sens *esthétiques*, l'ouïe et la vue, qui doivent
être toujours ouverts aux choses ; c'est le toucher, le goût,
l'odorat, tous les sens par lesquels l'univers pénètre et s'exprime en nous, plus encore peut-être ce sens général, assez
mal défini, ce sens vital, qui à tout instant dans une impression confuse, mais intense, résume toutes nos sensations.

Les images que nous recueillons du monde ne sont pas
des éléments indifférents. Si elles s'éveillent à l'appel du
sentiment, c'est que dès leur naissance elles se mêlent et
s'associent aux émotions, dont elles se trouvent être le langage naturel. Pour l'imagination, la nature n'est pas une
chose, elle est une personne, un être sympathique. Quand
on imite les signes expressifs d'un sentiment, on provoque
en soi l'image de ce sentiment, et par cela seul plus ou
moins on l'éprouve. C'est un corollaire de la loi en vertu

---

[1]. « Comme tous les grands poètes, Heine a toujours la nature présente.
Dans sa rêverie la plus abstraite, sa passion la plus abîmée en elle-même
ou sa mélancolie la plus désespérée, une image, une épithète formant tableau, vous rappellent le ciel bleu, le feuillage vert, les fleurs épanouies,
les parfums qui s'évaporent, l'oiseau qui s'envole, l'eau qui bruit, ce mobile et changeant paysage qui vous entoure sans cesse, éternelle décoration
du drame humain. » Gérard de Nerval (*Revue des Deux-Mondes.* 15 septembre 1848).

de laquelle toute image tend à se réaliser. Froncez les sourcils, abaissez les coins des lèvres, laissez votre corps s'affaisser et vos bras tomber le long de votre corps, une vague angoisse vous saisit. La forme, l'attitude, le mouvement des choses sont comme des signes expressifs que nous imitons en nous les représentant et qui, par des analogies plus ou moins lointaines, nous suggèrent des sentiments que nous sommes tentés de leur attribuer. Le rocher immobile et meurtri, assis dans la solitude, fait songer à quelque vieillard, las de vivre et de voir mourir, figé dans quelque pensée monotone et grave. Les branches souples du saule au feuillage pâle se répandent et coulent autour de lui comme pour pleurer quelque deuil mystérieux. C'est le sentiment qui vivifie l'image, qui fait sa valeur expressive. Celui qui ne s'éveille pas avec le matin, celui qui n'éprouve pas l'apaisement du soir qui tombe, celui qui ne connaît pas les arbres personnellement, celui qui dans la forêt ne voit pas l'oiseau ou la fleur qui se cachent, n'est pas un artiste. Celui qui, quand le soleil soudain s'obscurcit, n'éprouve pas une vague tristesse, celui qui ne sent pas venir l'orage, qui ne partage pas l'angoisse sous laquelle se flétrit la feuille et se courbe l'animal, celui qui n'a pas recueilli les mille sensations, les ombres, les lueurs fauves, les bruits, les silences, les éclairs, dont se compose ce tumulte soudain, jamais ne fera revivre cette colère des choses dans une image éclatante. Celui qui ne voit dans la mer qu'une grande masse d'eau monotone, celui qui ne sait rien de son caractère, celui qui n'a pas longtemps suivi les reflets par lesquels s'expriment ses pensées capricieuses, celui qui ne s'est pas attardé la nuit à écouter le rythme régulier de son souffle de travailleur robuste, celui qui à son air vivifiant n'a pas senti sa poitrine se soulever et n'a pas trouvé dans la puissance de cette respiration pure comme la conscience de prendre sa part de toute cette force, celui-là ne sera jamais ni le peintre ni le poète de la mer, jamais il ne pourra lui emprunter ses couleurs, ses bruits, son immensité, sa voix puissante, jamais lui prêter les sentiments ou les pensées dont elle semble le langage naturel.

Le monde dans l'imagination prend déjà quelque chose d'humain; mais ce qui dans le monde surtout intéresse l'homme, c'est l'homme même. Rien de ce qui le concerne ne nous est indifférent, son passé est le nôtre; par l'hérédité, nous sommes quelque chose de tout ce qu'il fut. Quel trésor d'images que l'histoire! toute une suite de tableaux dramatiques dans lesquels se représente la vie de l'humanité, les efforts et les effrois de l'homme primitif, le mouvement des peuples, les civilisations dans leur éclat, les retours de barbarie, tous les triomphes, toutes les décadences de l'esprit. Je n'entends pas l'histoire abstraite et philosophique, qui met des lois générales à la place des passions et des faits, pas davantage l'histoire fausse, qui parle des palais des rois homériques; j'entends l'histoire réelle, les chroniques vivantes, les récits des contemporains encore sous l'émotion poignante des drames qu'ils content. L'artiste n'apprend pas l'histoire, il la voit. L'histoire pour lui, ce sont les caractères, les efforts, les passions individuelles; ce sont des hommes en action, avec leurs costumes, leur visage, leur manière originale de sentir et de penser; ce sont des armées, des machines de guerre, de grands capitaines se mêlant dans les spectacles émouvants des batailles corps à corps. Le sentiment religieux, c'est le fétiche informe et grossier; c'est le brahmane dont le regard foudroie; ce sont les cloîtres de l'Inde, les grottes basses du bouddhisme, avec leurs colonnes énormes qui semblent supporter le poids lourd de l'Être; ce sont les formes grotesques et multiples des dieux symboliques de l'Inde; c'est la transformation de l'Acropole, le Parthénon, les Propylées; ce sont les solitaires amaigris des thébaïdes chrétiennes; ce sont les cathédrales qui, du sein des villes basses, de l'enchevêtrement des rues sombres, comme un hymne de pierre, montent d'un élan, dont la seule puissance semble les soutenir si près du ciel.

C'est l'expérience de la vie présente qui donne le sens de la vie passée. Les passions, les idées, que manifeste l'histoire, agissent sous nos yeux. Il n'est pas nécessaire de chercher bien loin l'humanité, elle est dans tous les hommes. L'artiste doit vivre au milieu de ses semblables, les sens ouverts, dans une distraction attentive. Les voyages, en multipliant les images, enrichissent l'esprit, parfois lui suggèrent des sentiments qui le renouvellent (Rubens, Gœthe, Byron en Italie, la conquête de l'Algérie et la peinture française).

Mais regarder vivre les autres n'est rien encore : pour surprendre les secrets de la vie, il faut vivre soi-même. Les âmes légères, superficielles, facilement satisfaites, ne reproduisent jamais des choses que ce qu'elles en saisissent en elles. Il faut par la passion prendre conscience des instincts irréfléchis et puissants qui meuvent le monde, saisir en soi le bien et le mal, les principes contraires dans leur lutte féconde. De tous les sentiments, le plus instructif et le plus nécessaire, celui qui plus que tout autre suscite l'esprit et révèle le monde, c'est la douleur. Quiconque a souffert a réfléchi. La douleur n'est-elle qu'une fatalité mauvaise ? Conscience du désordre et du mal, par la révolte, par l'effort pour se supprimer, n'est-elle pas à vrai dire l'impulsion vers le meilleur ? Est-ce à dire que chaque artiste doive prendre à la lettre les paroles de Faust [1] (part. I, sc. IV, 2ᵉ Entretien avec Méphistophélès) : « Tu vois bien qu'il n'est pas question ici de bonheur. Je me voue au vertige, aux jouissances les plus âcres, la haine qui aime, le découragement qui relève. Mon sein, guéri de la fièvre du savoir, n'est désormais fermé à aucune douleur; et toute jouissance départie

---

1. Traduction Blaze de Bury, p. 201.

à l'humanité, je veux la ressentir dans le plus intime de mon être, saisir ce qu'il y a de plus sublime et de plus profond en elle, amonceler dans mon sein tout son bien et tout son mal, et de la sorte étendre mon propre mal jusqu'au sien, puis comme elle me briser à la fin. »

Nous n'avons pas besoin de chercher la douleur, tout homme la trouve sur ses pas. Pour la rencontrer, il n'est pas nécessaire de se jeter au hasard à travers la vie. L'intensité des sentiments dépend moins encore de leurs causes que de la force de l'âme qui les éprouve. C'est seulement en pénétrant dans ce milieu des sentiments humains que les images prennent un sens, une valeur esthétique. L'univers n'est plus une machine, il est déjà la poésie d'une conscience ; l'histoire n'est plus une suite de faits et de dates ; la vie n'est plus un spectacle superficiel ; à toutes ces images mobiles se mêlent les sentiments éternels, la douleur, la joie, l'amour ; au-dessus d'elles plane le destin, le grand problème que résout tour à tour en des sens divers le découragement et l'espérance. Voilà de quels éléments vivants et déjà complexes se compose l'œuvre d'art.

Le génie suppose donc avant tout des sens délicats et facilement émus, une vaste mémoire, une imagination à la fois vive et tenace, qui laisse aux sensations leur fraîcheur et leur intensité, une sensibilité exquise, qui vivifie la nature et déjà aux éléments mêle la poésie de l'esprit en qui ils vivent. Il semble d'abord que la nature fasse tout ; en fait, elle ne donne que ce qu'on lui prend. Chaque artiste recueille du monde des images qui varient comme ses préférences individuelles ; de même, selon son tempérament, au contact des choses, s'éveillent en lui des sentiments originaux que tout tend à fortifier. Sans qu'il le veuille, sans qu'il y songe, rien qu'en se livrant à la vie, il choisit de tout ce qui s'offre à lui ce qui lui convient, ce qui l'intéresse ; il oublie, il néglige ce qui le laisse indifférent. Par cela même qu'il abstrait, il concentre. De ces éléments en rapport avec sa nature peu à peu se compose un monde qui n'est pas le monde réel, un monde moins varié peut-être et moins riche, mais aussi moins divisé d'avec lui-même, plus harmonieux et plus un. Alors même qu'il ne semble que reproduire les choses, le génie manifeste son indépendance. Avant d'avoir rien créé, déjà il est original; cela seul se fixe en lui qui par une affinité secrète mérite son attention. Dans le choix des éléments déjà se révèle le caractère de l'œuvre d'art [1].

II

Les éléments donnés, quel principe les groupe et les coordonne? D'où part l'impulsion qui émeut l'esprit? Comment l'idée de l'œuvre est-elle d'abord suggérée? Si l'artiste n'est qu'un philosophe qui veut donner des preuves à l'appui de ses thèses, il ne fait rien de bon. Les exemples ne manquent pas de peintres, de poètes qui dissertent. Il n'y a pas jusqu'à la musique, qui ne s'engage aujourd'hui à nous faire entendre « l'essence absolue des choses », à nous révéler par les sons les secrets ressorts de la vie universelle (die Sinnenfällige künstlerische Darstellung der geheimen Gesammtprocesse unseres individuellen Daseins und des Lebens der menschlichen Welt überhaupt) [2]. Rien de plus ridicule que ces

---

1. Si nous étudiions non pas les caractères généraux du génie, mais les diverses sortes de génie, nous aurions à insister sur ce point. Ce qui distingue avant tout l'artiste, c'est une aptitude spéciale. Le peintre, c'est avant tout un œil, un œil susceptible, délicat, absorbant, qui domine l'esprit. Le musicien, c'est surtout une oreille. L'élément de la pensée, c'est la sensation. On voit ce qui doit résulter de cette prédominance d'un sens. Le système des idées et des sentiments doit se modifier, différer dans le peintre, le musicien, le poète. Tous les sentiments, toutes les idées ne peuvent trouver leur expression dans les mêmes signes. Le musicien aura l'esprit musical. Le monde d'images vivant en son esprit sera surtout un monde sonore. La prédominance d'un sens chez l'artiste déjà prépare sa vocation, le prédispose à une certaine manière de sentir et de penser, à une conception originale.

2. Nohl, *Mosaïk*, p. 17, 18, et à sa suite tous les disciples du pessimisme philosophico-musical de R. Wagner.

esthétiques illustrées. Toute œuvre qui se présente comme une conclusion se construit, comme un raisonnement, de propositions successives, et par cela seul est condamnée. Il est possible qu'un artiste ait du génie en dépit de ses théories ; mais que la beauté soit sortie d'une formule, c'est ce qui ne s'est jamais vu.

L'art, c'est l'imitation de la nature, dit le réaliste. Conséquent il élèverait au-dessus de tous les chefs-d'œuvre l'image que donne le miroir, le trompe-l'œil, toutes les niaiseries de l'imitation servile. Pourquoi répéter d'une voix d'enfant ce que la nature dit de sa voix puissante? Pour imiter l'objet réel, il faudrait, artisan très habile, procéder lentement, comparer sans cesse, faire chaque détail tour à tour, composer de pièces rapportées une machine toujours au-dessous des figures de cire et des automates de Vaucanson. Le véritable artiste serait ce bourgeois qui d'un voyage d'Italie n'avait rapporté qu'un oiseau mécanique qu'il faisait voltiger et chanter au dessert. On ne prend pas à la nature le soleil, la chaleur, la perpétuelle mobilité des aspects successifs. Quand un hasard fait passer brusquement d'une campagne chaude de soleil, toute vivante sous les ardeurs du printemps, dans un musée, il semble qu'on entre dans une nécropole (Amsterdam). L'eau ne frémit plus ; tout est arrêté, figé, immobile et muet ; la force et la santé ne circulent plus dans l'air qu'on respire. Peu à peu, les images trop vives de la réalité s'effacent et s'apaisent, et l'on éprouve une joie toute différente à se retrouver un homme parmi des hommes. Le réalisme n'existe jamais, ce qu'on appelle de ce nom n'est le plus souvent que l'idéalisme du laid [1]. Il ne faut pas copier la nature, il faut l'étudier comme le premier, comme

---

1. Comparer le roman à une étude purement scientifique, composée de documents humains, c'est absurde. Le choix des documents est déjà hors la science, qui ne choisit pas. Chercher un effet esthétique par une convergence de laideurs ; voilà qui rentre dans l'art. L'art est toujours synthétique, alors même qu'il analyse : son œuvre est une œuvre vive.

le plus fécond des maîtres. L'art, c'est la nature poursuivant son œuvre dans l'esprit : de là l'amour de l'artiste pour la nature, il se reconnaît en elle, et c'est à son contact qu'il prend conscience de son propre génie.

A côté de ceux qui prétendent ne rien dire, il y a ceux qui prétendent trop dire. Philosophes, prédicateurs et mystagogues, ils font apparaître l'Idée. Avant de faire un tableau, un poème, un opéra, ils en écrivent le commentaire. L'œuvre finie, on a devant soi une énigme. Ce pédantisme de l'art revenait de droit à l'Allemagne. Ne parlons pas de la musique pessimiste, dont le prophète, en dépit de sa philosophie, a composé d'admirables œuvres. Au commencement du siècle, les peintres de l'école romantique allemande s'en allaient à Rome en pèlerinage; ils vivaient dans un ancien cloître sur le mont Pincio monacalement; ils faisaient de la peinture comme on fait pénitence; ils évitaient la couleur, la vie, tout ce qui pouvait donner un charme sensible à leurs œuvres, et ils peignaient l'idée, ils peignaient la dévotion, l'enthousiasme, toutes les vertus théologales. Rien de plus irritant[1] que ces rébus sans perspective, sans couleur, où les corps raides, les contours secs s'alignent sur des paysages en bois peint. L'art n'a rien de commun avec ce symbolisme pédantesque. On n'embrasse pas ces sermons d'un regard, on les voit comme ils ont été composés, par fragments. Ils ne plaisent pas, ils ne touchent pas, ils prêchent sans convaincre, parce qu'ils restent obscurs et prétentieux. On étudie chaque symbole tour à tour, les énigmes se suivent; arrivé au bout

---

1. Overbeck, le plus fameux, dans les trois pages de commentaires qu'il joint à son tableau du *Triomphe de la religion dans les arts*, écrit : « Dans la partie inférieure du tableau (le tableau est coupé en deux, en haut le ciel et les saints, en bas les artistes), la fontaine jaillissante symbolise le double élément de l'art, le bassin supérieur avec le jet d'eau qui s'élance vers le ciel réfléchit les objets célestes, le bassin inférieur réfléchit les objets terrestres. » (Im unteren Theil des Bildes deutet der Springbrunnen auf das doppelte Element der Kunst, indem der obere Wasserspiegel, mit dem himmelaustrebenden Quell, die himmlischen, der untere die irdischen Gegenstande abspiegelt) [Catalogue du Musée de Francfort].

du tableau, on a oublié la moitié de ses idées peintes et on n'est pas tenté de recommencer. Un tableau ne doit pas être composé d'images juxtaposées comme un théorème de propositions successives.

L'artiste n'est ni un avocat ni un philosophe; dès qu'il sépare l'idée de la forme, dès qu'il disserte, il fait quelque chose qui tient à l'art, comme le jardin des racines grecques ou les tableaux qu'on suspend dans les écoles primaires. La *Nouvelle Héloïse* est une œuvre curieuse, pleine d'intentions, d'une lecture insoutenable. J.-J. Rousseau change de costume, de sexe et de voix, il se fait même Anglais pour changer son accent; sous tous ces déguisements, c'est toujours lui qui disserte. Les thèses se suivent, la fiction n'est que le fil blanc dont elles sont cousues l'une à l'autre. Lisez les *Confessions*, elles ne veulent rien prouver, elles sont le drame d'une âme faible dans un corps énervé : quelle œuvre redoutable et puissante! Quand Diderot s'amuse, quand il conte sans prétention, son dialogue est d'une verve admirable; le neveu de Rameau, ce cynique d'une société livrée aux femmes, est inoubliable. Quand il veut appliquer sa théorie du théâtre et faire des drames bourgeois, où Greuze puisse trouver des sujets de tableau, lui tout de flamme trouve le moyen de devenir froid et ennuyeux. Qui est-ce qui lit la *Henriade* et les plaidoyers plus ou moins tragiques de Voltaire? C'est aux traditions du christianisme, à l'expression du sentiment religieux et à l'histoire des croisades qu'il doit les deux seules pièces qui puissent encore émouvoir au théâtre : *Tancrède* et *Zaïre*.

L'art ne part pas d'une idée abstraite; est-ce à dire que la pensée n'ait rien à faire avec l'art? Toute une école d'esthéticiens le soutient. L'artiste n'a pas à se préoccuper du fond; la forme est tout ce qui l'intéresse. Qu'importe ce qu'il exprime, pourvu que l'expression soit riche et puissante, pourvu que les sons, les lignes et les couleurs occupent agréablement les sens et surprennent la fantaisie par le caprice de leurs jeux harmonieux. Qu'est-ce qui supporte la lecture d'un livret d'opéra? C'est pour le musicien un prétexte, une occasion d'exercer sa virtuosité. Un beau sonnet ne vaut-il pas tout un poème? Une belle nature morte de Chardin n'est-elle pas supérieure à tous les tableaux symbolico-philosophiques? Voyez ce que font de l'histoire les plus grands maîtres? Rembrandt fait descendre le Christ au tombeau par des portefaix d'Amsterdam. Veronèse fait sauver Moïse par des princesses du xvie siècle, par des Vénitiennes aux cheveux dorés; il assied le Christ au milieu des princes de son temps dans un palais dont les hautes colonnes de marbre dorées par le soleil se dessinent sur un ciel chaud et moiré. Qu'est-ce qui nous intéresse? N'est-ce pas dans Rembrandt le drame de la lumière, la clarté du cadavre sortant des ténèbres où palpitent des formes étranges? n'est-ce pas dans Véronèse le chant des couleurs, leur harmonie simple et puissante, toute la richesse sensible de la forme pittoresque? Prenez un chef-d'œuvre de la poésie : les Pauvres Gens de Victor Hugo, dépouillez le récit de la forme qu'il doit à l'imagination du poète; que reste-t-il? Un fait divers édifiant.

L'esthétique formelle n'est vraie que dans la mesure où elle contredit les artistes dédaigneux de la forme, qui réduisent l'art à habiller des abstractions et à disserter par images. Elle est fausse, parce qu'elle n'exprime elle-même que la moitié de la vérité. Les deux théories, en s'opposant, commettent la même erreur : elles distinguent la forme de l'idée. Séparer ces deux termes, c'est supprimer l'art qui n'existe que par leur pénétration. L'idée n'a de valeur en art que quand elle se fait sentiment, que quand, maîtresse de l'esprit tout entier, elle devient un désir qui suscite les images capables de lui donner une expression vivante. L'art n'est pas raisonnement, il est la vie. Tous les faiseurs de système condamnent l'artiste à raisonner au lieu de vivre. Le réaliste à outrance fait de lui un artisan, l'idéaliste un philosophe, le partisan de l'art pour l'art une façon de clown qui jongle avec des mots, des sons, des lignes ou des couleurs. C'est toujours substituer la réflexion à la nature. Au lieu de laisser l'œuvre se faire spontanément dans l'esprit, on la compose du dehors par une addition d'éléments dont on étudie les rapports. Au lieu de s'abandonner au libre mouvement de la vie, on rapproche savamment des membres morts pour en composer un corps vivant. L'idée ne se sépare pas de la forme, ni la forme de l'idée : dès qu'on isole les deux termes, on ne comprend rien à l'œuvre qui est leur unité même. L'image tient au sentiment ; c'est l'idée qui, en devenant émotion, en se faisant aimer, suscite les images qui l'expriment. L'art, c'est l'idée vivante, l'idée qui, devenant le centre de la vie intérieure, crée le corps d'images dont elle s'enveloppe. L'idée n'est rien sans la forme, c'est vrai ; mais qu'est la forme sans elle, puisqu'elle la crée ?

Sans doute une nature morte peut valoir mieux qu'un tableau d'histoire, mais c'est que ce dernier n'est pas une œuvre d'art et ne peut être pris pour terme de comparaison. Qui oserait soutenir qu'une batterie de cuisine ou même une panoplie aient une valeur esthétique égale à celle d'un tableau de Raphaël ou de Léonard de Vinci? Ce n'est pas seulement que la forme humaine est plus complexe que la forme d'une marmite ou d'un casque, c'est qu'elle est plus expressive. Ce que nous admirons dans Véronèse, c'est autre chose que la couleur, c'est ce qu'a aimé l'artiste, c'est sa prodigalité royale, c'est un monde féerique aussi fort, aussi joyeux que le monde antique, plus éblouissant, où au luxe de la vie, du ciel bleu, de toute la nature, s'ajoute le luxe des architectures de marbre, le luxe des costumes princiers, rehaussés de broderies, de perles, de colliers et d'ornements d'or (le Louvre — Dresde). Sans doute plus d'un livret d'opéra est ridicule, mais le musicien ne s'attache qu'aux sentiments qu'il met en scène. Pour Mozart, le livret de la *Flûte enchantée*, c'est dans Tamino et Pamina l'amour jeune et dévoué, c'est dans Sarastro la charité ardente et sereine [1]. Sans doute d'un poème il ne reste presque rien quand on supprime la forme que lui a donnée le génie du poète. Est-ce à dire que l'idée n'ait eu aucun rôle dans sa création? Des *Pauvres Gens* que reste-t-il? Une générosité invraisemblable, un acte sublime. Ce rien est bien quelque chose. C'est ce rien qui a soulevé dans l'esprit du poète la multitude des images. L'idée ne serait rien sans la forme, mais c'est elle qui a créé la forme. Supprimez tout ce qui vient d'elle, l'amour de V. Hugo pour les humbles, son désir de leur trouver des titres de noblesse, tout ce que remue d'images cette passion généreuse, vous supprimez avec l'enthousiasme l'inspiration, vous supprimez la poésie elle-même, vous ne laissez que la versification; au lieu de l'épopée des *Pauvres Gens*, vous avez *le Petit Savoyard*. L'idée disparue, qu'est devenue la forme?

Réalistes, idéalistes, gymnastes de la forme, autant de raisonneurs [2]. L'art ne commence pas par le raisonnement. Quiconque prétend faire sortir la beauté d'une formule se

---

1. Un wagnérien fervent, M. Nohl, voit dans la *Flûte enchantée* toute une philosophie franc-maçonnique, le catéchisme du xviii° siècle libéral. Il compare l'œuvre charmante de Mozart à la théologie pessimiste de Wagner. Avec un peu de bonne volonté, on pourrait aller plus loin, montrer que Mozart, génie inconscient, exprima son siècle dans une trilogie : *le Mariage de Figaro*, c'est l'aristocratie élégante, légère, corrompue, n'évitant les catastrophes que par son indifférence morale; *Don Juan*, c'est d'Almaviva logique : l'enfer s'ouvre au dernier acte sous cette société vermoulue; la *Flûte enchantée*, c'est la foi nouvelle, la renaissance de l'amour, l'aristocratie de l'effort, du travail et de la justice. Voilà qui est ingénieux, germanique, plus vrai qu'il ne semble peut-être. Mais Mozart, ne l'oublions pas, n'y a pas songé; il a fait des opéras pour ses contemporains : voilà tout.

2. Est-il besoin de répéter que souvent un artiste fait bien en dépit de ses théories? C'est que le plus souvent l'artiste n'a que la théorie de ses qualités. La théorie n'est alors qu'une sorte de passion; elle ne crée pas l'œuvre, elle ne la précède pas, elle la suit. Réalisme : Courbet. L'art pour l'art : Théophile Gautier.

trompe. Peu importe ce qui suscite l'œuvre d'art, pourvu que ce ne soit pas le raisonnement. Elle naît d'un hasard, d'une circonstance imprévue, du caprice d'un particulier ou d'un prince. Ce qui importe, c'est l'émotion de l'artiste, qui lui donne naissance. Le poète n'est pas un théoricien, il n'a pas à réfléchir sur les procédés de la vie, il n'a qu'à vivre. La poésie est en lui; peu importe ce qui frappe sur son cœur, pourvu qu'elle en jaillisse. Une douleur, une joie, une conversation, une lecture, un petit accident, un grand fait historique, tout peut susciter une émotion féconde [1]. Gœthe dit que toute vraie poésie est une poésie d'occasion (Gelegenheitsgedicht). Presque toutes ses œuvres sont faites de ses souvenirs, de ses expériences. Des sentiments dont il avait surpris en lui le germe dans ses attendrissements poétiques auprès de Charlotte Ketzner, et du suicide de Jérusalem, un mélancolique convaincu, il compose Werther. Les souvenirs de son voyage en Italie et les ardeurs de sa passion naissante pour Christiane se mêlent dans les *Élégies romaines*, poème étrange, unique, dont la langue plastique développe des audaces sensuelles et des platitudes bourgeoises avec la sérénité d'une statue grecque pudique et nue. Beethoven entend raconter l'histoire d'une Espagnole héroïque qui, déguisée en homme, par un miracle d'énergie, a arraché son mari au cachot où il allait être assassiné. Fidelio sort de cette émotion imprévue. Le vrai poète découvre tout à coup son drame dans l'histoire, dans la vie, comme le peintre son paysage dans la nature, au choc d'une émotion soudaine. Corneille ne cherche pas un exemple édifiant de patriotisme; il lit Tite-Live, dans le simple récit du combat des Horace contre les Curiace il entrevoit un drame. Il est ému, troublé,

---

1. « Heine n'a jamais fait à proprement parler un livre de vers; ses chants lui sont venus un à un, suggérés toujours soit par un objet qui le frappe, soit par une idée qui le poursuit, soit par un ridicule qu'il poursuit lui-même. » Gérard de Nerval, *Revue des Deux-Mondes*, 15 septembre 1848.

surpris; déjà un travail se fait en lui, le germe de l'œuvre est dans son esprit. Jamais l'artiste ne part d'une idée abstraite pour en déduire par raisonnement les images qui peuvent lui servir de symboles. Imaginez un poète dramatique qui prétendrait faire sortir une tragédie d'une passion en général, mettre en scène l'Amour, la Jalousie ou l'Ambition. Gœthe s'est avisé de faire ce drame abstrait, dans *la Fille naturelle*. Les philosophes étaient ravis, Fichte soutenait que c'était le chef-d'œuvre de Gœthe, Rosenkranz s'exclamait, Schiller écrivait germaniquement : « La haute symbolique avec laquelle Gœthe a traité le sujet, si bien que tout ce qui est matériel disparaît (so dass alles Stoffartige vertilgt) et que toutes les parties ne sont que les membres d'un tout idéal, est vraiment merveilleuse. C'est tout art (es ist ganz Kunst), et par suite cela pénètre dans les profondeurs de la nature par la force de la vérité. » Les théoriciens étaient enchantés, le public s'ennuyait.

C'est dans une sorte d'enthousiasme que la vie se transmet. L'art suppose la naïveté, l'inconscience, l'amour et la joie. Il ne s'enferme dans aucune école, il va d'une marche légère et capricieuse, dont la grâce est la seule loi. C'est en vain qu'on veut être sublime, moral, religieux, démontrer des thèses philosophiques par la présence irréfutable de la beauté. La beauté ne se met pas en service chez les pédants. L'artiste peut préparer son âme aux grandes idées par l'effort moral, il peut composer son esprit de pensées très hautes, son cœur de sentiments généreux, enrichir son imagination d'images grandioses; il peut ainsi donner plus d'ampleur, plus de magnificence à sa nature; mais, l'heure venue, il n'a qu'à se livrer à l'émotion qui tout à coup, dans un spectacle de la nature, dans un récit de l'histoire, dans un fait banal pour tous, lui révèle par une sympathie soudaine le sujet qui convient à son génie. Le sujet choisi, c'est l'esprit du poète, se découvrant, s'aimant lui-même dans le sujet qu'il attendait. Beethoven ne cherche pas un sujet héroïque, il le reconnaît à son émotion quand il se présente à lui. L'œuvre est rencontrée par une sorte de hasard heureux ; elle est reconnue à la sympathie qu'elle inspire. Elle naît spontanément, dans l'inspiration ; elle est un germe vivant, qui ne tombe que dans le lieu le plus favorable à son éclosion.

III

De cette émotion confuse, dans laquelle s'agitent encore indistincts des idées, des sentiments, des images, comment peu à peu se dégage-t-il un tout organique et vivant? Ce n'est pas en calculant quelles idées compléteraient l'idée maîtresse, quelles images la rendraient visible. L'œuvre est contenue dans l'émotion première, qui l'annonce, comme dans le germe déjà frémit l'être vivant, déjà sont enveloppées et sa forme et ses destinées. Le chêne, aux ramures robustes, tient d'abord dans le gland ; c'est en se nourrissant de la terre et du soleil, c'est en groupant dans l'unité de sa forme puissante les éléments empruntés au milieu, dans lequel le hasard ou la volonté de l'homme l'ont jeté, qu'il grandit. C'est en vivant dans l'esprit, c'est en s'en nourrissant que peu à peu, de l'émotion première comme du germe qui la contenait, sort l'œuvre d'art. Organisme mobile et capricieux l'esprit n'est pas emprisonné dans une forme immuable. En devenant le centre autour duquel se groupent les images, tout désir puissant modifie l'*organisme psychique,* dispose les éléments de la vie intérieure en des formes nouvelles. L'idée du peintre, du poète, n'est pas une idée abstraite, elle est un sentiment. Comme tout désir, elle devient le centre de la vie intérieure ; elle s'empare de la pensée, l'agite et par cela seul tend à se créer un corps d'images. Pour que, selon la loi d'organisation des images, elle se réalise dans une forme vivante, il faut et il suffit qu'elle se fasse désir, qu'elle soit voulue pour elle-même, que déjà sa beauté entrevue suscite l'amour. On a dit : Le génie n'est qu'une longue patience ; soit ; mais la patience de l'artiste, c'est la patience de l'amour profond et fort, qui ne se lasse pas de lui-même, parce qu'il agit sans cesse.

L'œuvre d'art se fait en y pensant toujours, alors même qu'on n'y pense pas. C'est en devenant l'esprit même qu'elle se développe et s'organise. Il n'y a rien là de plus mystérieux que dans le travail intérieur qui, sous l'impulsion du désir, crée en tout homme les poèmes de la fantaisie. La conception de l'œuvre d'art est une forme de l'organisation des images. Faites retentir une note auprès d'un orgue, toutes les notes qui peuvent composer un accord avec elle lui répondent. Il en est de même de l'esprit. Quand une idée l'ébranle violemment, toutes les idées, toutes les images qui sont en accord avec elles s'éveillent. Ainsi se crée l'œuvre d'art par le libre mouvement de la vie, qui organise les idées et les images dans une forme harmonieuse, dont tous les éléments se répondent et à l'idée maîtresse qui les coordonne.

Certes la volonté et la réflexion ne sont pas inactives. Le génie est une grâce, mais qui se mérite par l'effort. C'est la volonté qui, enrichissant, vivifiant l'esprit par le travail, prépare l'œuvre avant qu'elle soit conçue ; c'est elle qui, par ses impatiences douloureuses, par ses inquiétudes, par son obstination, agite l'esprit autour de l'idée qu'elle lui impose et rend possibles ces heures de joie, où tout semble se faire de soi-même. La sensibilité capricieuse détruit elle-même ses œuvres éphémères ; seule la volonté féconde l'amour. Les esprits dispersés, incapables d'attention sont stériles. Les grands artistes sont les hommes forts, capables de concentrer toutes leurs forces et de se mettre tout entiers dans ce qu'ils font. Pendant que l'œuvre se compose dans l'esprit, la réflexion la regarde naître et grandir. En s'effaçant elle-même, pour ne pas substituer son impuissance à la vie, qui seule donne la vie, elle assiste à l'œuvre, suit ses phases successives ; elle y intervient sans cesse ; elle en jouit, elle la juge, elle la critique ; c'est elle qui empêche les monstres de naître ou de durer.

Mais si la volonté prépare l'œuvre, si la réflexion, à mesure qu'elle se fait, la modifie, tous les efforts ne peuvent remplacer la spontanéité vivante. Le travail de fécondation ne peut être fait de sang-froid, il faut qu'il s'accomplisse dans l'obscur laboratoire de la vie. « Je ne pense jamais, ce sont mes idées qui pensent pour moi [1], » disait Lamartine, et Gœthe : « Je laisse les objets agir paisiblement en moi, ensuite j'observe cette action et je m'empresse de la rendre avec fidélité ; voilà tout le secret de ce que les hommes sont convenus d'appeler le don du génie. »

Léonard de Vinci donne un précepte, qui est comme une expérience faite sur son propre génie. Quand il avait été longtemps occupé par la pensée d'une œuvre, il croyait découvrir son tableau tout à coup dans des formes confuses, comme celles que composent les nuages ou les arabesques des lignes qui courent sur les vieilles murailles. « Je ne puis m'empêcher, dit-il, de mentionner parmi ces préceptes un nouveau moyen d'étude (una nova inventione di speculatione) qui, bien qu'il puisse sembler médiocre et ridicule, est néanmoins d'une grande utilité pour élever l'esprit à des inventions variées. Et c'est quand tu regardes un mur sillonné de crevasses ou dont les pierres juxtaposées paraissent : si tu as à composer quelque scène, tu peux y découvrir l'image de divers paysages, ornés de montagnes, de fleuves, de rochers, d'arbres, de larges vallées et de collines, ou encore tu peux y voir des batailles, des figures en action,

---

1. Conférence de M. E. Legouvé. Voy. *le Temps* du 19 septembre 1876.

des visages et des costumes étranges, une infinie variété d'objets que tu peux ramener à des formes distinctes et bien dessinées. Et toutes ces choses apparaissent sur ces murs, comme dans le son d'une cloche *tu crois entendre le nom ou le mot que tu imagines* [1]. »

Si la réflexion devait chercher les éléments spirituels qui peuvent s'unir entre eux et concourir à l'expression de l'idée maîtresse, l'œuvre d'art serait impossible. La conscience n'éclaire pas tout l'esprit; elle n'est pas une lumière distincte de la pensée, qui permette à la volonté de puiser en elle comme dans un trésor d'images et d'idées. La conscience n'est pas une puissance créatrice; elle est la pensée se voyant elle-même, assistant à ce qu'elle fait spontanément. L'esprit est un vivant composé d'éléments spirituels. L'idée à laquelle il s'attache ne se distingue pas de lui; tant qu'il l'aime, tant qu'il la désire à l'exclusion de toutes les autres, elle est tout ce qu'il est. La vie est une action commune, le concert de tous les mouvements qui s'accomplissent dans l'organisme. Vivre, c'est créer et maintenir la forme vivante. Par cela seul que l'esprit continue de vivre et tend à s'organiser lui-même, l'idée, que la volonté et que l'amour imposent, groupe toutes les idées, toutes les images, qui peuvent entrer avec elle dans l'unité d'une même conscience, dans

---

1. Manuscrit de la bibliothèque de lord Ashburnam, 13ᵃ. *The litterary works of Leonardo da Vinci*, by Jean Paul Richter, vol. 1ᵉʳ, p. 254, n° 508. Ce M. Richter est l'Allemand célèbre pour avoir découvert les manuscrits de Léonard de Vinci au moment même où M. Charles Ravaisson achevait d'en publier le premier volume. En corrigeant ces épreuves, je lis le livre de M. P. Souriau sur l'*Invention*. C'est une œuvre curieuse, d'un style original, d'une psychologie un peu aiguë. L'auteur soutient « que le véritable principe de l'invention est le hasard ». Par le hasard, il entend une rencontre accidentelle du déterminisme physiologique et psychologique avec les fins subjectives que nous nous proposons. Cette théorie ne nous semble juste qu'en tant qu'elle affirme l'impuissance de la logique et de la réflexion à suggérer des idées nouvelles. Sans doute ce sont souvent, comme le constate ici Léonard de Vinci, des causes accidentelles qui donnent le branle au cerveau. Mais en fait, qu'il ait été ou non construit lentement par le déterminisme des causes naturelles, le cerveau humain est un merveilleux appareil d'organisation. C'est dans les lois de la vie qu'il faut chercher les lois de la conception poétique.

l'unité d'une même forme spirituelle. Peu à peu, rien qu'en vivant de la vie intérieure, elle se développe, elle s'enrichit et se représente dans un corps d'images qui la réalise.

Le travail se fait de lui-même, le plus souvent surprend la conscience de ses résultats inattendus. La volonté, lasse de vains efforts, s'arrête. L'impulsion donnée par elle se continue. La vie semble se communiquer plus librement dans le silence. Tout à coup, les images si longtemps, si vainement cherchées, envahissent la conscience. Le premier sentiment que l'artiste éprouve devant son œuvre, c'est la surprise. Il lui semble qu'elle s'est faite en lui d'elle-même, qu'il l'a reçue plutôt qu'il ne se l'est donnée. Dans le repos, né de l'excès même de l'effort, l'idée, d'un élan soudain, remontait à la conscience, enrichie d'images nouvelles. Le génie est une grâce, son travail ressemble à une prière exaucée. Volontiers les poètes parlent du Dieu qui les inspire, des tourments qui leur méritent cette faveur, de leurs joies quand, envahis par une personnalité plus puissante, devenus le Dieu même qui leur dicte ses pensées, ils ne se distinguent plus de la beauté qu'ils créent. Traduisons ces métaphores. L'idée est maintenue dans l'esprit par un effort auquel s'opposent les caprices de la sensibilité, les mille distractions qui nous viennent des choses, plus encore peut-être le perpétuel retour des images que suscite l'égoïsme. Mais par cet effort même l'idée occupe l'esprit, s'en empare. Elle sort de la conscience sans sortir de la vie intérieure, elle se mêle à ses plus secrets mouvements, et, quand elle reparaît à la conscience, c'est grandie, transformée par cette vie latente.

L'inspiration, c'est la vie, plus facile, plus abondante; plus vite concentrée chez les uns; d'abord empêchée, comme distraite et divisée chez les autres; plus ou moins exigeant l'appel impérieux de la volonté; mais c'est toujours, à l'heure de la création, la vie se répandant, coulant à pleins bords, jouissant d'elle-même dans une œuvre, où elle passe tout entière. Il est bien rare que l'esprit soit tout entier dans un seul acte ; le plus souvent, ses puissances se divisent ou s'opposent. La pensée réfléchie s'applique tour à tour aux divers éléments qu'elle veut coordonner; elle les rapproche, elle les compare; l'esprit ne vit pas toute sa vie à la fois, il est comme il agit, par fragments, d'une vie incomplète et divisée. Dans l'inspiration, quand sous l'action de la volonté l'idée peu à peu a ébranlé l'esprit jusqu'en ses profondeurs, toutes les facultés comme accordées résonnent à l'unisson. L'esprit n'est plus cette bigarrure de facultés, dont l'ingéniosité des psychologues démêle les nuances. L'esprit existe tout entier, il vit toute sa vie à la fois. Les idées qui s'appellent se répondent ; à la suite des idées accourt le cortège d'images qui les expriment; tout ce qui peut entrer dans l'unité de cette action vivante, tout ce qui la complète, se présente et se dispose de soi-même, par cela seul que tous les éléments, en obéissant à leur libre jeu, se groupent selon les lois harmonieuses de la vie. La joie de l'artiste au moment de l'inspiration, c'est la joie de vivre, de sentir à la fois toutes ses forces et de trouver pour un instant dans cet accord parfait de l'être intérieur l'illusion d'une vie divine.

Le génie n'est pas, comme on l'a soutenu, une sorte de maladie mentale, une folie avortée ; le génie, c'est la santé de l'esprit. Le fou est ou en prison dans une idée étroite, ou livré à tous les hasards d'un esprit qui sans cesse se défait lui-même et se perd dans ses propres idées. Pas de variété, pas d'unité; dans les deux cas, la vie limitée, impossible : voilà la folie. Le génie, c'est la vie elle-même; c'est l'esprit ne s'attachant à aucune idée sans qu'elle devienne aussitôt le principe d'un mouvement vital qui lui donne toute sa valeur, en groupant autour d'elle tout ce qui la complète ou l'exprime; c'est l'esprit dégageant de la diversité des idées confuses, par cela seul qu'elles vivent en lui, avec leurs rapports l'unité qui les ordonne.

L'inspiration se définit par la vie, elle n'est pas hors la nature; elle est le retour à la nature d'un esprit développé par l'effort et par la réflexion. L'œuvre d'art, comme l'être vivant, est conçue par un acte d'amour, elle se développe comme lui. L'action spontanée qui la crée ne procède pas par détails, mais par masses; elle ne fait pas tour à tour chaque partie, chaque élément, pour les réunir par un travail de composition réfléchie; elle approche de plus en plus l'œuvre qu'elle crée de la forme vivante par un travail progressif et simultané. Elle ne cherche pas tour à tour des idées, puis des images; elle ne compose pas d'abord l'esprit de l'œuvre pour lui fabriquer ensuite un corps expressif de pièces rapportées et choisies avec soin. Gœthe disait : « Deux idées ne se présentent jamais à mon esprit abstraitement, elles deviennent immédiatement deux personnages qui discutent. »

Pour l'art, la question de savoir à quel moment l'âme apparaît dans l'embryon ne se pose pas. L'âme et le corps par lequel elle se manifeste se créent simultanément, les deux termes ne se distinguent pas. L'idée se confond avec le sentiment et le sentiment avec l'imagination. Comme l'idée n'est pas distincte de la forme, les diverses parties ne sont pas distinctes les unes des autres, faites tour à tour et cousues de transitions plus ou moins habiles. Toutes les parties se développent à la fois, et l'œuvre tout entière se modifie, se transforme à chaque moment de la conception. La loi de corrélation organique exige que tous les organes de l'être vivant se répondent et conspirent. Si quelque partie de l'œuvre d'art tout à coup prend un développement inattendu, toutes les autres parties se modifient, pour ne pas composer un être monstrueux, dont la conception serait une douleur pour l'esprit. L'embryon humain dès le premier jour est un vivant, un être organisé; il se perfectionne en se transformant. La nature crée le corps humain par une série d'ébauches successives, elle monte les divers degrés de l'échelle des êtres; c'est en franchissant les formes inférieures et leur harmonie relative qu'elle s'élève à la richesse de l'organisme le plus complexe et le plus un. L'œuvre d'art est d'abord une idée confuse, une émotion intense, mais indéterminée. Peu à peu, en vivant dans l'esprit, cette idée se divise, *se segmente*, si j'ose dire, et multiplie autour d'elle les idées et les images qui lui donnent la forme et la vie. Comme dans l'organisme chaque cellule, dans les œuvres d'art chaque idée, chaque image a sa valeur propre et cependant n'a de sens que par son rapport à l'idée maîtresse, dont elle est le développement et l'expression.

Dans tous les arts, l'idée se développe de tous les côtés à la fois, par un travail simultané, corrélatif. C'est l'ensemble qui crée le détail. L'écolier qui copie une statue grecque, multiplie les lignes, se perd dans leur diversité, calcule, additionne, parle beaucoup pour ne rien dire. L'artiste d'un regard découvre le sens caché de l'œuvre, la ligne qui l'a créée, et en quelques coups de crayon il en résume l'esprit. Un tableau est composé par l'arabesque des lignes, par les harmonies de la couleur, par les jeux de la lumière et de l'ombre; tous ses éléments ne conspirent que parce qu'ils sont conçus dans leur effet simultané. Le poète dramatique voit tous ses personnages à la fois, dans leur action réciproque. Ils ne sont pas pour lui des individus distincts, isolés; ils sont les éléments vivants d'une œuvre vivante, où rien ne frémit que tout ne vibre. Ils se supposent, ils s'impliquent. Leurs caractères, leurs passions et leurs actes sont les ressorts qui par leur concours poussent l'action, mènent le drame. Cette loi des *contre-coups*, des *réactions* [1], comme

---

[1]. Paul Janet, *Psychologie de Racine* (*Revue des Deux-Mondes*, 15 septembre 1875).

on l'a appelée, résulte de la nature même de la conception poétique; la bonté de Desdémone et la confiance de Cassio sont aussi nécessaires que les perfidies d'Yago pour exaspérer la jalousie stupide du More; quand Andromaque repousse Pyrrhus, il se rapproche d'Hermione, qui s'éloigne d'Oreste; quand Andromaque se rapproche de Pyrrhus, il s'éloigne d'Hermione, qui revient vers Oreste. Les quatre personnages se tiennent; pas un ne peut agir sans entraîner tous les autres dans son action. Ce qui rend les confidents insupportables dans la tragédie française, c'est que, étant restés en dehors de la conception simultanée du génie, ils ne sont pas compris dans l'unité vivante du drame. Mathan, Narcisse et Burrhus ne sont pas des confidents.

Mais rien ne saurait nous instruire davantage sur ce point qu'une page de Mozart, qui parlait du génie en connaissance de cause : « Quand je me sens bien et que je suis de bonne humeur, soit que je voyage en voiture ou que je me promène après un bon repas, ou dans la nuit quand je ne puis dormir, les pensées me viennent en foule et le plus aisément du monde. D'où et comment m'arrivent-elles? Je n'en sais rien, je n'y suis pour rien. Celles qui me plaisent, je les garde dans ma tête et je les fredonne, à ce que du moins m'ont dit les autres. Une fois que je tiens mon air, un autre bientôt vient s'ajouter au premier, suivant les besoins de la composition totale, contre-point, jeu des divers instruments, et tous ces morceaux finissent par former le pâté. Mon âme s'enflamme alors, si toutefois rien ne vient me déranger. L'œuvre grandit, je l'étends toujours et la rends de plus en plus distincte; et la composition finit par être tout entière achevée dans ma tête, bien qu'elle soit longue. Je l'embrasse ensuite d'un seul coup d'œil, comme un beau tableau ou un joli garçon; ce n'est pas successivement, dans le détail de ses parties, comme cela doit arriver plus tard, mais c'est tout entière dans son ensemble que mon imagination me la fait entendre. Quelles délices pour moi! Tout cela, l'invention et l'exécution, se produit en moi comme dans un beau songe très distinct; mais la répétition générale de cet ensemble, voilà le moment le plus délicieux! Ce qui s'est fait ainsi ne me sort plus facilement de la mémoire, et c'est peut-être le don le plus précieux que Notre Seigneur m'ait fait... Comment maintenant, pendant mon travail, mes œuvres prennent la forme ou la manière qui caractérisent Mozart et ne ressemblent à celles d'aucun autre, cela arrive, ma foi, tout comme il se fait que mon nez est gros et crochu, le nez de Mozart enfin et non celui d'une autre personne; je ne vise pas à l'originalité, et je serais bien embarrassé de définir ma manière. Il est tout naturel que les gens qui ont réellement un air particulier paraissent aussi différents les uns des autres au dehors qu'au dedans. Ce que je sais bien toutefois, c'est que je ne me suis pas plus donné l'un que l'autre; ne m'interrogez plus sur ce sujet, cher ami, et croyez que, si je m'arrête, c'est que je n'en sais pas plus long. Vous ne vous imaginez pas, vous qui êtes un savant, combien ces explications m'ont coûté [1]. »

Le génie se définit par la vie. L'être vivant grandit en assimilant les éléments qui lui conviennent, en rejetant tous ceux qu'il ne saurait s'approprier. La vie dans l'esprit, c'est ce même travail. Autour de l'idée maîtresse se groupent tous les éléments qui sont en accord avec elle, les idées qui la complètent, les images qui l'expriment. Si d'autres éléments tendent à se mêler à ce corps vivant, l'esprit se trouble, s'inquiète; ce monstre intérieur, rebelle aux lois de la vie, est condamné tout à la fois et par la réflexion qui le juge et par la douleur même qu'il cause en se formant. Comme la conception est simultanée, les désaccords sont immédiatement sentis. L'œuvre est dans l'artiste un sentiment analogue à

---

1. Otto Jahn, t. III, p. 423, 425, cité par Ed. de Hartmann, *Philosophie de l'Inconscient*, t. 1er, p. 308, trad. française.

celui qu'elle éveille dans le spectateur : elle est éprouvée encore plus qu'elle n'est jugée. L'être réel trouve dans son milieu mille obstacles qui le contrarient; il est toujours limité, imparfait, déformé. L'art, c'est la vie dans sa liberté; c'est la vie n'ayant, si j'ose dire, d'autre milieu que la vie et tirant tout d'elle-même. Par cela seul, le génie abstrait et concentre. Sans même y songer, par les seules lois de la spontanéité vivante, il rejette tout ce qui contrarie l'idée maîtresse, il groupe tout ce qui, en accord avec elle, lui donne plus de force et de richesse. De là l'effet puissant que produit son œuvre. Elle n'est pas, comme la nature, mêlée de désordres, de contradictions; elle ne vit pas d'une vie contrariée, mutilée; elle est un petit monde, où tout se tient et conspire.

C'est en ce sens que le génie idéalise, qu'il justifie cette définition tant de fois reprise : le beau est le général dans l'individuel. Non pas que l'artiste doive représenter des types, peindre des idées, l'homme en général; il faut laisser ces images impersonnelles aux manuels d'histoire naturelle. L'artiste idéalise, fait apparaître le général dans l'individuel, sans y songer, parce que l'art, étant une forme de la vie, simplifie, abstrait et concentre. Qu'un poète veuille représenter le stoïcisme d'une âme obstinée, l'ambition d'un homme de génie peu scrupuleux, la jalousie sauvage; il ne peindra pas des idées abstraites; il mettra en scène Caton, César, Othello. Mais, en vivant dans son esprit, ces individus s'y transforment. Dans la réalité, c'est sur un fond de faits insignifiants, de détails banals que se détachent les quelques actions qui mettent le caractère en plein relief. Il en est de la vie comme du visage et du corps de l'homme : il est difficile d'y démêler les grandes lignes, les traits caractéristiques, qui expriment la nature vraie. Le poète ne cherche pas à tout dire. L'idée de César, de Caton, d'Othello, le sentiment qui pour lui se dégage de ces grandes figures, évoque les images expressives, les groupe et les combine. Les détails inutiles disparaissent ; tout ce qu'impose la logique vivante du caractère est uni, concentré dans l'unité d'un être moins réel et plus vrai. Tout concourt à faire sortir le personnage en relief, comme dans ces portraits de Rembrandt, où les jeux de la lumière et de l'ombre ne font que marquer plus fortement les traits expressifs. C'est en ce sens qu'Aristote disait avec profondeur : La poésie est plus philosophique et plus vraie que l'histoire. C'est que le beau est à la fois plus individuel et plus général que la réalité. Concentrer spontanément autour d'une idée tout ce qui peut la manifester, exalter ainsi la vie en créant un objet tout spirituel et tout vivant, c'est l'art même.

Cette conception toute vivante du génie n'est pas une chose ; elle est, si j'ose dire, une personne, l'âme même dont elle est faite. La vie dans la nature est soumise à des conditions générales que la science détermine ; mais ces lois se réalisent dans des individus distincts, qui tous ont leur originalité et dont pas un n'est tout à fait semblable à l'autre [1]. Le génie, c'est la vie ; il a ses lois générales, les lois mêmes de la vie ; mais il est individuel, il est l'individualité même de l'artiste qui le crée. Sans doute cette idée d'individualité est assez flottante : un individu est déjà une société, et les premières sociétés, les ruches, les fourmilières, plus encore les colonies animales, sont encore des individus. Il semble qu'il en soit de même des premières sociétés humaines. L'art n'y est pas impersonnel, mais il est une œuvre collective qui sort à la fois de toutes les âmes unies dans une même émotion. Plus la vie se développe, plus l'individu se distingue et s'affranchit. Il tient toujours au milieu physique et moral dans lequel il est plongé ; il reste de la foule, mais il est quelqu'un dans la foule ; plus ou moins il éprouve ce que

---

1. Voyez, plus haut, cette idée exprimée avec originalité par Mozart.

tous éprouvent; il voit ce que tous voient, mais d'un point de vue original, qui est son esprit même.

La beauté, c'est toujours l'esprit; de plus en plus c'est l'esprit d'un homme, se révélant, se confiant à ses semblables. Dans une œuvre d'art il y a quelque chose d'une confidence. On n'admire pas un grand homme sans l'aimer; l'admiration vraie est une sympathie respectueuse. La théorie des milieux appliquée à l'étude des œuvres de l'art est juste. Le génie continue la nature, il est la nature même, on ne peut l'en séparer. Mais, quand on a étudié le ciel, le climat, le sol, la société, les mœurs, les habitudes, les préjugés, il faut se tourner vers l'individu et se demander ce que sont devenus en lui tous ces éléments par la combinaison originale, unique, qui le constitue. Où l'un se laisse aller, l'autre se révolte; où l'un ricane, l'autre pleure. Raphaël, Léonard de Vinci, Michel-Ange sont des contemporains. Du monde qui l'entoure, l'artiste ne voit que ce qui le frappe et l'intéresse. Dès l'enfance, sans le soupçonner, il fait un choix d'éléments qu'il accepte en lui et qui plus tard, sous l'action du sentiment, s'agiteront pour se combiner. Sans doute le milieu dans lequel vit l'artiste le plus souvent limite les sujets entre lesquels il sera tenté de choisir; mais c'est une sympathie mystérieuse, une émotion involontaire, qui, s'il est libre, décide pour lui. Choisi ou imposé, le sujet devient en lui un sentiment inimitable, tout personnel, une certaine nuance de joie ou de tristesse, d'indignation ou de colère, et toutes les images évoquées dépendent de ce quelque chose d'individuel, qui ne se répétera pas dans le monde. Et comment l'œuvre se crée-t-elle? Par le libre mouvement de la vie, en devenant l'esprit même de l'artiste, en ne s'en distinguant pas plus que les aliments dont il s'est nourri et qu'il a transformés en sa chair, en son sang. L'artiste est présent à son œuvre, il s'y donne lui-même, et c'est pourquoi toutes les règles sont impuissantes à susciter une œuvre d'art : il y faut quelque chose de plus, il y faut la nature, l'amour fécond, la surabondance de la vie qui ne peut se contenir elle-même, qui déborde et se réalise dans un objet comme pour se délivrer d'elle-même.

CHAPITRE VI

L'EXÉCUTION DE L'ŒUVRE D'ART

CHAPITRE VI

L'EXÉCUTION DE L'ŒUVRE D'ART

I. — Pour que l'image devienne mouvement, il suffit qu'elle se fixe et s'impose. — Les mouvements se combinent comme les images. — Il semble dès lors que ce soit assez d'une conception forte, impérieuse, pour que l'exécution suive. — Mais dans l'art l'image ne représente plus une série d'actes réels conduisant vers un bien désiré. — On n'accomplit pas l'image d'un mouvement. — Le mouvement semble à la fois nécessaire et impossible. — Dans l'art, l'image est voulue pour elle-même, on ne la posséderait que si on la transformait en sensation. — Ce but posé, le mouvement, ayant une direction, peut se produire. — A l'ensemble des images, unies dans la conception, devra répondre un ensemble de mouvements, combinés selon les mêmes rapports, et tendant à créer une apparence qui les reproduise.

II. — L'aptitude naturelle de l'artiste, ce sont les instruments dont il dispose. — Le génie, phénomène vital, se mêle au corps, le pénètre, s'y exprime. — Il est rendu possible par l'effort des générations successives qui transforment l'organisme. — Il n'apparait que dans un certain milieu social, après de longs efforts qui ont prédisposé dans l'organisme ses instruments nécessaires. — Souvent il se transmet avec la vie. — Hérédité d'un talent dans une même famille. — Exceptions à cette loi. — Le génie garde toujours quelque chose de mystérieux comme l'individualité. — Ce qui le caractérise, c'est une facilité merveilleuse. — La langue que parlera l'artiste est comme son langage naturel.

III. — Nécessité du travail. — Il achève la nature par l'habitude. — Il faut créer en soi une sorte d'instinct mobile et sûr qui fasse répondre à l'image le mouvement qui l'exprime. — Le travail aide l'artiste à découvrir sa propre pensée.

IV. — Rapports du procédé et du sentiment. — L'exécution est la conception continuée, posant pour ainsi dire ses conséquences. — Le langage poétique est la poésie même. — Il est créé par le sentiment, ne fait que se plier à tous ses mouvements. — De même dans la peinture c'est la conception qui exécute. — Toujours c'est le sentiment qui crée le procédé.

V. — L'exécution doit présenter les mêmes caractères que la conception. — Elle n'est pas une œuvre d'artisan, où tout est prévu. — Après avoir tout appris, l'heure de la production venue il faut tout oublier. — Le métier doit devenir un instinct, mais mobile, variant avec chaque action. — Rôle de la volonté. — Elle prépare l'inspiration. — L'exécution doit être spontanée, une, simultanée.

VI. — Du style. — Peut-il y avoir un style universel, absolu? — La réponse est dans le rapport de la conception à l'exécution. — Le style simplifie, idéalise; pourquoi? — L'effet puissant du style des maîtres vient de la partialité du sentiment qui néglige ce qui le contrarie, concentre tout l'expressif. — L'art de la Grèce a-t-il été impersonnel? — A la condition de l'interpréter, la question du style se résout par cette formule : Le style, c'est l'homme.

VII. — L'art n'est pas un pur dilettantisme. — Le métier ne se détache pas du sentiment qui le crée. — Exemple : La peinture hollandaise. — Quand le procédé reste seul, que devient l'art? — Une parade ou un vain bavardage.

I

Descendons jusqu'aux derniers degrés de l'échelle animale, observons les êtres rudimentaires, qui marquent le premier pas de l'évolution organique, à quoi se réduit la vie? A l'excitation et au mouvement. La vie n'est d'abord que ce phénomène à double face. Voilà l'élément qui, varié à l'infini dans ses combinaisons par une sorte de génie progressif, se retrouve dans toutes les créatures vivantes. Un nombre de plus en plus grand d'excitations possibles et de mouvements adaptés et une unité en rapport avec cette complexité croissante; un accord de plus en plus riche, de plus en plus juste des divers éléments de l'être et une correspondance de plus en plus parfaite de cet être avec son milieu : voilà le progrès de la vie. A son degré le plus élevé, la vie, c'est la création perpétuelle et spontanée d'une forme harmonieuse, mais d'une forme frémissante, toujours agitée, qui se défait et se refait sans cesse, et dont l'harmonie visible n'exprime que l'unité des impressions et des actions dans leur diversité et dans leurs rapports.

L'imagination continue la vie; « elle est, selon l'expression de Maudsley, l'effort du développement organique de la nature se manifestant dans la plus haute fonction de l'âme humaine [1]. » Une image, tendant à devenir le mouvement qui la réalise, voilà le phénomène élémentaire qui se retrouve dans les combinaisons les plus savantes de l'imagination. Sous l'action du sentiment, du désir, une image domine et groupe autour d'elle les images qui lui répondent et la complètent. Spontanément se crée ainsi une sorte d'être immatériel et vivant, dont l'harmonie réalise les lois de la vie. Pour que cet être intérieur agisse, il suffit qu'il dure; pour que l'image devienne mouvement, il suffit qu'elle se fixe et s'impose. Les mouvements se combinent alors comme les images. L'unité de la forme, dont tous les éléments expriment le désir, devient l'unité de l'action, dont tous les moments concourent à une même fin. C'est ainsi que dans la passion l'être, esclave de l'image, s'efforce de faire jouer par les choses le drame qu'il a conçu.

La conception de l'artiste ne suppose ni éléments nouveaux ni lois nouvelles. Elle naît d'une émotion, se nourrit d'images, s'en compose un corps idéal et vivant. Œuvre de l'esprit, elle réalise ses lois. Elle n'est pas une chose, elle est un être; elle est la vie spirituelle, pour un instant fixée, concentrée dans un concert d'images. L'image étant liée au mouvement, il semble que ce soit assez d'une conception forte, impérieuse, pour que l'exécution suive. L'artiste irait à son œuvre comme Macbeth à son crime, fatalement. Mais ici une distinction est nécessaire. Quand le désir se présente à lui-même le mirage de la jouissance lointaine à laquelle il aspire, il y a entre l'image et le mouvement un rapport direct. L'être se voit agir, puis agit; l'action est imaginée, puis accomplie. Plus l'image est tyrannique, plus la réponse est prompte. Macbeth voit devant lui un poignard, le manche tourné vers sa main; ne pouvant saisir ce poignard imaginaire, il tire le sien et entre dans la chambre du vieux Dun-

---

[1]. Maudsley, *Physiologie de l'esprit*, p. 487.

can endormi. Le mouvement imaginé devient un mouvement réel. Ce qui est voulu dans l'image, ce n'est pas l'image elle-même, c'est la réalité qu'elle représente.

L'art n'est plus lié aux besoins de l'égoïsme, il naît du loisir. Il est comme le luxe de la vie, la fleur qu'elle épanouit pour jouir d'elle-même. Il est un jeu, une coquetterie, un miroir que se présente la vie et où en se regardant elle contemple la beauté. Il ne cherche pas l'objet au delà de l'image; il ne veut que l'image, que son harmonie. Dès lors, comment la loi que nous avons posée nous permet-elle de passer de la conception à l'exécution? L'image d'un mouvement tend à devenir ce mouvement, soit; mais l'artiste n'est pas livré à l'image d'un mouvement que la ténacité du désir opiniâtre le contraint d'exécuter. Quand le peintre conçoit un paysage, sa conception n'a rien de commun avec le rêve du bourgeois qui fait le plan de sa maison de campagne, ni avec les fantaisies de cet empereur romain qui dans ses vastes jardins faisait imiter les plus célèbres sites de la Grèce. L'image du meurtre de Duncan dans le cerveau de Shakespeare n'arme que le bras idéal d'un Macbeth imaginaire. La conception poétique n'est pas le rêve impérieux de la passion, qui tend à faire de l'homme un somnambule. Et cependant la vie ne cesse pas d'obéir à ses lois, l'excitation, dont l'image est une forme, d'être liée au mouvement. La conception s'agite, frémit, devient une inquiétude d'agir, un embarras, une souffrance. L'image tout à la fois est liée au mouvement et semble séparée de lui. Elle tend à se continuer en mouvement; mais le mouvement en général, sans direction, n'existe pas. Or l'image ne semble plus propre à marquer le sens de l'action, puisque, voulue pour elle-même, elle ne représente plus une série d'actes réels conduisant vers un bien désiré.

Comment sortir de cette contradiction? comment la loi, qui unit l'image au mouvement, pourra-t-elle faire sortir l'exécution de l'œuvre de sa conception même? L'art ne cherche rien au delà du jeu des images en accord. Mais l'image, c'est la sensation affaiblie; elle est mobile, fuyante, toujours se dérobe. Comment s'emparer de cette harmonie fugitive; comment l'arrêter? la fixer? L'amour veut la possession. On ne posséderait l'image que si on la transformait en une sensation. Dès lors, l'inquiétude d'agir, qui répond à la conception, n'est plus une tendance vague, indéterminée; elle est un désir efficace, qui rend le mouvement possible en lui marquant une direction. Il s'agit de créer une réalité qui, comme l'image, soit à la fois, si j'ose dire, matérielle et spirituelle, une apparence qui soit l'image, mais devenue sensible. Le but posé, le mouvement, en lequel l'image tend spontanément à se transformer, peut se produire. A l'ensemble des images, unies dans la conception poétique, devra répondre un ensemble de mouvements, combinés selon les mêmes rapports et tendant à créer une apparence qui, sans altérer les caractères propres de l'image, sans détruire son harmonie toute spirituelle, la fasse entrer dans le monde réel. La colère sous le flot des images qui montent et se précipitent jette Achille hors de sa tente. Le flot d'images qui dans l'esprit d'Homère représente cette fureur héroïque ne le soulève plus pour le jeter à la bataille; il s'écoule en cris pressés, en épithètes violentes, en vers batailleurs. Il y a là comme une ruse, une industrie : le mouvement est impossible et nécessaire, nécessaire parce que l'image c'est la vie, impossible parce qu'on ne peut exécuter l'*image d'un mouvement*. On tourne la difficulté : l'image reste active, elle se décharge en mouvements qui la traduisent dans un langage d'apparences. De l'esprit du peintre le tableau descend dans ses doigts, les meut et ne cesse d'agir que quand il s'est comme réfléchi sur la toile. Il n'y a pas là un calcul savant; la vie suit son cours, cherche une issue, et le langage de l'art naît spontanément. L'image est liée au mouvement : quand créée par le désir elle représente une suite d'actes qui mènent à le satisfaire, ces actes sont accomplis ; quand elle est voulue pour elle-même, quand elle est l'objet du désir, elle se prolonge en mouvements propres à créer une apparence qui donne la réalité et la possession de l'image.

L'exécution est liée à la conception, elle en dérive, elle en est une conséquence nécessaire. La logique de la vie unit les deux termes. Il n'y a pas là un phénomène extraordinaire, qui impose le silence et l'admiration ; il y a là un phénomène naturel, qui manifeste l'application d'une loi très générale : le rapport de l'excitation au mouvement. La conception esthétique est un ensemble d'images combiné selon les lois vitales, elle se transforme en un ensemble de mouvements qui en imitent les rapports et l'harmonie. Mais nous savons à quelles conditions l'image devient le mouvement. Beaucoup restent indécises, ne semblent dépenser leur force d'impulsion qu'à évoquer les rivales qui les tuent. Il ne suffit pas que l'image apparaisse, il faut qu'elle se fixe, qu'elle s'impose, que, devenant la vie même de l'esprit, elle comprenne les deux moments de la vie. Et à quelle condition les images acquièrent-elles cette toute-puissance ? Quand, suscitées par un sentiment violent, elles composent un corps robuste, dont l'âme est le désir tenace qui les appelle et les combine. C'est ainsi que dans la passion l'homme ne s'appartient plus, mais à l'image, ressort puissant qui l'ébranle, le meut et le dirige.

Plus encore, cette ténacité et cette ardeur sont-elles nécessaires, quand l'image ne provoque plus directement le mouvement qu'elle représente, quand elle ne se réalise que par une sorte de symbolisme artificiel. Il faut que, à force d'être voulue, l'image persistante, source sans cesse grossie, déborde et comme elle peut s'écoule. C'est l'amour qu'elle inspire, c'est la vie qu'on lui communique en la désirant, qui fait jaillir la conception de l'esprit, qui la transforme en une suite de mouvements, tous dirigés vers elle, vers l'apparence, qui seule la réaliserait sans la défigurer. L'art est œuvre d'amour ; il est l'amour de la vie pour elle-même, de l'harmonie pour sa seule beauté, amour désintéressé qui, au lieu de détruire son objet pour en jouir, le crée pour le posséder. Dans l'immaculée conception du génie, l'esprit est comme une vierge, éprise de maternité et par la seule force d'amour enfantant le héros qu'elle rêve. On a dit : le génie est une longue patience, soit, mais en ce sens qu'il est une longue passion [1].

II

Il y a plusieurs langues artistiques ; ce qui choisit entre elles, ce n'est pas le hasard, c'est l'instinct. Ce qui fait que l'animal est carnassier ou herbivore, c'est la longueur de ses intestins, la forme de ses dents, la vigueur de ses muscles. De même, l'aptitude naturelle de l'artiste, ce sont les instruments dont il dispose. Le génie est un phénomène vital : il se mêle au corps, il le pénètre, il s'y exprime. Considéré ainsi du dehors, sous la forme de l'espace, il est un mécanisme merveilleux. Ce mécanisme se développe, se complique, s'assure par le progrès même de la vie. Beethoven ne pouvait naître dans une tribu d'Iroquois. Le cerveau du sauvage est un pauvre instrument : les bruits y retentissent sans s'y multiplier par les échos qu'ils éveillent. Il est au cerveau d'un Italien du xvie siècle ce qu'est l'harmonica de l'enfant, avec ses quelques plaques de verre résonnantes, à

---

1. Par l'amour, je n'entends pas une petite exaltation mystique et raisonneuse ; j'entends l'amour instinctif, qui le plus souvent s'ignore, l'amour qui apparaît avec la vie et qui seul la transmet, l'amour qui tourne la plante vers le soleil, qui est présent à la faim, à tous les appétits, à tous les désirs, qui font l'animal furieux ; l'ensemble des tendances spontanées qui parfois s'opposent, qui parfois aussi, comme dans la passion, se concertent en une puissance redoutable.

l'orgue, dont la voix puissante concentre tous les bruits de l'orchestre. C'est par l'obscur travail de tous, par l'effort continu des générations que le génie est rendu possible.

A force d'agir, le cerveau se développe : ses divers centres se spécifient et se fortifient en même temps que leur action de plus en plus se répand, se propage de l'un à l'autre. Les appareils de perception sont plus délicats, les appareils moteurs plus excitables, le rapport des uns aux autres plus intime. Ce qui est dû à l'exercice de chacun n'est pas perdu pour tous : l'hérédité le transmet. L'habitude des pères devient la nature des enfants. Le génie, comme la vie, ne s'explique que par l'évolution, par l'effort antérieur de tous, par tout ce qu'il résume et concentre de richesses acquises. Eschyle, Sophocle, Phidias sont au sens propre du mot les enfants de la Grèce. L'artiste le plus original doit quelque chose à tous. Avant qu'il ait pensé, avant même qu'il ait ouvert les yeux, il a reçu sa part de l'héritage commun. Il profite du travail par lequel s'est créé et s'est développé le langage, de toutes les aptitudes physiologiques acquises, de toutes les supériorités devenues le patrimoine social. Longtemps avant Hændel et Bach, la musique était le langage du temple nu des luthériens d'Allemagne. Le génie n'apparaît que dans un certain milieu social, après de longs efforts, qui ont prédisposé dans l'organisme ses instruments nécessaires.

La preuve que le génie plonge ses racines dans la vie, c'est que nous le voyons souvent se préparer par elle, se transmettre avec elle. Dans la société, les familles sont des filons que l'histoire permet parfois de suivre jusqu'à l'homme de génie. Avec la forme du corps et de l'esprit, avec les faiblesses, avec les maladies, l'hérédité transmet les aptitudes spéciales, organise dans de véritables instincts les relations établies par l'effort individuel entre l'image et le langage de mouvements qui l'exprime [1]. Le père de Raphaël et trois autres de ses ancêtres étaient des peintres distingués. La dynastie des Vernet a duré près de deux cents ans, passant par Carle Vernet, pour arriver à Horace Vernet, à ce génie si facile, si populaire, à cette main si prompte, « à cette main fine, mince, longue, élégante, qui naissait avec toutes les aptitudes, toute formée, toute dressée pour peindre, comme le pied du cheval arabe pour courir [2]. » Le fils d'un de nos peintres les plus distingués, à trois ans, sans savoir lire ni écrire, copiait une lettre, en en imitant l'écriture [3]. Les grands musiciens de l'Allemagne, presque tous, avaient déjà travaillé dans leurs pères. Le merveilleux instrument dont ils devaient se servir avait été construit lentement par les obscurs efforts des ancêtres pour s'approprier les secrets du langage musical, par l'habitude d'y trouver l'expression de leurs sentiments, de le comprendre, plus ou moins de le parler. Sébastien Bach a été préparé par huit générations de musiciens [4]. Mozart était le fils d'un maître de chapelle du prince-évêque de Salzburg ; sa sœur, de cinq ans plus âgée que lui, était un enfant prodige. Le père de Beethoven était ténor de la chapelle du prince électeur de Cologne ; c'était un homme médiocre, livré à l'ivrognerie ; mais le grand-père, basse chantante et maître de chapelle, était un homme sérieux et fier, dont la vigueur et la droiture, un instant éclipsées, se rallumèrent dans l'âme de son petit-fils. Dans la famille de Weber, on naissait musicien [5]. Dans la famille

---

1. Sur ce point, voyez le livre de M. Ribot, *De l'hérédité*, 2ᵉ édition, p. 70, sq.
2. Sainte-Beuve, *Nouveaux lundis*.
3. Edmond Dehodencq, fils d'Alfred Dehodencq, peintre de grande race, mort en 1882.
4. Cette famille Bach est un des plus beaux exemples de l'hérédité du talent ; on la suit jusqu'en 1550. On compte du même nom jusqu'à soixante-treize musiciens. Voyez Th. Ribot, *loc. cit.*
5. Son frère composait et lui envoyait ses essais (voy. Nohll, *Mosaïk*, lettres de Weber). Son père était l'oncle de Constance Weber, la femme de Mozart ; aventurier et fantaisiste, il fut tour à tour soldat, employé, maître de chapelle, directeur de théâtre ; il promenait dans les petites

Haydn, on était charron de père en fils; mais le père de Joseph était grand amateur de musique, avec une petite voix de ténor; et sans connaître une note, il avait, pendant son tour d'Allemagne, appris à jouer de la harpe. Le soir, la journée finie, le père et le fils chantaient ensemble. Devenu vieux, le créateur de la symphonie se rappelait avec attendrissement ces récréations musicales de son enfance. Lointain souvenir! Joseph Haydn avait six ou sept ans quand il quitta le toit paternel pour entrer dans la vie. Son frère Michel, musicien distingué, devint maître de chapelle à Salzburg.

Le génie donné, on trouve de bonnes raisons pour expliquer sa présence; mais il est impossible de déterminer *à priori* les conditions dont l'ensemble le pose comme une conséquence nécessaire. Sans doute, les efforts de tous le préparent; sans doute, dans ce vaste milieu social, il est parfois possible de tracer des limites plus étroites, de suivre pendant plusieurs générations dans une famille l'existence d'une aptitude spéciale, qui semble la promesse que tient l'homme de génie quand il apparaît. Mais combien pourraient être appelés, combien peu sont élus! Il y a toujours dans cette facilité merveilleuse une sorte de grâce, d'élection capricieuse. Que d'artisans chantent juste et sont l'honneur d'un orphéon de village qui n'auront pas pour fils un J. Haydn! N'est-ce pas encore un fait curieux que les grands artistes souvent sortent des rangs du peuple? La nature sans tâtonnement crée l'instrument du génie; elle semble franchir d'un bond tous les intermédiaires que supposerait une lente évolution et s'élever d'un seul coup aux sommets de l'esprit.

---

villes de l'Allemagne du Sud une troupe ambulante composée en partie des membres de sa famille. Des sœurs de Constance, l'une, Josepha, chanta le rôle de la Reine de la Nuit (*Flûte enchantée*), qui avait été écrit pour elle; l'autre, Aloyse, devint une chanteuse célèbre. Elle avait reçu les leçons de Mozart, dont elle fut le premier amour et le premier chagrin. Au retour du voyage qu'il fit à Paris et où il perdit sa mère, elle ne voulut plus le reconnaître; en signe de deuil, il portait des boutons noirs sur son habit rouge!

Quoi qu'on fasse, le génie garde quelque chose de mystérieux ou plutôt d'irréductible, comme l'individualité des traits et du caractère.

En fait, par un concours de circonstances heureuses, trop complexes pour être démêlées, un merveilleux instrument est créé. Il entre en jeu de lui-même, sans effort. La nature, en le traversant, devient l'œuvre d'art. L'amour qui sollicite l'action du génie n'est pas un sentiment réfléchi ; il n'est pas brisé, fragmenté ; il n'est pas d'abord l'idée de l'œuvre, puis un jugement porté sur sa valeur, puis la volonté de la réaliser ; il est tout cela à la fois, il est le mouvement naturel de la vie qui s'épanche. La nature incline vers l'œuvre, n'a qu'à ne pas se résister. Héréditaire ou non, le talent, la tendance à parler le langage de l'art, est inné.

Haydn, le plus simple des hommes, écrivait de lui-même : « Le Dieu tout-puissant, auquel seul je dois la reconnaissance de cette grâce infinie, me donna une telle facilité dans la musique que, dans ma sixième année, je chantais en toute assurance quelques messes au chœur, et que je jouais aussi un peu de clavier et de violon. » Mozart avait six ans quand son père se mit en route « pour montrer au monde ce miracle de Dieu ». A cinq ans, il composait de petits menuets. Un vieil ami de la famille raconte qu'il n'avait de conscience que pour la musique, que ses autres sens étaient comme morts, et que, pour le faire passer d'une chambre à l'autre, il fallait lui chanter ou lui siffler une marche. Quiconque a causé avec un peintre de race a retrouvé dans son langage, dans son impatience de parler avec les doigts, des touches vives, des gestes qui voulaient peindre, esquissaient l'idée d'un trait rapide. « Je ne comprenais rien par les livres, écrit Th. Couture ; il n'y avait qu'un langage compréhensible pour moi, celui des images..... J'étais stupide, j'avais dix ans, je savais à peine lire, mais j'écrivais d'une façon merveilleuse ; l'écriture était du dessin pour moi ; les mots n'avaient point de signification : c'étaient simplement des broderies plus ou moins enchevêtrées[1]. » Qu'on le mène au Louvre, du premier coup il entend le langage pittoresque, celui de Véronèse comme celui de Rembrandt, et sans catalogue il démêle l'énigme des sujets des tableaux. Ainsi le lien de l'image au mouvement dépend de l'attention, du désir, de l'amour qu'éveille cette image. Mais l'amour lui-même, c'est la substance, c'est le fond de l'être, c'est le penchant où l'entraîne sa nature, le penchant vers les actes qu'il accomplit avec le plus d'aisance. La langue de l'exécution que parlera l'artiste de génie, cette langue de lignes, de sons, de couleurs, cette langue de mouvements multiples de la main, de l'oreille, c'est plus que la langue de son esprit, c'est la langue de son corps, la langue dont toute son organisation physiologique et psychologique est l'instrument, c'est plus que sa langue maternelle, c'est son langage naturel.

III

Est-ce à dire que le génie soit une sorte de fatalité physique, à laquelle il suffise de s'abandonner? une grâce d'en haut qui n'attende rien du concours de l'individu? Rien de plus dangereux que ce mysticisme. Le corps vivant est prêt pour la vie, et cependant la vie ne s'entretient que par l'effort continu des éléments sans nombre que comprend l'organisme. Tout travaille dans le corps vivant, mais aussi tout tend à travailler, parce que tout veut vivre. Le devoir, si j'ose dire, se confond ici avec l'instinct : c'est une pente naturelle qui crée le mouvement. Il en est du génie comme de la vie. Il semble que tout lui soit donné et qu'il se doive tout à lui-même. Il faut qu'il se crée, qu'il se maintienne par le tra-

---

1. Th. Couture, *Entretiens d'atelier*.

vail; mais ce travail, c'est son existence même, c'est la forme naturelle de son activité. Il n'y a pas un grand artiste qui n'ait été un grand travailleur. Bach copiait la nuit, à la clarté de la lune, les morceaux pour clavier et orgue de Froberger, Kerl et Pachelbel, que son frère lui refusait, à cause de leur trop grande difficulté. Plus tard, à vingt ans, il allait d'Arnstadt à Lübeck à pied pour recevoir les leçons de l'organiste Buxtehude. Mozart n'a d'autre histoire que celle de ses œuvres. Au milieu des angoisses d'une vie besogneuse, il travaille sans cesse, et quand il meurt à la peine, à trente-six ans, il laisse une œuvre dont le seul catalogue remplit un volume in-8° de 511 pages. Mais ce qu'il ne faut pas oublier, c'est que ce perpétuel effort est l'expansion même de la vie. Haydn, dans une note biographique sur lui-même, raconte sa jeunesse laborieuse, sa voix perdue, la nécessité de donner des leçons, de jouer dans les orchestres, et il ajoute : « Mais, quand je m'asseyais à mon vieux clavier tout mangé des vers, il n'y avait pas de roi dont j'enviasse le bonheur. »

Pour être une sorte de besoin vital, le travail n'en est pas moins nécessaire. C'est à lui d'abord qu'il appartient d'achever la nature, de la préciser et de la fortifier par l'habitude. L'enfant apporte en naissant, comme un héritage organique, des tendances à répéter les mouvements qu'ont exécutés ses ancêtres. Ces mouvements se sont faits machine dans son corps. Et cependant que d'efforts pour calculer avec justesse la détente de ces ressorts prêts à jouer, pour diriger sûrement leur action combinée. A chaque art répond une science qu'il faut connaître, un ensemble de procédés qu'il faut avoir employés, d'expériences qu'il faut avoir faites. L'architecte obéit aux lois de la pesanteur, en multiplie les applications. Le musicien construit son orchestration selon les lois de l'harmonie, le peintre son tableau selon les lois de la perspective, le poète ses chants selon les lois du rythme et de la mesure. Tout art comprend un métier dont les règles les plus générales ont été découvertes péniblement, mais désormais sont à tout le monde. Ces règles, on ne les possède vraiment que quand on les applique sans y songer, que quand elles sont devenues la forme instinctive de la pensée ou de l'action. Seule l'habitude réalise les puissances que la nature enveloppe obscurément. Créer en soi un instinct mobile et sûr, une sorte de fatalité qui, sous l'action du désir, fasse répondre à l'image le mouvement qui l'exprime, s'approprier le langage technique de l'art jusqu'à le parler couramment, voilà le premier effet du travail, la première condition et le premier résultat du génie.

« Tu feras copier à ton élève un de ces magnifiques os des hanches qui ont la forme d'un bassin et qui s'articulent si admirablement avec l'os de la cuisse. Quand tu auras dessiné et bien gravé dans ta mémoire ces os, tu commenceras à dessiner celui qui est placé entre les deux hanches; il est très beau et se nomme sacrum.... Tu étudieras ensuite la merveilleuse épine du dos que l'on nomme colonne vertébrale. Elle s'appuie sur le sacrum, et elle est composée de vingt-quatre os qui s'appellent vertèbres.... Tu devras avoir plaisir à dessiner ces os, car ils sont magnifiques. Le crâne doit être dessiné sous tous les sens imaginables, afin qu'il ne puisse sortir du souvenir. Car sois bien certain que l'artiste qui n'a pas les os du crâne bien gravés dans la mémoire ne saura jamais faire une tête qui ait la moindre grâce. Je veux aussi que tu te mettes dans la tête toutes les mesures de l'ossature humaine, afin que tu puisses ensuite la revêtir plus sûrement de sa chair, de ses muscles et de ses nerfs, dont la divine Nature se sert pour assembler et lier cette incomparable machine. » (Benvenuto Cellini.) Vous saisissez la méthode, et vous entrevoyez les résultats de l'étude patiente et passionnée. Que le peintre dessine tous les éléments du corps humain; qu'il observe et qu'il rende ces éléments dans tous leurs rapports possibles; qu'il note les gestes, les attitudes;

que dans la rue, dans les marchés, sur les ports, sa main par des croquis rapides se fasse assez souple, assez prompte pour suivre les ondulations de la vie ; qu'il ait sans cesse les yeux ouverts sur la nature, et qu'à toute image il associe le mouvement qui la fixe et qui l'exprime. Chaque image apporte avec elle la tendance à devenir le mouvement qui la traduit ; ces tendances se combinent comme les images : l'exécution est contenue dans la conception. Vélasquez, le peintre le plus prompt à saisir un aspect fugitif des choses, « avait avec lui, selon Pacheco, un jeune paysan qui lui servait d'apprenti et d'après lequel il étudiait les divers aspects du visage. » Il n'était jamais las de le peindre dans toutes les attitudes, avec toutes les expressions, pleurant, riant, criant, courant[1]. Sous la fougue apparente et réelle, Fromentin retrouve dans Rubens cette certitude d'un mécanisme, créé par le travail continu : « Il y a dans une organisation pareille un rapport si exact et des relations si rapides entre la vision, la sensibilité et la main, une telle et si parfaite obéissance de l'une aux autres, que les secousses habituelles du cerveau qui dirige feraient croire à des soubresauts de l'instrument. Rien n'est plus trompeur que cette fièvre apparente, contenue par de profonds calculs et servie par un mécanisme exercé à toutes les épreuves[2]. »

Un second résultat du travail, qui tient au premier, c'est qu'en faisant l'artiste maître de son langage il l'aide à découvrir sa pensée. En apprenant ce qu'on a fait avant lui, il apprend ce qu'on peut faire encore. Il possède le dictionnaire et la grammaire de ses prédécesseurs. Il ose penser, sentir librement, et il peut dire tout ce qu'il pense, tout ce qu'il sent, enrichissant à son tour le langage de l'art d'un style qui seul lui donne la résonance de son âme. Avant de créer la musique simple et expressive, qui donne une voix à l'Eglise

---

1. *Vélasquez et ses œuvres*, par William Stirling, traduit par G. Brunet.
2. *Les maîtres d'autrefois*, p. 62.

romaine, Palestrina imite les procédés de l'école néerlandaise et de son maître le Français Claudius Goudimel. Hændel compose d'abord plus de trente opéras italiens. Il a cinquante ans au moment où il écrit le Messie, le premier des grands oratorios qui font sa gloire. Beethoven, dans ses premières œuvres, se souvient de **Haydn** et de **Mozart**. Gluck, le réformateur passionné, dans ses premiers opéras imite le style bavard et fleuri de l'école napolitaine. C'est surtout de l'artiste qu'il est juste de dire qu'il ressemble à un bloc de marbre, dont les veines indiquent la statue : au travail de la dégager. Ce travail souvent commence avant même que l'artiste ne soit né. L'histoire ou plutôt la mémoire de l'humanité volontiers oublie pour abréger. Les prédécesseurs de Shakespeare ont arrêté la forme du drame romantique. L'école musicale des Pays-Bas, dès le xve siècle, fixe la forme du canon et de la fugue. Giacomo Carissimi et Henry Schütz font de la cantate religieuse un drame où alternent les récitatifs, les aries et les chœurs, pour que Hændel et Bach puissent écrire librement l'un ses œuvres d'un éclat un peu sensible, l'autre ses œuvres d'une splendeur toute morale, toute spirituelle, ses entretiens de la conscience avec le Dieu qui est en elle.

IV

L'analyse du génie, c'est l'anatomie du corps vivant. Nous séparons les images du sentiment, les mouvements des images, les aptitudes naturelles du travail qui les développe. Le génie comprend tous ces éléments, les subordonne dans l'unité de l'action complexe, dont il est l'harmonie. Le mouvement n'existe que par l'image, l'image que par le sentiment. Ce qui soulève et soutient l'artiste, ce qui lui donne la patience des longs efforts, c'est l'amour de la beauté qu'il porte et qu'il pressent en lui. Il l'attend parfois longtemps. Des années se sont écoulées ; il a fallu bien des études, bien des souffrances pour remplir jusqu'au bord la coupe de vie, un grand effort pour la répandre tout entière dans une œuvre incorruptible. Et cependant il n'y a que cette heure qui compte. C'est vers elle que tout va ; en ce sens, c'est d'elle que tout vient. Dégageons-nous de l'idée du temps qui analyse et décompose. L'œuvre qui n'est pas faite, qui seule donnerait au génie la possession de lui-même, le sentiment et la jouissance de toutes ses forces, est pour l'artiste ce qu'est pour le monde la perfection du Dieu d'Aristote. C'est vers elle qu'il fait effort, c'est vers elle qu'il s'oriente au milieu de ses erreurs et de ses défaillances. Beethoven est sourd, chassé du monde des sons qui est tout pour lui, la nourriture même de son génie. « Il n'entend plus de loin le son d'une flûte, le chant du pâtre. » Il est désespéré, il veut mourir. Qu'est-ce qui l'arrête? L'œuvre qui n'est pas faite. Ce qui l'arrête, c'est *Fidelio*, c'est la symphonie en *la*, c'est la symphomie avec chœurs ; c'est la joie de chanter d'une voix immense, qui perce les ténèbres de la surdité, l'hymne de la douleur féconde, de l'action et de la liberté. « L'art seul m'a retenu ; il me semblait que je ne pouvais quitter le monde avant d'avoir produit tout ce que je sentais en moi. »

Le temps ne laisse qu'un rapport : celui de succession. Il brise la vie, il sépare l'exécution de la conception, la conception du sentiment. En fait, tout se tient. L'exécution, c'est la conception voulue, aimée, agissante. Du procédé, nous sommes ramenés au sentiment. Ce n'est pas le hasard qui d'un artiste fait un peintre, un musicien, un poète. Celui qui d'un paysage dégage une impression plutôt qu'une image, celui en qui les idées sont peu précises et les formes vagues, mais dont les sentiments profonds remuent l'âme tout à la fois, trouve dans la musique son langage naturel. La pensée du peintre est une vision ; sa logique, ce sont les jeux expressifs d'une lumière qui éclate et s'atténue. Ses sentiments ont une couleur et une forme ; la couleur et la forme sont pour lui des sentiments. Le poète est moins limité que le peintre, moins libre que le musicien. Sa peinture, d'un contour plus flottant, éveille plutôt des sentiments que des sensations ; sa musique, d'un dessin plus net, n'exprime pas seulement le ton général de l'âme, mais le sentiment dans ses nuances. La pensée ne lui est pas interdite, mais c'est la beauté qui le guide vers la vérité : dans ses images, dans ses métaphores, des plus élevées aux plus humbles, les choses les plus lointaines, soudain rapprochées, se touchent, et dans la justesse de ces analogies audacieuses l'intelligence surprise entrevoit l'unité d'un monde fraternel. Sans doute il arrive qu'un écrivain d'imagination pittoresque voit plutôt qu'il ne pense, qu'un peintre philosophe pense au lieu de voir. L'écrivain disperse en dix pages ce qui devrait être saisi d'un regard ; le peintre juxtapose ses idées successives dans une image qui se divise comme l'acte de l'esprit qui l'a conçue. Dans les deux cas, le tableau aurait besoin d'un commentaire, celui du peintre pour être compris, celui de l'écrivain pour être vu. Ce qui fait la rareté du génie, c'est qu'il suppose le concert de toutes les puissances intérieures. La vie divisée, c'est le contraire de l'art ; l'âme discordante, c'est le contraire du génie. Un concours parfait de tous les organes de la vie spirituelle, de ceux qui président à la pensée, au sentiment, à l'image, au mouvement, voilà la rencontre heureuse et singulière ! L'âme musicale d'un Mozart trouvant un instrument merveilleux qui à cinq ans, avant même que la raison s'éveille, spontanément entre en jeu, voilà le génie !

Le procédé ne se sépare pas du sentiment, c'est le sentiment qui le crée. Le langage poétique, c'est la poésie même ; son éclat n'est que le reflet de la flamme qui brûle le cœur. Le raisonnement n'est point pressé ; il prend le temps de tout dire, il met chaque mot en sa place, il observe toutes les lois de la logique et de la grammaire. Dans la passion, les idées toutes à la fois se précipitent, la plus forte jaillit, les autres suivent selon les alternatives de cette poussée intérieure : de là des lueurs d'éclair au choc des mots. Le sentiment n'exprime pas les choses, il s'exprime lui-même. Sa vision transforme : il exagère, il amplifie. De là les images qui grossissent ; de là les violences, les splendeurs matérielles du langage. Aux mouvements de l'âme répondent des mouvements du corps : le son de la voix s'altère, la respiration se coupe ; la parole brusquement s'arrête, puis reprend et se précipite : de là la mesure du vers que rythme le sentiment, ses modulations qui brisent la continuité monotone du langage vulgaire et imitent avec les flexions de la voix les gestes et les attitudes du corps frémissant. La logique poétique, c'est la libre allure de la passion, ce sont ses emportements, ses changements subits, ses acuités, ses apaisements, ses épuisements, ses sursauts et ses réveils. De là les souplesses d'une phrase qui se soulève et retombe, s'élance et s'arrête ou se brise, franchit l'obstacle et reprend son mouvement onduleux. De là les exclamations qui bondissent, les interrogations qui courent et se pressent, les interpellations hardies aux choses, aux hommes, à Dieu, comme si tout l'univers s'intéressait à cette crise de la passion humaine. Qu'est-ce qu'un poète ? Une âme sympathique et vibrante, prenant l'accord de tous les sentiments humains qui résonnent auprès d'elle. Le poète, c'est l'homme qui se donne toutes les passions et les exprime comme on les éprouve ; c'est l'écho qui répète nos chants intérieurs, mais en y mêlant la musique de ses sonorités puissantes. De cet homme, nous disons qu'il est inspiré, qu'il a le souffle divin, *divino afflatus spiritu :* non qu'un Dieu du dehors ajoute à l'âme cette ardeur, mais en ce sens qu'à chacun sa passion est Dieu : *sua cuique Deus fit dira cupido*[1].

1. Lowth, *De poesi sacra Hebræorum.*

Ecoutez Phèdre. Dans la simplicité d'un vers sévère et monotone, quelle souplesse pour suivre tous les mouvements de la passion! Comme on pressent les intonations, les flexions de la voix, les gestes et les attitudes du corps dans la mesure, dans le rythme seul! Que de lassitude dans sa parole quand elle veut mourir! Le vers traîne et se prolonge, puis tout à coup à un réveil il se coupe, il se presse :

> Insensée! où suis-je et qu'ai-je dit?
> Où laissai-je égarer mes vœux et mon esprit?
> Je l'ai perdu!

En présence d'Hippolyte, comme elle s'attarde à lui parler! comme elle fait durer l'entretien qu'il évite. L'aveu de sa passion va lui échapper, elle s'arrête. Mais avec quelle joie elle reprend! Avec quelle volupté elle caresse l'image qui la séduit, ce Thésée jeune, fidèle, fier et même un peu farouche. Comme le mot qu'elle évite flotte sur ses lèvres! Et, quand il s'échappe enfin, quel soulagement! Tous ses sentiments s'épanchent à la fois, son amour d'abord, ses remords, puis ses vains efforts, le détail de ses souffrances, et ce dernier désir de mourir au moins de la main d'Hippolyte! Et au IVe acte, quand elle apprend l'amour d'Aricie, elle est suffoquée d'abord :

> Il sort... quelle nouvelle a frappé mon oreille?
> Quel feu mal étouffé dans mon cœur se réveille?

Entre chaque parole un silence; puis le débit se précipite; puis quatre vers d'un jet comme un flot de larmes. Qui peut lire les vers de la scène suivante sans entendre la voix qui les prononce, sans imaginer le geste, l'attitude, la poitrine étouffée qui se soulève, la main qui menace, les bras, tout le corps qui s'affaisse dans une immobilité silencieuse. D'abord l'ironie, puis la douleur poignante, les mots pressés, les interrogations successives, l'attendrissement sur eux, le retour sur elle même, l'insistance sur son mal, le flot d'images qui lui montre son supplice : ils s'aimeront toujours ! l'emportement : il faut perdre Aricie ! et puis l'arrêt brusque, le retour soudain de la réflexion :

> Que fais-je? où ma raison se va-t-elle égarer?

et l'horreur de soi, l'éperdument, et le dernier mot à la passion dans ce regret involontaire :

> Hélas ! du crime affreux dont la honte me suit
> Jamais mon triste cœur n'a recueilli le fruit.

Voilà le langage poétique ; c'est la passion même dans ce qu'elle a de tragique, répandant la vie comme une blessure largement ouverte d'où le sang filtre à travers les doigts goutte à goutte, quand on la comprime, et jaillit à flots pressés quand dans l'exaspération on la déchire de ses propres mains.

Il en est de même du langage pittoresque. L'image se propage en mouvement ; c'est la conception qui exécute. Quel est le premier conseil du maître à l'élève ? « Que faut-il faire pour bien dessiner ? Il faut se placer en face de l'objet qu'on veut représenter, avoir de bons outils, toujours propres ; regarder avec une grande attention beaucoup plus ce que l'on voit que ce que l'on reproduit ; avoir, permettez-moi ce calcul, trois quarts d'œil pour ce que l'on regarde et un quart d'œil pour ce que l'on dessine [1]. » Pour faire un tableau la méthode est la même. Il faut tenir les yeux fixés sur la scène intérieure que l'on veut rendre, il faut que ce soit cette vision qui émeuve et guide la main. « Le tableau doit être préalablement fait dans notre cerveau. Le peintre ne le fait pas naître sur la toile, il enlève successivement les voiles qui le cachaient [2]. » (Th. Rousseau) « Le travail de la main n'est que l'expression conséquente, adéquate des sensations de l'œil et des opérations de l'esprit. Si l'on examine les

---

1. *Méthode et entretiens d'atelier*, par Th. Couture, p. 27.
2. Th. Rousseau d'après Ph. Burty, *Maîtres et petits maîtres*.

exécutants sûrs d'eux-mêmes, on verra combien la main est obéissante, prompte à bien dire sous la dictée de l'esprit, et quelles nuances de sensibilité, d'ardeur, de finesse, d'esprit, de profondeur passent par le bout de leurs doigts, que ces doigts soient armés de l'ébauchoir, du pinceau ou du burin [1]. »
« Le grand cadre demande les grands sentiments, desquels découle une façon large, élevée et des colorations héroïques [2]. » Allez des effets à la cause, des lignes et des couleurs à l'esprit qui les combine pour se manifester. Ou plutôt si, avant toute réflexion, vous ne sentez pas que ces lignes sont nobles, fières ou voluptueuses, que ces couleurs sont tendres, sombres ou ardentes, essayez d'autre chose, ne perdez pas un temps toujours précieux à écouter une langue que vous n'entendez pas.

C'est une naïveté de demander à Raphaël la couleur des Vénitiens; autant lui demander de n'être pas. Quand, après avoir traversé les galeries de Dresde, vous arrivez au petit sanctuaire, où la dévotion germanique a dressé la madone de Saint-Sixte, c'est d'abord une déception. Vous venez de voir Ribera, Rembrandt, les Vénitiens; Véronèse vous a laissé les yeux tout chauds, tout vibrants de son orchestration puissante. Devant la peinture de Raphaël, sale, jaune, aux couleurs ternes comme d'une aquarelle mal lavée, vous éprouvez d'abord une douleur physique, l'irritation de vous désenchanter les yeux. Prenez patience, laissez votre regard jouer avec l'arabesque magique de ces lignes qui s'opposent et se répondent. C'est une autre langue, plus poétique peut-être, moins matérielle à coup sûr, et non pas une langue de statuaire, immobile, abstraite et froide. Certes, c'est une langue pittoresque que cette langue légère, pleine de grâce, qui avec l'opposition de deux lignes, de deux mouvements (celui du genou qui avance et celui du voile qui tourne), enlève ainsi

---

1. E. Fromentin, *Les maîtres d'autrefois*, p. 346, 347.
2. Th. Couture, *loc. cit.*, p. 274.

cette grande Vierge d'un élan, éveille l'idée d'une Vénus de Milo, transfigurée par des pensers nouveaux, dégagée de toute pesanteur, soutenue comme sur les ailes d'un sentiment invisible. Il faut à Corrège les douceurs des tons argentés (Léda de Berlin), les souplesses félines d'un dessin qui se fond, toute une langue de caresses lumineuses (Antiope du Louvre, Io de Vienne), pour rendre la volupté des corps divinisés par l'amour de Jupiter. Dans ses scènes religieuses, Van Dyck, avec ses ciels troublés, verdâtres et violets, avec ses yeux soulignés de rouge, ses contractions excessives, fait songer à une sentimentalité de femme qui aime les émotions, volontiers se pâme et s'attendrit. L'artiste parle comme il pense, il pense comme il est. Il faut une candeur de critique et de docteur pour éliminer patiemment les défauts d'un artiste, imaginer ce qui sortirait d'une nature ainsi rectifiée, et se complaire aux combinaisons artificielles de cette chimie quintessenciée. Les défauts du style tiennent aux défauts de la pensée; les défauts sont l'envers des qualités. Il faut s'y résigner. « La langue de Rubens, à la bien définir, est ce qu'en littérature on appellerait une langue oratoire. Quand il improvise, cette langue n'est pas la plus belle; quand il la châtie, elle est magnifique. Elle est prompte, soudaine, abondante et chaude; en toutes circonstances elle est éminemment persuasive... ».(P. 48.) « Vous dire que c'est là le dernier mot de l'art de peindre quand il est sévère et qu'il s'agit, avec un grand style dans l'esprit, dans l'œil et la main, d'exprimer des choses idéales ou épiques, soutenir qu'on doit agir ainsi en toute circonstance, autant vaudrait appliquer la langue imagée, pittoresque et rapide de nos écrivains modernes aux idées de Pascal. Dans tous les cas, c'est la langue de Rubens, son style, et par conséquent ce qui convient à ses propres idées [1]. » (P. 68.)

---

1. Eugène Fromentin, *Les maîtres d'autrefois*, p. 68 et 48.

V

Nous ne saurions être surpris de retrouver dans l'exécution les caractères de la conception, puisque l'analyse seule les sépare dans l'œuvre du génie. L'œuvre devrait jaillir d'un jet; ce n'est que l'impossibilité de tout dire à la fois, ou la difficulté de l'expression, qui forcent l'artiste à un travail successif. Dissimuler cette division, cette succession de l'effort, donner l'illusion d'une exécution soudaine et simultanée, dans chaque détail faire, si j'ose dire, l'œuvre tout entière, c'est là tout le secret de l'art. A l'inspiration de l'artiste ne succède pas le travail à froid de l'artisan. Une mosaïque de pièces rapportées supprimerait toute beauté en flétrissant la fleur de vie. C'est l'image elle-même qui, sous l'action du désir, doit devenir mouvement, se réfléchir en une apparence qui du cerveau de l'artiste la porte dans la réalité. Le poète ne découvre pas ses images par des rapprochements successifs, par une recherche savante d'analogies plus ou moins lointaines; il se livre au sentiment, il le laisse s'épancher : c'est son ardeur qui apparaît dans l'éclat des images, c'est son libre mouvement qui rhythme le vers, l'allonge, le brise, le précipite ou l'apaise. Le travail est spontané, inconscient, naïf. « Vous n'êtes pas, j'aime à le croire, de ceux qui veulent tout connaître avant de s'engager dans une action. Que ceux qui suivent la prudence me quittent, je ne suis pas leur homme. Il me faut l'inconnu; c'est pourquoi j'adore mon art, qui échappe à toute prévision [1]. » La science acquise n'est pas employée par la réflexion ; elle ne pose pas le tableau, le poème comme un problème qu'elle cherche à résoudre rationnellement. Après avoir tout appris, l'heure de la production venue, il faut tout oublier. Dans l'ar-

---

1. Th. Couture, *op. cit.*, p. 277.

tiste, le métier est un instinct, il fait corps avec lui, il est organisé dans son système nerveux. L'abeille n'a qu'un instinct, qu'une règle d'action; l'idée que son corps exprime se réalise par lui fatalement. Préparée par cette grâce qui est le génie, l'étude donne à l'artiste un instinct mobile, qui varie ses formes selon les sentiments intérieurs. Il n'y a plus une action et un mécanisme, le mécanisme produisant l'action après avoir été produit par elle. Sans perdre sa précision admirable, le mécanisme se transforme comme l'action qui en dispose toutes les pièces intérieures. La sûreté, la spontanéité de l'instinct, l'inconscience de la vie dans son innocence première, et la subtilité de l'intelligence à varier ses moyens d'agir, voilà ce qui d'abord caractérise le métier de l'artiste. L'œuvre n'est pas faite par équerre et compas ; chaque partie n'a d'autre mesure que la force même avec laquelle elle vit et agit dans l'ensemble ; elle n'est pas un automate, dont les mouvements raides laissent sentir la contrainte d'un ressort extérieur aux pièces qu'il meut ; elle est un vivant en qui tout vit, dont le moindre élément frémit et s'agite.

Quiconque sait ce qu'il faut de courage pour exécuter une grande œuvre, et qu'il n'y a de vraiment belles peut-être que celles qui ont été souffertes, se scandalisera d'une théorie qui semble réduire le génie à une facilité instinctive. Entendons-nous. Le sentiment qui crée l'art n'est pas un caprice ; il n'y a de fécond que l'amour qui dure ; l'amour ne dure qu'en se faisant volonté. Le génie, c'est la nature dans l'homme, mais la nature achevée par le travail. Le métier plus ou moins s'apprend. Il y a dans tout art une science qui suppose l'étude, étude de tous les instants, mêlée à la vie, qui est la vie même. Le paysagiste reste des heures à observer et à rendre un coin de haie, un sentier qui tourne ; son attention est toujours éveillée sur les choses ; un nuage l'intéresse ; le reflet du ciel dans l'eau, une nuance, une ligne, tout l'attire et le tourmente. Le travail non seulement précède et prépare l'œuvre, en un sens il la fait. Le mouvement vital qui groupe les images et leur donne cette concentration harmonieuse qui est la beauté même naît d'un amour actif qui longtemps absorbe tout l'être en une pensée. Et l'œuvre conçue, comment s'exécute-t-elle ? En jaillissant de l'esprit par sa force propre. Soit. Mais qu'est-ce qui lui donne cette force d'impulsion, cet élan au dehors ? L'amour qu'elle inspire, amour intimement lié à l'effort d'une attention continue. Pendant l'exécution même, chaque fois que le travail s'interrompt, bien des distractions s'interposent entre l'œuvre et l'esprit. C'est la volonté qui revient et ramène vers l'œuvre, infuse un sang nouveau à la conception pâlie. Que d'efforts parfois pour rallumer la flamme tremblante du génie ! Mais là finit le rôle de la volonté. Rallumé, le feu brûle et s'entretient de lui-même. On modèle, on peint, on écrit de verve. Rien ne vaut ces heures heureuses où tout semble se faire de soi-même. La verve, c'est cet état charmant où toutes les facultés tendues dans le même sens travaillent en harmonie. La conscience ne perçoit pas l'une plus que l'autre, mais les éprouve toutes à la fois. Il en est de la réflexion comme de la volonté : elle est nécessaire et partout présente, mais elle doit s'effacer, rester invisible. A vrai dire, pour l'artiste, elle n'est qu'une forme du sentiment. A mesure que son œuvre se fait, il la juge, non pas froidement, à la façon du critique, en l'analysant, mais d'un coup d'œil, par l'impression qu'il en reçoit.

Spontanée, l'exécution peut être une. Les transitions disparaissent, les éléments se fondent. L'œuvre n'est pas faite de pièces rapportées, elle est coulée d'un jet. Tout est fait à la fois, bien que chaque détail soit établi successivement. C'est que, créé par le tout, chaque détail lui est subordonné. L'œuvre d'art, comme le corps vivant, forme un tout fermé.

Un drame a une exposition, une crise, un dénouement; il est suscité par une ou deux scènes, par une ou deux situations qui posent leurs préliminaires et leurs conséquences. Tout ne doit pas être sur le même plan. La main souple doit tantôt courir, marquer d'une indication légère, tantôt insister d'une touche forte qui fasse saillir l'idée maîtresse et reculer tout le reste. Où l'artiste, dont la conception n'a pas l'unité vivante, trouverait-il le courage des sacrifices nécessaires? Chaque détail existe pour lui-même, tout est également bien dit; les éléments ne sont plus traversés par un même souffle. Il y a des drames qui commencent et finissent deux ou trois fois. Ce n'est pas là l'œuvre vivante du génie, ensemble organique de détails subordonnés. Un de nos grands paysagistes disait admirablement [1] : « Entendons-nous sur le mot fini. Ce qui finit un tableau, ce n'est pas la quantité des détails, c'est la justesse de l'ensemble. Un tableau n'est pas seulement limité par le cadre. N'importe dans quel sujet, il y a un objet principal sur lequel vos yeux se reposent continuellement; les autres objets n'en sont que le complément. Ils vous intéressent moins; après cela, il n'y a plus rien pour votre œil. Voilà la vraie limite du tableau. Cet objet principal devra aussi frapper davantage celui qui regarde votre œuvre. Il faut toujours y revenir, affirmer de plus en plus sa couleur... Si au contraire votre tableau contient un détail précieux, égal d'un bout à l'autre de la toile, le spectateur le regardera avec indifférence. Tout l'intéressant également, rien ne l'intéressera. Il n'y aura pas de limites, votre tableau pourra se prolonger indéfiniment. Jamais vous n'en aurez la fin. Jamais vous n'aurez fini. L'ensemble seul finit dans un tableau. » — « Faites bonhomme, » disait Delacroix; faites simple, répètent tous les maîtres. Faire simple, que de gens ont dû chercher le sens de cette

---

[1]. Th. Rousseau dans Ph. Burty, *Maîtres et petits maîtres.*

énigme! Faites simple, cela veut dire : Ayez un sentiment puissant qui domine votre vision et votre main comme votre esprit; soyez naïfs, soyez sincères, ayez du génie, aimez et faites comme vous voudrez.

Pour rester simple et sauvegarder l'unité de son œuvre, l'artiste résout d'instinct ce problème qui semble insoluble : donner à un travail nécessairement successif le caractère d'une action simultanée. Par une sorte de corrélation organique, la conception, comme l'être vivant, croît dans toutes ses parties à la fois. L'exécution de même se fait simultanée, supplée à l'impossibilité de jaillir d'un seul coup en se développant en tous sens. Le poète ne travaille pas comme le mathématicien, il ne déduit pas dans leur ordre logique une suite de propositions qui s'enchaînent. Il n'écrit pas le premier vers de la première scène, puis le second et ainsi de suite, étirant sa conception au laminoir d'une exécution qui la déroule d'un mouvement monotone et continu. Sa logique, c'est la logique de la nature vivante, qui d'abord pose l'organe auquel tous les autres se subordonnent, qui ne crée pas la vie par une juxtaposition de parties mortes, mais par le développement d'un être qu'elle enrichit de plus en plus. La première scène exécutée dans un drame, le plus souvent c'est la première scène conçue, celle qui a créé l'œuvre, celle qui a suggéré les autres scènes, qui les a groupées pour s'en accroître, qui en se développant les a posées comme ses antécédents ou ses conséquents, comme ses effets ou ses causes. Examinez les fragments des poèmes inachevés. Qu'y trouvez-vous? Un plan, déjà une structure générale, un ensemble, une unité; çà et là une tirade, des vers isolés, une scène plus indiquée, déjà faite [1]. C'est quelque chose d'incomplet, mais d'un; c'est un être arrêté dans son développement, un être qui n'a pas atteint sa pleine crois-

---

[1]. Quand on fait une pièce, on fait d'abord le scénario; c'est en quelque sorte l'embryon de l'œuvre.

sance, mais dont on pressent la structure et la forme.

Le poète cache ses ébauches. Le métier du peintre est moins secret. Admis dans son intimité, on voit naître le tableau sous ses doigts. C'est là qu'on saisit la simultanéité de l'exécution. « Le tableau se dévoile peu à peu ; on le voit d'abord de loin, dans une sorte de brouillard qui ne laisse apparaître que les grandes lignes, les grandes masses ; peu à peu, sans perdre son unité première, il se complique et se précise [1]. » M. F. Ravaisson disait un jour à un peintre cette forte parole : « Il faut qu'un tableau soit peint d'un seul coup de pinceau. » Le peintre lui répondit finement : « Ce serait difficile. » Et il fut obligé de développer. Peindre d'un seul coup de pinceau, tous les procédés, tous les préceptes des maîtres expriment cet effort. Est-ce qu'une couleur existe par elle-même ? Est-ce qu'elle est sur la toile ce qu'elle est sur la palette ? Est-ce que son charme, sa force, son sens expressif ne dépendent pas des couleurs qui l'entourent ? Et la théorie des valeurs, dont on fait tant de bruit, n'est-elle pas une application de cette unité d'un travail subtil qui semble tout faire à la fois, tant il observe avec justesse les rapports des tons, l'harmonie des clartés, le chant de la couleur, dont les nuances se modulent selon que la lumière plus ou moins la pénètre ? Peindre d'un coup de pinceau ! Les maîtres y réussissent. Comment ? En ne laissant pas trace des efforts successifs, succession apparente qui ne tient qu'à la nécessité d'agir dans le temps. Ces efforts, à vrai dire, sont simultanés, parce qu'ils sont tous en rapport, parce qu'ils se supposent les uns les autres. Pour l'œil du spectateur, toutes les touches sont frappées à la fois, puisqu'elles se fondent en un accord qui est leur unité même. La vie est la sœur aînée du génie, qui crée comme elle par un rayonnement en tous sens.

1. Th. Rousseau d'après Ph. Burty, *Maîtres et petits maîtres*.

Thomas Couture, dans ses *Entretiens d'atelier*, réduit en préceptes les procédés des maîtres [1]. Ces préceptes valent ce que valent les préceptes; assez peu de chose. Ils ont leurs exceptions. A force de patience et de conviction, les primitifs ont fait bien sans s'y soumettre. Mais ils résument les lois que pose le génie pittoresque par son action spontanée. Et voici l'idée générale qui les domine et s'en dégage. Ne pouvant tout faire à la fois, réaliser d'un seul coup la conception dans son unité, employez tous les moyens qui peuvent donner à un travail successif l'apparence d'une action simultanée. Donnez l'illusion d'une œuvre qui se serait faite elle-même d'un jet, par son libre mouvement. N'articulez pas avec une patience de naturaliste des pièces de museum, qui se montent et se démontent pour la plus grande commodité de ceux qui étudient la vie dans la diversité de ses ressorts; les faire jouer tous à la fois, voilà votre œuvre; les vivants ignorent et dissimulent le mécanisme qui

---

[1]. Chez tous les maîtres invariablement, vous trouverez le sentiment de la base, la base ambrée dans le Titien, la base grise chez Véronèse, la base bitumineuse chez Rembrandt; comme des architectes, ils bâtissent sur des fondations fortement établies. Sur ces bases fleurissez, mais gardez-vous bien d'oublier vos assises; laissez-les paraître à différents intervalles, c'est à ces conditions seulement que vous construirez bien un tableau dans sa coloration.... (p. 229). Déjà, en parlant de la copie d'un simple morceau de nature, je vous ai dit qu'il fallait établir vos dominantes de clairs et de noirs; vous ferez de même pour vos tableaux. Il faut une lumière principale, toutes les autres lui seront subordonnées et doivent s'éteindre en s'éloignant vers les extrémités de la toile; même principe pour les foncés, mais dans le sens inverse, c'est-à-dire que les valeurs fortes doivent s'amoindrir en s'approchant du centre. Vous pouvez encore arriver à des effets charmants par d'autres moyens. Voici comment. Vous établissez une base claire, et vous brodez sur elle des valeurs foncées; mais dans ce cas il faut être sobre vers le centre et soutenir les noirs vers les extrémités, en ayant bien soin, arrivé à cette limite, de lier les valeurs fortes à d'autres valeurs secondaires pour fermer sa composition. Si vous oubliez ma recommandation, vous ferez, comme on dit très justement, des mouches dans du lait (p. 231). Plus loin, p. 232, il ajoute :
« Faisons notre addition :

La base avant tout.
L'accord des contraires (rouge vert, jaune bleu).
La dominante lumineuse et centrale.
Les couleurs sombres s'augmentant vers les extrémités.

Total :   De bonnes conditions d'harmonie.

travaille pour eux; vous êtes les artistes, « les amants de la vie » (Th. Couture); vous continuez la nature, soyez comme elle : elle contient toute science et semble ne rien savoir, elle ne raisonne pas ses œuvres, sur lesquelles on raisonne tant, et c'est à ce prix que sont la grâce et la vie.

VI

L'exécution rattachée à la conception, qu'elle continue, le procédé au sentiment qui le crée, nous savons ce qu'il faut entendre par le style. Le style, c'est dans l'antiquité la pointe dont on se sert pour graver ses pensées sur la cire; chacun a sa manière de manier le *style*, comme chacun de nous a son écriture. Au figuré, le style, c'est l'individualité et le mouvement de l'esprit visible dans le choix des mots, des images, plus encore dans la construction de la phrase, de la période, dans l'arabesque capricieuse que trace la pensée dans son cours. Le style d'un artiste est aux mouvements de son esprit ce que la courbe que donne le cardiographe est aux battements du cœur. Je ne sache pas qu'en littérature on ait beaucoup cherché au delà de ces idées simples, ni rêvé un style universel, impersonnel, absolu[1]. Il n'en est pas de même dans les arts du dessin. Quand il s'agit de peinture, de sculpture, le mot style prend dans la bouche des esthéticiens je ne sais quoi de redoutable. Il traîne après lui tout un appareil de dissertations confuses et menaçantes; il est un instrument d'exécution sommaire. Œuvre sans style! et

---

1. M. D. Nisard a appliqué à l'histoire de la littérature française une sorte de méthode *à priori*. « L'esprit français à l'état d'archétype, comme dans Platon, est censé présider en personne à cette histoire; selon qu'il se reconnaît plus ou moins dans tel écrivain qui passe, il l'approuve ou le condamne, il l'élève ou le rabaisse » (Sainte-Beuve, *Causeries du lundi*, t. XV). Certes cette critique autoritaire, exclusive est discutable; mais l'esprit français est encore quelque chose de concret, de déterminé. Prise avec moins de rigueur, l'idée est juste. Il y a un esprit, un caractère, un style français; mais un style universel, absolu?

tout est dit. Si du moins on savait ce qu'est le style! Mais rien d'obscur comme les dithyrambes abstraits. Voici une de ces définitions hiératiques : « Il y a quelque chose de général et d'absolu qu'on appelle le style. De même qu'un style est le cachet de tel ou tel homme, le style est l'empreinte de l'humanité sur la nature. Dans cette haute accession, il exprime l'ensemble des traditions que les maîtres nous ont transmises d'âge en âge, et résume toutes les manières classiques d'envisager la beauté; il signifie la beauté même. Il est le contraire de la réalité pure, il est l'idéal. Un ouvrage a du style lorsque les objets y sont représentés sous leur aspect typique, dans leur primitive essence, dégagés de tous les détails insignifiants, simplifiés, agrandis.... Les écoles d'Italie ont eu de grands styles, personnifiés par Léonard, Michel-Ange, Raphaël, Titien, Corrège. Seuls les Grecs, parvenus à l'apogée de leur génie, ont paru atteindre un moment, sous Périclès, au style par excellence, au style absolu, à cet art impersonnel et par là sublime, dans lequel sont fondus les plus hauts caractères de la beauté, divin mélange de douceur et de force, de dignité et de chaleur, de majesté et de grâce. Winckelmann a dit ce mot profond : « La beauté parfaite est comme l'eau pure, qui n'a aucune saveur particulière. » On ajoute gravement : « L'école de Hollande n'a pas eu de style [1]. » Le mot profond de Winckelmann fait de l'insipide le beau absolu. Les amateurs de son eau pure devraient se mettre au régime de l'eau distillée et tiède; il faut éviter tout excès, la fraîcheur en est un. Ce n'est jamais sans surprise que j'entends parler d'un style général, absolu ; d'objets représentés sous leur aspect typique, dans leur primitive essence. Imaginez-vous Léonard peignant dans la Cène l'essence de la table, ou la tête de saint Jean sur l'exemplaire primitif de l'humanité. Cet exem-

---

[1]. Ch. Blanc, *Grammaire des arts du dessin.*

plaire primitif, s'il faut en croire les naturalistes, est un sauvage abruti, qui rétablit l'intermédiaire entre l'homme et les anthropoïdes.

Pour nous comprendre nous-mêmes, soyons simples. En général, le style, qui est toujours le style de quelqu'un, simplifie, amplifie, c'est vrai. Pourquoi? Le style, c'est la pensée visible dans son expression. Pour comprendre ses caractères généraux demandez-vous ce qui est commun à toute conception artistique. Pour comprendre dans un cas particulier ce qu'il a d'original, de propre, d'individuel, étudiez l'âme de l'artiste, imitez par une sympathie intelligente sa manière de voir et de sentir. Le grand peintre idéalise l'objet qu'il peint, soit, mais en quel sens? Ce qu'il veut de l'objet, ce n'est pas l'objet, c'est l'impression qu'il en reçoit, c'est son propre sentiment, les détails insignifiants, tout ce qui ne parle pas s'élimine; tout l'expressif, tout ce qui accentue, précise, exalte la vie du sentiment se concentre dans l'unité de la conception. Or c'est la conception qui peint, c'est elle qui émeut la main. Le style c'est cette émotion même de la main qui glisse, appuie, insiste, suit les secousses les plus délicates du ressort intérieur. Le style n'est pas abstrait, mais il abstrait à la façon de la vie, qui rejette ce qui la contrarie, assimile tout ce qui l'enrichit et par ce double effort arrive à cette concentration de forces qui la constitue. Il n'y a rien là de logique, de rationnel, d'impersonnel; il y a un phénomène vital, concret, spontané. L'effet puissant du style des maîtres vient de cette partialité même du sentiment, si délicat à voir tout ce qui le confirme, si négligent de tout ce qui le contredit. Tout y conspire. Les éléments multiplient leurs forces par leur accord; les contrastes font éprouver plus vivement la puissance de l'harmonie qui les domine et résout leurs oppositions dans son unité.

Ceux qui ne peuvent renoncer au style absolu objecteront l'art de la Grèce, l'art impersonnel, la belle époque de Périclès, Phidias. Pourquoi le nom de Phidias pour désigner un art impersonnel? Nous nions l'existence d'un style absolu, d'une langue idéale, indépendante du sentiment, seule légitime, expression immédiate et nécessaire des idées éternelles, des essences primitives. Nous affirmons que le sentiment crée le procédé; que la langue artistique varie comme l'émotion dont elle n'est que le signe; qu'il n'y a pas plus de style absolu que de caractère absolu s'exprimant par une physionomie absolue; que le style des Grecs n'est que la langue qui convenait le mieux à l'expression de leurs sentiments; qu'il est absurde de détacher ce style de ses causes et de l'ériger en une loi abstraite, principe d'une sorte de code draconien. Il serait tout aussi raisonnable de décréter que tout poète doit parler grec, sous prétexte que le grec est la langue d'Homère.

Mais l'art grec n'a-t-il pas été impersonnel, et n'est-ce pas cette impersonnalité qui fait sa grandeur? Une langue qui traîne un fort accent individuel ne convient qu'à celui qui la parle; mais cette langue toute pure, à laquelle ne se mêle rien de contingent, c'est vraiment la langue universelle de l'art. — Que la langue de Phidias et de ses compagnons soit grecque, non humaine, moins encore divine, je n'en veux qu'une preuve : c'est qu'elle n'a été parlée qu'en Grèce à une époque déterminée. Que cette langue de la statuaire ait été vraiment impersonnelle, qu'elle ait eu le même accent sous toutes les mains, il est difficile de l'admettre. Nous sommes réduits à juger sur des fragments rares, qui ne permettent pas de faire à chacun sa part. Mais l'inégalité des œuvres nous avertit de l'inégalité des hommes.

Pour comprendre en quelle mesure l'art peut être impersonnel, souvenons-nous que le génie est une forme de la vie. La vie individuelle comprend dans son unité toute une collection d'êtres dont les fonctions se distinguent, mais se supposent. Dans sa période de vie instinctive, la cité antique est ainsi comme une colonie vivante qu'un même souffle pénètre. Les sentiments peu nombreux sont communs. Animés des mêmes passions, les individus sont à peine distincts. L'âme, la conscience de la cité enveloppe tous les citoyens. Que ce soit cette âme collective qui travaille à élever les temples, à y dresser les statues, pourquoi non? Mais cette âme, à vrai dire, n'est pas impersonnelle. La cité est un individu qui survit aux éléments qu'il comprend, une personne morale, faite d'un ensemble de sentiments et d'idées que la tradition transmet et propage. Ainsi se font peu à peu les œuvres sans nom d'auteur, les œuvres de tout un peuple, les premiers hymnes religieux, les légendes, les épopées, nées sur les lèvres de tous. Mais ce qui toujours est indispensable à l'art, c'est la vie, qui est l'art même, étant le génie. La vie peut être collective, comme dans les ruches, les fourmilières, les cités antiques, les communautés religieuses; mais l'art est toujours la fleur de la vie, et le style le parfum d'un sentiment puissant qui se dégage en beauté.

Dès que le milieu moral cesse d'être très simple, les variétés individuelles se produisent. Chaque artiste, selon ses affinités natives, accorde son âme, dont la résonance est unique. Dans son style comme dans son visage, il y a quelque chose qui rappelle la race, le peuple, dont il fait partie; il est de son temps; il doit à tous, plus à quelques-uns; mais de ces éléments empruntés il fait un ensemble qui n'appartient qu'à lui. L'art soi-disant absolu de la Grèce ne dure qu'un instant. La cité se dissout; les Macédoniens entrent en scène; l'esprit s'ouvre, le monde s'étend, le stoïcisme va naître, l'art se transforme. Avec la grande école de Scopas et de Praxitèle, la sculpture se pénètre de tendresse et d'émotion. L'artiste apparaît dans son œuvre. Dans nos sociétés compliquées, où tant d'idées circulent, où en chacun se mêle quelque chose de tout ce que l'homme a jamais pensé, le sentiment a toujours une saveur individuelle qui passe dans le style. Le vers cornélien ne se comprend que par le génie de Corneille, par sa poétique de l'héroïsme, de la volonté passionnée. Le style de Racine, c'est Racine même, nature faite de mesure et de passion, de tendresse douloureuse, excessive, de délicatesse morale et d'élégance discrète. Pour composer la langue châtiée, psychologique de ses princes et de ses héroïnes, il a besoin de peu de mots. Shakespeare n'en a pas trop de quinze mille, tout un dictionnaire, pour faire parler, crier, chanter, hurler, rire, grimacer, le peuple de rois et de clowns, d'assassins et de dieux, de héros et de fantoches qui remue dans sa cervelle puissante. Il en est de la peinture comme de la poésie. « L'art de peindre est peut-être plus indiscret qu'aucun autre. C'est le témoignage indubitable de l'état moral du peintre au moment où il tenait la brosse[1]. » Eugène Fromentin a fait pour tous une expérience curieuse. Il voulait traiter surtout « les questions de métier[2] » en parlant des maîtres d'autrefois. Le métier le conduit à l'artiste, l'artiste le mène à l'homme. Dans la facture d'un tableau, il trouve un caractère. Il croyait n'analyser qu'une palette, il analyse une âme. Là est la conclusion philosophique de son œuvre. Le style, c'est le sentiment. On ne pourrait toucher à la langue d'un peintre sans altérer profondément sa pensée : « Enlevez des tableaux de Rubens l'esprit, la variété, la propriété de chaque touche, vous lui ôtez un mot qui porte, un accent nécessaire, un trait physionomique; vous lui enlevez peut-être le seul élément qui spiritualise tant de matière et transfigure de si fréquentes laideurs, parce que vous supprimez toute sensibilité et que, remontant des effets à la cause première, vous tuez la vie,

---

1. Eug. Fromentin, *Les maîtres d'autrefois*, p. 120. « Une distraction, un oubli, la sensation plus tiède, la vue moins profonde, une application moindre, un amour moins vif de ce qu'il étudie, l'ennui de peindre et la passion de peindre, *toutes les nuances de sa nature et jusqu'aux intermittences de sa sensibilité*, tout cela se manifeste dans les ouvrages du peintre aussi nettement que s'il en faisait la confidence. »

2. *Id.*, p. 3.

vous en faites un tableau sans âme. Je dirai presque qu'une touche en moins fait disparaître un trait de l'artiste. » C'est que cette touche est individuelle, expressive; c'est qu'elle est l'émotion même devenue le frémissement de la main de l'artiste; c'est qu'en dernière analyse la langue et la pensée dans l'art sont deux termes inséparables, que l'abstraction seule distingue. Après avoir épuisé les termes de la technique pittoresque pour expliquer le métier de Rembrandt, il faut bien en venir à parler de Rembrandt même, de son esprit, de sa nature morale. « Rembrandt exécute à sa manière, il exécute excessivement bien ; on pourrait dire qu'il n'exécute comme personne, parce qu'il ne sent, ne voit et ne veut comme aucun autre[1]. » Le style tient au sentiment, le sentiment tient aux profondeurs de l'être, s'en nourrit et les révèle. Le style absolu n'existe que dans l'imagination des philosophes. Tout art est émotion, toute émotion est l'émotion de quelqu'un, et, à condition de l'interpréter, il faut résoudre la question du style par cette formule : « Le style, c'est l'homme. »

VII

Après avoir défendu l'art contre ceux qui ont trop d'esprit, il faut le défendre contre ceux qui n'en ont pas assez.

---

1. *Op. cit.*, p. 347. « Le clair obscur est la forme native et nécessaire de ses impressions et de ses idées... C'est la forme mystérieuse par excellence, la plus enveloppée, la plus elliptique, la plus riche en sous-entendus et en surprises qu'il y ait dans le langage pittoresque des peintres. A ce titre, elle est plus qu'aucune autre la forme des sensations intimes ou des idées. Elle est légère, vaporeuse, voilée, discrète; elle prête son charme aux choses qui se cachent, invite aux curiosités, ajoute un attrait aux beautés morales, donne une grâce aux spéculations de la conscience. Elle participe enfin du sentiment, de l'émotion, de l'incertain, de l'indéfini et de l'infini, du rêve et de l'idéal. Et voilà pourquoi elle est, comme elle devait l'être, la poétique et naturelle atmosphère que le génie de Rembrandt n'a pas cessé d'habiter. *On pourrait donc, à propos de cette forme habituelle de sa pensée, étudier Rembrandt dans ce qu'il a de plus intime et de plus vrai.* Et si, au lieu de l'effleurer, je creusais profondément un sujet si vaste, vous verriez tout son être psychologique sortir de lui-même des brouillards du clair obscur » (p. 351).

S'il faut en croire certaines gens qui prétendent s'y connaître et justifient leurs prétentions par des œuvres qu'ils admirent, l'art n'a de mystère que pour les philosophes. L'art est un métier plus difficile que les autres, voilà tout. L'idée, le sentiment, l'âme, des mots à l'usage des critiques. Il y a ainsi tout un dictionnaire de phrases pour les gens qui aiment à causer de ce qu'ils ignorent. L'artiste est un impassible qui s'amuse savamment. Il se soucie bien de ce que pense la foule; il veut étonner ses pairs, faire à chaque coup un chef-d'œuvre qui humilie les maîtres de la corporation. Sculpteurs, peintres, poètes, musiciens, sont des dilettantes qui jouent avec des formes, des images, des lignes, des couleurs ou des sons. L'art, c'est le procédé.

Que l'artiste soit un artisan, nous l'accordons. Si cette conviction pouvait le défendre des attitudes prophétiques, il y gagnerait un peu de simplicité. Mais l'artiste est l'artisan de son âme, c'est elle qu'il met en œuvre. Pour l'homme de génie, la loi de l'effort se confond avec l'inclination. Il apprend son métier, comme l'enfant bégaye avant de parler. C'est sa pensée qui peu à peu crée son langage. Si l'on ne saurait exagérer l'importance du métier dans l'art, ce n'est donc pas que le métier soit détaché de la pensée, c'est qu'il ne se distingue pas d'elle, c'est qu'il en est l'instrument nécessaire. « Il n'y a pas d'œuvre bien sentie qui ne soit naturellement bien peinte, et toute œuvre où la main se manifeste avec bonheur ou avec éclat est par cela même une œuvre qui tient au cerveau ou en dérive [1]. »

Vous direz : Où est la pensée dans la peinture hollandaise? Dans cet art sans prétention, la manière de dire seule nous intéresse aux scènes vulgaires ou banales. Soit. Mais vous ne comprenez rien à ce métier, si vous le détachez de l'esprit des artistes qui l'ont créé. « Sa condition première est d'être

1. Fromentin, *op. cit.*, p. 72.

familier, naturel et physionomique; il résulte d'un ensemble de qualités morales : la naïveté, la volonté patiente, la droiture. On dirait des vertus domestiques, transportées de la vie privée dans la pratique des arts et qui servent également à se bien conduire et à bien peindre. Si vous ôtiez de l'art hollandais ce qu'on pourrait appeler la probité, vous ne comprendriez plus son élément vital, et il ne serait plus possible d'en définir ni la moralité ni le style[1]. » C'est que l'artiste est tout entier dans son œuvre, c'est que tous les éléments en fusion dans son être se mêlent dans la langue qu'il parle.

Tant que vous étudierez le procédé du dehors, vous ne le comprendrez pas ; dépassez la lettre, allez jusqu'à l'esprit, jusqu'à l'homme. Vous croyez que tout Rembrandt s'explique par la facture étrange, merveilleuse, que le charme est tout extérieur, comme d'un riche bijou dont les pierreries scintillent. Vous vous trompez. La facture a sa raison plus haut, plus loin, dans l'être intime. De là son action puissante; c'est un grand esprit que nous sentons comme par un contact physique. Pourquoi cette simplification? pourquoi plus de couleurs, rien que la lumière? « Au vrai, c'était un cerveau servi par un œil de noctiluque, par une main habile sans grande adresse. Ce travail pénible venait d'un cerveau agile et délié. Cet homme de rien, ce fureteur, ce costumier, cet érudit nourri de disparates, cet homme de bas-fonds, de vol si haut, cette nature de phalène qui va à ce qui brille, cette âme si sensible à certaines formes de la vie, si indifférente aux autres, cette ardeur sans tendresse, cet amoureux sans flamme visible, cette nature de contrastes, de contradictions et d'équivoques, émue et peu éloquente, aimante et peu aimable, ce disgracié si bien doué, ce prétendu homme de matière, ce *trivial*, ce *laid*, c'était un pur *spiritualiste,* disons-le d'un seul mot : un *idéologue,* je veux dire un esprit

---

1. E. Fromentin, *op. cit.*

dont le domaine est celui des idées et la langue celle des idées. La clef du mystère est là. A le prendre ainsi, tout Rembrandt s'explique : sa vie, son œuvre, ses penchants, ses conceptions, sa poétique, sa méthode, ses procédés et jusqu'à la patine de sa peinture, qui n'est qu'une spiritualisation audacieuse et cherchée des éléments matériels de son métier[1]. »

Il arrive qu'en fait le procédé reste seul. On imagine ce que donne cet art de parler pour ne rien dire. Le mouvement est créé par l'image sous l'action du sentiment. Il n'en est pas seulement ainsi dans l'art, mais aussi dans la vie. On ne se meut pas au hasard, si ce n'est dans les convulsions; le mouvement a une direction, un but. On peut toutefois détacher le mouvement de l'action réelle et sérieuse. On imagine un mouvement et on s'efforce de l'accomplir. Plus le mouvement est difficile, plus il contrarie la nature, plus il s'oppose aux lois de la pesanteur, à la structure des muscles et à leur jeu spontané, plus il est rare, plus il est beau. Les clowns, les gymnastes, les équilibristes, tous ceux qui vivent en étonnant la foule, sont les dilettantes des mouvements difficiles. Ils n'agissent pas, ils inventent des formes d'action. De même, peintres, poètes, musiciens, qui font de l'art un métier, détournent le langage poétique de sa destination pour se livrer à des jeux qui donnent le vertige aux autres sans les troubler eux-mêmes. Ils sont les clowns d'un langage difficile à manier : ils font un bruit étonnant avec les mots, ils font des calembours de couleurs, ils imitent avec l'orchestre les lignes du Parthénon ou de Saint-Pierre de Rome.

Les faits sont en accord avec la logique. Dans la vie des indi-

---

[1]. E. Fromentin, *op. cit.*, p. 412-13. Rembrandt est un idéologue, soit, mais à la façon de Faust et des vieux docteurs du moyen âge, qui croyaient à la magie, cherchaient la pierre philosophale, évoquaient les esprits et créaient des *homunculus*. Nous citons le passage non pour en accepter tous les termes, mais comme une confirmation des idées que nous avons exprimées.

vidus comme dans l'histoire de l'art se font des expériences qui nous montrent le procédé isolé du sentiment. Voyons les résultats. La vie d'un artiste se divise souvent en trois périodes. Dans la première, il s'ignore encore, il se cherche lui-même, et il imite les procédés de ses prédécesseurs. Ses œuvres sont des essais, des exercices qui préparent le mécanisme de l'exécution. Dans la seconde période, l'artiste se possède, il a sa poétique et son style. Ses procédés ne sont pas encore des habitudes prises, ils sont intimement unis à la naissance et au développement de la pensée. C'est l'époque des œuvres inimitables, où l'originalité de la forme n'est que la physionomie, l'attitude propre d'un grand esprit. Si l'artiste ne meurt pas à temps, s'il n'est pas assez fort pour se transformer, alors commence une troisième époque où il s'imite lui-même. C'est la même forme, le même procédé, rien n'y manque que l'inspiration et la vie. La forme est vide, ce que les bons amis expriment d'un mot caractéristique. Triste spectacle quand l'homme jeune encore s'est épuisé lui-même, pressé comme une éponge avec une sorte d'avidité. Plus d'un en meurt.

L'histoire de l'art fait aussi pour nous des expériences. Autour des quelques hommes, peintres, poètes, musiciens, qui survivent, toujours se groupe un certain nombre d'artistes de talent, que la curiosité seule des érudits parfois ressuscite. Ces artistes souvent ont eu des succès inouïs, un nom fameux, l'argent et la gloire; parfois, comme Pradon, ils ont humilié un grand rival. Si le hasard nous remet leurs œuvres sous les yeux, nous les trouvons parfaitement insupportables. C'est un problème curieux que celui-ci : Comment des gens de goût, qui applaudissaient aux œuvres que nous admirons encore, se sont-ils à ce point trompés? Imaginez une exposition des tableaux que peignaient les classiques de l'école de David pendant les premières années de la Restauration. Ces poètes, ces peintres démodés n'étaient pas des grotesques;

GABRIEL SÉAILLES. — Génie dans l'art. 15

c'étaient pour la plupart d'honnêtes gens, qui ne manquaient ni de talent ni d'esprit. Beaucoup de ceux qui en rient aujourd'hui ne sont que ce qu'ils étaient. Ils étaient de leur temps; ils appliquaient les formules courantes, sans que ces procédés fussent en eux l'effet immédiat d'une conviction puissante, la forme même de leur sentiment. Si le procédé n'a pas vieilli chez les maîtres, c'est que chez eux il a gardé la fraîcheur de l'âme, qui en art sans contredit est immortelle. La forme à la mode répondait à certaines idées, elle les éveillait chez tous, elle occupait l'esprit de comparaisons, de jugements, qui ne se produisent plus en nous. Aujourd'hui, cette forme est vide, elle ne nous fait plus agir, penser; elle nous fatigue comme un vain bavardage. Les grands siècles de l'art, ce sont les siècles où tout à coup se révèle une nouvelle manière de comprendre et d'éprouver le monde. Un style est créé, les grands hommes naissent coup sur coup, on s'empresse de tout dire, on épuise la poésie, la peinture, pour longtemps. Le sentiment s'use, perd sa fleur à passer ainsi de bouche en bouche. De ceux qui viennent trop tard, les uns, pour se faire remarquer, raffinent sur le procédé, font la parade. Les autres continuent de parler la langue poétique passée en usage. On les écoute quelque temps par l'habitude d'entendre de grandes choses dans cette forme. Mais le procédé seul, c'est le geai paré des plumes du paon. Les plumes sont brillantes, mais elles condamnent la malheureuse bête à mourir de faim. Elle ne peut bouger, prendre son vol, vivre, sa défroque ne tient pas à son corps et s'éparpillerait à tous les vents.

Concluons en remontant des conséquences au principe, en maintenant l'unité du génie, en affirmant une fois de plus que ses divers moments se tiennent, sentiment, conception, exécution, et que le principe de toutes ses créations, saisies dans leur élément simple et primordial, c'est le rapport du sentiment à l'image et de l'image au mouvement.

CHAPITRE VII

L'ŒUVRE D'ART

CHAPITRE VII

L'ŒUVRE D'ART

I. — Dans la science il y a de l'art, n'y a-t-il pas une science dans l'art? — Le langage de l'art. — L'analyse scientifique permet d'établir toutes les conditions que suppose ce langage de sensations agréables. — Du langage musical. — Le musicien observe sans le savoir les lois mathématiques de l'harmonie, les lois physiologiques qui résultent de la constitution de l'oreille. — De la science que contient le langage pittoresque. — La science ramène l'agréable au rationnel. — Les sensations de l'artiste sont pénétrées d'intelligence.
II. — La correspondance exacte du signe à l'idée nous montre aussi dans l'œuvre d'art toute une science présente au génie. — Sens des lignes, des formes, des couleurs. — L'analyse montre tout ce que concentre de travail, d'expériences, d'observations délicates, la correspondance du sentiment et du langage pittoresque. — De même dans le langage poétique, quoique avec moins de précision.
III. — Si l'on se tourne vers l'idée, si l'on analyse le sentiment esthétique, ce qu'on découvre en le développant, c'est encore l'esprit et ses lois. — Le génie a sa logique. — La critique cherche les raisons du plaisir esthétique, l'explique et le justifie. — Elle est science et art. — Du goût. — Lois de la composition. — La poésie dramatique. — La critique transforme le sentiment naïf en jugements réfléchis. — Intérêt de ce travail. — Il montre tout ce qui se concentre de raison et de logique dans l'œuvre spontanée du génie. — Dans la découverte de la vérité, nous avons trouvé l'action synthétique du génie. — Dans l'œuvre d'art vit toute une science. — Ainsi se confirme la parenté de la nature et de l'esprit, l'unité des lois de l'intelligence et des lois de la vie. — La critique est à l'art ce que la science est à la nature, elle le suppose, elle ne le crée pas. — La pensée réfléchie se retrouve et ses lois dans l'œuvre d'art, mais elle est incapable de la créer.

L'œuvre exécutée, c'est l'esprit de l'artiste visible dans le corps qu'il s'est créé. L'esthétique est en face de l'art comme la science en face de la nature. Mais la science ne sait rien de l'activité que manifestent les phénomènes ; elle n'en veut rien savoir. Elle se contente de découvrir les éléments et les rapports constants selon lesquels ils s'unissent. L'harmonie, pour elle, n'est qu'un problème. Dans l'œuvre d'art, c'est l'idée du tout qui suscite la présence des éléments et organise leur détail. On ne construit pas la beauté par une synthèse artificielle et réfléchie. L'artiste ne peut être mécaniste ; son expérience intérieure à tout instant dément cette théorie. Le génie est une forme de la finalité. Sans expliquer sa création, l'analyse de l'œuvre développera du moins devant nous les richesses que le génie concentre. Dans la science, nous avons découvert un art caché ; on ne connaît la nature qu'en organisant l'esprit. Dans l'art, œuvre de la nature en nous, ne découvrirons-nous pas une science qui s'ignore elle-même ? Après avoir trouvé la nature dans l'esprit, ne trouverons-nous pas l'esprit dans la nature ?

I.

L'œuvre d'art est d'abord une langue charmante, qu'on écoute volontiers pour elle-même, une langue de sensations qui, avant même qu'on s'inquiète de la pensée qu'elle exprime, éveille l'attention par le plaisir. De loin, sans que nous puissions encore distinguer ce qu'il représente, un tableau nous attire, nous appelle. L'œil suit les lignes onduleuses, se livre à elles, les suit dans leurs jeux, se retrouve dans leurs caprices, les dessine par ses mouvements, dont l'aisance fait la grâce de la forme qu'il contemple. La couleur tantôt éclate vigoureuse, comme un orchestre d'instruments puissants, tantôt s'adoucit, se fond, se pénètre de lumière, module ses nuances avec la délicatesse d'une voix humaine. Les *Noces de Cana* remplissent le salon carré du Louvre de leur sonorité ; l'*Antiope* a la suavité d'une voix pure et légère montant dans l'air transparent du soir. On peut écouter la musique comme on suit des arabesques, comme on s'amuse des combinaisons imprévues des couleurs dans le kaléidoscope. Le thème s'indique dans ses grandes lignes ; il s'étend, il s'enrichit sur son chemin ; il se précipite, il s'alanguit, semble disparaître, puis tout à coup reparaît à une hauteur nouvelle et sans se perdre se continue à travers les variations qui le transforment et le multiplient. Plus que tout autre art peut-être, la poésie témoigne de cette puissance du langage esthétique. La poésie est l'art le plus intellectuel, le plus précis, le plus rapproché de la pensée. Que devient la poésie dans une traduction ? Elle a disparu avec l'harmonie du vers. Qu'on remplace dans les vers d'un grand poète certains mots par des synonymes, qu'on se contente même de renverser l'ordre des termes, il reste une banalité.

Pour comprendre tout ce que suppose le langage de l'art il ne suffit pas de le juger par les effets qu'il produit sur la sensibilité. La science nous permet d'entrevoir la raison de son action puissante. Sans doute elle ne nous explique pas pourquoi des sons ou des couleurs, en se soumettant à certaines lois, éveillent en nous des sensations agréables. Mais elle étudie le son et la lumière dans leurs rapports avec les organes par lesquels nous les percevons, elle les résout en leurs éléments, elle détermine selon quelles lois ceux-ci doivent se combiner pour nous plaire, et en nous révélant tout ce que concentre le langage de l'art, créé par l'instinct, elle nous permet de comprendre avec son action la grandeur du génie qui le parle spontanément.

Le son est produit par les vibrations de l'air. Si les vibrations sont irrégulières, le son est un bruit. Si les mouvements sont réguliers, périodiques, si les ondes se déroulent suivant un rythme continu, le son est musical. Ce qui caractérise le son musical, c'est donc que les vibrations dont il est composé toujours en même nombre pour la même unité de temps sont facilement calculables. Plus le nombre des vibrations durant une seconde est grand, plus le son est aigu; plus ce nombre décroît, plus le son est grave. Dans l'étendue d'une même octave, les sons qui retentissent en même temps ne s'accordent que si les nombres exprimant leurs vibrations sont entre eux dans des rapports simples (comme 1 est à 2, 2 à 3, 3 à 4, etc.). Au lieu de juger de l'harmonie par les sens, par le plaisir qui lui répond, si on l'analyse, si on l'étudie dans ses éléments, le plaisir sensible se résout en une sorte de satisfaction intellectuelle. L'harmonie ne disparaît pas, elle se transforme; elle s'exprime pour l'intelligence par des rapports simples, facilement saisissables; elle n'est plus sensible, elle est rationnelle.

Ce n'est pas tout : un même nombre de vibrations donne toujours un son d'une même hauteur, et c'est un fait que la même note donnée par une voix humaine, par un violon, par une trompette, a un caractère très différent. Le son musical n'est donc pas seulement aigu ou grave; il a une *couleur*, un timbre. Chaque instrument est comme une voix qui a son individualité, qui, parlant au même ton que les autres instruments, ne se laisse pas confondre avec eux et garde un accent personnel. Cette couleur du son nous ramène encore au nombre. Le son donné par nos instruments n'est simple que pour notre oreille. A vrai dire il est composé de plusieurs sons, dont le plus grave et le plus fort détermine la hauteur du son musical tel qu'il est perçu. Les ondes qui courent le long de l'onde la plus lente sont ses *harmoniques*. Nous retrouvons ici la loi des rapports simples : dans un son musical tel qu'il nous est donné par un de nos instruments, le nombre des vibrations harmoniques doit être dans un rapport simple avec le nombre des vibrations qui constituent le son principal. Ainsi partout à la sensation agréable se substitue le nombre intelligible. Quand le musicien compose, cherche des combinaisons nouvelles, les écoute, les rectifie, les juge par le plaisir qu'il en reçoit, sans le savoir, sans le vouloir il calcule. Qu'est-ce qu'une fugue de Bach, où quatre voix, sans jamais chanter à l'unisson, mêlent le même motif selon les lois de l'harmonie, sinon un problème redoutable de mathématique inconsciente? L'art dans son seul langage contient toute une science; la musique est une arithmétique sonore (die Musik ist eine klingende Arithmetik).

Les rapports mathématiques que révèle l'étude objective des sons musicaux ne prennent une valeur esthétique que par leur accord avec les lois de la vie. Ils favorisent tout à la fois et la dépense et la réparation de la force nerveuse. La physiologie, dans la partie la plus profonde de l'oreille interne, montre un véritable appareil de résonance, tout un système de fibres (fibres de Corti), de cordes vibrantes dont chacune n'est ébranlée que par les sons avec lesquels déjà elle vibre en accord. Du dehors la musique se transmet à cet instrument délicat qui en rend toutes les nuances. Entendre une symphonie, c'est l'exécuter. Comme une lumière intermittente, les dissonances fatiguent, parce qu'elles ne laissent à l'organe un intervalle de repos que pour lui demander un nouvel effort, au moment où il est en train de se réparer, de réunir des forces pour la sensation prochaine. Au contraire, l'ordre physique des vibrations de l'air devient l'harmonie d'une action qui dépense les forces sans les épuiser. Le musicien ignore la physiologie comme l'acoustique; c'est en agissant, c'est en créant qu'il observe spontanément avec les lois de la vie les lois mathématiques qu'elles enveloppent.

La science n'a pas encore découvert quelles formules mathématiques expriment l'harmonie des formes, quels rapports numériques répondent au plaisir que nous éprouvons du rapprochement de deux couleurs. Mais tout porte à croire que ces formules existent; il ne reste qu'à les découvrir, et on les cherche. Quelle est la ligne de beauté? Pour les uns, c'est la ligne elliptique ; pour les autres, c'est la ligne onduleuse, pour tous c'est une ligne se déroulant non pas au hasard mais selon des lois régulières. Ne peut-on retrouver dans toutes les formes harmonieuses, dans les monuments de l'architecture comme dans le corps humain, des rapports rationnels et simples ? On a prétendu qu'il en est des formes comme des sons, que leurs dimensions pour nous plaire doivent être dans des rapports simples (1 : 1, 1 : 2, etc.) ; l'architecture serait une véritable musique des formes. Zeising cherche la « section d'or » (den goldnen Schnitt), le rapport numérique qui serait présent à toutes les belles formes dans la nature et dans l'art. Il divise le corps humain, les monuments de l'architecture, leur ensemble, leurs détails et il s'efforce de montrer que la plus petite dimension doit être à la plus grande dans le même rapport que la plus grande à la somme des deux autres.

Les couleurs sont produites par les vibrations de l'éther, comme les sons par les vibrations de l'air. Les sept couleurs qui se suivent sur le spectre diffèrent de l'une à l'autre d'un nombre constant de vibrations qu'on évalue à 50 billions [1]. On n'a pas pu ramener encore l'harmonie des couleurs à des lois scientifiques, ni exprimer ces lois par des rapports numériques. Mais si l'on remarque que les couleurs, comme les sons, sont produites par des vibrations, que les sept couleurs que développe le prisme forment comme les

---

[1]. Chaque couleur diffère de celle qui la suit d'un nombre constant de vibrations que le professeur Listing, de Gœttingen, évalue à 48 billions 1/2 de vibrations. Si l'on réduit le plus possible ces nombres immenses que nous ne pouvons pas même nous représenter, en prenant pour unité la différence constante de 48 billions 1/2, on obtient pour l'échelle des couleurs du brun rouge jusqu'au violet et gris lavande la série des nombres 8, 9, 10, etc., jusqu'à 16. Si l'on se rappelle qu'en musique, quand le nombre des vibrations d'un son est le double du nombre des vibrations d'un autre son, on appelle le premier son l'octave du second, on voit que, tandis que l'oreille se meut dans un espace de près de dix octaves, l'œil n'a qu'une octave, ce qui rend toujours relatives les analogies entre l'harmonie des sons et des couleurs (D' Nagel, professeur d'oculistique à Tübingen, *Conférences scientif.*, collection Virchow).

sept notes de la gamme optique, que chacune de ces notes diffère de celle qui la suit d'un nombre constant de vibrations, l'analogie permet de conclure qu'il en est de la peinture comme de la musique, de l'œil comme de l'oreille. L'organe est une merveilleuse machine arithmétique, qui multiplie, divise, compare, établit des rapports. La sensation est le résultat de ce calcul instantané ; le plaisir est comme la solution d'un problème spontanément résolu.

Dans l'harmonie des couleurs et des formes, ce ne sont pas les rapports mathématiques qui nous plaisent. La sensation agréable ne naît pas d'un calcul réfléchi, elle devance la science : et c'est sans le savoir qu'elle la contient. Le plaisir, c'est la vie jouissant d'elle-même. La grâce de l'objet n'est que la souplesse et l'aisance de notre propre action. La beauté des formes et l'élégance des lignes répondent aux mouvements faciles des muscles de l'œil. La structure de la rétine, les rapports de la vision directe à la vision indirecte, les dispositions anatomiques et les habitudes des muscles moteurs du globe oculaire, une alternance rythmique d'effort et de réparation, tels sont les facteurs complexes dont dépend le plaisir en apparence si simple de parcourir, de dessiner du regard l'image d'une belle statue. Ce n'est pas par hasard que nous aimons les lignes courbes, onduleuses, que la ligne horizontale nous repose, que la correspondance symétrique nous charme, que nous nous plaisons à poursuivre la ligne continue, qui court légère et sinueuse, et sans se briser brusquement, se joue en détours capricieux. La physiologie permet d'entrevoir les lois qui justifient les chefs-d'œuvre improvisés par le génie des poètes de l'arabesque sculpturale ou pittoresque.

Il en est des couleurs comme des lignes. Nous pressentons les lois physiologiques que le grand coloriste observe sans les soupçonner. La réflexion n'est pas assez subtile pour démêler ces lois délicates et complexes ; elles vivent dans l'instinct. Toutes nos sensations de couleur sont des combinaisons de trois sensations simples : celles du rouge, du vert et du violet, perçues indépendamment l'une de l'autre par trois systèmes différents de fibres optiques. « Il y a pour ainsi dire dans l'œil trois yeux, un pour le rouge, un pour le vert, un pour le violet, mais trois yeux qui travaillent ensemble et par cet exercice simultané produisent les sensations de la lumière blanche et des diverses nuances [1]. » Les fibres optiques, d'une extrême délicatesse, se fatiguent très vite. Quand nous regardons quelque temps une couleur intense, les fibres qui la perçoivent sont comme paralysées. Cessant d'être sensibles à cette couleur, nous voyons spontanément la couleur complémentaire. De cette loi résulte qu'une couleur n'existe pas par elle-même, qu'elle résonne tout autour d'elle et qu'elle est modifiée par l'écho des couleurs voisines. Si le peintre, auprès d'un rouge saturé, met un ton orangé, il demande aux fibres fatiguées un nouvel effort. L'abus d'une même couleur épuise les fibres qui la perçoivent, colore le tableau tout entier de la complémentaire. Pour que la contemplation d'une toile laisse à l'œil sa fraîcheur, il faut que la sensation totale se rapproche de la sensation de la lumière blanche. L'harmonie des couleurs, c'est le rythme d'une action qui met en jeu les fibres optiques sans les fatiguer, par une disposition savante des intervalles d'effort et de réparation. Le tableau d'un grand coloriste est un instrument admirable, dont l'œil rien qu'en se jouant fait sortir une musique visible. L'œil parcourt la toile en tous sens, et par ses mouvements il multiplie ses sensations en accord, il varie l'harmonie sans la détruire. La science formule la loi générale, que l'art suppose ; elle ne peut ni prévoir ni proposer les applications délicates, indéfinies, qui sont l'art même.

---

[1]. Voyez *Revue philosophique*, « La science et la beauté, » par G. Séailles.

Si la pensée réfléchie ne peut encore discerner tout ce que l'instinct combine d'éléments et de rapports dans l'harmonie des formes et des couleurs, elle montre du moins que le génie découvre et observe spontanément toutes les lois qui résultent pour l'art pittoresque de ce qu'elle sait déjà. Le problème se ramène aux termes suivants : étant données la nature de la lumière et les conditions de la vision, comment représenter sur une surface plane, de la manière à la fois la plus exacte et la plus vive, les objets dans l'espace? Le tableau n'est pas vu comme l'objet qu'il représente. Quand je regarde un paysage, si je me déplace, tout se déplace en même temps que moi : à chaque mouvement de la tête ou du corps, la perspective se modifie, les arbres changent de position les uns par rapport aux autres, quelque chose que je ne voyais point se découvre, les plans se détachent, se séparent, révèlent à la fois leurs rapports et leur indépendance. Le tableau n'est pas cette nature mobile, vivante, dont les aspects changent comme mes mouvements. La perspective est fixée une fois pour toutes; je vois toujours les mêmes objets dans les mêmes rapports, les mêmes arbres à la même distance, et cette immobilité des plans successifs m'avertit que je n'ai devant moi qu'une surface sans horizon, sans profondeur. Devant le paysage réel, mon œil s'accommode aux distances par un mouvement qui m'aide à les juger; devant le tableau, mon œil est arrêté brusquement. Enfin ce qui détache les objets, ce qui les modèle et les fait sortir en relief, c'est la double vision. Chaque œil donne une image prise d'un point de vue un peu différent, et c'est de la fusion de ces deux images que se compose notre perception. L'importance de la double vision est assez clairement démontrée par le stéréoscope. Le tableau du peintre est devant nous comme une seule des deux images du stéréoscope. Les deux images qui sur les deux yeux lui répondent ont le même point de vue, la même perspective.

Si le peintre semble impuissant à rendre les formes dans leur relief, à creuser sur sa toile les profondeurs où s'enfonce le regard, qu'est sa palette auprès de celle de la nature? Pour rendre l'éblouissement du soleil réfléchi par le sable blanc du désert ou le sommeil d'un paysage sous les clartés pâles de la lune qui monte, le peintre emploie les mêmes blancs et les mêmes noirs. Or la lumière du soleil est huit cent mille fois plus intense que celle du plus beau clair de lune. Sur un tableau, le blanc le plus clair l'est quarante fois moins que le blanc directement éclairé par le soleil, et les objets éclairés par la lune sont dix à vingt fois plus clairs que dans la réalité.

Toutes ces difficultés font de la peinture un problème qui semble insoluble : la science commence à le résoudre par le raisonnement; il y a longtemps que la nature l'a résolu par le génie. Des lois de la vision et de la direction des rayons lumineux on déduit une série de théorèmes sur les rapports des lignes entre elles dans les apparences que nous percevons. La perspective linéaire est une mathématique, une géométrie appliquée, qui permet de donner sur une surface l'illusion de la profondeur. La physique constate que l'air n'est jamais entièrement pur, qu'il y flotte des poussières plus ou moins subtiles qui brisent les rayons lumineux, modifient dans le lointain les couleurs et les formes. La perspective aérienne était un procédé de l'art avant d'être une loi de la science. Par les jeux de la lumière et de l'ombre, le clair obscur supplée à la double vision, modèle la forme, accentue les reliefs : la science le démontre; Léonard de Vinci, Rembrandt, tous les maîtres le savaient avant la science. La peinture reste infiniment au-dessous de la lumière réelle, son soleil n'est jamais qu'une tache sans rayonnement, sans chaleur, et cependant elle peut éblouir, elle rend les bruits, les éclats, les apaisements, les silences, toutes les nuances, toutes les harmonies de la nature! La loi de Weber nous apprend comment cela est possible. Que de peintres ignorent la loi de Weber alors qu'ils l'appliquent! La peinture n'est pas une reproduction servile, elle transpose les spectacles de la nature, en respectant toutes ses harmonies. C'est la condition même de son existence, la science le démontre. La peinture n'avait pas attendu la science pour naître, elle contenait la science, elle en faisait vivre les lois dans ses œuvres, sans avoir besoin de les formuler.

L'étude du langage de l'art nous instruit sur le génie. En établissant la grammaire des arts, la science ramène l'agréable au rationnel. L'harmonie des sons et des couleurs se décompose pour l'analyse en rapports intelligibles; c'est toute une science, tout un détail de théorèmes, de lois complexes, de calculs sans fin que le génie concentre dans son action spontanée. Quant aux lois de la vie, s'il les observe sans les connaître, c'est qu'il est la vie en acte. Ses sensations sont pénétrées d'intelligence, son plaisir est un instrument de précision qui calcule sans le savoir; son langage de sensations harmonieuses, en exaltant le sentiment de la vie, fait éprouver le rationnel, sentir l'intelligible. Comme la nature qu'il continue, contenant la science il la précède; dans ses œuvres, il résume tous les rapports rationnels, toutes les lois que l'analyse dégage lentement des combinaisons synthétiques et simultanées qu'il crée spontanément.

II

Ce n'est que par abstraction qu'on peut isoler les mots de l'idée qu'ils expriment, les images des sentiments qu'elles éveillent; les deux termes sont intimement unis. La pensée réfléchie constate cette correspondance et l'explique. Ici encore, le génie obéit aux lois de la logique, fait preuve d'une sagesse, d'une prévoyance, d'une justesse dans le choix des signes expressifs, que le raisonnement découvre, qu'il serait incapable d'égaler. En développant, en ouvrant pour ainsi dire le sentiment esthétique, l'analyse montre qu'il contient la plus haute raison. Dans l'art, le langage est déjà la pensée, la pensée est encore le langage. C'est la distribution de la lumière et de l'ombre qui compose un tableau; c'est le mouvement des lignes qui l'anime, l'agite, le fait vivre. Si l'expression n'est pas l'idée même, elle l'offusque et l'obscurcit. Les deux termes, en s'opposant, s'affaiblissent ou se détruisent. La sensation ne se laisse pas séparer de l'idée; les deux harmonies s'impliquent, elles n'existent qu'autant qu'elles se fondent dans l'unité d'une harmonie supérieure. En nous révélant tout ce que cette correspondance suppose d'attention, de rapprochements ingénieux, de souvenirs et d'associations, l'analyse nous montre une fois de plus dans l'œuvre d'art toute une science, présente au génie, sans qu'il la soupçonne.

Que d'expériences antérieures, que de raisonnements cachés sont résumés dans le langage pittoresque! Le sens des lignes, des formes, des couleurs dépend de deux facteurs : de leur action directe sur notre sensibilité, des idées que l'expérience peu à peu leur associe. La ligne horizontale éveille l'idée du repos, la ligne verticale l'idée de l'action. Pourquoi? D'abord, pour être perçue, la ligne verticale exige un plus grand effort (des muscles moteurs de l'œil) que la ligne horizontale, elle produit une excitation plus forte, elle devient en nous une action plus énergique [1]. En deuxième lieu, les idées que l'expérience associe à la ligne horizontale sont les idées de calme, de repos. L'animal qui veut se reposer

---

1. « Les distances verticales nous paraissent en règle générale plus grandes que les distances horizontales exactement de même dimension. » (Wundt, *Physiol. Psych.*, p. 96, t. II.) Voy. le détail des expériences : pour la distance de deux points l'illusion s'est élevée jusqu'à 1/5. Une distance verticale de 20 millimètres a été jugée égale à une distance horizontale de 25 millimètres.

se couche; l'arbre épuisé de sève ou brisé tombe; la colonne qui n'a plus la force de résister au poids qu'elle soutient s'affaisse; la plaine s'étend silencieuse, immobile; la mer calme, surface immense et sereine, semble se détendre, s'allonger jusqu'au ciel. Au repos opposez l'action, la ligne verticale domine. L'animal pour combattre se dresse; l'arbre vivant monte vers la lumière; la colonne, debout, comme un homme fort, porte son fardeau; la mer bouleversée soulève ses vagues et les lance violemment vers le ciel avec des jets d'écume. L'œil qui se meut librement dessine une courbe légèrement onduleuse (loi de Listing)[1]; la grâce de cette ligne, qu'on a définie la ligne de beauté, n'est que la grâce du mouvement par lequel nous la traçons dans l'espace.

Il en est des formes comme des lignes. Une surface convexe repousse l'œil, une surface concave l'attire. C'est que toujours les surfaces convexes semblent se recourber pour la lutte, pour la résistance, et les surfaces concaves s'ouvrir pour se laisser pénétrer. La poitrine se bombe en face de l'ennemi, dans le recueillement qui précède l'attaque; le dos se courbe pour résister au poids d'un lourd fardeau; le poing se ferme et se jette en avant dans la lutte; le pont se voûte au-dessus du fleuve. Au contraire, la main qui s'ouvre est désarmée, le vase attend l'eau qui l'emplit, la porte ouverte ne résiste pas à celui qui la franchit. Convexe, le ciel semblerait nous repousser; concave, il invite le regard, il l'appelle, et l'œil s'élance librement dans ses espaces. De là l'impression que produit le vaisseau des grandes cathédrales; perdu dans le demi-silence d'une lumière assoupie, diminué devant des hauteurs qui le forcent de baisser les yeux, l'homme éprouve un sentiment d'humilité; mais son regard suit les lignes qui se recourbent, monte avec elles, est en-

---

1. Wundt, *Physiol. Psych.*, t. II, p. 80.

traîné dans leur élan, s'empare du vaste espace qui s'offre à lui, et au sentiment de petitesse se mêle le sentiment d'une grandeur infinie [1].

Il en est des couleurs comme des lignes et des formes. Il y a des couleurs chaudes, le rouge, l'orangé, le jaune, qui excitent fortement les nerfs optiques. Le rouge chez certains animaux produit une sorte de douleur furieuse. Il y a des couleurs froides, le vert, le bleu, le violet, qui sont aux premières ce que la ligne horizontale est à la ligne verticale. Un aveugle disait que le rouge devait avoir l'éclat d'une trompette; le bleu aurait alors la douceur d'une flûte. Cette seule différence dans l'intensité de la sensation qui répond aux couleurs déjà détermine leur valeur expressive. Elles sont ardentes, vives, pâles, faibles, douces; les épithètes mêmes par lesquelles nous les désignons témoignent de leur affinité pour certains sentiments.

Mais le sens des couleurs dépend encore des objets, dont plus ou moins clairement elles éveillent l'idée. Le rouge est la couleur du sang et du feu; c'est une couleur violente, que la violence choisit naturellement pour symbole. Le rose a quelque chose de parfumé comme la fleur, dont il éveille le souvenir. Le vert fait songer à la nature, aux arbres, aux prairies. Le bleu est la couleur caressante, dont on vêtira les vierges glorieuses. Il rappelle la mer, les lacs, le ciel sans nuages, la nature heureuse, reposée, tranquille. Il fait songer à la grandeur sans violence, à la pureté dans le calme, à la tendresse des sentiments délicats.

Comme la couleur, la lumière et l'ombre ont une valeur expressive qui dépend et de leur action directe sur les sens et des idées qu'elles éveillent par association. Percevoir la lumière, c'est agir; l'ombre est une négation; pour nous, c'est l'indifférence, l'inertie. Pendant le jour, tout vit; le

---

[1]. Sur ces points, voyez Th. Fechner, *Vorschule der Æsthetik*, t. 1ᵉʳ.

soleil est la source même de la vie sur la terre. Pendant la nuit, tout se tait, tout s'arrête, tout est suspendu. Comment la lumière ne deviendrait-elle pas le symbole de la vie, l'expression de l'action énergique et puissante?

Ainsi l'analyse nous montre que chaque mot de la langue pittoresque doit son sens non seulement à la sensation directe, mais à la multitude des idées qu'il évoque obscurément. L'artiste parle cette langue couramment, varie ses formes, ses nuances, s'y crée un style qui prend de ses sentiments un caractère original et personnel. D'après tout ce que découvre la réflexion, qu'on imagine ce que concentre de travail, d'expériences, d'observations délicates la correspondance continue du sentiment et du langage pittoresques.

Nous ne pourrons sans doute jamais qu'entrevoir les éléments sans nombre qui se combinent selon des lois régulières pour donner au style d'un écrivain sa valeur expressive. La manie de trouver des raisons profondes à toutes les démarches du génie est doucement ridicule; que d'harmonies imitatives, créées par la prononciation emphatique et fausse des commentateurs! Mais les subtilités de l'admiration ne font qu'exagérer une vérité. Chaque sentiment, en se modifiant, modifie son expression. Les mouvements de la passion agitent le style, comme le calme de l'âme l'apaise et le rassérène. « On voit le tremblement, l'agitation (das Zittern, das Wanken), on voit la poitrine se soulever, ce qui est exprimé par un *crescendo;* on entend (das Lispeln und das Seufzen) comme le souffle des soupirs, ce qu'expriment les premiers violons en sourdine et une flûte à l'unisson [1]. » C'est Mozart ici qui se commente lui-même. Dans les vers d'un grand poète, que de choses découvre l'analyse!. Sans doute on ne ramène pas à des lois scientifiques les rapports de l'idée à son expression; on les discerne par une percep-

[1]. Mozart cité par Nohl. *Mosaïk*, p. 123, à propos de l'arie de Belmonte dans l'*Enlèvement au sérail.*

tion complexe qui rappelle la perception sensible et qu'on appelle par analogie le tact ou le goût. Mais tout porte à croire que, si nous savions exactement quel effet produit chaque syllabe, chaque mot, et selon quelles lois ces effets se combinent, nous trouverions qu'au rapport exact de l'expression à l'idée, qu'au rythme, au mouvement, à l'harmonie du style répond toute une science. Cette science reste instinctive, inconsciente; elle vit dans le langage du génie, dont nous éprouvons la justesse, comme il la réalise par un sentiment qui ne parvient pas à s'analyser lui-même.

La poésie, la prose même est une musique subtile, dont les éléments matériels nous échappent. Les divers mètres poétiques exercent sur nous une action mystérieuse et puissante. Transposées dans le rythme du *Don Juan* de lord Byron, dit Gœthe, mes *Elégies romaines* seraient une œuvre sacrilège! (Ganz verrückt)[1]. Ne pouvons-nous entrevoir tout ce que résume d'éléments et de rapports l'intuition du génie? Le son des voyelles éveille chez certains hommes des sensations de couleur. Pour chacun de nous, le timbre d'une voyelle a quelque chose d'expressif, un accent, une nuance de sonorité. Qu'on songe maintenant à toutes les combinaisons de ces éléments simples dans le style d'un grand poète! Chaque syllabe a son caractère, comme sa personnalité, et n'existe que par le mot qui la comprend; chaque mot a sa valeur et n'est rien par lui-même, il est inséré dans la proposition qui s'insère dans la phrase. La phrase est un tout, mais à la façon de l'organe dans le corps animé. Le style est une forme vivante où les vivants s'enveloppent à l'infini. L'art admirable d'écrire contient toute une science qui s'ignore elle-même, qui sans doute ne sera jamais faite, parce que l'effet d'une syllabe est chose trop subtile pour être exactement mesurée. Mais que de choses déjà nous sont révélées par

---

1. Gœthe, *Entretiens avec Eckermann*, cité par G. Lewes, *Vie de Gœthe*, t. II, p. 124, édit. allemande.

notre critique superficielle! Dans la langue d'un bon écrivain, il n'y a pas de synonymes, chaque mot est juste et dit ce qu'il doit dire. Dans son libre mouvement, le style suit toutes les démarches de la pensée; il est simple, vif, clair, éclatant; il se plie à toutes les ondulations du sentiment; il se précipite; se contient; s'arrête brusquement; il se brise en phrases brèves; il s'épand en un flot large et continu; il grandit, s'amplifie, se développe en une phrase puissante, dont les membres vastes s'organisent en un corps géant (V. Hugo, Ire légende des siècles).

III

Si nous considérons dans l'œuvre d'art non plus le langage, mais les idées exprimées, les résultats sont moins rigoureux; les mêmes conclusions s'imposent. Traduites en langage abstrait, les harmonies des sons et des couleurs se ramènent à des formules mathématiques en accord avec les lois de l'organisme vivant. Dans le plaisir purement sensible, que donne le langage de l'art, ce que l'intelligence retrouve, c'est elle-même, ce sont ses propres lois. Bien plus encore se retrouve-t-elle, quand elle se cherche non plus dans les mots, mais dans les idées qu'ils expriment. L'art est plus qu'une arabesque de lignes capricieuses, il est plus qu'une vague musique de sons ou de couleurs; s'il parle, c'est pour dire quelque chose. Il propose ses œuvres à l'intelligence qui les juge d'après ses lois et ses exigences. La pensée n'est pas absente de l'œuvre d'art, elle est tout entière dans l'émotion féconde qui la crée. Sans doute la beauté se reconnaît à l'amour qu'elle inspire; on ne la prouve pas, on l'éprouve, elle est un sentiment avant d'être une idée. Mais, comme la sensation, le sentiment s'analyse, et ce qu'on découvre en le développant c'est encore l'esprit et ses lois.

Si grande que soit la liberté du génie, si indépendant qu'il soit de toutes les règles, il a sa logique, logique mobile, vivante, complexe, qui ne doit pas paraître, mais où l'esprit retrouve ses lois par l'analyse. C'est surtout devant l'œuvre manquée que l'impatience et l'irritation éveillent l'attention, aiguisent le jugement et font entrevoir les lois inviolables de toute beauté. A l'art répond la critique qui cherche les raisons du plaisir, qui l'explique, qui le justifie. La critique est science et art, elle suppose avant tout l'amour du beau; le raisonnement ne peut venir qu'après le plaisir. Elle exige le tact, le goût, un sens délicat, une sympathie éclairée, une sorte d'affinité avec le génie; et sur tout cela l'habitude de s'arrêter à ses émotions, d'insister sur elles et en vivant de se regarder vivre. Elle est un art, mais un art qui se mêle d'analyse, l'art de découvrir les lois qui président à la création de la beauté, de mettre en lumière les principes réguliers, rationnels, que dissimule l'harmonie vivante.

La pensée de l'artiste ne doit que développer son émotion première. Ses idées doivent se multiplier comme l'être vivant grandit; elles doivent s'appeler, se répondre, toutes retentir à la fois en un accord puissant. La monotonie nous laisse dans l'inaction, c'est l'ennui; la diversité sans l'ordre nous disperse. Il n'y a de vraie richesse que l'harmonie, qui dans une même pensée nous donne la multitude des idées qu'elle concentre. Cette harmonie n'est possible que par le respect des lois de la composition, lois rationnelles, dont on peut rendre compte, parce qu'elles répondent aux exigences de la pensée que la réflexion révèle. En art, l'absurde est d'abord une souffrance. Si un monument est composé de plusieurs parties, dont les lignes et les formes se contrarient, l'esprit en est averti par une angoisse, mais il peut justifier le sentiment qu'il éprouve. Deux images se forment, à ces images répondent des idées qui s'opposent, ce désordre est un conflit qui le divise et l'amoindrit. A Leipzig, un architecte qui fait école suppléc à l'originalité par le mélange de tous les styles. Chaque style à un sens, éveille par association certaines idées ; c'est la confusion des langues. Devant ces monstres de l'architecture, il semble qu'on regarde l'esprit d'un fou, et l'on se détourne avec inquiétude. L'art, c'est la vie, ses formes sont des formes vivantes, dont tous les organes conçus simultanément se supposent ; il est aussi absurde de les mêler au hasard que de supposer la tête d'un lion sur le corps d'un bœuf. Un tableau doit être entendu sans commentaires. Il faut que les éclats de la lumière, les silences de l'ombre, les jeux des lignes et des formes, les harmonies de la couleur, dans le langage seul déjà fassent pressentir la pensée. Il faut que tous les mouvements, tous les gestes, toutes les attitudes du corps, toutes les expressions des visages, chaque personnage par son action individuelle et tous les personnages par leur groupement, compris dans une même idée, n'ayant vie que par elle, la crient à la fois. On peut formuler sur la composition quelques règles logiques, assez générales sans doute et dont les hommes de génie trouveront des applications nouvelles, mais qui jamais ne seront violées impunément. L'art du critique consiste à suivre dans leurs transformations par le génie individuel ces lois régulières, à développer par l'analyse tout ce que peut concentrer de pensée une œuvre pittoresque qu'on saisit d'un regard.

Mais c'est dans l'art où la pensée s'exprime avec le plus de précision, dans la poésie, surtout dans la poésie dramatique, qu'il est facile de constater les lois rationnelles de l'harmonie vivante. Tout drame a sa logique ; les règles peuvent se dissimuler, le génie peut s'en jouer, l'œuvre n'est belle que si on ne les soupçonne pas ; mais la réflexion les retrouve. L'unité de temps, l'unité de lieu sont des unités extérieures ; elles ne sont pas nécessaires à l'accord de tous les membres du drame entre eux. Elles ne sont pas des

principes. Elles ne sont à leur place que quand elles sont
des conséquences, que quand elles expriment le mouvement,
la rapidité de l'action qui se précipite. Mais l'unité d'action
et l'unité de caractère s'imposent. Quiconque s'y soustrait
est condamné. Ne pas respecter ces principes, rapprocher
des événements ou des sentiments qui se juxtaposent sans
se combiner, c'est éveiller dans le spectateur des discussions
et des troubles, c'est susciter en lui des idées qui s'opposent,
c'est blesser le sentiment en révoltant l'intelligence. Le plus
souvent au théâtre le jugement d'abord ne se formule pas ;
il est un plaisir, une douleur, une colère intellectuelle. Mais,
si la réflexion insiste sur le sentiment, elle en découvre les
causes dans le manque d'unité ou de variété, dans la monotonie d'une scène qui se répète sans cesse, dans le désordre
d'une action informe, dans l'invraisemblance d'un caractère
qui comprend des éléments inconciliables ou tout à coup
sans raison se transforme et se contredit.

Si variées qu'elles soient, les discussions de la critique se
ramènent à ces principes très simples et à quelques lois qui
en sont les corollaires. Elle montre que toutes les exigences
de l'esprit sont observées ou que quelques-unes d'entre elles
sont violées. Un drame est un problème vivant. Les données
posées, par leur propre mouvement, marchent vers la solution. La critique transforme le sentiment naïf en jugements
réfléchis ; elle ramène l'émotion à un ordre rationnel, comme
la science la sensation agréable à des rapports intelligibles.
Pourquoi le rôle de l'infante dans le *Cid* est-il insupportable? Pourquoi la pièce d'*Horace* est-elle mal faite? Pourquoi la première partie du *Faust* de Gœthe laisse-t-elle,
quand on la voit représentée (on la joue quelquefois en
Allemagne), une impression de mécontentement, de fatigue
et d'angoisse? Dans le premier *Faust* (comme on dit), il y
a deux drames : le drame intellectuel du vieux philosophe,
qui a oublié de vivre, drame intérieur, tout en monologues,

poignant, mais sans action visible; puis tout à coup éclate le drame mouvant, agité, plein de larmes de la chute et de la mort de Marguerite. Faust a disparu; il est quelque part, on ne sait où, pendant que se succèdent les tableaux effrayants qui toujours ramènent le supplice de Marguerite, ses crimes involontaires, ses douleurs, ses remords, sa folie. Nous avons oublié le vieux philosophe, ses curiosités, ses ardeurs, ses ambitions infinies. Toute la pitié est pour Marguerite, un enfant, rien qu'un enfant, qui ne demande pas le ciel et la terre, et « de se baigner dans les clairs de lune », qui ne demande que l'amour auquel elle a tout sacrifié, et qui souffre sans consolation et qui pleure sans raisonner ses larmes. L'œuvre admirable de Gœthe, le symbolisme grandiose que la réflexion y découvre, l'étrange voyage de l'âme à la poursuite d'un bien qu'elle poursuit d'illusions en illusions jusqu'à ce qu'elle songe à le chercher en elle-même, tout est oublié ; il reste deux actions sans suite, deux impressions contradictoires, d'autant plus douloureuses qu'elles sont plus fortes et que leur choc est plus brutal. Faust n'est pas un drame, la seconde partie de l'œuvre est supposée par la première, deux conclusions criantes, auxquelles on arrive aujourd'hui en Allemagne après des volumes de commentaires.

C'est surtout quand elle s'applique à un génie comme celui de Shakespeare que la critique est instructive. Shakespeare semble braver toutes les lois, se jouer de toutes les règles. Génie original, naïf, il continue la nature, il imagine comme l'arbre pousse, il crée par l'effusion de la sève qui monte et déborde. Son œuvre merveilleuse, grossière et grandiose, où tout se réfléchit, le mal comme le bien, devient une nature dans la nature, l'objet de toute une science. On l'étudie sans cesse, et sans cesse on y découvre quelque chose de nouveau. Les volumes s'ajoutent aux volumes, il y en a plus que de vers dans tous les drames du poète ; on en fera encore. Si l'on réunissait seulement les réflexions et les commentaires, qu'a provoqués *Hamlet*, si l'on énumérait toutes les bonnes raisons que les critiques ont trouvées pour justifier tous les détails de l'œuvre, on serait épouvanté du nombre de réflexions profondes que Shakespeare a faites sans le savoir, de tout ce qu'il y avait d'intelligence, de logique, de vérité, de divination scientifique, dans la naïveté de ce génie qui s'épandait librement.

On trouve assez ridicule aujourd'hui de commenter une tragédie, d'expliquer par le détail pourquoi elle est belle. On se demande si le sentiment gagne beaucoup à ces analyses. On remarque avec raison que le critique est plus ingénieux que l'artiste, qu'il pense à bien des choses auxquelles celui-ci n'a jamais pensé. On cherche dans la vie de l'auteur, dans son tempérament, dans sa famille, dans le milieu historique où il a vécu, les éléments et les raisons de son œuvre. Quelques-uns ne voient dans un chef-d'œuvre qu'une occasion d'exercer leur subtilité philologique. Certes il y a bien de la naïveté dans les admirations qui ne sont jamais lasses de raisonner. L'ancienne critique rappelle parfois, il faut l'avouer, la candeur des « causes-finaliers » de l'école de Candide. Et cependant, maniée par un homme d'esprit, cette critique, dont il ne faut pas trop médire, est bien intéressante. Elle ne nous apprend pas comment l'œuvre a été produite, elle nous apprend toutes les bonnes raisons que l'on peut trouver pour justifier le travail du génie. Elle ne nous dit pas comment l'auteur a pensé, elle nous dit tout ce à quoi il aurait dû penser s'il avait créé son œuvre, comme le critique la juge. Si la raison peut se retrouver sous tant de formes dans un poème dramatique, c'est qu'elle n'en est pas absente. Les subtilités qu'il autorise, les raffinements qu'il ne contredit pas, montrent tout ce qui se concentrait de logique dans la création spontanée du génie poétique.

Dans la science, qui semble l'œuvre de la pensée réfléchie, nous avons trouvé l'action synthétique du génie spontané. C'est lui qui organise les idées qui pénètrent en nous ; c'est lui qui, les ramenant à l'unité, découvre leurs rapports, lui qui explique et les grandes découvertes et le mouvement général de l'esprit vers la vérité. Dans l'œuvre d'art, libre création du génie, s'éprenant de lui-même et de ses lois, vit toute une science qu'on ne soupçonne pas, mais que l'analyse découvre sans pouvoir toujours en déterminer les formules. L'intelligence se retrouve dans les sensations et dans leurs combinaisons harmonieuses, dans le concert d'idées qu'exprime ce langage d'images, dans l'unité supérieure qui naît de la pénétration réciproque du signe et de la pensée qu'il manifeste. Ainsi se confirme par l'analyse de l'œuvre d'art la parenté de la nature et de l'esprit, du sentiment et de la réflexion, l'unité des lois de la vie et de l'intelligence.

Mais l'art reste inintelligible, tant qu'on se borne à regarder ses œuvres du dehors. La réflexion pour les étudier les décompose et les tue. Une juxtaposition d'éléments n'est pas une unité vivante. L'œuvre la plus belle n'est pas l'œuvre la plus facile à louer. En présence d'un tableau médiocre, on voit tout ce qui mérite l'éloge. Il semble que l'œuvre faite avec réflexion soit tout entière accessible à la réflexion. Devant l'œuvre du génie comme devant l'œuvre vivante, nous sommes troublés. Nous ne pouvons exprimer toute notre jouissance. Quand nous avons fini de parler, de raisonner, nous nous apercevons que nous n'avons rien dit, qu'il ne manque à notre analyse que le charme même qui fait la beauté. La beauté, c'est l'ineffable. Un mot vient aux lèvres, mot créé par les artistes pour parler de l'art, le *je ne sais quoi*. Tant qu'on reste dans la logique, tant qu'on essaye de construire le beau comme on le critique, on fait de la science, de la synthèse chimique, on ne fait pas de l'art.

La critique est à l'art ce que la science est à la nature :

elle le suppose, elle ne le crée pas. Toutes les poétiques n'ont jamais fait un poète, c'est une banalité. Le vrai poète brave les règles, croit s'en passer quand il ne fait qu'en trouver une application nouvelle.

Comment le raisonnement donnerait-il l'unité? Par définition, il se décompose en propositions successives. Il n'est jamais fini, jamais fermé, jamais un tout : Kant prétend que, si nous allons à Dieu, c'est par cette loi même qui nous pousse à chercher au raisonnement un principe qui n'ait plus besoin d'être prouvé. L'œuvre d'art qui raisonne n'est pas un tout. Elle est prétentieuse et doctorale, elle pose des problèmes qu'elle ne résout pas; elle nous ennuie comme une vieille coquette qui veut remplacer le charme involontaire de la beauté par des minauderies savantes.

Le génie dans son libre jeu pose des lois que souvent il ignore. Avec la même insouciance, il leur crée des exceptions, au risque de désespérer les raisonneurs. La régularité est sacrifiée à la vie, la logique à l'effet. Les lignes des monuments de la Grèce ne sont pas d'une rectitude géométrique. Baccio Bandinelli disait au duc Cosme : « Les anciens n'entendaient rien à l'anatomie, et leurs œuvres sont pleines de fautes. » J'ai entendu des médecins discuter gravement la grave question de savoir si la Vénus de Milo n'avait pas une luxation de la hanche. La Madone de Saint-Sixte a les yeux trop grands et trop écartés l'un de l'autre. Dans la pupille largement dilatée de l'enfant qu'elle tient dans ses bras, un médecin ne voyait qu'un symptôme pathologique [1]. Dans la *Transfiguration*, le bas et le haut du tableau sont pris d'une perspective différente. Dans leur correspondance Gœthe et Schiller s'entretiennent longuement de ce que devrait être une épopée moderne, ils essayent des plans, ils imaginent des règles, ils posent des lois. *Hermann et Do-*

---

1. Th. Fechner, *Vorschule der Æsthetik*.

rothée achevé, ils avouent que l'œuvre dément toutes leurs théories.

La pensée réfléchie se retrouve et ses lois dans l'œuvre d'art, mais elle est incapable de la créer : telle est la double conclusion qui s'impose. Dans l'art, la science n'est pas réfléchie, mais instinctive. Pour le génie, la loi ne se distingue pas de la liberté. Si la science est présente à son œuvre, ce n'est pas qu'il l'y mette du dehors, c'est qu'elle est comprise en lui, c'est qu'il est cette science vivante et se réalisant elle-même. Le musicien ne compte pas les vibrations des sons; il ignore les rapports numériques que suppose l'harmonie. De longs calculs se résument pour lui en un plaisir immédiatement senti. Rubens a appliqué la loi des couleurs complémentaires avant qu'elle fût formulée : il lui a suffi de peindre sa sensation.

Nous sommes ainsi ramenés à l'activité synthétique et spontanée qui concentre tout ce que l'analyse développe et morcelle. Le génie, c'est l'unité de l'esprit vivant, c'est le concours de tous ses pouvoirs en un même acte. Les lois de l'intelligence sont en lui des tendances qui se réalisent sous l'impulsion du désir; elles ne président pas à son action, elles y sont vivantes. Dans la beauté, le *Verbe* se fait chair. Si dans la science il y a quelque chose de l'art, si dans l'art il y a toute une science, c'est que l'art et la science expriment la vie. Si le génie ne peut être suppléé par la réflexion, s'il est au delà de l'analyse et de la conscience, c'est qu'il est l'esprit vivant toute sa vie à la fois, agissant sans décomposer son action. L'inspiration, cet état de fièvre bienfaisante, où tout semble se faire de soi-même, c'est le concert de tous les phénomènes internes, c'est la vie heureuse, complète, où dans le libre jeu des facultés tout conspire, l'imagination et l'entendement, les lois rationnelles et les exigences de la sensibilité. Volontiers nous imaginons la loi comme étrangère à l'activité qu'elle contraint; c'est que nous comprenons des éléments multiples qui se contrarient et s'opposent. L'art, c'est la vie; mais dans l'art la vie n'est plus une lutte, un effort, un conflit. Le génie est le succès de la nature; sans violence, par une sorte de grâce persuasive, il concilie les éléments contraires, les images et les idées, le plaisir sensible et le contentement intellectuel, ce qui nous plaît et ce qui nous élève, ce qui nous tente et ce qui nous convainc. Le génie, c'est l'esprit atteignant son apogée au moment où il dépasse la réflexion et redevient nature. Le beau, c'est la création d'un monde, où la chose même semble penser, devient esprit; c'est le sensible devenu rationnel, c'est la science devenue sentiment, c'est le pressentiment et comme la vision de la réalité véritable dans l'apparence qui ne semblait pouvoir que la dissimuler.

CHAPITRE VIII

CONCLUSION

CHAPITRE VIII

CONCLUSION

I. — Résumé. — Rôle de la spontanéité vivante dans l'œuvre de l'intelligence. — La pensée continue la vie; son effort est l'effort vers l'être, donc vers l'harmonie. — Dans le monde réel, opposition de la pensée et de son objet. — L'image est une matière spirituelle qui ne résiste plus à l'esprit. — Conception spontanée et harmonieuse de l'artiste. — Rapport de l'image au mouvement. — Union intime de la conception et de l'exécution. — Inspiration, accord de toutes les puissances intérieures. — Unité de l'inconscient et de la conscience.

II. — Le génie ne rompt pas la continuité des choses. — Il est la vie même, l'accord spontané de tous les phénomènes intimes, sentiments, images, idées, mouvements. — Solution des contradictions apparentes qu'on oppose à l'intelligence du génie. — La nature et la volonté. — Le génie ne raisonne pas, et il est la raison. — L'originalité et la manière. — Influence du milieu et individualité de l'artiste. — Le génie est libre et se justifie par cela seul qu'il existe.

III. — Du sentiment esthétique. — L'étude du génie montre dans la nature de l'âme la raison de son amour de la beauté. — Nous aimons la beauté comme nous aimons la vie. — L'art nous donne ce que la réalité nous refuse : un monde, qui fait de l'esprit, répond à toutes ses lois. — La contemplation de l'œuvre d'art nous met dans un état analogue à celui de l'artiste qui la créait, donc accorde toutes nos puissances. — L'art est un paradis momentané. — Activité que suppose le plaisir esthétique; jouir de l'œuvre, c'est la recréer. — Le plaisir esthétique se distingue des autres plaisirs. — Il identifie la sensibilité et l'intelligence. — Il est désintéressé; pourquoi? — Sérénité. — Caractère religieux.

IV. — Que savons-nous du beau par l'étude du génie? — Théories idéalistes, impossibilité de définir le beau par l'idée. — La théorie des idées n'arrive pas à se constituer. — Les faits la contredisent. — L'art n'est pas plus l'imitation de la nature. — Preuves. — Le réalisme n'est pas dangereux, parce qu'il est impossible. — Le beau n'étant ni dans les idées, ni dans l'imitation servile, ni dans la nature, ni hors de la nature, il reste qu'il soit dans l'esprit. — *Ars homo additus naturæ*. — Le beau se définit par la vie, répugne comme elle aux définitions exclusives. — Le génie fait la beauté avec la laideur même. — Ce n'est pas à dire que la beauté soit purement formelle. — Le beau se définit par l'unité d'une émotion vivifiante qui fait parler et penser les choses. — Le choix de l'idée a son importance, c'est elle qui organise le corps d'images. — Le beau a donc ses degrés comme la vie. — Il dépend de la puissance du sentiment, de ce qu'il est capable d'organiser d'éléments intérieurs. — Au plus haut degré est le sentiment religieux, qui cherche l'harmonie totale.

V. — L'étude du génie ne jette-t-elle pas quelque lumière sur la nature de l'homme et sur ses destinées? — Absurdité d'opposer la réflexion au sentiment. — Abus de la réflexion. — Dilettantisme. — Vie spéculative. — Les exagérés du sentiment. — Le sentimentalisme, par l'abandon aux passions, supprime le plus élevé de nos sentiments, l'amour de l'ordre, qui répond au plus profond de nos instincts, l'amour de la vie. — Le sentiment ne doit pas plus être opposé à la pensée dans la vie morale que dans l'art.

VI. — Le génie ne semble pouvoir rien nous apprendre sur la beauté hors de nous. — Réfléchir sur soi, c'est approfondir ce qui est. — La nature et la pensée sont réconciliées dans le génie. — L'esprit, c'est encore la nature, mais se voyant elle-même. — L'art rapproche aussi le sujet et l'objet, la matière et la pensée. — La beauté, c'est l'unité des sens et de la raison, du sujet et de l'objet. — L'étude du génie semble nous inviter à voir dans l'univers l'acte d'une pensée dont nous sommes là conscience et dont la loi est l'effort vers la beauté. — Objections. — L'harmonie n'est pas principe, mais conséquence. — Méthode analytique. — L'analyse ne peut que dissoudre un tout donné; par définition, elle est stérile. — Impossibilité de supprimer de l'esprit l'idée du bien. — La nature et le génie.

I

La conscience se joue à la surface de l'esprit ; le plus souvent, elle ne peut que constater les résultats d'un travail obscur qui se fait en dehors d'elle. Elle ne sait rien des agitations profondes, des efforts latents, de tout ce qui précède et prépare le phénomène qu'elle éclaire. Que de fois nos idées nous surprennent! Nous ne savons pas tout ce que nous sommes, nous ne voulons pas tout ce qui se fait en nous. La conscience n'est pas toute la pensée. Le travail réfléchi lui-même est soumis à des principes instinctifs qui lui marquent sa direction. On peut dire de la vie de l'esprit ce qu'on a dit de la vie du corps : elle est une perpétuelle création. Pourquoi s'en étonner? Les deux termes sont identiques, ce n'est que l'opposition des moyens par lesquels nous les connaissons qui les opposent. N'est-ce pas le libre mouvement de la vie qui concentre en une sensation les innombrables vibrations de l'air ou de l'éther, qui des sensations compose l'objet, et des objets répandus dans l'espace le tableau ordonné et mouvant de l'univers visible? Le progrès de la science, c'est l'évolution progressive de la vie spirituelle. Des individus aux genres, des genres aux lois, des lois particulières aux lois générales, de celles-ci aux théories qui coordonnent les phénomènes dans l'unité d'une hypothèse simple et féconde, ce que l'esprit poursuit, c'est l'existence. Les savants ont raison : du point de vue de l'espace et du temps auquel ils se placent, je ne vois rien à leur contester. Les lois intellectuelles sont les lois biologiques. Elles ne sont pas seulement des principes abstraits, indifférents, elles sont des mouvements et des tendances, elles expriment l'effort vers l'être. La conscience les éclaire, elle ne les crée pas.

Le travail inconscient, que nous ne connaissons que par ses résultats, comme le travail volontaire et réfléchi, dont nous prenons l'initiative, nous révèle une même tendance vers l'harmonie. C'est que cette tendance n'est que le désir primitif de vivre. L'harmonie organise la pensée ; c'est la vie que nous cherchons en la poursuivant. Nous voulons être, et nous ne pouvons être que par elle. L'esprit n'est pas plus distinct de ses idées que le corps de ses éléments, tant qu'elles ne s'accordent pas, il est divisé. Leurs contradictions le déchirent, leur anarchie le dissout. Comme il existe par leur unité, il existe d'autant plus que leur accord est plus parfait. Si elles se dispersaient en une succession sans suite, au lieu de s'ordonner en un tout organique, il cesserait d'être, et il n'obtiendrait la plénitude de l'être que si, tout étant intelligible, il saisissait toutes choses en accord entre elles et lui-même en accord avec toutes les choses. Ne se distinguant pas de ses idées, l'esprit ne se distingue pas du monde; pour se faire lui-même, il faut qu'il le crée, qu'il l'organise, qu'il le soumette à ses lois. L'effort pour mettre l'ordre dans les choses, c'est une forme de la lutte pour l'existence. Le désordre est une souffrance, une blessure; c'est l'être diminué, la conscience affaiblie. De là les théories de la science, les systèmes de la philosophie ; de là nos révoltes contre l'inintelligible, nos négations de l'absurde qui s'impose, notre optimisme entêté, les tentatives toujours renouvelées de redresser l'univers par des hypothèses métaphysiques et religieuses.

Le monde résiste à la pensée; il brave la science par l'inconnu, la morale par le mal. La foi de l'esprit en lui-même est un acte de volonté. Il faut un effort pour faire de l'intelligible la seule réalité; il faut un effort douloureux pour confirmer cette croyance par ses actes, pour se convaincre de plus en plus de cette suprématie de la raison et du bien, en la réalisant en soi-même. L'ordre logique et l'ordre physique, malgré leur apparente indifférence, ont-ils leur raison dernière dans l'ordre moral? L'instinct nous porte à le croire, le doute est toujours possible. L'univers, tel qu'il nous apparaît, avec ses contradictions et ses obscurités, ne satisfait pas pleinement aux lois de l'esprit. Le bien et le mal, l'ordre et le désordre s'y mêlent étrangement. Pour créer et maintenir l'harmonie qui est notre âme même, nous sommes condamnés à rectifier le cours des choses par un effort constant et à faire rentrer violemment le mal dans le bien, l'inconnu dans l'intelligible. Mais la pensée ne trouve-t-elle pas enfin une matière docile qui ne se distingue pas d'elle et qu'elle pénètre tout entière? n'a-t-elle pas ainsi un monde qui est tout à elle, parce qu'elle l'a créé d'elle-même?

L'objet ne nous est connu que par la sensation; mais la sensation ne disparaît pas, elle est désormais un élément de notre vie intérieure; elle peut renaître; ainsi s'accumulent en nous des images qui, étant quelque chose de l'esprit, suivent tous ses mouvements, n'ont d'autres lois que les siennes et peuvent par leurs combinaisons créer un monde tout spirituel. Ce monde, où, la matière même étant spirituelle, l'esprit est tout, c'est le monde de l'art; cette toute-puissance de la pensée, qui se manifeste librement et s'exprime tout entière, c'est le génie. Plus encore que dans la science nous trouvons dans l'art et la puissance inconsciente et créatrice et le désir vivant de l'harmonie qui préside à toutes ses démarches.

Que le sujet soit librement choisi ou imposé, que l'artiste soit peintre, musicien ou poète, après des efforts infructueux, des hésitations, des défaillances, l'idée maîtresse apparaît à la pensée tout à coup, comme par un hasard heureux : c'est une attitude qui se dessine encore vague; c'est l'écho lointain d'un chant qui s'approche. L'artiste concentre sa volonté, il veut saisir cette forme incertaine, s'emparer de cette réalité qui n'est pas encore; il réfléchit, il évoque ses souvenirs, il raisonne; efforts en apparence impuissants! Mais de proche en proche l'impulsion de la volonté se transmet et se propage, les profondeurs inconscientes de l'esprit s'agitent; l'idée maîtresse y pénètre, comme le germe s'y enrichit, s'y nourrit et s'y transforme; à son appel, selon les lois de la vie, toutes les idées qui la complètent et l'achèvent comme attirées dans son attraction se combinent, s'organisent, et toutes ensemble remontent, coordonnées dans l'unité d'une œuvre vivante, vers les hauteurs superficielles de la conscience, qui s'étonne et jouit d'une beauté qu'elle n'a pas faite.

L'œuvre est conçue, elle vit dans l'esprit; mais comment s'en échappera-t-elle? Du mouvement réflexe à l'idée la plus abstraite (qui suppose le langage au moins intérieur), tout phénomène vital est double, unit les deux moments de l'excitation et de la réaction. A vrai dire, l'analyse seule distingue la conception de l'exécution; les deux moments du génie sont intimement unis. Pas un sentiment qui ne tende à s'exprimer, qui plus ou moins, par un jeu de physionomie, par un geste, par une attitude, ne s'exprime ; pas une image qui ne veuille devenir mouvement, se réaliser elle-même. Ensemble de sentiments et d'images, l'œuvre d'art dont tous les éléments coordonnés se concentrent en une unité puissante est en nous vraiment vivante. Elle s'agite, elle cherche une issue, et l'esprit ne peut trouver le repos qu'en s'en délivrant. Mais ici encore la volonté consciente ne peut que donner l'impulsion. La pensée réfléchie hésite, sent son impuissance, désespère de traduire jamais tout ce qu'elle aperçoit plus ou moins confusément en elle. Peu à peu, l'inspiration émeut et adapte toutes les puissances intérieures ; le mouvement de la vie suit librement son cours, et par une sorte d'instinct, qu'ont préparé la nature et l'habitude, la pensée se transforme en tous les mouvements nécessaires à son expression. Dans l'œuvre d'art, la pensée réfléchie ne se distingue pas de la pensée spontanée, ni l'esprit de la vie. La conscience donne une impulsion qui se poursuit sans elle. L'inconscient travaille pour la conscience, et à tous les moments les deux ordres de phénomènes sont tellement impliqués qu'il est impossible de marquer leurs limites et que l'identité de leur nature se révèle par la continuité d'un effort qui ne s'interrompt pas.

Le génie n'est donc pas un miracle divinement absurde, le délire sacré de quelques prophètes en qui descend l'esprit d'en haut. Le génie n'est pas hors de nous, il est nous-mêmes. Il est la vie, la tendance primitive, le désir incessant, qui imprime l'élan à notre activité ; il est le besoin impérieux de l'ordre, l'instinct vital auquel se ramènent toutes les lois, tous les procédés de l'intelligence. Il crée le monde visible où, dans la magnificence de l'ordre physique, déjà l'âme naïve pressent l'ordre intelligible ; par les catégories de l'entendement, par les hypothèses de la science, il crée cet ordre intelligible en le découvrant ; pour soutenir l'esprit, que découragent les violences et les sottises imperturbables des choses, il crée l'ordre moral, devient l'espérance et la foi ;

et, quand il trouve dans l'image une matière spirituelle, docile à ses lois, il crée un monde tout à lui, où il s'exprime tout entier et où il s'apaise et se réconforte dans la contemplation sereine, dans la jouissance toute pure de la beauté née de l'amour qu'elle inspire.

II

Nous ne nous sommes pas contentés de célébrer le génie en phrases poétiques. Nous avons résisté à l'éblouissement qui semble troubler la réflexion dès qu'elle se tourne vers lui. En l'étudiant dans ses origines et dans ses éléments, nous avons montré qu'il ne rompt pas la continuité des phénomènes spirituels. Il n'est pas hors la nature, suspendu dans le vide par un miracle capricieux; il est un sommet, soutenu par tout ce qui élève peu à peu vers lui. Le rapport du sentiment à l'image et de l'image au mouvement, voilà son humble origine. Les lois de la vie, présentes aux lois de l'intelligence (qui n'en sont qu'une forme plus haute), la complexité croissante de l'harmonie que composent ces lois par leur libre jeu, voilà le principe du mouvement qui élève de l'instinct immobile et limité de l'animal très humble à l'instinct libre, mobile, indéfini de l'artiste et du poète. On monte vers le génie comme on s'élève de l'animal rudimentaire à l'homme, par l'évolution progressive d'une puissance plastique. Nous sommes dupes de nos propres analyses. On distingue divers ordres de phénomènes internes, on les oppose en les classant; parfois même, on les rattache à des facultés différentes. On oublie qu'ils sont compris dans l'unité d'une même vie, que la vie est leur concours même. Le génie ne s'entend que par un accord spontané de tous les phénomènes internes, sentiments, images, idées, mouvements. Du point de vue physiologique, il est un mécanisme admirable. Loin d'être une névrose, il est la santé de l'esprit, son retour à la nature ; il mêle à la sûreté de l'instinct l'instabilité féconde de la pensée réfléchie. L'inspiration, c'est l'état heureux où l'artiste jouit du concert de toutes ses forces. Le sentiment, l'intelligence et la volonté s'enveloppent ; les images et les idées, suggérées par les émotions, s'organisent, puis s'écoulent en une suite de mouvements qui leur répond et les traduit ; il n'y a plus de phénomènes distincts, tous se fondent dans l'unité de la vie qui les concentre.

Ayant fait rentrer le génie dans la continuité des choses, nous ne sommes plus surpris, déconcertés par son existence. Ayant rattaché l'intelligence à la vie, nous comprenons qu'il tienne des deux, qu'il nous fasse passer de l'une à l'autre, qu'il soit leur unité même. Pour la pensée réfléchie, comprendre, c'est analyser, c'est chercher la raison du tout dans ses éléments et dans leurs rapports. Le génie ne s'entend que par une action synthétique, où l'idée du tout détermine les actes nécessaires à le réaliser. Il s'oppose à la réflexion comme la nature à la science, comme l'instinct à la volonté, ou plutôt il comprend la science et la volonté, mais dans l'unité d'une action vivante, qui ne décompose pas ses divers moments. Dès lors, nous sommes en état de résoudre les contradictions apparentes qu'on oppose à l'intelligence du génie.

Le génie précède le travail ; il est une sorte de fatalité organique, le mécanisme prédisposé d'un instinct ; il agit dans l'inspiration, il crée d'enthousiasme. Le génie est une longue patience ; il n'existe que par l'effort continu, que par un travail absorbant, exclusif, poussé parfois jusqu'à l'oubli de vivre. Contradiction apparente ! D'abord l'instinct est une pente naturelle qui entraîne l'action et la dirige. Surtout sensible aux formes et aux couleurs, le peintre a dans l'esprit un langage d'images qui le prédispose aux idées et aux sentiments qu'elles peuvent traduire. Les aptitudes d'une main adroite, que les images visuelles agitent d'un frémissement qui déjà les ébauche, achèvent d'incliner sa volonté. C'est ainsi que les sensations de l'abeille et leur correspondance aux mouvements qu'elles sollicitent décident de la destinée de l'abeille. Mais l'instinct de l'artiste n'est pas enfermé dans quelques sensations exclusives auxquelles répondent certains mouvements toujours les mêmes. C'est un instinct mobile, vivant, qui n'est jamais achevé et qui sans cesse crée de nouvelles formes d'action; c'est une force plastique qui sans cesse combine de nouveaux groupes d'images auxquels répondent de nouveaux groupes de mouvements. L'instinct de l'artiste n'est pas figé dans une structure organique arrêtée pour jamais; il n'est qu'indiqué, il garde toujours quelque chose de provisoire, de momentané; toujours il a besoin du travail. Il en a besoin sinon pour naître, du moins pour se développer, pour s'achever; il en a besoin, à chaque œuvre nouvelle, pour préparer le libre mouvement de la vie, pour se transformer lui-même. Oui, le génie est une longue patience. Par le travail, il précise, il fixe les aptitudes, qu'il tient de l'hérédité ou d'un hasard heureux; par les études de la jeunesse, il assouplit l'organisme spirituel, il lui donne la plasticité d'un moule mobile qui multiplie les formes vivantes; il prépare l'instrument merveilleux qui, à toutes les secousses de l'esprit ému, répond par un mouvement approprié, par un signe expressif. Mais le travail prépare l'inspiration, il n'y supplée pas. Le musicien étudie l'harmonie, la composition, les œuvres des maîtres, afin de pouvoir n'y plus songer, afin de faire vivre en lui des habitudes qui, l'heure venue, le dispensent de réfléchir. De même les longs efforts, le travail pénible, les méditations laborieuses, toutes les angoisses de l'artiste n'ont de sens et de valeur que par ces intervalles d'inspiration, de vie libre, heureuse, où tout semble se faire de soi-même, et l'œuvre apparaître dans l'esprit pour en rayonner au dehors.

Le génie ne raisonne pas ce qu'il fait; il ne mesure pas sa

route, il l'ouvre devant lui ; l'audace inconsciente et naïve est sa loi ; son œuvre est un jeu dont l'effort détruirait le charme. Il y a plus d'art dans la fantaisie d'un enfant que dans les longs et lourds poèmes d'un versificateur savant. Le génie est la raison même, il suppose le goût, il contient la science, et ses œuvres sont justifiées par la pensée réfléchie qui les analyse. Ici encore, tout le monde a raison. Les règles sont pour l'art, l'art n'est pas pour les règles. La science de la perspective et la théorie des couleurs ne font pas un génie pittoresque. Il ne manque pas d'œuvres exécutées froidement selon tous les procédés de la technique. Si l'œuvre est d'un très habile homme, on observe avec un certain plaisir intellectuel ce qu'a voulu l'auteur, ce qu'il a fait, comment il l'a fait ; on s'amuse un instant à découvrir les excellentes raisons qu'il se donnait à lui-même. L'œuvre est un problème savamment résolu ; ce que surtout elle démontre, c'est que le génie n'est pas cette froide habileté, c'est que l'art n'est pas la science, c'est que le jeu n'est pas ce pénible effort, c'est que le sourire de la beauté n'a rien à voir avec cette contraction laborieuse et grimaçante.

Est-ce à dire que l'art ne soit qu'un jeu capricieux et sans règles ? Nous ne voudrions laisser à personne le soin de défendre contre nous la raison. L'ignorance va bien avec la vanité qui se console de son impuissance par l'incorrection. Tout art est une langue, dont il faut connaître la grammaire. Dans un grand artiste, il y a un artisan modeste qui sait son métier. A la technique répond une habileté qui doit être acquise, une science dont les lois le plus souvent peuvent être déterminées, toujours doivent être suivies. La juridiction de la raison n'est pas limitée au langage de sensations, aux signes expressifs par lesquels se manifeste l'esprit. La raison prononce sur la composition de l'œuvre, sur le groupement des personnages dans un tableau, sur l'unité des phrases mélodiques dans une symphonie, sur la suite des pensées dans un poème, sur l'unité de l'action et des caractères dans un drame. La logique impassible soumet l'œuvre d'art à ses froides analyses.

Est-ce donc que l'art se ramène à la science, que l'ordre esthétique se confonde avec l'ordre logique et qu'il faille envoyer le poète à l'école d'Aristote? est-ce donc que l'atelier soit un laboratoire, que la beauté doive être jugée avant d'être sentie et les œuvres faites de sang-froid selon les formules d'une logique rationnelle? L'artiste peut toujours rejeter les lois au nom desquelles on prétend le juger; même s'il a tort, il est dans son droit. Le génie est créateur; son orgueil fait sa force, c'est son devoir de n'y pas renoncer. La contradiction n'est pas pour nous embarrasser. Le génie est libre, mais il est la loi vivante. Il réconcilie l'esprit et la nature; la raison en lui est un instinct. Il a sa logique, mais une logique supérieure, toute de sentiment, qui dans une émotion, dans un plaisir, dans une vague douleur, résume de longs calculs. C'est assez qu'il obéisse à la tendance primitive qui nous pousse à chercher partout l'ordre et l'harmonie. Dans le corps vivant, les diverses fonctions combinent leur travail, se supposent, s'impliquent : le cœur bat, le sang circule, l'oxygène dans les poumons régénère le sang, les glandes sécrètent, les muscles se contractent, le système nerveux partout présent coordonne, modère, dirige et concentre ces phénomènes simultanés et harmoniques. Dans l'unité de son action vivante, le génie accorde tous les phénomènes intérieurs, sentiments, images, idées, mouvements; la pensée suggère, évoque son expression, en groupant autour d'elle les signes qui la manifestent; tout est fait à la fois, tout se tient, tout s'implique; une même idée présente à tous les éléments les pénètre; toutes les lois de l'esprit sont observées, parce que l'esprit est tout entier dans cette œuvre qu'il crée par une conspiration de toutes ses puissances. La pensée réfléchie est comme l'œil : elle ne voit distinctement qu'un point à la fois ; pour créer un tout, il faut qu'elle examine chaque élément et le rapport de chaque élément à tous les autres. Le libre jeu de la vie sans effort réalise un accord que la logique de l'entendement, contrainte à des calculs sans fin, ne saurait atteindre par ses combinaisons savantes.

On peut multiplier ainsi les antithèses et toujours les résoudre, en ramenant le génie à l'instinct, à l'action simultanée, naïve de l'esprit, tout entier soulevé par une émotion puissante. L'artiste est dans son œuvre, il s'y exprime, s'y révèle, et cependant il ne doit pas se préoccuper de lui même, se mettre en montre, faire étalage de science et d'habileté. Nous nous intéressons passionnément à lui, et nous ne voulons pas qu'il nous parle de lui. Le virtuose, le dilettante, nous irritent par leur fatuité. C'est que le virtuose est moins lui-même que l'artiste naïf. C'est un raisonneur, un réfléchi ; sa manière est calculée pour le plus grand effet à produire ; ce que je vois dans ce qu'il fait, ce n'est pas lui, c'est l'habile homme qu'il veut paraître. Se connaît-on soi-même ? Rien n'est plus incertain. Vouloir s'exprimer, parler de soi, c'est se condamner à mentir, et en art on ne ment pas impunément. L'artiste n'est jamais autant lui-même qu'au moment où il s'efface et s'oublie devant son œuvre. Les idées toutes faites, les sentiments artificiels, les caprices de la mode, tout ce qu'il tient de l'école, tout ce qui est étranger à sa nature vraie disparaît. C'est quand l'esprit redevient nature, c'est quand il nourrit une œuvre de soi, comme la terre fait la plante, quand il la compose de ses propres éléments, quand il lui donne et sa forme et sa vie, c'est alors qu'il se manifeste, qu'il rayonne en elle. C'est assez qu'on cherche l'originalité pour qu'on ne la puisse trouver. Pour être soi-même, il faut se détacher de ce qu'on croit soi-même, s'éprendre de ce qu'on fait et sans y songer, en aimant une idée pour elle et non pour soi, se donner tout entier.

On objecte à la théorie des milieux d'expliquer l'art sans

tenir compte de l'artiste, de ne laisser aucun rôle au génie en ne laissant rien qui permette de distinguer les individus. Pourquoi le xvii⁰ siècle prend-il voix par la bouche de Racine? — Pourquoi des hommes les uns sont-ils beaux et les autres laids? les uns bien portants et les autres malades? et pourquoi ces états opposés se varient-ils en des nuances infinies? C'est la même question. Il n'y a pas plus lieu d'opposer à l'influence des milieux la forme individuelle des esprits que la forme individuelle des corps. En fait, à mesure que la vie s'élève, de plus en plus elle se réalise dans des individus qui, en reproduisant les caractères généraux de la race à laquelle ils appartiennent, les caractères plus déterminés du peuple dont ils sortent, se distinguent de tous les êtres semblables par des traits irréductibles. Ce qui différencie les esprits comme les corps, c'est le milieu dans lequel ils sont plongés. Selon le climat, l'intensité de la chaleur et de la lumière, la nature du sol, la proportion de la terre et de l'eau, les êtres vivants, plantes et animaux, diffèrent, aussi bien que les mœurs, les institutions, l'idéal national et religieux des peuples. Évoquez le souvenir des musées de la Flandre et de l'Italie : des images confuses, qui se mêlent dans votre esprit, avant tout se dégage l'idée très intense, sinon très claire de l'opposition des deux races. Vous avez oublié les écoles particulières, les maîtres et leurs contrastes, Rubens, Rembrandt, Franz Hals, Anvers, Amsterdam, Harlem ; Raphaël, Léonard de Vinci, Michel Ange, Rome, Milan, Florence ; vos sensations accumulées, vos jugements de détail, vos émotions multiples se résument en une idée générale qui d'abord s'impose : les Flamands ressemblent aux Flamands et diffèrent des Italiens. Mais restez en Italie, insistez sur les images intérieures qui accourent à votre appel : l'idée générale et vague, qui n'exprime que les caractères généraux de la race, se détermine, se précise ; vous distinguez les époques, vous séparez les écoles, et pour arriver enfin au concret, au réel, vous en venez aux maîtres, comme vous en venez aux individus quand vous voulez voir la vie elle-même et non plus ses conditions et ses lois. L'art continue la vie, il est individuel dans la même mesure qu'elle. Le génie se définit par la vie et la vie par le milieu ; l'influence du milieu et l'action du génie, loin de s'opposer, se supposent. L'homme de génie, c'est l'individu le plus individuel, c'est l'homme qui donne aux sentiments de tous une forme qui n'est qu'à lui, qui les éprouve avec la plus vive intensité, ou qui par contraste les rejette avec le plus de violence ; c'est la sérénité décorative de Raphaël, c'est la grandeur violente et tourmentée de Michel-Ange ; ce sont les raffinements inquiétants de Léonard de Vinci. L'homme de génie, en ce sens, forme comme un genre à lui seul ; il est un individu qui ne se reproduit pas, distingué de tous par des traits si frappants qu'on ne l'oublie plus, et c'est pourquoi la postérité s'en souvient.

Rattacher le génie à la vie, ce n'est pas seulement résoudre les contradictions dont s'embarrasse la pensée réfléchie quand elle veut le comprendre, c'est briser les barrières dans lesquelles on prétend enfermer la nature. Les philosophes ne résistent pas à la tentation d'imposer des lois au génie. Quand on a un système, on y tient ; volontiers on supprime ou l'on oublie les hommes et les choses qui le contredisent. Telle définition du beau, acceptée dans ses conséquences logiques, ne laisserait sur leur piédestal que quelques statues grecques, aux murs de nos musées que quelques tableaux de l'école italienne. L'esthétique doit être mobile comme son objet, ses formules souples et vivantes doivent avoir l'unité d'un principe fécond qui comprend une multitude indéterminée de conséquences possibles. La beauté dépend du génie et non le génie d'une définition arbitraire de la beauté. Rejetons tout idéal imposé, laissons les horizons grands ouverts, les espaces libres aux créations nouvelles. Rendons la liberté au génie. Que la nature dans l'art multiplie les formes vivantes. Jouissons de toute beauté sans lui demander de quel droit elle existe. Ne demandons rien aux artistes qu'un peu de ce génie dont l'indépendance est proclamée. Qu'ils apprennent pour oublier, qu'ils soient savants comme l'abeille est géomètre, que la science soit en eux un instinct qui travaille silencieusement; qu'ils soient émus, qu'ils aient la naïveté, la sincérité de l'amour; il n'y a pas d'autre loi · c'est l'amour et lui seul qui propage et transmet la vie.

III

Les définitions abstraites de la beauté n'expliquent pas le sentiment esthétique. Que m'importe la proportion, l'unité dans la variété, l'ordre dans la grandeur? Quel rapport entre ces formules et ma sensibilité? L'étude du génie montre dans la nature de l'âme la raison de son amour pour la beauté. La beauté est la vie même de l'esprit, il la désire alors même qu'il l'ignore, c'est elle qu'il entrevoit quand il découvre les lois des choses, c'est son impulsion vers elle qui l'entraîne à chercher l'ordre du monde, et, comme il ne la trouve nulle part sans mélange, il la crée pour en jouir. Si la beauté est l'esprit visible à lui-même dans un objet avec lequel il s'identifie et dont il se distingue, et si l'esprit n'existe que dans la mesure où il met en lui la beauté, l'amour qu'elle inspire n'est plus un charme mystérieux, qu'on subit sans le comprendre. Nous aimons la beauté comme nous aimons la vie, nous l'aimons parce qu'elle est le terme nécessaire et la fin naturelle de notre activité.

La vie est un perpétuel effort, l'esprit doit veiller sur lui-même, vaincre pour n'être pas vaincu. A vrai dire, il n'existe jamais d'une pleine existence, parce que jamais il n'arrive à cette harmonie intérieure où toutes ses forces se multiplieraient par leur accord. Sa vie est une vie disputée, incomplète, qu'il ne maintient qu'en s'attachant à l'ordre dans le désordre, qu'en dégageant de la multiplicité une unité relative, qu'en se défendant contre les contradictions qui menacent de le dissoudre. L'art nous donne ce que la réalité nous refuse. Il crée une vie artificielle et complète en créant un monde qui, fait de l'esprit, répond à toutes ses lois. Il exalte le sentiment de l'existence individuelle, et, en nous délivrant du labeur de la constituer, pour un instant il nous relève de la garde de nous-mêmes.

Au moment où l'artiste conçoit son œuvre et l'exécute, il est elle et il n'est qu'elle ; tout le reste a disparu ; elle est tout son esprit, toute sa vie ; elle organise ses idées et concentrant ses forces elle les multiplie. L'œuvre faite, c'est cet état d'esprit devenu sensible et capable d'être transmis. L'homme de génie s'empare de nous, il nous entraîne dans le cercle de sa pensée avec tant de force que son âme devient nôtre ; il nous impose si pleinement l'idée qui le possédait que tout ce qui naît en nous, image ou sentiment, s'organise et fait corps autour d'elle. Plus de désordre, plus d'anarchie ; pour un instant, la loi constitutive de l'âme est observée. Nous nous évadons de la réalité. Nous échappons à ce qu'il y a de négatif dans l'existence présente, à la dispersion, aux déchirements intérieurs. Mourant à cette vie pleine de morts partielles, nous ne sommes plus l'être des contradictions et des douleurs ; tout ce qu'il y a d'énergie en nous pour sentir, pour penser, pour aimer s'ajoute, se multiplie, se concentre, et dans cet accord de toutes nos idées en une idée, de tous nos sentiments en un sentiment, nous éprouvons la joie de posséder une puissance inconnue, de vivre d'une vie triomphante. Le plaisir esthétique consiste en une mort suivie d'une résurrection, mais dans un monde tout spirituel, où rien ne viole les lois de la pensée, qui s'y reconnaît dans les objets qu'elle contemple et s'y meut sans obstacles. L'art est un paradis momentané.

Aimer la beauté, c'est participer au génie qui la crée. Le plaisir esthétique n'est pas subi passivement; en même temps qu'on le reçoit, on se le donne. Le goût est un art véritable. L'œuvre ne parle pas à tous; pour beaucoup, elle reste muette, elle n'est qu'un objet extérieur et silencieux qui pénètre dans l'esprit sans l'éveiller. Ceux mêmes qui l'entendent l'entendent plus ou moins. L'artiste frappe sur l'esprit; il ne peut en faire jaillir que ce qu'il contient. Jouir, c'est créer; comprendre, c'est égaler; l'amour de la beauté est un génie véritable. En face de la même œuvre, en chacun de nous se fait une œuvre différente, plus ou moins riche, plus ou moins rapprochée de ce qu'a voulu l'artiste. C'est cette beauté intérieure que nous contemplons et qui nous enchante. Plus est grand le nombre des idées évoquées et plus parfait est leur accord, plus notre plaisir est intense. L'œuvre qui plaît à l'un déplaît à l'autre. Pourquoi? C'est qu'on n'est pas capable de prendre indifféremment toutes les attitudes d'esprit. Une âme forte, droite et raidie dans sa volonté, ne peut s'abattre comme le poète mélancolique qui chante les douleurs imaginaires. C'est aussi qu'on ne trouve pas en soi les éléments, idées et sentiments, qui occupaient le poète et se sont combinées dans son œuvre. Une tragédie grecque charme un érudit, éveille en lui mille images, mille souvenirs, dont se compose une œuvre d'art pleine de grandeur et de simplicité. Pour l'ignorant, elle ne répond à rien, elle le laisse inoccupé, elle l'ennuie. L'ennui, c'est le silence, le vide et la stérilité.

Tout n'est donc pas illusion dans la joie fière qui se mêle à la jouissance de la beauté, dans l'orgueil naïf de ceux qui se croient si facilement les auteurs de ce qu'ils admirent. L'âme du maître est devenue leur âme; ils se confondent, ils s'identifient avec lui; leur esprit est fait des mêmes idées; ils sont pour un instant ce qu'il était à ses heures les meilleures; ils éprouvent qu'ils se dépassent eux-mêmes, et ils

GABRIEL SÉAILLES. — Génie dans l'art.

se contemplent ravis sous ces traits héroïques. L'artiste que nous admirons n'est plus un indifférent; il ne nous émeut que dans la mesure où nous lui ressemblons; qui l'attaque nous atteint. Notre orgueil même est intéressé à sa gloire. Nous collaborons à son œuvre. Sans nous, que serait-elle? une parole vide de sens, un corps sans âme. C'est nous qui l'animons, nous qui la faisons durable et vivante en la ressuscitant dans notre esprit. C'est ainsi qu'en se communiquant le génie se révèle et se fait aimer; l'admiration est une sympathie que fortifie la reconnaissance. La vue d'un chef-d'œuvre est comme un entretien auquel nous prenons notre part et qui nous élève au-dessus de nous-mêmes; une confidence aussi, où se livre à nous une grande âme qui nous admet dans l'intimité de ses plus hautes pensées.

L'inspiration est l'harmonie momentanée de toutes les facultés humaines; le sentiment esthétique est une inspiration communiquée : il accorde l'homme tout entier. C'est là ce qui le distingue de tous les autres sentiments, ce qui ne permet pas de le définir par la simple énumération des plaisirs qu'il comprend. Il est plus que leur somme; il est leur unité, leur fusion, leur synthèse. Il ne laisse pas en nous des êtres qui s'opposent, il ne laisse qu'un être sensible et intelligent, jouissant de son intelligence par sa sensibilité, de son esprit par son corps. Les « deux hommes » sont réconciliés.

D'abord, à la considérer du dehors, l'œuvre d'art est un langage charmant. Chaque sensation est agréable par elle-même; les sensations éveillées toutes sont en accord; à chaque détail répond un acte de l'esprit, à l'harmonie du tout répond l'harmonie de ces actes; se variant sans se contrarier, le plaisir physique se multiplie. L'art est un langage, le langage est pour la pensée qu'il exprime. Une idée maîtresse domine et s'impose; à son appel des profondeurs de l'esprit accourt une multitude d'idées, toutes en accord entre elles et avec l'idée qui les évoque. Ce n'est pas tout : les signes, sons et couleurs, ont un sens ; selon leur intensité ou leur mode d'union, ils prédisposent l'âme à des émotions de nature différente. Dans l'inspiration, l'œuvre est conçue d'un jet. L'idée crée son expression, se fait un corps d'images qu'elle pénètre de toute part, dans lequel elle se fond tout entière. Le beau n'est pas l'agréable. Dans l'art, le plaisir sensible est déjà le plaisir intellectuel ; le plaisir intellectuel est encore le plaisir sensible. Ce qui fait l'intensité du sentiment esthétique, c'est qu'il reproduit l'acte du génie, c'est qu'il nous donne comme la résonance de notre âme. Tout ce qu'il y a de force en nous se concentre et arrive à la conscience d'un seul coup. La vie s'exalte, jouit d'elle-même ; les sensations se multiplient par les sensations, les idées par les idées, les sensations par les idées, les idées par les sensations, et tous ces actes en accord se concertent dans l'harmonie d'un acte unique qui occupe et ordonne toutes les énergies intérieures.

N'est-ce pas la plénitude même de ce plaisir qui fait son désintéressement ? La vie réelle est un combat dont l'égoïsme est l'arme nécessaire. Comme l'art nous met en paix avec nous-mêmes, il nous met en paix avec les autres. Le bonheur devient facilement la bonté. Quand nous sommes heureux, nous voudrions supprimer la douleur des autres, ne fût-ce que pour n'en être pas troublés. La beauté se donne à tous sans rien perdre d'elle-même, elle se partage sans s'amoindrir. L'amour qu'elle inspire n'a rien du désir qui ne se satisfait qu'en détruisant son objet. L'art nous transporte dans un monde de paix où rien ne nous sépare, où les esprits spontanément s'unissent dans une vie commune et fraternelle. Que faire de la jalousie, de la haine, quand il n'est pas une joie qui ne puisse être partagée et qui ne s'accroisse en se partageant. Dans le monde de l'art, toute discorde disparaît, toute opposition cesse, nous nous distinguons à peine de ceux qui pensent et sentent comme nous; le plaisir devient une sorte de tendresse, d'universelle sympathie. Cet oubli de tous les malentendus qui nous séparent, de toutes les pauvretés qui nous forcent à lutter pour l'existence, prépare la grande sérénité que fait descendre en nous la contemplation de la beauté.

Cette joie sereine, nous ne la devons qu'à la beauté. Certes la possession de la vérité a sa douceur, et c'est une grande joie que de résoudre un problème longtemps cherché. Mais ce problème est en rapport avec d'autres problèmes qui nous rappellent notre ignorance et nous forcent à de nouveaux efforts. Peut-être rien n'est-il plus touchant, plus aimable que la vertu très simple, sans affectation d'héroïsme; à coup sûr, rien n'égalerait la splendeur de l'ordre moral, l'accord de tous les êtres dans la souveraineté de la raison et du bien : mais cet ordre n'est pas réalisé, nous ne pouvons le prévoir sans qu'à la foi se mêle le doute, à l'espérance un regret. La contemplation de la beauté ne soulève pas ces grands problèmes. L'art ne cherche rien au delà de lui-même, il est sans désirs. L'art est un ciel provisoire, un paradis artificiel, un petit univers limité, où rien ne contredit les lois de la nature humaine; où, tout étant par l'esprit, rien n'est obscur, mystérieux, inquiétant; où le souvenir même des désordres réels s'efface dans la jouissance de l'harmonie réalisée; où l'âme, tranquille, en paix avec elle-même et avec le monde, ne songe plus à se poser les questions douloureuses.

A vrai dire, pour un instant, ces questions sont résolues, ou plutôt, n'ayant pas de raison d'être, elles ne se posent plus. Nous sommes dans un monde meilleur, hors du doute et des contradictions; nous reposons dans la paix de la certitude. L'esprit est sans cesse contrarié par les choses, qui lui opposent l'ironie du mal et de la douleur; il ne se laisse pas intimider par leur puissance insolente, brutale; le fait seul qu'il est le rassure; il affirme contre elles que tout est intelligible, mais cette foi est un effort, tout effort est suivi de lassitude, et parfois il se demande avec anxiété si ses ambitions ne sont pas les vœux stériles d'un orgueil impuissant. L'art fait une réalité de ce qui n'est qu'une audacieuse espérance. Les choses et l'esprit ne sont plus en présence comme deux termes hostiles, inconciliables, les choses ayant pour elles la force écrasante et l'immensité, l'esprit concentré en quelques êtres épars sur quelques points de l'espace, n'ayant pour lui que sa foi en lui-même et la conscience de sa supériorité morale; les choses ne se distinguent plus de l'esprit, elles sont l'esprit même; les éléments se concertent et s'associent librement dans une forme d'élection; comme heureux d'obéir à la pensée, ils se disposent et s'organisent pour lui servir d'expression; la raison s'est faite sensation, l'esprit s'est fait matière, la matière s'est faite esprit. N'est-ce pas là le principe de cet enthousiasme religieux qui dans tant d'esprits et des meilleurs s'est toujours mêlé à l'amour de la beauté. Mysticisme! soit. Illusion, peut-être! mais illusion qui a un sens, qui s'impose et qui caractérise le sentiment esthétique. Quand nous sommes heureux, nous ne croyons plus à la douleur. Le soleil radieux dans un ciel sans nuages ne nous laisse plus imaginer sa splendeur obscurcie. Tout entier à la contemplation de la beauté, l'esprit oublie ses luttes, ses échecs; il oublie le monde où il est encore plongé et dans lequel il va se réveiller tout à l'heure; il oublie que l'œuvre qu'il admire est l'image d'un rêve, il oublie l'œuvre même; il n'y reste pas enfermé; il la dépasse; son sentiment grandit; il jouit de toute la beauté possible dans cette beauté réalisée; c'est un monde qui s'entr'ouvre devant lui, un monde où la pensée triomphante est tout ce qui est; le plaisir a pris un caractère d'élévation religieuse : il est devenu le culte de la beauté, à laquelle l'esprit doit, avec le pressentiment de sa valeur absolue, la révélation du monde tout spirituel, où, dans l'apaisement de toutes les discordes et de toutes les haines, se réaliserait par le règne de l'amour l'universelle harmonie.

IV

Les définitions de la beauté le plus souvent ne sont que le résumé d'une expérience incomplète ; on n'y retrouve que les faits qui les ont suggérées. En étudiant le génie, nous avons étudié le beau dans la puissance féconde qui peut en varier les formes à l'infini. Nous n'avons pas peur des faits, parce que nous ne limitons pas le monde de l'art par des exclusions arbitraires. Nous ne fermons pas l'avenir, parce que nous n'avons pas la prétention naïve de prévoir toutes les combinaisons possibles d'images dans un esprit humain. Mais définir, c'est limiter, c'est restreindre, c'est mettre une idée à sa place parmi les autres idées, c'est l'enfermer dans un cercle de caractères précis et déterminés qui la séparent en la distinguant. L'esthétique est la science du beau ; la conclusion qu'impose l'étude du génie est-elle toute négative? Ecarter les fausses définitions est un premier résultat qui n'est point à dédaigner. Si la beauté peut être définie, c'est à la façon de la vie, dont on détermine les conditions et les lois, sans prétendre en résumer toutes les formes possibles dans une définition rigide et fermée.

S'il faut en croire les idéalistes, le monde visible est le discours de Dieu. Tout être le manifeste. En toute forme éphémère, presque aussitôt brisée par un coup distrait de la mort, apparaît quelque chose d'éternel, plus ou moins brille la lumière surnaturelle de l'invisible essence. Mais tout langage est un instrument imparfait qui ne traduit l'idée qu'en la trahissant. L'harmonie de l'univers sensible n'est que l'écho lointain de la divine harmonie. Sans s'éteindre, la pure lumière des idées s'obscurcit en pénétrant la matière, et Dieu n'apparaît dans la nature que comme le soleil à travers les nuages, parfois éclatant, le plus souvent voilé. Si l'âme se dégageait du corps qui l'emprisonne et l'alourdit, éveillée au monde des intelligibles, qui est sa vraie patrie, comprise en Dieu, qui est « le lieu des esprits comme l'espace est le lieu des corps », elle contemplerait les idées, comme autant de rayons, ramenées à l'idée suprême, à l'idée du bien, dont elles participent, dont elles tiennent tout leur éclat, dont elles se distinguent sans cesser de s'y confondre. C'est vers ces formes idéales, toutes pénétrées de l'intelligence et de la perfection divines, que l'artiste peu à peu doit faire monter ses regards. Le beau n'est pas un accord accidentel entre ce qui est et nos facultés sensibles ; l'art n'est pas un moyen de reproduire artificiellement cet accord après en avoir observé les causes. Le beau est partout, parce que l'idée plus ou moins clairement en tout être se manifeste. Le génie n'est pas un métier, un recueil de recettes pour accommoder la nature à notre goût ; le génie, c'est la pensée de Dieu, ce sont les Idées vivantes en une âme visible à elle-même. Le génie est un devoir autant qu'un privilège ; il a pour mission, en faisant rayonner l'intelligible dans une image, en lui prêtant une séduction sensible, d'éveiller en nous le souvenir et l'amour de la beauté divine.

Cette doctrine a pour elle sa poésie, elle est un rêve grandiose, une élévation mystique. Elle répond à un secret instinct de l'esprit, qui ne veut pas qu'on humilie la beauté. Mais si l'on ne se contente pas de l'entrevoir et de la chanter, si l'on veut la saisir et la presser, elle s'évanouit. La logique et les faits opposent à cette théorie leurs démentis tranquilles. Si les idées sont la beauté même, les choses ne sont pas belles, car quel rapport peut-il y avoir entre l'être déterminé, que je vois ici-bas, et l'exemplaire éternel, supra-sensible, qui lui répond dans l'intelligence divine. Si d'autre part la beauté ne se conçoit pas sans la forme, si elle n'existe qu'autant qu'elle apparaît, comment attribuer la beauté à des idées immatérielles? Si enfin l'on en vient à dire que le beau est la manifestation de l'idée dans une forme sensible, comment distinguer la beauté de l'être dans un monde que l'on définit le discours de Dieu, et que devient la mission prophétique de l'art?

Mettons l'artiste à l'école du philosophe, j'y consens; qu'y peut-il apprendre? Les exemplaires éternels des choses ne peuvent être pour nous que des idées générales. Voilà l'art réduit à n'être qu'une sorte de science visible, de logique symbolique. L'inspiration, l'individualité, le sentiment et la vie, les séductions de la forme, tout ce qui est l'art même a disparu. Il reste des règles arbitraires, un idéal de convention abstrait et mort, des généralités solennelles et vides, un art hiératique ou un art d'école, des œuvres faites de sang-froid selon les formules et le canon. Si du moins le philosophe se comprenait lui-même; mais c'est l'absurde qu'il demande à l'artiste! Comment se représenter une idée générale sous une forme déterminée? Quelle est l'image qui répond à l'idée d'homme? de quels éléments contradictoires, de quel mélange bizarre des deux sexes et de tous les âges faudra-t-il la composer? Voici que l'exemplaire éternel s'en va finir en un monstre qui contredit toutes les lois de la nature et de l'esprit!

Passons aux faits. Quand on a dit : la sculpture grecque! on croit la théorie démontrée. Sans doute, la sculpture grecque glorifie la forme humaine dans des corps faits pour la sérénité d'une vie surnaturelle. Mais elle a connu aussi le mouvement et la vie, la grâce et l'émotion, jusqu'aux caprices de la fantaisie. Silène, la coupe en main, avec un gros rire, étale son ventre impudent, gonflé de chair et de vin ; la sérénité du dieu n'est plus que l'insouciance de la bête repue. Les Bacchantes, les cheveux épars, tordent leur corps dans des attitudes passionnées, dans des formes violentes, où frémit leur chair exaspérée. Qui pourrait se résigner aux sacrifices qu'exige cette théorie ? qui pourrait oublier ce qu'elle néglige ? Que devient le comique dans tous les arts ? et la poésie étrange du grotesque ? des fantaisies orientales ? Et la musique ? Dirons-nous que, le beau étant un comme Dieu, « la musique exprime non plus la forme extérieure, mais la forme intime des êtres [1]; » que le monde des idées, distinct du son comme de la lumière, s'exprime par l'un comme par l'autre ? Dirons-nous que du mouvement rythmique de toutes les forces coordonnées se compose sans cesse une immense symphonie, qui répond dans l'ordre des sons à la beauté visible, et que cette symphonie grandiose et imparfaite, que nos sens ne perçoivent pas, est l'écho lointain de la musique divine et surnaturelle, dont le souvenir se réveille dans l'artiste aux heures d'inspiration ? Condamnerons-nous le peintre de portrait à embellir son modèle, à le rapprocher de l'Idée ? et le paysagiste à dédaigner la nature ? et le poète à n'imaginer que des abstractions héroïques ? Ce platonisme excessif est peut-être la religion, il n'est pas la philosophie de l'art. Il enveloppe de symboles éclatants des vérités partielles, auxquelles il ajoute la séduction de la poésie; mais, comme toute religion, il est intolérant et exclusif.

L'art n'a pas cette pureté froide, il n'habite pas ces temples de la sagesse, ces hauteurs lumineuses et glacées; il est partout où est la vie, il enveloppe toute la nature, il n'a pas plus de limites que la sympathie et l'émotion des hommes. Est-ce que nous ne faisons pas la beauté avec tout ce qui nous émeut, avec tout ce qui nous touche ? est-ce que la poésie le plus souvent n'a pas la même source que les larmes ? est-ce qu'elle ne jaillit pas de la douleur plus abondamment que de la joie ? est-ce qu'elle n'est pas partout où

---

[1]. Lamennais, *Esquisse d'une philosophie*, t. III, Esthétique.

nous la savons mettre? Que les sages dédaignent les idées, les sentiments, les réalités, dont nous sommes faits, que, déjà dégagés du corps, à travers leurs sensations effacées, pâlissantes, ils entrevoient l'intelligible, c'est bien; mais l'homme n'est pas ce pur esprit; ce qui l'intéresse, ce qu'il aime, ce qui le passionne, ce sont les luttes, les efforts, les contradictions, les douleurs poignantes, les joies éphémères; c'est tout ce qui est, le ciel, la terre, les plantes, les animaux et par-dessus tout l'homme même, en qui tout prend une vie nouvelle; c'est la nature entière, c'est cette mère féconde, dont il n'est pas détaché, dont le sang coule et circule en ses veines, dont il croit retrouver les colères, les ardeurs brutales, les désirs, les joies et les espérances dans les sentiments contraires qui tour à tour apaisent ou précipitent le rythme des battements de son cœur. Par l'art, c'est dans le réel, c'est dans l'objet le plus humble que nous réalisons, que nous contemplons l'idéal. L'art, c'est l'esprit non pas qui se détache de la nature, mais qui de plus en plus la pénètre, se voit et se manifeste en elle. L'art, c'est la nature se recréant elle-même par l'esprit qu'elle a créé. Oui, l'homme, las des désordres qui sont en lui des douleurs, aspire au repos; oui, il rêve l'unité dans la paix et dans l'amour; un paradis intelligible, où les harmonies, s'enveloppant, s'exaltant l'une l'autre, se fondraient en un concert immense. Mais l'art n'exprime pas abstraitement cette idée générale en peignant les exemplaires éternels des choses; il la fait vivre dans des œuvres, dont il emprunte les éléments à tout ce qui est, dans des œuvres où la nature et l'esprit ne se distinguant plus, les sens et la raison n'ont plus rien qui les oppose. Et si l'art à son plus haut degré prend pour objet cette idée religieuse, cette idée d'apaisement et de rédemption, c'est alors seulement que par le génie de tous elle s'est symbolisée dans des légendes, dans les attitudes, dans les actes d'un héros, d'un saint et d'un

Dieu fait homme. Même alors, il ne se sépare pas de la nature ; il la purifie, il la transfigure, il lui emprunte le corps dans lequel l'idée devient visible et vivante.

Est-ce à dire que le réalisme soit le vrai et qu'on puisse définir l'art l'imitation de la nature? Si c'est l'imitation qui nous plaît, d'où vient que la rose artificielle n'ait pas pour nous le charme d'une rose peinte? d'où vient qu'une figure de cire nous cause une sorte d'effroi mêlé de dégoût? d'où vient que le mensonge de la vie nous répugne? d'où vient que la photographie, malgré l'instantanéité d'un travail qui surprend le phénomène et l'arrête au passage, avec sa manière de tout dire, d'insister également sur chaque détail, n'excite en nous qu'une curiosité aussitôt satisfaite? Il est des arts qui ne trouvent même plus dans cette théorie l'apparence d'une explication : l'architecte se borne-t-il à imiter la nature? n'y a-t-il rien de plus dans la musique que dans les modulations de la voix humaine, que dans le bruissement des feuilles, les tonnerres de la tempête et le chant des oiseaux? Et la poésie n'est-elle que l'image de la vie? Cette théorie n'est pas seulement exclusive ; comme l'idéalisme, elle détruit l'art en supprimant l'homme, qui est l'art même. A quoi bon l'imitation ridicule de la puissance de la nature par la faiblesse humaine? Si vraiment l'artiste ne crée pas un monde différent du monde réel, s'il n'est qu'un plagiaire, qu'un copiste inquiet et scrupuleux, comment n'a-t-il pas honte de ces enfantillages? Que fait-il de l'immensité du ciel et de l'océan, des splendeurs du firmament, des ardeurs brûlantes du soleil éblouissant? Sa mer a des tempêtes sans effroi, ses nuages ne marchent pas, sa lumière n'éclaire pas, avec toute la vie des choses il fait une vaine image, une apparence immobile et silencieuse.

Soyons sans inquiétude, le réalisme est peu dangereux, parce qu'il est impossible. Ce que l'homme voit ce n'est pas l'objet même, c'est ce qui dans l'objet le frappe, mérite son attention, c'est l'image intérieure qui se forme en lui. La connaissance est un rapport; changez un des termes, vous changez le rapport; il y a autant d'épreuves du monde qu'il y a d'esprits qui le reproduisent en le pensant. Chaque artiste, qu'il le veuille ou non, transforme le monde alors même qu'il cherche à l'imiter. Il n'est pas un peintre qui ne prétende se mettre en face de la nature et ne rien dire que ce qu'elle lui dicte. Mettez dix peintres en face du même paysage, vous aurez dix tableaux différents, d'autant plus différents que leur sincérité aura été plus grande. C'est que le peintre ne peut arriver à cette stupidité, à cette inertie, qu'exigerait la copie machinale; c'est que la scène qu'il contemple ne se distingue plus de son esprit et qu'il peint non pas les objets, mais l'impression qu'ils font sur lui, l'émotion qu'il éprouve, le charme mystérieux qui tout à coup l'arrête et l'invite au travail.

Le beau n'est ni en dehors de la nature ni dans la nature; il n'est ni dans l'idée abstraite ni dans l'imitation servile; il reste qu'il soit dans l'esprit. L'artiste n'a pas à méditer sur l'éternel, à creuser l'esprit pour aller jusqu'à l'intelligible, à peindre des dissertations ou à chanter des idées générales. L'idéal n'a rien d'abstrait, il n'est ni une représentation figurée des classifications scientifiques, ni un symbolisme, ni une philosophie; l'idéal, c'est l'esprit dans ses lois vivantes, ce n'est pas une forme, c'est une puissance. A des degrés divers l'idéal est dans toute œuvre d'art, parce que l'esprit met quelque chose de lui dans tout ce qui l'intéresse, parce qu'il donne quelque beauté à tout ce qu'il aime. L'art, c'est la fécondité de l'esprit dans l'amour; la beauté, c'est la vie de l'esprit communiquée, animant des corps glorieux, rayonnant dans une nature purifiée. Le beau, comme la vie, répugne aux définitions exclusives et rigides.

Le génie est libre de varier ses sentiments et ses actes à l'infini. Dès que, par l'intérêt qu'il prend à un objet, il le pénètre de lui-même, il lui communique quelque beauté. Il donne un sens à l'insignifiant; il transfigure la laideur même en y apparaissant. Il s'exprime par cela même qui semblait ne pouvoir que le contredire. La douleur nous humilie, nous avertit rudement de notre faiblesse; par une sorte d'ironie, l'art de la douleur même fait l'objet d'une pensée désintéressée, d'une pure jouissance. Elle n'est plus qu'un jeu, l'occasion d'une représentation dégagée de ce que la réalité a de trop âpre, de trop poignant et soumise dans sa forme à toutes les lois de la pensée. Une scène de meurtre, de désespoir, devient une lutte de lumières et d'ombres; de lignes et de couleurs; de gestes, de formes et d'attitudes; de sensations, d'idées et de sentiments, qui ne contrastent et ne s'opposent que pour faire l'harmonie plus triomphante. Heurtée aux obstacles, la passion, qui a la fatalité d'une logique onduleuse et directe, devient l'unité de la tragédie. Le cri de douleur devient le chant qui nous charme, le chant qui tour à tour se précipite ou s'apaise, nous entraîne ou nous berce; le chant vivant, qui, impatient de toute loi, de toute mesure, trouve des souplesses inattendues pour se plier à toutes les métamorphoses du sentiment et les contenir dans la grâce de ses mouvements cadencés. Ce n'est ni le mal ni la douleur qui nous plaisent, c'est l'émotion puissante, c'est l'art indépendant de l'objet, le génie, la vie harmonieuse, le libre jeu de nos facultés en accord.

Est-ce à dire que la beauté soit dans la forme? qu'elle se réduise à une arabesque de sensations en accord? On trouve de grandes phrases pour justifier cette théorie du parler pour ne rien dire. L'art doit nous détacher du sérieux de la vie; l'artiste est un impassible, qui dédaigne l'idée comme le réel dont elle est le souvenir, qui joue avec les sons et les couleurs, avec les idées et les mots, et de tout ce dont nous vivons fait un bruit harmonieux. Beaucoup de bruit pour rien, voilà la formule qui résume toutes les règles de l'art. N'y a-t-il pas quelque chose de séduisant dans le scepticisme ironique d'un homme qui a vidé les mots de leur sens et son cœur de toute émotion? Comme on est loin du vulgaire, qui veut comprendre et sentir! — Par malheur, l'art est plus simple, moins raffiné. Chercher la forme pour elle-même, c'est remplacer l'inspiration par le procédé, la poésie par la technique, ce qui revient à supprimer la beauté pour l'atteindre plus sûrement. La vie n'est pas donnée par les froids calculs d'une pensée extérieure à son œuvre. Combiner n'est pas créer. Si dans la beauté le langage, indépendamment de l'idée, nous plaît, c'est que nous ne l'en isolons que par abstraction, c'est que déjà dans l'accord de ses éléments se manifeste la présence d'une âme sympathique à la nôtre. Il est contradictoire de vouloir la forme pour elle-même, car il n'y a que l'émotion qui puisse lui donner l'unité vivante qui fait sa beauté.

De ce qu'un objet indifférent prend une valeur par la forme dont on le revêt, par le sentiment dont on l'enveloppe, il ne résulte pas que tous les objets soient également propres à inspirer le génie et à révéler sa puissance. Le choix de l'idée, la richesse des développements qu'elle comporte, des idées qu'elle éveille et qu'elle concilie, des éléments qu'elle ordonne, mesurent et le génie et la beauté. L'un définit l'autre. Qu'il s'agisse du musicien, du peintre ou du poète, l'œuvre naît et s'exécute d'après les mêmes lois. Tantôt suggérée par une circonstance extérieure, tantôt sortant des profondeurs intimes où elle s'est lentement élaborée, toujours sollicitant l'artiste par quelque affinité secrète, l'idée tout à coup apparaît. Elle vit dans l'esprit avec des intervalles d'assoupissement et de brusque réveil; elle devient l'esprit même; elle grandit, elle se crée un corps d'images, corps vivant, soumis aux lois de la vie, qui rejette tout ce qui ne peut entrer dans sa forme, assimile tout ce qui l'achève et l'amplifie. Le génie a quelque chose d'exclusif, ce qu'il voit de l'objet, c'est sa propre émotion. Il supprime ou plutôt il ne soupçonne pas les détails inutiles, ce qui disperse l'attention, ce qui contrarie l'effet; il accentue tout ce qui parle; il organise tout ce qui se répond et se confirme. Abstraire et concentrer, c'est la vie et c'est l'idéal. Idéaliser, c'est faire vivre l'objet d'une vie plus intense, plus ardente. Le beau se définit par l'unité d'une émotion vivifiante qui fait parler et penser les choses. En faisant de l'objet même un sentiment, l'art lui donne une expression, un caractère; il le spiritualise. L'idéal n'est pas le réel : il est plus vivant, plus intelligent et plus ému. L'idéal n'est pas le rationnel, l'abstrait; il n'est pas l'idée s'exprimant violemment dans une matière rebelle. En accordant toutes nos facultés, le beau réconcilie la nature et l'esprit. La loi se réalise dans l'individu, l'individu devient la loi vivante. Il n'y a pas d'une part la matière et de l'autre la forme, et plus ou moins lutte entre les deux termes, résistance et domination; la matière et la forme se confondent; le rationnel devient sensible; tout s'est fait de soi-même sans effort; les éléments semblent s'être unis, concertés, d'un mouvement naturel et spontané pour la joie de réaliser quelque chose de meilleur. Le beau se distingue du réel et de l'intelligible, il est l'un et l'autre, il les comprend et les confond dans son unité vivante.

Défini par la vie, le beau doit avoir ses degrés comme elle. Il y a loin de l'organisme aux rouages très simples de l'animal rudimentaire à la machine admirable, si compliquée, si fragile, que suppose la vie humaine. Les éléments ordonnés sont plus ou moins nombreux, les parties dans une dépendance plus ou moins étroite, l'harmonie plus ou moins riche, plus ou moins parfaite. De la simple romance populaire, éclose par un jour de printemps sur des lèvres rustiques, à la symphonie aux membres puissants, organisée par le génie d'un Beethowen, quel intervalle parcouru! En présence des choses, chaque homme voit et retient ce qui sollicite son attention : il est des âmes étroites, dans lesquelles le monde se rétrécit et s'étrique; il est des âmes royales et divines, dont le perpétuel mouvement semble vouloir embrasser l'infini. Les plus grands génies ne sont-ils pas ceux qui, ayant beaucoup vu, beaucoup retenu, sans se laisser disperser par cette multitude d'éléments, saisissent leurs rapports, font jaillir l'idée maîtresse qui les coordonne et les organise. Si le beau exprime l'esprit, la valeur de l'œuvre ne se mesure-t-elle pas à la valeur de l'artiste? et la valeur de l'artiste à l'attention toujours en éveil, qui l'enrichit sans cesse; à l'amour de la nature, qui l'unit à tout ce qui est; à la possession de soi, qui ne le laisse pas se perdre dans la diversité des souvenirs qu'il domine; à la richesse, à l'intensité du sentiment, qui organise en une œuvre vivante la multitude des éléments qui leur répondent? Tout ce qui manifeste l'esprit, tout ce qui réalise dans un corps d'images l'harmonie qui est sa loi, contient quelque beauté. La première règle est d'aimer ce que l'on fait et pour cela de ne faire que ce que l'on aime. Un bon sonnet vaut mieux qu'une épopée savante : c'est que la réflexion ne donne pas la vie et qu'on ne peut comparer la mort à la vie. Cela admis, reconnu, mille fois affirmé, les œuvres sont inégales comme les esprits, comme ce qu'ils aiment, ce qu'ils veulent et ce qu'ils peuvent. Les unes nous enferment dans un cercle étroit, les autres nous ouvrent un horizon sans bornes; les unes nous amusent en éveillant nos souvenirs, les autres nous laissent interdits devant ce que nous découvrons en nous-même.

Ce qui nous intéresse dans l'art, il ne faut pas l'oublier, c'est l'art lui-même; mais qui oserait soutenir que le choix du sujet est indifférent à l'art, que l'idée exprimée n'a rien à voir avec la beauté? qu'un faiseur de natures mortes est l'égal du peintre d'histoire qui s'inspire des plus hautes pensées de l'humanité et leur cherche une expression? L'œuvre d'art peut se définir par l'ensemble des sensations, des images, des idées et des sentiments qu'elle éveille et qu'elle accorde. Comment dès lors le sujet serait-il indifférent? Le sujet n'est-il pas l'émotion première, le principe fécond, dont l'œuvre développe les conséquences? Dans l'art, le corps ne se distingue pas de l'esprit, les images de l'idée; n'est-ce pas dire que la richesse du corps dépend de la magnificence de l'esprit, la splendeur de la forme de la libéralité du sentiment qui la crée? Il y a des sentiments plus ou moins puissants, plus ou moins compréhensifs. Les uns, circonscrits, limités, ne peuvent organiser qu'une forme mesquine, où se retrouve leur débilité; les autres, vastes et forts, semblent envelopper, émouvoir l'âme tout entière, tenir par quelque rapport à tous les éléments de la vie intérieure, être aptes à les comprendre dans l'unité d'une forme grandiose. Les sujets s'étagent comme les sentiments auxquels ils répondent; ils expriment plus ou moins de l'esprit; ils évoquent et concilient un plus ou moins grand nombre d'idées et d'images. Au terme, le sujet serait adéquat à l'esprit; le sentiment aurait une sorte d'universalité, embrasserait à la fois la nature et l'homme; il nous élèverait au-dessus de nous-mêmes et des choses, à des hauteurs idéales, où les oppositions, les luttes, les contrastes et les douleurs dominés se fondraient dans l'unité d'une harmonie religieuse.

Il y a des artistes superficiels, épris des succès de salon, qui du sentiment saisissent surtout les formes passagères, les nuances mobiles et capricieuses, l'habit, la toilette, le mot ou la phrase à la mode. Que peut être leur œuvre, sinon l'unité de ces images légères et curieuses, dont le sens sera perdu demain? Les âmes sincères et puissantes ont l'horreur des formules banales, des phrases toutes faites, qui courent de bouche en bouche, dispensent de penser et sentir. Elles creusent par delà ce revêtement de formes superficielles et de mots convenus, qui remplacent le sentiment par son apparence, l'émotion du cœur par les jeux de l'esprit, jusqu'aux instincts primitifs, jusqu'aux sources intarissables et jaillissantes, sources de vie, où elles s'abreuvent. En tout homme vivent ces instincts ; c'est la nature, c'est l'élément premier, dont l'expérience et la réflexion ne peuvent que varier les formes [1]. Ces penchants primitifs, ces forces redoutables le plus souvent sommeillent ; parfois elles frémissent, se réveillent, s'exaltent ; elles se déchaînent à travers l'esprit, elles le remuent jusqu'en ses profondeurs et sur leur passage soulèvent et organisent des tempêtes d'images. Les grands artistes, ce sont les hommes en qui la nature a gardé sa puissance originale, en qui peuvent s'éveiller par sympathie les instincts obscurs, irrésistibles, qui, à travers les luttes, les désordres et les douleurs, organisent la vie des mondes et des brutes comme la vie des hommes.

Entre ces sentiments profonds et durables, il y a encore des différences et des degrés. Les uns, étroits, exclusifs, ne concentrent toutes les forces intérieures qu'en les asservissant, qu'en chassant violemment de la conscience ce qui s'oppose à leur tyrannie. Les autres, désintéressés, unissant l'individu à ses semblables, à la nature même, évoquent des accords d'idées de plus en plus riches. Les scènes pittoresques des petits maîtres flamands ne nous élèvent pas au-dessus de la réalité ; nous la dominons sans en sortir. Les yeux s'égayent au jeu des couleurs, l'esprit au jeu des images. Une poésie sort de l'émotion du peintre, de son insistance sur les détails minutieux, de son intérêt aux choses,

---

[1] « L'histoire du cœur d'un grand poète n'est indifférente à personne. Chacun se reconnaît pour une part dans une telle analyse, comme, en voyant une pièce anatomique, on retrouve avec surprise les nerfs, les muscles et les veines que l'on sent vibrer en soi-même. » Gérard de Nerval, *Revue des Deux-Mondes*, 14 septembre 1848.

de son talent même, parfois aussi de l'emportement des instincts qui secouent la brute humaine, de l'ivresse violente qui réveille les travailleurs patients et engourdis, et, par l'expression joyeuse, par le mouvement violent, montre l'âme dans cette enveloppe de chair épaisse. C'est un paradis étrange, où des lourdauds dans une atmosphère de tabagie se réjouissent à plein cœur, où le rire bruyant répond au baiser brutal, où toutes les sensations satisfaites font une sérénité à ces bêtes, innocentes à force d'insouciance et de grossièreté.

La jalousie, l'ambition, l'amour, la passion même égoïste est supérieure à cet emportement brutal de l'instinct; elle met en jeu toutes les souplesses de l'intelligence, toutes les ardeurs du sentiment, toutes les puissances de la volonté; elle laisse à l'homme la supériorité de la réflexion, elle ne l'abaisse pas au-dessous de lui-même, bien plutôt elle exalte ses forces en les lançant à la fois au même but; force intelligente et irraisonnée, elle a la grandeur des forces naturelles déchaînées, et l'on sent passer en elle le souffle violent qui soulève les tempêtes. Mais, en ramassant l'individu sur lui-même, elle l'isole, elle le sépare de ses semblables, elle l'oppose aux lois nécessaires, qu'il brave et qu'il prétend plier aux desseins de son égoïsme. Les sentiments désintéressés, la vertu, l'héroïsme ne laissent de lutte que contre le mal, réconcilient l'individu tout à la fois avec lui-même et avec ses semblables et font pressentir une société fraternelle. Mais, de tous les sentiments, le plus riche, le plus fécond, le plus propre à apaiser la lutte des idées, à fondre leurs oppositions dans une idée supérieure, dont l'harmonie s'exalte par les contrastes mêmes qu'elle comprend et qu'elle ordonne, c'est le sentiment religieux.

La religion n'est-elle pas un art et l'art suprême? La religion, c'est le monde interprété par le sentiment et par l'imagination, c'est le monde tel qu'il sort de l'âme humaine, quand il a traversé ce milieu d'idées, de désirs et d'émotions. Elle suit les métamorphoses de l'esprit qui la crée. Elle n'exprime d'abord que ses ignorances, ses anxiétés, ses superstitions. Mais peu à peu, au contact des faits, l'esprit prend une conscience plus claire de ses lois, de ses besoins intellectuels, de ses exigences morales, et il y subordonne la réalité. Si le moindre objet au contact du sentiment prend quelque beauté, le sentiment devenu objet, n'est-ce pas la beauté même? Si toute œuvre d'art est une harmonie partielle d'images, de sentiments et d'idées, l'art n'est vraiment lui-même, n'a trouvé son expression définitive qu'au moment où son objet est l'harmonie totale, l'harmonie de la nature et de l'esprit, symbolisée dans des images visibles, dans des drames, dans des légendes, que la foi de tous propose au génie de l'artiste. En fait, comme les êtres dans le monde, les idées dans l'esprit s'opposent et luttent. Le spectacle de l'univers, tour à tour admiré, décrié, devient un problème douloureux. La religion le résout; elle donne un sens à tout ce qui est; elle rassure l'esprit, elle l'apaise: elle concilie les idées inconciliables, et cela non par des raisonnements abstraits et impuissants, mais par un art spontané, irrésistible, dont les inventions légères se jouent autour des difficultés. Elle fait apparaître le divin dans une forme humaine, tout l'esprit dans un corps; elle résout en récits terribles et charmants les problèmes insolubles. Elle donne un sens à la douleur, une raison à l'effort; elle a des légendes pour expliquer le mal comme le bien, pour faire sortir l'ombre de la lumière et de nouveau de l'ombre faire rayonner la lumière radieuse. Cette beauté, œuvre collective, vient au devant du génie individuel, le sollicite et l'inspire. L'art n'est plus un jeu qui nous distrait un instant, fût-ce au spectacle de nos misères; il est sérieux; la beauté est dans la pensée avant d'être dans la forme, et toutes les idées, celles qui expriment la lutte, la douleur, le mal et le péché, comme celles qui expriment la paix, la joie, l'amour et le bien, frémissent et montent en accord vers la conscience, en même temps que les profondeurs de l'esprit s'éclairent.

V

En nous révélant les rapports de la spontanéité et de la réflexion, du conscient et de l'inconscient dans la découverte du vrai et dans la création de la beauté, l'étude du génie ne jette-t-elle pas quelque lumière sur la vie de l'homme et sur ses destinées. En devenant la pensée, la nature ne cesse pas d'être elle-même, elle ne s'arrête pas pour se présenter orgueilleusement un miroir où elle se contemple; elle est l'esprit même, elle y vit, elle y agit, elle y poursuit son œuvre. Les lois et les méthodes de l'intelligence expriment la tendance vers l'ordre, qui n'est elle-même que l'effort vers l'être. En creusant la pensée on découvre la nature, au delà de la réflexion l'instinct, dans les lois mêmes de l'entendement les lois de la vie. Dès lors, nous entrevoyons l'absurdité des théories exclusives qui séparent la réflexion et le sentiment, les opposent, les engagent dans une lutte, que ne pourrait finir que la destruction de l'une ou de l'autre. Les partisans de la réflexion oublient que quand elle n'est pas un pouvoir d'arrêt, une sorte de force négative, elle travaille pour le sentiment. Ils oublient qu'elle exprime les équilibres momentanés, les oppositions des désirs, qui grâce à la prévision s'ordonnent pour se concilier; qu'ainsi, alors même qu'elle résiste aux entraînements passagers, elle est dirigée par l'instinct, dont l'intelligence éclaire les voies. Les exagérés du sentiment se révoltent contre cet orgueil de la réflexion, dont l'analyse stérile paralyse l'action et décompose la vie. Ils veulent vivre, agir, et au nom de la nature ils rejettent la réflexion, sans s'apercevoir qu'ils mutilent la nature même par la suppression arbitraire d'un de ses plus puissants moyens d'action.

L'abus de la réflexion conduit au dilettantisme ou à la vie purement spéculative; dans les deux cas, la vie n'a plus de sens, parce qu'elle n'a plus de réalité; dans les deux cas, l'homme se lasse d'évoquer des fantômes et de jouer avec des ombres, et tôt ou tard de cette lassitude naissent le dégoût et la désespérance. Les dilettantes sont des gens curieux d'eux-mêmes, qui sans cesse s'arrêtent pour s'observer avec un intérêt mêlé d'indifférence. Ils ne s'abandonnent pas au courant de la vie qui nous emporte sans que nous y songions; ils sont toujours attentifs, toujours présents à eux-mêmes. Ils assistent à la naissance et au développement de leurs sentiments, ils calculent les sentiments élémentaires qui les constituent. Ils ne veulent pas être dupes; être heureux naïvement serait une duperie. Ils se donnent des émotions pour en jouir, et ils en jouissent très froidement; ils jouent avec eux-mêmes, avec les autres, avec la nature. Ils flétrissent la joie rien qu'en la touchant. S'ils consentent à aimer, ils savent par combien de raisons ils y sont déterminés, ils ont compté combien de plaisirs ils peuvent espérer de leur amour, et ils n'éprouveront que les plaisirs qu'ils ont prévus. Ils sont les délicats, les raffinés, les impassibles; ils apprennent à sourire. Ils ont une manière de dire : l'analyse, et ils citent Stendhal. Ils s'ennuient, ils voudraient inventer des jouissances nouvelles, et ils sont tentés par le monstrueux, qui du moins n'est pas une banalité et n'a pas traîné dans le cœur des foules.

Ce n'est là qu'une maladie, une infirmité, et ridicule parce qu'elle s'étale avec l'insolence d'une supériorité, d'une distinction! On prétend être sorti de la nature, on y reste. Qu'est-ce donc que cette surveillance continue de soi-même, qui tient la pensée toujours en éveil? cette suppression habile des sentiments désintéressés? cette possession de soi qui permet toujours la prudence? La vie a quelque chose de mystérieux : elle ressemble à une grande bataille, dont nous ignorons l'issue; nos sentiments nous poussent ici ou là, c'est le poste, et nous y combattons. Qu'est-ce donc que cette ironie toujours en garde contre les sentiments qui s'éveillent, sinon l'art de se soustraire au danger, aux devoirs gênants? et qu'est-ce que cet art de prendre le plaisir en laissant ses conditions douloureuses, sinon la forme la plus raffinée de l'égoïsme? La nature n'a pas perdu ses droits; l'orgueil est un sentiment tout comme la peur. C'était bien la peine de prendre de grands airs pour parler des instincts de la foule! Cet égoïsme timide et réfléchi se châtie lui-même. La vie est un acte de confiance, un acte de foi. L'analyse décompose nos sentiments, ne nous laisse que des éléments en dissolution. Si la curiosité peut distraire d'abord de cette absurdité, de cette vanité des choses, la curiosité satisfaite, ne faut-il pas désespérer? L'ironie est un effort, l'effort de la réflexion contre la vie, un effort négatif et stérile, quelque chose d'étrange et de contradictoire comme le suicide.

La science du moins n'est pas cet égoïsme timide, elle n'isole pas l'homme du monde, elle l'unit à tout ce qui est, à la terre qu'il habite, à l'air qu'il respire, au soleil dont il se nourrit sous mille formes, et par le soleil aux mondes en nombre infini, dont aucun n'est inutile à l'équilibre de l'atome comme de l'univers. La vraie tâche de l'homme n'est-elle pas cet affranchissement par la pensée qui, dans la contemplation de l'universel, prend, avec la résignation à toutes les conséquences des lois nécessaires, le dédain de tout ce qui n'est que l'expression éphémère de ces lois inéluctables? L'esprit agrandi jusqu'à devenir le monde qu'il pense au moins dans ses lois ne peut plus s'abandonner aux emportements de l'égoïsme; il analyse ses passions et ses sentiments comme les forces naturelles, et, en les analysant, il les atténue, parce qu'il les divise; il regarde les accidents et les souffrances comme des phénomènes scientifiquement déterminés ; il voit les choses dans l'éternel, et, sa vie d'un jour se réduisant à un point imperceptible dans la durée sans fin de la vie universelle, ses désirs et ses douleurs, ramenés à leur importance relative, s'évanouissent par le ridicule de leur infinie petitesse. Ainsi le savant domine la nature par cela seul qu'il la pense, s'affranchit du désir, se délivre de l'instinct et aux illusions de l'égoïsme oppose l'invincible ironie de l'esprit.

La vie purement spéculative est-elle la vie vraiment humaine ? La science est-elle toute notre destinée ? ne va-t-elle pas finir elle aussi au découragement et au dégoût ? D'abord la découverte de la vérité n'est pas l'œuvre de la seule réflexion ; elle est l'acte du génie, de la spontanéité vivante qui, en organisant les idées, découvre leurs rapports. C'est la nature qui fait la fécondité de la pensée, c'est l'instinct qui la guide, pourquoi donc les opposer et les mettre aux prises ? La pensée est déjà une forme de l'action ; l'homme ne sait que ce qu'il fait ; il a beau vouloir se retirer de la vie, il y reste. Mais peut-il se borner à reproduire ce qui est, s'en tenir à ce rôle de comtemplateur désintéressé ? Qu'advient-il de lui, de sa pensée même, quand il se met hors des choses ? quand il se sépare de ce qui est et prétend n'y pas intervenir ? que devient le monde ? que devient son esprit ? Le monde reste en dehors de sa pensée, c'est un objet qu'il n'atteint pas. Son esprit est une scène fantastique où passent des images, où ne s'agitent que des ombres. Qu'est-ce que cette science ? Ce n'est pas l'Être, c'est son fantôme ; c'est l'être moins l'être même ; c'est l'image, l'apparence, ce qu'on ne peut saisir, embrasser, un vain mirage où l'on cherche vainement l'aliment de la vie. Dans cette pensée si orgueilleuse, il n'y a rien qui ne soit dans la nature ; dans la nature, il y a quelque chose qui n'est pas dans cette pensée, la réalité [1].

---

1. J. Lachelier.

La vie est bien le songe d'une ombre, l'esprit est fait de fantômes.

Tôt ou tard Faust se réveille de son illusion. Du monde il a fait un traité de mécanique, de la lumière une formule, de l'amour une dissertation. Qu'a-t-il gagné à cette métamorphose? Voyez le vieux docteur de Rembrandt. Il est à cette heure d'angoisses. Toute la nuit il a tourné les feuillets du livre ouvert devant lui, et voici qu'il s'arrête. Il songe, les deux mains croisées, le corps droit appuyé au dossier de la chaise haute. Sa tête dénudée se penche, pose la blancheur de sa barbe sur sa robe sombre; tourné en dedans, son regard est fixe, tendu sur le monde des abstractions confuses qui s'agitent dans son cerveau lassé. Son cabinet, aux voûtes claustrales, est triste, silencieux et froid; il a l'austérité de la science morte, où gît le squelette des choses. Au-dessus du vieil alchimiste, dont elle éclaire la face pâle, l'ogive de la fenêtre se détache éclatante; par sa transparence radieuse, elle invite le regard, elle rappelle le libre espace, le mouvement, l'amour; et toute la clarté qui pénètre l'ombre de l'obscur réduit, qui s'y infiltre, y rayonne et l'égaye en s'y jouant, vient de cette ouverture sur la nature vivante. C'est ainsi que Faust, réveillé de ses ambitions spéculatives, s'interroge avec angoisse sur la valeur de cette science, à laquelle il a tout sacrifié! Cette science est stérile et morte; elle n'est pas le verbe puissant, la parole de vie; elle ne fait rien, elle est la pâle image de ce qui est, et il y a plus de réalité dans la joie du paysan naïf qui met ses beaux habits au jour de Pâques et sent passer en lui le souffle et la fête du printemps que dans toutes les analyses du psychologue raffiné qui le regarde avec envie. Faust découvrira un jour la valeur de la science, le jour où il ne cherchera plus en elle la satisfaction d'un orgueil solitaire, le jour où il se sentira « un homme parmi les hommes » et où il sera tenté de faire un peu de bien avant de s'en aller pour jamais. L'action ne laisse pas de doute sur la réalité, parce qu'elle est la réalité même, parce qu'unissant l'homme au travail de la nature, qu'il continue, elle lui donne la conscience immédiate de l'effort universel.

L'esprit dans sa solitude orgueilleuse ne peut que se donner le spectacle d'un songe. L'erreur des exagérés de la pensée fait la vérité relative des moralistes du sentiment. Quand Rousseau s'indigne contre la vie artificielle et raffinée de ses contemporains, quand il proteste contre la manie de l'analyse, contre l'art de corrompre les esprits à coup sûr, comme on empoisonne les corps; quand il montre le besoin toujours croissant des excitations factices, la contagion du vice, l'abus du bel esprit, et pour châtiment le plaisir à la place du bonheur, la lassitude, le dégoût, l'incurable ennui de s'amuser toujours, il a raison. Il a raison encore quand il ne veut pas qu'on sacrifie le fond à la forme, l'esprit à la lettre, les instincts primitifs aux usages qu'ils ont créés, la sympathie à la politesse, la vie de famille à la vie de salon, l'amour à la coquetterie, la religion aux pratiques d'un culte vieilli; il a raison quand il demande le retour vers la nature, vers la sincérité, vers les instincts profonds, que toute vie enveloppe comme ses principes et ses conditions premières. Est-ce à dire qu'il faille supprimer la réflexion, donner un plein assentiment à cette parole étrange : « L'homme qui médite est un animal dépravé, » et se livrer sans résistance aux impulsions d'une sensibilité capricieuse?

C'est au nom du sentiment qu'il faut combattre le sentimentalisme. Il supprime l'amour de l'ordre, l'amour de la vie véritable, l'instinct supérieur, qui fait tendre le cœur comme l'esprit à l'universel. En trompant sur les conditions de la vie, il conduit par la désillusion au dégoût. On n'a tenu compte ni des contradictions intérieures qui nous opposent à nous-mêmes, ni de la nécessité de se mouvoir dans le milieu social et naturel; on a fait un rêve de paradis, on a méconnu la loi de l'effort, on a tout attendu d'une nature distincte de l'esprit et de la volonté ; heurté à quelque obstacle, on s'éveille brusquement. Au lieu d'ouvrir les yeux et de se remettre en marche après un instant de repos, on trouble les gens qui passent de ses gémissements. Le sentimentalisme ne justifie pas ses prétentions ; loin de nous élargir et d'étendre indéfiniment les limites du moi, il nous ramène et nous resserre en nous-mêmes. C'est un dilettantisme d'un nouveau genre : on n'est jamais las de s'occuper de soi et d'en occuper les autres ; au lieu de vivre, on se regarde et l'on s'admire ; c'est la doctrine des confidences, des confessions, des mémoires d'outre-tombe, des histoires « de ma vie », des biographies en vers et en prose, de l'égoïsme mélancolique et triomphant.

L'étude du génie ne peut-elle nous éclairer sur les vrais rapports de la vie et de la pensée ? L'esprit et la nature s'y pénètrent si intimement qu'on ne saurait marquer les limites qui les séparent. La volonté réfléchie par le travail prépare l'inspiration ; le mouvement spontané de la vie organise les conceptions, que le jugement accepte, rejette ou modifie. Une gradation insensible fait passer de la vie à la conscience ; le beau résulte du libre jeu des facultés en accord dans un acte vital. Le sentiment ne doit pas plus être opposé à la pensée dans la vie morale que dans l'art. La réflexion n'est pas faite pour détruire la nature, mais pour éclairer ses voies. Il y a en nous des luttes, des contradictions ; les sentiments s'opposent, l'égoïsme à la sympathie, la sympathie à elle-même ; l'unité de l'âme n'est pas faite, elle est à faire ; nous n'existons qu'à la condition de nous donner l'existence. La vie, c'est cet effort même. Au-dessus des instincts particuliers, des sentiments élémentaires s'élève un instinct supérieur, un sentiment dominateur, l'amour de l'ordre, qui suppose la prévoyance et dont l'instrument nécessaire est la réflexion. Le désir satisfait n'est qu'une harmonie momentanée, une concentration passagère de l'être dans un plaisir d'un instant. L'anarchie intérieure nous briserait en êtres successifs indifférents ou hostiles les uns aux autres. La vie vraiment humaine, c'est la vie ordonnée dont les divers actes se tiennent et s'organisent. Cet amour de la vie harmonieuse, ce sentiment supérieur, qui enveloppe et ordonne les autres sentiments n'est-ce pas « la conscience? n'est-ce pas cet instinct divin, cette immortelle et céleste voix, ce guide assuré d'un être ignorant et borné, mais intelligent et libre, » que J.-J. Rousseau évoque dans ses prosopopées?

Comme nous tenons à tout ce qui est, nous ne serions pleinement en accord avec nous-mêmes qu'à la condition d'être en accord avec tout ce qui est, c'est-à-dire avec tout ce qui se représente en nous, avec tout ce qui est l'élément de notre pensée ou la fin de nos actes, avec nos semblables, avec l'univers. Un vague instinct le pressent; faits de nos idées, nous tendons à les organiser. Mais qu'est cette tendance, tant qu'elle n'a pas pris conscience d'elle-même par l'effort de la pensée réfléchie, tant qu'elle n'a pas donné naissance à des systèmes d'idées qui la précisent et la manifestent? L'esprit n'est pas seulement une puissance négative, il est un instrument nécessaire. Son rôle n'est pas de chercher querelle à la nature, de dissoudre les sentiments, de supprimer toute raison de vivre; son rôle est de prendre la nature telle qu'elle est, sans faire de sa confiance une inerte résignation; de la dominer en la comprenant et en restant compris en elle, et de donner une existence au moins idéale à la nature supérieure, dont il porte en lui le pressentiment et l'espérance. La pensée, c'est encore la nature, mais dans les conditions nouvelles, que font avec la conscience le souvenir et la prévision; c'est la nature visible à elle-même, consciente de ce qu'elle poursuit, créant de nouveaux moyens de l'atteindre. Par la pensée, nous saisissons la fin dans ses rapports avec les moyens de la réaliser, avec les obstacles qui se dressent entre elle et nous, avec les autres fins désirables et légitimes qui nous sollicitent. C'est la pensée qui dans le présent voit la conséquence du passé, le principe de l'avenir; c'est elle qui défend l'homme de demain contre l'homme d'aujourd'hui, organise nos actes en coordonnant nos fins et crée la personne en ne nous laissant pas nous disperser dans la diversité bigarrée des désirs sans suite; c'est elle qui donne une force efficace à la sympathie en concevant l'ordre social, en l'approchant de plus en plus d'un idéal lointain de justice et de fraternité; c'est elle enfin qui, sous l'action de la tendance à l'unité, qui la domine et la dirige, pour échapper au désordre réel, qui du milieu naturel et social passe en elle et la trouble, pose l'ordre moral, lui subordonne l'ordre physique et affirme que cette fin suprême, dont elle ne peut déterminer les moyens, est le but véritable vers lequel tout tend et s'efforce. L'usage naturel de la pensée, ce n'est pas de supprimer les instincts, mais de les organiser, de les ordonner, en donnant satisfaction à l'instinct supérieur, à l'amour de la beauté, qui n'est que l'amour de la vie sous sa forme la plus élevée. Fortifier de plus en plus cet instinct, lui assurer la suprématie, armer l'individu contre les passions anarchiques, avant qu'elles soient nées, faire comme vivre en lui toute l'expérience humaine dans des habitudes morales invincibles, c'est l'œuvre de l'éducation qui, fixant les progrès de la pensée en lois de la nature, nous montre une fois de plus le passage incessant de l'une à l'autre.

Quand Voltaire a fini de se moquer de la vie, quand il est las de railler l'esprit bafoué par le mal, la réflexion impuissante à découvrir le pourquoi des choses en rattachant tout au bien, le grand ironique conclut par l'acceptation de la vie, par une sorte de confiance résignée. Son bon sens le ramène à l'instinct. « Travaillons sans raisonner, dit Martin, c'est le seul moyen de rendre la vie supportable. » Pangloss incorrigible veut encore disserter. « Tout cela est bien dit, répondit Candide ; mais il faut cultiver notre jardin. » Cultiver notre jardin ! Voltaire ne va pas au delà. Comme si notre jardin ne tenait pas à la terre, et la terre à tout ce qui est ! Pour avoir abusé de l'esprit, il le supprime. Acceptons la vie, soit ; mais acceptons-la tout entière, laissons-la s'épanouir librement. Ne mutilons pas la nature en supprimant la pensée. L'homme ne peut rester enfermé en lui-même : le moi n'est pas une solitude ; dans le moi, il y a les autres hommes et tout l'univers. Vivre, c'est aussi organiser ses idées, chercher leur accord, travail légitime, vraiment humain, qui force l'homme à dépasser les étroites limites d'un égoïsme contradictoire.

Quand Faust, dégoûté de la réflexion, las de la vaine image des choses, se jette à travers la vie, il ne fait de la vie que la suite de la science, il garde la folie des curiosités insatiables, il joue avec les sentiments comme il a joué avec les idées, il veut exprimer du cœur humain tout ce qu'il contient de larmes et d'ivresses ; ce n'est pas vivre encore ; c'est toujours rester en dehors de la vie, en dehors de soi-même, regarder en soi l'être qui jouit, qui souffre, qui pleure, sans pouvoir se fondre avec lui dans la douleur et dans la joie. Ni le plaisir vulgaire, ni l'amour, ni l'ambition, ni la possession de la beauté sereine et plastique dont l'harmonie est plus douce à l'esprit qu'aux sens ou au cœur, ne peuvent le réconcilier avec lui-même, lui donner ce bonheur sans angoisses, qui doit le tuer en lui livrant le secret de la vie ! C'est à peine s'il trouve quelque repos à se mêler à la nature, à s'oublier, à se perdre, à s'évanouir en elle ; la force qu'il puise à son contact, le sang plus frais qui circule dans ses veines ne fait que réveiller en lui « la résolution puissante de tendre toujours et sans cesse vers l'existence la plus haute. » Mais quand, après avoir « promené en tous sens le puissant tourbillon de sa vie », il en vient au travail, à l'action véritable, qui s'éprend du bien vers lequel elle s'efforce ; quand de sa pensée il anime mille bras et repousse la mer; quand il fait passer son âme, une âme de vie et de fécondité, dans les espaces immenses de sable stérile, qu'il offre à l'activité des hommes; au moment où il songe au bonheur de vivre « sur un sol libre au milieu d'un peuple libre, » il a le secret de la vie, « le dernier mot de la sagesse [1], » et dans la jouissance de son œuvre désintéressée, dans le pressentiment de la félicité durable, dont il veut être le créateur, il a goûté la joie suprême, il a éprouvé la valeur de la vie. L'horloge s'arrête; l'aiguille tombe; le temps est accompli pour lui; il appartient à l'enfer. Non, en comprenant la loi du travail, en trouvant le bonheur dans l'oubli de soi, dans le sacrifice, dans l'effort pour tous; en réconciliant enfin la pensée, la raison et le sentiment dans l'action, qui emploie toutes les ressources de l'intelligence à atteindre les fins que pose l'instinct, il a résolu le problème de la vie, il a prouvé « qu'un homme de bien dans son obscure impulsion (Drange) trouve enfin la conscience de la voie droite »; il s'est réconcilié avec les lois de la nature et avec les desseins de Dieu, vers lequel son élan en se continuant l'emporte!

VI

Accord de tous les phénomènes intérieurs dans le mouvement spontané de la vie libre et harmonieuse, le génie peut nous instruire sur nous-mêmes et sur nos destinées. Mais la beauté n'est-elle qu'un jeu d'apparences que l'homme crée pour se distraire? n'a-t-elle d'autre existence que celle que nous lui donnons en en jouissant? n'est-elle pas à des degrés divers partout présente, obscur désir que la conscience éclaire, qu'elle ne crée pas? Il semble que l'étude du génie, nous en-

---

[1] « Celui-là seul mérite la liberté comme la vie qui doit chaque jour la conquérir. » (*Faust*.)

fermant en nous-mêmes, laisse ces questions sans réponse. Mais ce n'est que par une illusion que nous nous mettons en dehors de la nature, que nous posant à part nous prétendons nous retirer du monde et le regarder passer, comme un fleuve du rivage. Nous sommes en lui, et il est en nous. Le sujet et l'objet, la pensée et l'univers sont des termes qu'on n'isole que par abstraction. L'homme n'est un microcosme que parce qu'il tient à tout ce qui est. Il ne peut parler de lui-même sans prononcer sur l'univers Qu'il le veuille ou non, sa pensée s'étend, s'amplifie, le dépasse. Il n'est qu'un grain de poussière, un atome, « une quantité négligeable ; » mais dans cet atome l'immense se présente. Il ne soupçonne son néant que parce qu'il s'oppose l'objet de sa propre pensée, et sa petitesse n'est que sa grandeur. L'esprit ne voit tout le reste qu'en s'apercevant lui-même. Le monde est sa représentation. Il a beau se plaire à s'humilier ; il reste grand malgré qu'il en ait, et en disposant de lui-même il dispose de la réalité tout entière.

Réfléchir sur soi, c'est approfondir ce qui est. L'homme est pour lui-même un objet, un élément de ce monde, que sa pensée s'oppose. Il unit le corps et l'esprit ; il concilie la nature et la réflexion, il est pour lui-même le fait le plus curieux, le plus instructif, l'expérience la plus saisissante, la plus décisive. En accordant nos diverses puissances, le génie ne résout-il pas bien des oppositions apparentes ? ne permet-il pas d'entrevoir l'unité réelle, que dissimule la diversité des formes sous lesquelles la pensée s'apparaît à elle-même dans la richesse des créations qu'elle multiplie ? La nature et l'esprit dans le génie sont pleinement réconciliés ; à dire vrai ils ne s'opposent que pour une psychologie superficielle. « Si nous recherchons de quelle manière cette cause qui est nous-mêmes fait ce qu'elle fait, nous trouvons que son action consiste dans la détermination par la pensée d'un ordre ou d'une fin à laquelle concourent et s'ajustent des puissances inconnues, qu'enveloppe latentes notre complexe individualité. Nous nous proposons tel objet, telle idée ou telle expression d'une idée : des profondeurs de la mémoire sort aussitôt tout ce qui peut y servir des trésors qu'elle contient. Nous voulons tel mouvement, et, sous l'influence médiatrice de l'imagination qui traduit en quelque sorte dans le langage de la sensibilité les dictées de l'intelligence, du fond de notre être émergent des mouvements élémentaires, dont le mouvement voulu est le terme et l'accomplissement. Ainsi arrivaient, à l'appel d'un chant, selon la fable antique, et s'arrangeaient comme d'eux-mêmes en murailles et en tours, de dociles matériaux. »

La pensée continue la vie, de l'une à l'autre la transition est constante. La conscience n'est pas une puissance surnaturelle, elle est la nature même; elle est l'intelligence et l'activité partout présentes, mais ramassées dans des foyers qui, convergeant, s'exaltent jusqu'à rendre la lumière visible à elle-même. Isolez la pensée de la vie; supprimez la spontanéité, l'inspiration, la conscience n'éclaire plus rien; comme une flamme sans aliment, elle s'éteint et meurt. La réflexion ne peut rien par elle-même. Il est contradictoire que la conscience cherche une idée absente : ou elle cherche ce qu'elle possède déjà, ou elle ne sait pas ce qu'elle cherche. La fin qu'elle se propose devient le principe d'un mouvement vital qu'elle dirige, sans en connaître le détail. Si l'esprit n'était que réflexion, il serait subordonné à la nature, qui fait tout ce qu'il y a de positif dans son œuvre. Mais l'esprit, c'est encore la nature; c'est la nature dans son acte le plus élevé, se voyant, se jugeant elle-même, ne se répandant plus avec une égale ardeur en tous sens, s'arrêtant pour se recueillir, gardant toute sa fécondité, y ajoutant la prévoyance. Le génie nous montre le passage incessant de l'es-

1. F. Ravaisson, *Rapport sur la philosophie au* xixe *siècle*, Conclusion.

prit à la nature et de la nature à l'esprit. Le travail et l'effort préparent l'inspiration et s'y mêlent. Pendant que l'artiste conçoit ou exécute son œuvre, il n'y a pas un moment où la réflexion tout à coup disparaisse pour laisser place à une sorte de grâce efficace et fatale ; l'esprit et la nature travaillent de concert, ils sont confondus. C'est ce qui fait que l'artiste sincère ne peut soumettre son génie à une analyse brutale, dire ce qui revient à l'effort réfléchi, à l'inspiration. Le génie, c'est l'union même et le travail sympathique de ces deux modes d'action d'une seule et même puissance qu'on appelle, selon le point de vue auquel on se place, la nature ou la pensée.

Le génie ne semble pas aussi propre à rapprocher le sujet et l'objet, la matière et l'esprit. L'art ne repose-t-il pas sur ce dualisme? Le beau n'est-il pas l'idée manifestée dans la forme sensible, le sentiment organisant les images qui lui donnent un corps? Nous n'avons pas à montrer ce qu'il y a d'absurde dans un dualisme qui, distinguant la nature du monde, l'esprit un et simple du corps multiple et divisible, loge l'inétendu dans l'étendu. Peut-être ce dualisme apparent ne tient-il qu'à la double nature de notre intuition par les sens et par la conscience et n'est-il pas irréductible? Ce que nous devons dire, c'est que, loin de confirmer l'opposition violente du sujet et de l'objet, de l'esprit et de la matière, l'art les rapproche et les concilie, comme il établit la continuité de la nature et de la pensée. L'imagination est comme le point de rencontre de l'esprit et du corps. Le sentiment se confond avec les scènes mobiles qui l'expriment, il s'étend dans l'esprit, il prend une sorte de réalité physique. De même dans l'image l'étendue se fait pour ainsi dire inétendue, la matière spirituelle. Sans sortir de nous-mêmes, nous trouvons les éléments d'un monde qui ne diffère pas du monde qui nous entoure. Sous sa forme la plus haute, devenue le génie, l'imagination concilie tous les phénomènes intérieurs dans l'unité de l'inspiration. Elle confond les sens et l'entendement, les lois de la perception agréable et les lois de la pensée rationnelle. La beauté, c'est cet accord même de tout ce qui semble s'opposer en nous, c'est cette unité des sens et de la raison, du sujet et de l'objet, non pas établie par raisonnement, mais sentie, éprouvée dans la contemplation d'une œuvre qui en est comme la réalité, d'une œuvre où ce qu'on appelle la matière, ce qui n'est en fait que la sensation, n'existe plus que pour glorifier l'esprit. Ainsi l'étude du génie semble nous inviter à voir dans l'univers l'acte d'une pensée dont nous sommes la conscience et dont la loi est l'effort vers la beauté.

Ces conclusions sont-elles légitimes? Ne peut-on accorder toute la psychologie du génie sans faire acte d'adhésion à cette métaphysique aventureuse? La tendance vers l'harmonie n'est pas le principe de l'évolution, mais son résultat le plus tardif. Elle ne précède ni ne prépare la vie, elle en est l'effet et la conséquence. Peut-on conclure de l'accord possible des sens et de l'entendement à l'unité réelle de la pensée et du monde qu'elle pense? peut-on confondre ainsi le subjectif et l'objectif? le génie, qui suppose l'organisme vivant, avec la nature? peut-on faire du mouvement vers la beauté, qui n'existe que par nos facultés et par leur accord, qui n'a de sens que par nous, qui n'est une fin que pour nous, la loi la plus générale de l'Être? Le principe de l'erreur est toujours le même. On prend le phénomène le plus complexe pour type de toute existence. On considère la vie sous sa forme la plus haute; on est au sommet des choses, on se croit de plain-pied avec l'univers et on s'élance dans le vide...

L'unique méthode, c'est l'analyse. Comprendre, c'est chercher dans l'antécédent la raison du conséquent, dans ce qui était hier la raison de ce qui est aujourd'hui, dans les éléments et dans leurs rapports la raison du tout et de ses propriétés. L'ensemble ne surprend qu'autant qu'on ignore le détail des parties. Les idées sortent des faits et non les faits des idées. Décomposez la pensée, la vie, les éléments de la vie et jusqu'aux éléments de ces éléments; tenez compte du temps, des combinaisons sans nombre, des intermédiaires disparus, des échecs ignorés. Loin de se rapprocher de l'esprit, la nature s'en éloigne à l'infini. Voilà le vrai point de vue de la science. Expliquer la qualité, c'est la détruire, c'est la résoudre en éléments quantitatifs, matériels, qui n'ont rien de commun avec elle. Le dernier rouage, la pièce élémentaire, dont les combinaisons composent l'admirable mécanisme d'un cerveau de génie, c'est le mouvement réflexe. Le mouvement réflexe nous ramène à la vie, la vie à ses conditions matérielles, le jeu des cellules nerveuses aux phénomènes physico-chimiques, ceux-ci aux simples mouvements qui, selon les lois aveugles et inflexibles de la mécanique, tour à tour s'opposent ou se composent, s'annulent ou conspirent. D'un simple mouvement au génie de Shakespeare, la distance est grande, mais le temps ne manque pas pour la parcourir. En retrouvant l'élément simple dans le tout complexe, l'analyse remonte à l'origine des choses et, négligeant les effets du temps, découvre la seule réalité véritable.

L'analyse est un moment nécessaire du rythme de la pensée. En énumérant les phénomènes simples que concentre un phénomène complexe, elle donne toute sa valeur à l'œuvre synthétique qu'elle décompose. Si nous pouvions voir le génie du dehors, dans les phénomènes physico-chimiques qu'il suppose et qu'il ordonne, nous serions émerveillés de tout ce qui s'organise de mouvements simples avec une vitesse prodigieuse dans cet acte de conscience instantanée. Mais l'analyse par définition même est stérile. Ni dans l'esprit, ni dans la nature, elle ne peut faire apparaître quelque chose de nouveau. Elle dissout, elle décompose, par là même elle n'a de sens, de raison d'être que par la synthèse qui pose ses problèmes en posant l'harmonie. Créer, c'est unir, c'est combiner, c'est organiser. La science suppose le génie de la nature. Ce qui fait l'importance de l'analyse, c'est que le monde est donné : elle serait incapable de le créer, elle ne peut que le dissoudre, qu'entrevoir les distances parcourues, en mesurant l'intervalle des éléments simples au tout complexe qu'ils composent. Le principe du mouvement et du progrès lui manque.

Prétendre tout expliquer par l'analyse, c'est mutiler l'esprit, c'est le réduire aux formes de l'espace et du temps et à la catégorie de causalité ; du même coup, c'est, en ramenant le monde à un jeu de hasard, à une réussite, le rendre inintelligible. Seule l'harmonie satisfait l'esprit, lui permet de comprendre les choses en organisant ses idées. L'univers est ma représentation. Pour moi, quoi qu'on fasse, il est ma pensée. Dès lors, de quel droit ne pas accepter la pensée tout entière, supprimer ce qui fait sa fécondité, le principe même de son mouvement vers la vérité ? En négligeant certaines catégories impérieuses, aussi légitimes, aussi nécessaires, aussi universelles que celles que l'on maintient arbitrairement, on ne laissait que des choses, et par l'analyse on descendait aux dernières conditions de l'Etre pour trouver l'Etre lui-même. Rétablissons la catégorie de finalité, l'idée du bien, la conception du monde se transforme : ce sont les choses, c'est l'inerte, l'indifférent, l'absolue matière qui disparaît ; tout est tendance, tout est force, tout est idée. On ne déracinera pas l'idée du bien, on ne l'arrachera pas de la pensée humaine, et, tant qu'elle s'imposera, elle dominera le monde qui se représente en nous. Ce n'est qu'en se faisant violence à lui-même que l'esprit donne naissance au monde du hasard et de l'abstraction.

Certes les systèmes diffèrent : l'esprit, toujours mécontent des formes dans lesquelles il prétend s'exprimer tout entier, les brise, pour tenter quelque construction nouvelle. Certes bien des échecs ont été subis depuis les jours d'adolescence, où Platon hardiment tentait la déduction irrésistible, qui devait, en confondant la mathématique et la morale, la logique et la perfection, créer l'harmonie définitive de toutes nos idées dans l'idée du bien. Qu'on élève au-dessus de l'univers la perfection qui le guide, ou qu'on donne à la nature avec la spontanéité créatrice l'instinct qui la dirige; qu'on fasse du monde un vain fantôme que s'oppose la pensée absolue, ou qu'on mette en lui ses espérances, qu'importe? L'esprit ne peut se dispenser de poser le problème et sa solution. Les démonstrations varient, les moyens changent; sous une forme ou sous une autre, la solution demeure, parce qu'elle seule achève l'esprit, lui donne l'existence, et que l'esprit ne consent pas à se nier lui-même, à s'expliquer en s'anéantissant.

L'idée du bien est imprescriptible, c'est à sa lumière que s'éclaire le monde. Réduit au mécanisme, le monde est inintelligible. Je n'examine pas la question de savoir si le mécanisme se suffit à lui-même, s'il est possible logiquement d'en déduire ce qui est, ni si l'idée du mouvement ne suppose pas ce qu'on prétend qu'elle supprime. Je prends les choses plus simplement, plus naïvement. Je dis que l'esprit rejette un monde où tout est sans raison d'être, où tout est nécessairement, fatalement, il est vrai, mais où la nécessité est aveugle, stupide, insaisissable aux prises de l'intelligence, qui n'entend que ce qui lui ressemble. Le bien seul, donnant un sens aux choses, justifie, légitime l'existence. En devenant la pensée l'univers se soumet à ses lois. Il n'est plus une œuvre de hasard, il est un concert d'idées. Pour le penser l'esprit le recrée, se fait nature. En organisant ses propres idées il lui donne avec l'existence une raison d'être. Il ne le laisse pas se résoudre en une poussière d'éléments abstraits, de phénomènes sans suite, de moments successifs et sans lien ; il subordonne les matériaux à l'unité de la forme qui les combine ; il unit les moments successifs dans la continuité d'une pensée qui se développe, et dominant les désordres partiels, bravant les négations brutales de la douleur et du péché, il embrasse toutes les contradictions dans l'unité d'un vaste système idéal qui les concilie, leur donne un sens, résout en accords leurs dissonances.

Ce n'est pas à tort que nous avons cru surprendre dans le génie le secret de la nature et de ses créations. Le génie est la nature même poursuivant son œuvre dans l'esprit humain. La pensée ne comprend qu'elle-même ; si on l'exile du monde, il reste l'inintelligible, l'indéterminé, le chaos. Ce qui explique le monde, la variété de ses formes, son progrès dans l'harmonie, c'est l'action de la puissance inventive, qui multiplie les êtres en variant ses idées et plus ou moins accorde ses idées dans l'unité de l'univers qu'elle enveloppe. Si la nature est génie, si le génie est la beauté vivante, il n'est rien qui en dernière analyse n'ait sa raison dans la beauté. Le réel n'est ni l'unité absolue, ni la pluralité indéfinie ; c'est l'harmonie. Toute création est poésie. Les lois générales du mouvement, l'ellipse que décrivent les astres, les types moléculaires, les formes régulières que prend le cristal, les harmonies que réalise la plante en s'édifiant elle-même, le concert des sensations et des mouvements dans l'instinct, au terme cet enveloppement d'organismes concentriques qui permet la conscience, et dans l'esprit même la création progressive d'un ordre idéal de plus en plus riche, voilà les épisodes successifs du grand poème que crée spontanément la pensée universelle. C'est peu à peu que l'idéal se révèle et se réalise. L'effort est la loi. Le mal est un fait brutal qui atteste les limites et les imperfections du génie de la nature. Mais la douleur donne le sens des choses. Dans la douleur, le mal se hait lui-même et par son effort pour s'anéantir devient le principe du mouvement vers le meilleur. Visible à elle-même dans l'esprit, la nature se juge et se rectifie. Ses laideurs irritent son amour de la beauté. Pour se comprendre elle-même, elle organise les idées; par la conception du progrès, elle ne laisse au mal qu'une existence relative, elle lui donne un sens, une raison : le bien qu'il prépare ou permet. Dans l'infini du désir qui la soulève, elle entrevoit le Dieu qu'elle voudrait être et que déjà l'espérance et la foi réalisent. L'art est le jeu par lequel elle se donne l'image et le pressentiment de cette vie divine. La beauté prend une valeur symbolique. En réconciliant toutes les puissances intérieures, en confondant la nature et la pensée, la matière et l'esprit, en donnant une valeur à la pluralité, qui devient la richesse de l'unité qui l'accorde, en faisant des contrastes et des oppositions les éléments mêmes de l'harmonie, elle donne à l'esprit la jouissance anticipée de cette concorde vivante, de cette unité sans confusion, de cette concentration suprême qui achèverait la nature en réalisant Dieu.

Ce rêve de paradis, c'est la nature qui le fait en nous, c'est elle qui dans l'esprit tend à concilier toutes les idées, à trouver l'accord de toutes les oppositions, à réaliser la plénitude de la vie spirituelle, en résolvant le problème que pose l'existence. L'œuvre la plus haute de la nature, ce sont les religions, ce sont les métaphysiques; son dernier effort, c'est l'effort pour composer dans l'esprit de l'homme un vaste poème idéal, en lequel s'expriment ses plus hautes espérances. Les religions et les métaphysiques sont des phénomènes naturels, elles fleurissent dans l'esprit comme les arbres poussent de terre, elles sont des formes vivantes comme la plante ou l'animal. L'esprit est le prophète de la nature. En lui, elle se voit elle-même, elle se révèle ce qu'elle veut et ce qu'elle pense; en lui, elle agite le pressentiment de ses mondes futurs. Libre à ceux qui veulent se retirer de la vie! La nature en l'esprit a de ces défaillances. Puissance de dissolution, la réflexion y répond à la mort. Mais mieux vaut se livrer au mouvement spontané qui emporte l'âme vers la beauté, garder au sein même de la réflexion la foi naïve, qui donne le courage d'agir, et s'unissant à la nature, abreuvé à sa source de fécondité, ivre de son ivresse, accepter toute la vie, se pénétrer de soleil et continuer la lumière par la raison.

FIN

TABLE DES MATIÈRES

Introduction... v
Chapitre Iᵉʳ. — Du génie dans l'intelligence............................ 1
 — II. — L'image et son rapport au mouvement........... 69
 — III. — Organisation des images............................ 95
 — IV. — L'organisation des mouvements dans son rapport à l'organisation des images........................ 131
 — V. — De la conception dans l'art............................ 149
 — VI. — L'exécution de l'œuvre d'art......................... 183
 — VII. — L'œuvre d'art... 227
 — VIII. — Conclusion.. 255

Coulommiers. — Imp. Paul BRODARD. — 889-96.

ANCIENNE LIBRAIRIE GERMER BAILLIÈRE ET Cie
FÉLIX ALCAN, Éditeur

PHILOSOPHIE — HISTOIRE

CATALOGUE
DES
Livres de Fonds

	Pages.		Pages.
BIBLIOTHÈQUE DE PHILOSOPHIE CONTEMPORAINE.		ANNALES DE L'UNIVERSITÉ DE LYON	16
Format in-12	2	PUBLICATIONS HISTORIQUES ILLUSTRÉES	16
Format in-8	5	RECUEIL DES INSTRUCTIONS DIPLOMATIQUES	17
COLLECTION HISTORIQUE DES GRANDS PHILOSOPHES	9	INVENTAIRE ANALYTIQUE DES ARCHIVES DU MINISTÈRE DES AFFAIRES ÉTRANGÈRES	17
Philosophie ancienne	9		
Philosophie moderne	9		
Philosophie écossaise	10		
Philosophie allemande	10	REVUE PHILOSOPHIQUE	18
Philosophie anglaise contemporaine	11	REVUE HISTORIQUE	18
Philosophie allemande contemporaine	11	ANNALES DES SCIENCES POLITIQUES	19
Philosophie italienne contemporaine	11	REVUE DE L'ÉCOLE D'ANTHROPOLOGIE	19
LES GRANDS PHILOSOPHES	11	ANNALES DES SCIENCES PSYCHIQUES	19
BIBLIOTHÈQUE GÉNÉRALE DES SCIENCES SOCIALES	12	BIBLIOTHÈQUE SCIENTIFIQUE INTERNATIONALE	20
BIBLIOTHÈQUE D'HISTOIRE CONTEMPORAINE	13	Par ordre d'apparition	20
		Par ordre de matières	23
BIBLIOTHÈQUE HISTORIQUE ET POLITIQUE	15	RÉCENTES PUBLICATIONS NE SE TROUVANT PAS DANS LES COLLECTIONS PRÉCÉDENTES	26
BIBLIOTHÈQUE DE LA FACULTÉ DES LETTRES DE PARIS	16		
TRAVAUX DES FACULTÉS DE LILLE	16	BIBLIOTHÈQUE UTILE	31

*On peut se procurer tous les ouvrages
qui se trouvent dans ce Catalogue par l'intermédiaire des libraires
de France et de l'Étranger.*

*On peut également les recevoir franco par la poste,
sans augmentation des prix désignés, en joignant à la demande
des* TIMBRES-POSTE FRANÇAIS *ou un* MANDAT *sur Paris.*

PARIS
108, BOULEVARD SAINT GERMAIN, 108
Au coin de la rue Hautefeuille

JANVIER 1900

F. ALCAN. — 2 —

Les titres précédés d'un *astérisque* sont recommandés par le Ministère de l'Instruction publique pour les Bibliothèques des élèves et des professeurs et pour les distributions de prix des lycées et collèges.

BIBLIOTHÈQUE DE PHILOSOPHIE CONTEMPORAINE
Volumes in-12, brochés, à 2 fr. 50.
Cartonnés toile, 3 francs. — En demi-reliure, plats papier, 4 francs.

ALAUX, professeur à la Faculté des lettres d'Alger. **Philosophie de V. Cousin.**
ALLIER (R.). *La Philosophie d'Ernest Renan. 1895.
ARRÉAT (L.). * La Morale dans le drame, l'épopée et le roman. 2ᵉ édition.
— *Mémoire et imagination (Peintres, Musiciens, Poètes, Orateurs). 1895.
— Les Croyances de demain. 1898.
BALLET (G.). Le Langage intérieur et les diverses formes de l'aphasie. 2ᵉ édit.
BEAUSSIRE, de l'Institut. * Antécédents de l'hégél. dans la philos. française.
BERSOT (Ernest), de l'Institut. * Libre philosophie.
BERTAULD. De la Philosophie sociale.
BERTRAND (A.), professeur à l'Université de Lyon. **La Psychologie de l'effort et les doctrines contemporaines.**
BINET (A.), directeur du lab. de psych. physiol. de la Sorbonne. **La Psychologie du raisonnement**, expériences par l'hypnotisme. 2ᵉ édit.
BOUGLÉ, maître de conf. à l'Univ. Montpellier. Les Sciences sociales en Allemagne.
BOUTROUX, de l'Institut. * De la contingence des lois de la nature. 3ᵉ éd. 1896.
CARUS (P.). * Le Problème de la conscience du moi, trad. par M. A. MONOD.
COIGNET (Mᵐᵉ). La Morale indépendante..
CONTA (B.).*Les Fondements de la métaphysique, trad. du roumain par D. TESCANU.
COQUEREL FILS (Ath.). Transformations historiques du christianisme.
COSTE (Ad.). * Les Conditions sociales du bonheur et de la force. 3ᵉ édit.
CRESSON (A.), agrégé de philos. La Morale de Kant. Couronné par l'Institut.
DAURIAC (L.), professeur au lycée Janson-de-Sailly. **La Psychologie dans l'Opéra français** (Auber, Rossini, Meyerbeer). 1897.
DANVILLE (Gaston). Psychologie de l'amour. 1894.
DELBŒUF (J.), prof. à l'Université de Liège. **La Matière brute et la Matière vivante.**
DUGAS, docteur ès lettres. * Le Psittacisme et la pensée symbolique. 1896.
— La Timidité. 2ᵉ éd. 1900.
DUMAS (G.), agrégé de philosophie.*Les états intellectuels dans la Mélancolie. 1894.
DUNAN, docteur ès lettres. La théorie psychologique de l'Espace. 1895.
DUPRAT (G.-L.), docteur ès lettres. Les Causes sociales de la Folie. 1900.
DURKHEIM (Émile), professeur à l'Université de Bordeaux. * **Les règles de la méthode sociologique.** 1895.
D'EICHTHAL (Eug.). Les Problèmes sociaux et le Socialisme. 1899.
ESPINAS (A.), prof. à la Sorbonne. * **La Philosophie expérimentale en Italie.**
FAIVRE (E.). De la Variabilité des espèces.
FÉRÉ (Ch.). **Sensation et Mouvement.** Étude de psycho-mécanique, avec fig. 2ᵉ éd.
— Dégénérescence et Criminalité, avec figures. 2ᵉ édit.
FERRI (E.). Les Criminels dans l'Art et la Littérature. 1897.
FIERENS-GEVAERT. Essai sur l'Art contemporain. (Couronné par l'Acad. franç.).
— La Tristesse contemporaine, essai sur les grands courants moraux et intellectuels du XIXᵉ siècle. 3ᵉ édit. 1900.
FLEURY (Maurice de). L'Ame du criminel. 1898.
FONSEGRIVE, professeur au lycée Buffon. La Causalité efficiente. 1893.
FRANCK (Ad.), de l'Institut. * Philosophie du droit pénal. 5ᵉ édit.
— Des Rapports de la Religion et de l'État. 2ᵉ édit.
— La Philosophie mystique en France au XVIIIᵉ siècle.
GAUCKLER. Le Beau et son histoire.
GREEF (de). Les Lois sociologiques. 2ᵉ édit.
GUYAU. * La Genèse de l'idée de temps. 2ᵉ édit.

Suite de la *Bibliothèque de philosophie contemporaine*, format in-12, à 2 fr. 50 le vol.

HARTMANN (E. de). **La Religion de l'avenir.** 4ᵉ édit.
— **Le Darwinisme**, ce qu'il y a de vrai et de faux dans cette doctrine. 6ᵉ édit.
HERCKENRATH. (C.-R.-C.) **Problèmes d'Esthétique et de Morale.** 1897.
HERBERT SPENCER. * **Classification des sciences.** 6ᵉ édit.
— **L'Individu contre l'État.** 5ᵉ édit.
JAELL (Mᵐᵉ). * **La Musique et la psycho-physiologie.** 1895.
JANET (Paul), de l'Institut. * **Philosophie de la Révolution française.** 5ᵉ édit.
— * **Les Origines du socialisme contemporain.** 3ᵉ édit. 1896.
— * **La Philosophie de Lamennais.**
LACHELIER, de l'Institut. **Du fondement de l'induction**, suivi de psychologie et métaphysique. 3ᵉ édit. 1898.
LAMPÉRIÈRE (Mᵐᵉ A.). **Rôle social de la femme, son éducation.** 1898.
LANESSAN (J.-L. de). **La Morale des philosophes chinois.** 1896.
LANGE, professeur à l'Université de Copenhague. **Les émotions**, étude psycho-physiologique, traduit par G. Dumas. 1895.
LAPIE, maître de conf. à l'Univ. de Rennes. **La Justice par l'État.** 1899.
LAUGEL (Auguste). **L'Optique et les Arts.**
— * **Les Problèmes de l'âme.**
LE BLAIS. **Matérialisme et Spiritualisme.**
LE BON (Dʳ Gustave). * **Lois psychol. de l'évolution des peuples.** 3ᵉ édit.
— * **Psychologie des foules.** 4ᵉ édit.
LÉCHALAS. * **Etude sur l'espace et le temps.** 1895.
LE DANTEC, chargé du cours d'Embryologie générale à la Sorbonne. **Le Déterminisme biologique et la Personnalité consciente.** 1897.
— **L'Individualité et l'Erreur individualiste.** 1898.
— **Lamarckiens et Darwiniens.** 1899.
LEFÉVRE, prof. à l'Univ. de Lille. **Obligation morale et idéalisme.** 1895.
LEOPARDI. **Opuscules et Pensées**, traduit de l'italien par M. Aug. Dapples.
LEVALLOIS (Jules). **Déisme et Christianisme.**
LIARD, de l'Institut. * **Les Logiciens anglais contemporains.** 3ᵉ édit.
— **Des définitions géométriques et des définitions empiriques.** 2ᵉ édit.
LICHTENBERGER (Henri), professeur à l'Université de Nancy. **La philosophie de Nietzsche.** 4ᵉ édit. 1900.
— **Friedrich Nietzsche, aphorismes et fragments choisis.** 1899.
LOMBROSO. **L'Anthropologie criminelle et ses récents progrès.** 3ᵉ édit. 1896.
— **Nouvelles recherches d'anthropologie criminelle et de psychiatrie.** 1892.
— **Les Applications de l'anthropologie criminelle.** 1892.
LUBBOCK (Sir John). * **Le Bonheur de vivre.** 2 volumes. 5ᵉ édit.
— * **L'Emploi de la vie.** 2ᵉ éd. 1897.
LYON (Georges), maître de conf. à l'École normale. * **La Philosophie de Hobbes.**
MARGUERY (E.). **L'Œuvre d'art et l'évolution.** 1899.
MARIANO. **La Philosophie contemporaine en Italie.**
MARION, professeur à la Sorbonne. * **J. Locke, sa vie, son œuvre.** 2ᵉ édit.
MAUS (I.), avocat à la Cour d'appel de Bruxelles. **De la Justice pénale.**
MILHAUD (G.), professeur à l'Université de Montpellier. **Le Rationnel.** 1898.
— **Essai sur les conditions et les limites de la Certitude logique.** 2ᵉ édit. 1898.
MOSSO. * **La Peur.** Étude psycho-physiologique (avec figures). 2ᵉ édit.
— * **La fatigue intellectuelle et physique**, trad. Langlois. 3ᵉ édit.
NORDAU (Max). * **Paradoxes psychologiques**, trad. Dietrich. 3ᵉ édit. 1898.
— **Paradoxes sociologiques**, trad. Dietrich. 2ᵉ édit. 1898.
— **Psycho-physiologie du Génie et du Talent.** 2ᵉ édit. 1898.
NOVICOW (J.). **L'Avenir de la Race blanche.** 1897.
OSSIP-LOURIÉ. **Pensées de Tolstoï.** 1898.
— **La Philosophie de Tolstoï.** 1899.
PAULHAN (Fr.). **Les Phénomènes affectifs et les lois de leur apparition.**
— * **Joseph de Maistre et sa philosophie.** 1893.
PILLON (F.). **La Philosophie de Ch. Secrétan.** 1898.
PILO (Mario). * **La psychologie du Beau et de l'Art**, trad. Aug. Dietrich.

F. ALCAN.

Suite de la *Bibliothèque de philosophie contemporaine*, format in-12, à 2 fr. 50 le vol.

PIOGER (D' Julien). Le Monde physique, essai de conception expérimentale. 1893.
QUEYRAT, prof. de l'Univ. * L'imagination et ses variétés chez l'enfant. 2° édit.
— *L'abstraction, son rôle dans l'éducation intellectuelle. 1894.
— Les Caractères et l'éducation morale. 1896.
REGNAUD (P.), professeur à l'Université de Lyon. Logique évolutionniste. *L'Entendement dans ses rapports avec le langage.* 1897.
— Comment naissent les mythes. 1897.
RÉMUSAT (Charles de), de l'Académie française. * Philosophie religieuse.
RENARD (Georges), professeur à l'Université de Lausanne. Le régime socialiste, son organisation politique et économique. 2° édit. 1898.
RIBOT (Th.), professeur au Collège de France, directeur de la *Revue philosophique*. La Philosophie de Schopenhauer. 6° édition.
— * Les Maladies de la mémoire. 13° édit.
— * Les Maladies de la volonté. 14° édit.
— * Les Maladies de la personnalité. 8° édit.
— * La Psychologie de l'attention. 5° édit.
RICHARD (G.), docteur ès lettres. * Le Socialisme et la Science sociale. 2° édit.
RICHET (Ch.). Essai de psychologie générale (avec figures). 3° édit. 1898.
ROBERTY (E. de). L'Inconnaissable, sa métaphysique, sa psychologie.
— L'Agnosticisme. Essai sur quelques théories pessim. de la connaissance. 2° édit.
— La Recherche de l'Unité. 1893.
— Auguste Comte et Herbert Spencer. 2° édit.
— *Le Bien et le Mal. 1896.
— Le Psychisme social. 1897.
— Les Fondements de l'Ethique. 1898.
ROISEL. De la Substance.
— L'Idée spiritualiste. 1897.
SAIGEY. La Physique moderne. 2° édit.
SAISSET (Émile), de l'Institut. * L'Ame et la Vie.
SCHŒBEL. Philosophie de la raison pure.
SCHOPENHAUER. * Le Libre arbitre, traduit par M. Salomon Reinach. 7° édit.
— * Le Fondement de la morale, traduit par M. A. Burdeau. 6° édit.
— Pensées et Fragments, avec intr. par M. J. Bourdeau. 13° édit.
SELDEN (Camille). La Musique en Allemagne, étude sur Mendelssohn.
SIGHELE. La Foule criminelle, essai de psychologie collective.
STRICKER. Le Langage et la Musique.
STUART MILL. * Auguste Comte et la Philosophie positive. 6° édit.
— * L'Utilitarisme. 2° édit.
— Correspondance inédite avec Gustave d'Eichthal (1828-1842) — (1864-1871), avant-propos et trad. par Eug. d'Eichthal. 1898.
TAINE (H.). de l'Académie française. *Philosophie de l'art dans les Pays-Bas.
TANON. L'Évolution du droit et la Conscience sociale. 1900.
TARDE. La Criminalité comparée. 4° édition. 1898.
— * Les Transformations du Droit. 2° édit. 1894.
— Les Lois sociales. 2° édit. 1898.
THAMIN (R.), prof. au lycée Condorcet. * Éducation et positivisme. 2° édit. Couronné par l'Institut.
THOMAS (P. Félix), docteur ès lettres. * La suggestion, son rôle dans l'éducation intellectuelle. 2° édit. 1898.
— Morale et éducation, 1899.
TISSIÉ. * Les Rêves, avec préface du professeur Azam. 2° éd. 1898.
VIANNA DE LIMA. L'Homme selon le transformisme.
WECHNIAKOFF. Savants, penseurs et artistes, publié par RAPHAEL PETRUCCI.
WUNDT. Hypnotisme et suggestion. Étude critique, traduit par M. Keller.
ZELLER. Christian Baur et l'École de Tubingue, traduit par M. Ritter.
ZIEGLER. La Question sociale est une Question morale, trad. Palante. 2° édit.

F. ALCAN.

Suite de la *Bibliothèque de philosophie contemporaine*, format in-8

BIBLIOTHÈQUE DE PHILOSOPHIE CONTEMPORAINE
Volumes in-8.

Br. à 5 fr., 7 fr. 50 et 10 fr.; Cart. angl., 1 fr. en plus par vol.; Demi-rel. en plus 2 fr. par vol.

ADAM (Ch.), recteur de l'Académie de Dijon. * **La Philosophie en France** (première moitié du XIX° siècle). 7 fr. 50
AGASSIZ.* De l'Espèce et des Classifications. 5 fr.
ARRÉAT. * Psychologie du peintre. 5 fr.
AUBRY (le D' P.). La contagion du meurtre. 1896. 3° édit. 5 fr.
BAIN (Alex.). La Logique inductive et déductive. Trad. Compayré. 2 vol. 3° éd. 20 fr.
— * **Les Sens et l'Intelligence.** 1 vol. Trad. Cazelles. 3° édit. 10 fr.
— * **Les Émotions et la Volonté.** Trad. Le Monnier. 10 fr.
BALDWIN (Mark), professeur à l'Université de Princeton (États-Unis). **Le Développement mental chez l'enfant et dans la race.** Trad. Nourry. 1897. 7 fr. 50
BARTHÉLEMY-SAINT HILAIRE, de l'Institut. **La Philosophie dans ses rapports avec les sciences et la religion.** 5 f.
BARZELLOTTI, prof. à l'Univ. de Rome. La Philosophie de H. Taine. Trad. Aug. Dietrich. 1900. 7 fr. 50
BERGSON (H.), maître de conférences à l'École normale sup. **Matière et mémoire**, essai sur les relations du corps à l'esprit. 2° édit. 1900. 5 fr.
— Essai sur les données immédiates de la conscience. 2° édit. 1898. 3 fr. 75
BERTRAND, prof. à l'Université de Lyon. L'Enseignement intégral. 1898. 5 fr.
— Les Études dans la démocratie. 1900. 5 fr.
BOIRAC (Émile), recteur de l'Acad. de Grenoble. * **L'idée du Phénomène.** 5 fr.
BOUGLÉ, maître de conf. à l'Univ. de Montpellier. Les idées égalitaires. 1899. 3 fr. 75
BOURDEAU (L.). Le Problème de la mort. 2° édition. 1896. 5 fr.
BOURDON, professeur à l'Université de Rennes. * **L'expression des émotions et des tendances dans le langage.** 7 fr. 50
BOUTROUX (Em.), de l'Institut. Etudes d'histoire de la philos. 1898. 7 fr. 50
BROCHARD (V.), professeur à la Sorbonne. De l'Erreur. 1 vol. 2° édit. 1897. 5 fr.
BRUNSCHWICG (E.), agrégé de phil., docteur ès lettres. * Spinoza. 3 fr. 75
— La modalité du jugement. 5 fr.
CARRAU (Ludovic), professeur à la Sorbonne. **La Philosophie religieuse en Angleterre, depuis Locke jusqu'à nos jours.** 5 fr.
CHABOT (Ch.), prof. à l'Univ. de Lyon. Nature et Moralité. 1897. 5 fr.
CLAY (R.). * **L'Alternative,** *Contribution à la psychologie.* 2° édit. 10 fr.
COLLINS (Howard). * **La Philosophie de Herbert Spencer,** avec préface de M. Herbert Spencer, traduit par H. de Varigny. 2° édit. 1895. 10 fr.
COMTE (Aug.). La Sociologie, résumé par E. Rigolage. 1897. 7 fr. 50
CONTA (B.). Théorie de l'ondulation universelle. 1894. 3 fr. 75
COSTE. Les principes d une Sociologie objective. 1899. 3 fr. 75
CRÉPIEUX-JAMIN. L'Écriture et le Caractère. 4° édit. 1897. 7 fr. 50
DE LA GRASSERIE (R.), lauréat de l'Institut. De la psychologie des religions. 1899. 5 fr.
DEWAULE, docteur ès lettres. * Condillac et la Psychol. anglaise contemp. 5 fr.
DUPRAT (G. L.), docteur ès lettres. L'Instabilité mentale. 1899. 5 fr.
DUPROIX (P.), professeur à l'Université de Genève. * **Kant et Fichte et le problème de l'éducation.** 2° édit. 1897. (Ouvrage couronné par l'Académie française.). 5 fr.
DURAND (de Gros). Aperçus de taxinomie générale. 1898. 5 fr.
— Nouvelles recherches sur l'esthétique et la morale. 1 vol. in-8. 1899. 5 fr.
DURKHEIM, prof. à l'Univ. de Bordeaux. * **De la division du travail social.** 1893. 7 fr. 50
— Le Suicide, *étude sociologique.* 1897. 7 fr. 50
— L'Année sociologique. Collaborateurs : MM. Simmel, Bouglé, Mauss, Hubert, Lapie, Em. Lévy, Richard, A. Milhaud, Simiaud, Muffang, Fauconnet et Parodi. 1re année, 1896-1897. 2° année, 1897-1898. Chaque volume. 10 fr.

F. ALCAN. — 6 —

Suite de la *Bibliothèque de philosophie contemporaine*, format in-8.

ESPINAS (A.), professeur à la Sorbonne. La philosophie sociale du XVIIIᵉ siècle et la Révolution française. 1898. 7 fr. 50
FERRERO (G.). Les lois psychologiques du symbolisme. 1895. 5 fr.
FERRI (Louis). La Psychologie de l'association, depuis Hobbes. 7 fr. 50
FLINT, prof. à l'Univ. d'Edimbourg. *La Philos. de l'histoire en Allemagne. 7 fr. 50
FONSEGRIVE, professeur au lycée Buffon. * Essai sur le libre arbitre. Couronné par l'Institut. 2ᵉ édit. 1895. 10 fr.
FOUILLÉE (Alf.), de l'Institut. *La Liberté et le Déterminisme. 5ᵉ édit. 7 fr. 50
— Critique des systèmes de morale contemporains. 4ᵉ édit 7 fr. 50
— *La Morale, l'Art, la Religion, d'après GUYAU. 4ᵉ édit. augm. 3 fr. 75
— L'Avenir de la Métaphysique fondée sur l'expérience. 2ᵉ édit. 5 fr.
— * L'Évolutionnisme des idées-forces. 7 fr. 50
— * La Psychologie des idées-forces. 2 vol. 2ᵉ édit. 15 fr.
— *. Tempérament et caractère. 2ᵉ édit. 7 fr. 50
— Le Mouvement positiviste et la conception sociol. du monde. 2ᵉ édit. 7 fr. 50
— Le Mouvement idéaliste et la réaction contre la science posit. 2ᵉ édit. 7 fr. 50
— Psychologie du peuple français. 7 fr. 50
FRANCK (A.), de l'Institut. Philosophie du droit civil. 5 fr.
FULLIQUET. Essai sur l'Obligation morale. 1898. 7 fr. 50
GAROFALO, agrégé de l'Université de Naples. La Criminologie. 4ᵉ édit. 7 fr. 50
— La superstition socialiste. 1895. 5 fr.
GÉRARD-VARET, chargé de cours à l'Univ. de Dijon. L'Ignorance et l'Irréflexion. 1899. 5 fr.
GOBLOT (E.), docteur ès lettres, maître de conférences à la Faculté des lettres de Toulouse. Essai sur la Classification des sciences. 1898. 5 fr.
GODFERNAUX (A.), docteur ès lettres. * Le sentiment et la pensée. 1894. 5 fr.
GORY (G.), docteur ès lettres. L'Immanence de la raison dans la connaissance sensible. 1896. 5 fr.
GREEF (de), prof. à la nouvelle Université libre de Bruxelles. Le transformisme social. Essai sur le progrès et le regrès des sociétés. 1895. 7 fr. 50
GURNEY, MYERS et PODMORE. Les Hallucinations télépathiques, traduit et abrégé des « *Phantasms of The Living* » par L. MARILLIER, préf. de CH. RICHET. 3ᵉ éd. 7 fr. 50
GUYAU (M.). * La Morale anglaise contemporaine. 5ᵉ édit. 7 fr. 50
— Les Problèmes de l'esthétique contemporaine. 6ᵉ édit. 5 fr.
— Esquisse d'une morale sans obligation ni sanction. 5ᵉ édit. 5 fr.
— L'Irréligion de l'avenir, étude de sociologie. 7ᵉ édit. 7 fr. 50
— * L'Art au point de vue sociologique. 5ᵉ édit. 7 fr. 50
— * Education et Hérédité, étude sociologique. 5ᵉ édit. 5 fr.
HANNEQUIN, professeur à l'Université de Lyon. Essai sur l'hypothèse des atomes. 2ᵉ édition. 1899. 7 fr. 50
HERBERT SPENCER. *Les Premiers principes. Traduc. Cazelles. 8ᵉ éd. 10 fr.
— * Principes de biologie. Traduct. Cazelles. 4ᵉ édit. 2 vol. 20 fr.
— * Principes de psychologie. Trad. par MM. Ribot et Espinas. 2 vol. 20 fr.
— *Principes de sociologie. 4 vol., traduits par MM. Cazelles et Gerschel :
Tome I. 10 fr. — Tome II. 7 fr. 50. — Tome III. 15 fr. — Tome IV. 3 fr. 75
— * Essais sur le progrès. Trad. A. Burdeau. 4ᵉ édit. 7 fr. 50
— Essais de politique. Trad. A. Burdeau. 4ᵉ édit. 7 fr. 50
— Essais scientifiques. Trad. A. Burdeau. 3ᵉ édit. 7 fr. 50
— * De l'Education physique, intellectuelle et morale. 10ᵉ édit. (Voy. p. 3, 20, 21 et 32.) 5 fr.
HIRTH (G.). *Physiologie de l'Art. Trad. et introd. de M. L. Arréat. 5 fr.
IZOULET (J.), professeur au Collège de France. * La Cité moderne. 4ᵉ édit. 1897. 10 fr.
JANET (Paul), de l'Institut. * Les Causes finales. 3ᵉ édit. 10 fr.
— * Histoire de la science politique dans ses rapports avec la morale. 2 forts vol. 3ᵉ édit., revue, remaniée et considérablement augmentée. 20 fr.
— * Victor Cousin et son œuvre. 3ᵉ édition. 7 fr. 50
— Œuvres philosophiques de Leibniz. 2 vol. 1900. 20 fr.

Suite de la *Bibliothèque de philosophie contemporaine*, format in-8.

JANET (Pierre), chargé de cours à la Sorbonne. * **L'Automatisme psychologique**, essai sur les formes inférieures de l'activité mentale. 3ᵉ édit. 7 fr. 50

LALANDE (A.), agrégé de philosophie, docteur ès lettres. **La dissolution opposée à l'évolution**, dans les sciences physiques et morales. 1 vol. in-8. 1899. 7 fr. 50

LANG (A.). ***Mythes, Cultes et Religion.** Traduit par MM. Marillier et Durr, introduction de Marillier. 1896. 10 fr.

LAVELEYE (de). ***De la Propriété et de ses formes** primitives. 4ᵉ édit. 10 fr.
— ***Le Gouvernement dans la démocratie.** 2 vol. 3ᵉ édit. 1896. 15 fr.

LE BON (Dʳ Gustave). **Psychologie du socialisme.** 2ᵉ édit. 7 fr. 50

LÉVY-BRUHL, maître de conférences à la Sorbonne. ***La Philosophie de Jacobi.** 1894. 5 fr.
— Lettres inédites de J.-S. Mill à Auguste Comte, *publiées avec les réponses de Comte et une introduction.* 1899. 10 fr.
— La Philosophie d'Aug. Comte. 1900. 7 fr. 50

LIARD, de l'Institut. * **Descartes.** 5 fr.
— * **La Science positive et la Métaphysique.** 4ᵉ édit. 7 fr. 50

LICHTENBERGER (H.), professeur à l'Université de Nancy. **Richard Wagner, poète et penseur.** 2ᵉ édit. 1899. 10 fr.

LOMBROSO. * **L'Homme criminel** (criminel-né, fou-moral, épileptique), précédé d'une préface de M. le docteur LETOURNEAU. 3ᵉ éd. 2 vol. et atlas. 1895. 36 fr.

LOMBROSO ET FERRERO. **La Femme criminelle et la prostituée.** 15 fr.

LOMBROSO et LASCHI. **Le Crime politique et les Révolutions.** 2 vol. 15 fr.

LYON (Georges), maître de conférences à l'École normale supérieure. ***L'Idéalisme en Angleterre au XVIIIᵉ siècle.** 7 fr. 50

MALAPERT (P.), docteur ès lettres, prof. au lycée Louis-le-Grand. **Les Eléments du caractère et leurs lois de combinaison.** 1897. 5 fr.

MARION (H.), professeur à la Sorbonne. ***De la Solidarité morale.** Essai de psychologie appliquée. 6ᵉ édit. 1897. 5 fr.

MARTIN (Fr.), docteur ès lettres, prof. au lycée Saint-Louis. **La perception extérieure et la science positive**, essai de philosophie des sciences. 1894. 5 fr.

MATTHEW ARNOLD. **La Crise religieuse.** 7 fr. 50

MAX MULLER, prof. à l'Université d'Oxford. **Nouvelles études de mythologie**, trad. de l'anglais par L. Job, docteur ès lettres. 1898. 12 fr. 50

NAVILLE (E.), correspond. de l'Institut. **La physique moderne.** 2ᵉ édit. 5 fr.
— * **La Logique de l'hypothèse.** 2ᵉ édit. 5 fr.
— * **La définition de la philosophie.** 1894. 5 fr.
— Le Libre arbitre. 2ᵉ édit. 1898. 5 fr.
— Les philosophies négatives. 1899. 5 fr.

NORDAU (Max). ***Dégénérescence**, trad. de Aug. Dietrich. 5ᵉ éd. 1898. 2 vol. Tome I. 7 fr. 50. Tome II. 10 fr.
— Les Mensonges conventionnels de notre civilisation, 5ᵉ édit. 1899. 5 fr.

NOVICOW. **Les Luttes entre Sociétés humaines.** 2ᵉ édit. 10 fr.
— * **Les gaspillages des sociétés modernes.** 2ᵉ édit. 1899. 5 fr.

OLDENBERG, professeur à l'Université de Kiel. ***Le Bouddha, sa Vie, sa Doctrine, sa Communauté**, trad. par P. Foucher. Préf. de Lucien Lévy. 7 fr. 50

PAULHAN (Fr.). **L'Activité mentale et les Éléments de l'esprit.** 10 fr.
— Les types intellectuels : esprits logiques et esprits faux. 1896. 7 fr. 50

PAYOT (J.), inspect. d'académie. * **L'Éducation de la volonté.** 10ᵉ édit. 1900. 5 fr.
— De la croyance. 1896. 5 fr

PÉRÈS (Jean), prof. à l'Univ. de Grenoble. **L'Art et le Réel.** 1898. 3 fr. 75

PÉREZ (Bernard), professeur au lycée de Toulouse. **Les Trois premières années de l'enfant.** 5ᵉ édit. 5 fr.
— L'Éducation morale dès le berceau. 3ᵉ édit. 1896. 5 fr.
— * L'éducation intellectuelle dès le berceau. 1896. 5 fr.

PIAT (C.). **La Personne humaine.** 1898. (Couronné par l'Institut). 7 fr. 50
— Destinée de l'homme. 1898. 5 fr.

F. ALCAN — 8 —

Suite de la *Bibliothèque de philosophie contemporaine*, format in-8.

PICAVET (E.), maître de conférences à l'École des hautes études. *Les Idéologues, essai sur l'histoire des idées, des théories scientifiques, philosophiques, religieuses, etc., en France, depuis 1789. (Ouvr. couronné par l'Académie française.) 10 fr.
PIDERIT. La Mimique et la Physiognomonie. Trad. par M. Girot. 5 fr.
PILLON (F.). *L'Année philosophique, 9 années : 1890, 1891, 1892, 1893 (épuisé), 1894, 1895, 1896, 1897 et 1898. 9 vol. Chaque volume séparément. 5 fr.
PIOGER (J.). La Vie et la Pensée, essai de conception expérimentale. 1894. 5 fr.
— La vie sociale, la morale et le progrès. 1894. 5 fr.
PREYER, prof. à l'Université de Berlin. **Éléments de physiologie.** 5 fr.
—* L'Ame de l'enfant. Développement psychique des premières années. 10 fr.
PROAL. *Le Crime et la Peine. 3ᵉ édit. Couronné par l'Institut. 10 fr.
— *La criminalité politique. 1895. 5 fr.
RAUH, professeur à l'Université de Toulouse. De la méthode dans la psychologie des sentiments. 1899. 5 fr.
RÉCÉJAC, docteur ès lettres. Essai sur les Fondements de la Connaissance mystique. 1897. 5 fr.
RIBOT (Th.). * **L'Hérédité psychologique.** 5ᵉ édit. 7 fr. 50
— * **La Psychologie anglaise contemporaine.** 4ᵉ édit. 7 fr. 50
— * **La Psychologie allemande contemporaine.** 4ᵉ édit. 7 fr. 50
— La psychologie des sentiments. 3ᵉ édit. 1899. 7 fr. 50
— L'Évolution des idées générales. 1897. 5 fr.
RICARDOU (A.), docteur ès lettres. * De l'Idéal. Couronné par l'Institut. 5 fr.
ROBERTY (E. de). L'Ancienne et la Nouvelle philosophie. 7 fr. 50
—* La Philosophie du siècle (positivisme, criticisme, évolutionnisme). 5 fr.
ROMANES. *L'Evolution mentale chez l'homme. 7 fr. 50
SAIGEY (E.). *Les Sciences au XVIIIᵉ siècle. La Physique de Voltaire. 5 fr.
SANZ Y ESCARTIN. L'Individu et la réforme sociale, trad. Dietrich. 7 fr. 50
SCHOPENHAUER. Aphor. sur la sagesse dans la vie. Trad. Cantacuzène. 5 fr.
— *De la Quadruple racine du principe de la raison suffisante, suivi d'une *Histoire de la doctrine de l'idéal et du réel*. Trad. par M. Cantacuzène. 5 fr.
—* Le Monde comme volonté et comme représentation. Traduit par M. A. Burdeau. 3ᵉ éd. 3 vol. Chacun séparément. 7 fr. 50
SÉAILLES (G.), prof. à la Sorbonne. **Essai sur le génie dans l'art.** 2ᵉ édit. 5 fr.
SERGI, prof. à l'Univ. de Rome. **La Psychologie physiologique.** 7 fr. 50
SOLLIER. Le Problème de la mémoire. 1900. 3 fr. 75
SOURIAU (Paul), prof. à l'Univ. de Nancy. **L'Esthétique du mouvement.** 5 fr.
— * La suggestion dans l'art. 5 fr.
STUART MILL. * **Mes Mémoires.** Histoire de ma vie et de mes idées. 3ᵉ éd. 5 fr.
— * Système de logique déductive et inductive. 4ᵉ édit. 2 vol. 20 fr.
— * Essais sur la religion. 2ᵉ édit. 5 fr.
— Lettres inédites à Aug. Comte, et réponses d Aug. Comte, publiées et précédées d'une introduction par L. LÉVY BRUHL. 1899. 10 fr.
SULLY (James). Le Pessimisme. Trad. Bertrand. 2ᵉ édit. 7 fr. 50
— Études sur l'enfance. Trad. A. Monod, préface de G. Compayré. 1898. 10 fr.
TARDE (G.). *La logique sociale. 2ᵉ édit. 1898. 7 fr. 50
— *Les lois de l'imitation. 3ᵉ édit. 1900. 7 fr. 50
— L'Opposition universelle. *Essai d'une théorie des contraires.* 1897. 7 fr. 50
THOMAS (P-F.), docteur ès lettres. L'Éducation des sentiments. 1898, couronné par l'Institut. 5 fr.
THOUVEREZ (Émile), professeur à l'Université de Toulouse. Le Réalisme métaphysique. 1894. Couronné par l'Institut. 5 fr.
VACHEROT (Et.), de l'Institut. *Essais de philosophie critique. 7 fr. 50
— La Religion. 7 fr. 50
WUNDT. Éléments de psychologie physiologique. 2 vol. avec figures. 20 fr.

COLLECTION HISTORIQUE DES GRANDS PHILOSOPHES

PHILOSOPHIE ANCIENNE

ARISTOTE (Œuvres d'), traduction de J. BARTHÉLEMY-SAINT-HILAIRE, de l'Institut.
— *Rhétorique. 2 vol. in-8. 16 fr.
— *Politique. 1 vol. in-8... 10 fr.
— La Métaphysique d'Aristote. 3 vol. in-8............ 30 fr.
— De la Logique d'Aristote, par M. BARTHÉLEMY-SAINT-HILAIRE. 2 vol. in-8............ 10 fr.
— Table alphabétique des matières de la traduction générale d'Aristote, par M. BARTHÉLEMY-SAINT HILAIRE, 2 forts vol. in-8. 1892............ 30 fr.
— L'Esthétique d'Aristote, par M. BÉNARD. 1 vol. in-8. 1889. 5 fr.
SOCRATE. *La Philosophie de Socrate, par Alf. FOUILLÉE. 2 vol. in-8................. 16 fr.
— Le Procès de Socrate, par G. SOREL. 1 vol. in-8...... 3 fr. 50
PLATON. Études sur la Dialectique dans Platon et dans Hegel, par Paul JANET. 1 vol. in-8. 6 fr.
— *Platon, sa philosophie, sa vie et de ses œuvres, par CH. BÉNARD. 1 vol. in-8. 1893...... 10 fr.
— La Théorie platonicienne des Sciences, par ÉLIE HALÉVY. In-8. 1895................. 5 fr.
PLATON. Œuvres, traduction VICTOR COUSIN revue par J. BARTHÉLEMY-SAINT-HILAIRE : Socrate et Platon ou le Platonisme — Eutyphron — Apologie de Socrate — Criton — Phédon. 1 vol. in-8. 1896. 7 fr. 50
ÉPICURE.*La Morale d'Épicure et ses rapports avec les doctrines contemporaines, par M. GUYAU. 1 volume in-8. 3° édit...... 7 fr. 50
BÉNARD. La Philosophie ancienne, histoire de ses systèmes. *La Philosophie et la Sagesse orientales.* — *La Philosophie grecque avant Socrate.* — *Socrate et les socratiques.* — *Etudes sur les sophistes grecs.* 1 v. in-8...... 9 fr.
FAVRE (Mme Jules), née VELTEN. La Morale des stoïciens. In-18. 3 fr. 50
— La Morale de Socrate. In-18. 3 fr. 50
— La Morale d'Aristote. In-18. 3 fr. 50
OGEREAU. Système philosophique des stoïciens. In-8.... 5 fr.
RODIER (G.).*La Physique de Straton de Lampsaque. In-8.. 5 fr.
TANNERY (Paul). Pour l'histoire de la science hellène (de Thalès à Empédocle). 1 v. in-8. 1887............ 7 fr. 50
MILHAUD (G.).*Les origines de la science grecque. 1 vol. in-8. 1893.................. 5 fr.

PHILOSOPHIE MODERNE

* DESCARTES, par L. LIARD. 1 vol. in-8................. 5 fr.
— Essai sur l'Esthétique de Descartes, par E. KRANTZ. 1 vol. in-8. 2° éd. 1897............ 6 fr.
SPINOZA. Benedicti de Spinoza opera, quotquot reperta sunt, recognoverunt J. Van Vloten et J.-P.-N. Land. 2 forts vol. in-8 sur papier de Hollande........... 45 fr.
Le même en 3 volumes élégamment reliés............ 18 fr.
— Inventaire des livres formant sa bibliothèque, publié d'après un document inédit avec des notes biographiques et bibliographiques et une introduction par A.-J. SERVAAS VAN ROOIJEN. 1 v. in-4 sur papier de Hollande....... 15 fr.
SPINOZA. La Doctrine de Spinoza, exposée à la lumière des faits scientifiques, par E. FERRIÈRE. 1 vol in-12.......... 3 fr. 50
GEULINCX (Arnoldi). Opera philosophica recognovit J.-P.-N. LAND, 3 volumes, sur papier de Hollande, gr. in-8. Chaque vol... 17 fr. 75
GASSENDI. La Philosophie de Gassendi, par P.-F. THOMAS. In-8. 1889................. 6 fr.
LOCKE. * Sa vie et ses œuvres, par MARION. In-18. 3° éd... 2 fr. 50
MALEBRANCHE. * La Philosophie de Malebranche, par OLLÉ-LAPRUNE, de l'Institut. 2 v. in-8 16 fr.
PASCAL. Études sur le scepticisme de Pascal, par DROZ. 1 vol. in-8.............. 6 fr.

VOLTAIRE. **Les Sciences au XVIII° siècle**. Voltaire physicien, par Em. Saigey. 1 vol. in-8. 5 fr.

FRANCK (Ad.), de l'Institut. **La Philosophie mystique en France au XVIII° siècle**. 1 volume in-18............ 2 fr. 50

DAMIRON. **Mémoires pour servir à l'histoire de la philosophie au XVIII° siècle**. 3 vol. in-8. 15 fr.

J.-J. ROUSSEAU. **Du Contrat social**, édition comprenant avec le texte définitif les versions primitives de l'ouvrage d'après les manuscrits de Genève et de Neuchâtel, avec introduction, par Edmond Dreyfus-Brisac. 1 fort volume grand in-8. 12 fr.

ERASME. **Stultitiæ laus des. Erasmi Rot. declamatio** Publié et annoté par J.-B. Kan, avec les figures de Holbein. 1 v. in-8. 6 fr. 75

PHILOSOPHIE ÉCOSSAISE

DUGALD STEWART. *Éléments de la philosophie de l'esprit humain. 3 vol. in-12... . 9 fr.

BACON. Étude sur François Bacon, par J. Barthélemy-Saint-Hilaire. In-18........ 2 fr. 50
— * **Philosophie de François Bacon**, par Ch. Adam. (Couronné par l'Institut). In-8..... 7 fr. 50

BERKELEY. **Œuvres choisies**. *Essai d'une nouvelle théorie de la vision. Dialogues d'Hylas et de Philonoüs*. Trad. de l'angl. par MM. Beaulavon (G.) et Parodi (D.). In-8. 1895. 5 fr.

PHILOSOPHIE ALLEMANDE

KANT. **La Critique de la raison pratique**, traduction nouvelle avec introduction et notes, par M. Picavet. 1 vol. in-8....... 6 fr.
— **Éclaircissements sur la Critique de la raison pure**, trad. Tissot. 1 vol. in-8...... 6 fr.
— * **Principes métaphysiques de la morale**, et *Fondements de la métaphysique des mœurs*, traduct. Tissot. In-8............ 8 fr.
— **Doctrine de la vertu**, traduction Barni. 1 vol in-8 ..... 8 fr.
— * **Mélanges de logique**, traduction Tissot. 1 v. in-8..... 6 fr.
— * **Prolégomènes à toute métaphysique future qui se présentera comme science**, traduction Tissot. 1 vol. in-8........ 6 fr.
— * **Anthropologie**, suivie de divers fragments relatifs aux rapports du physique et du moral de l'homme, et du commerce des esprits d'un monde à l'autre, traduction Tissot. 1 vol. in-8...... 6 fr.
— **Essai critique sur l'Esthétique de Kant**, par V. Basch. 1 vol. in-8. 1896....... 10 fr.
— **Sa morale**, par Cresson. 1 vol. in-12............. 2 fr. 50

KANT et FICHTE et le problème de l'éducation par Paul Duproix. 1 vol. in-8. 1897. 5 fr.

SCHELLING. **Bruno**, ou du principe divin. 1 vol. in-8....... 3 fr. 50

HEGEL. *Logique. 2 vol. in-8. 14 fr.
— * **Philosophie de la nature**. 3 vol. in-8............. 25 fr.
— * **Philosophie de l'esprit**. 2 vol. in-8................ 18 fr.
— * **Philosophie de la religion**. 2 vol. in-8............. 20 fr.
— **La Poétique**, trad. par M. Ch. Bénard. Extraits de Schiller, Gœthe, Jean-Paul, etc., 2 v. in-8. 12 fr.
— **Esthétique**. 2 vol. in-8, trad. Bénard................ 16 fr.
— **Antécédents de l'hégélianisme dans la philosophie française**, par E. Beaussire. 1 vol. in-18.......... 2 fr. 50
— **Introduction à la philosophie de Hegel**, par Véra. 1 vol. in-8, 2° édit.............. 6 fr. 50
— **La logique de Hegel**, par Eug. Noel In-8. 1897....... 3 fr.

HERBART. **Principales œuvres pédagogiques**, trad. A. Pinloche. In-8. 1894........... 7 fr. 50

HUMBOLDT (G. de). **Essai sur les limites de l'action de l'État**. in-8................ 3 fr. 50

MAUXION (M.). **La métaphysique de Herbart et la critique de Kant**. 1 vol. in-8..... 7 fr. 50

RICHTER (Jean-Paul-Fr.). **Poétique ou Introduction à l'Esthétique**. 2 vol. in-8. 1862....... 15 fr.

SCHILLER. **Son esthétique**, par Fr. Montargis. In-8..... 4 fr.

PHILOSOPHIE ANGLAISE CONTEMPORAINE

(Voir *Bibliothèque de philosophie contemporaine*, pages 2 à 8.)

ARNOLD (Matt.). — BAIN (Alex). — CARRAU (Lud.). — CLAY (R.). — COLLINS (H.). — CARUS. — FERRI (L.). — FLINT. — GUYAU. — GURNEY, MYERS et PODMOR. — HERBERT-SPENCER. — HUXLEY. — LIARD. — LANG. — LUBBOCK (Sir John). — LYON (Georges). — MARION. — MAUDSLEY. — STUART-MILL (JOHN). — ROMANES. — SULLY (James).

PHILOSOPHIE ALLEMANDE CONTEMPORAINE

(Voir *Bibliothèque de philosophie contemporaine*, pages 2 à 8.)

BOUGLÉ — HARTMANN (E. de). — NORDAU (Max). — NIETZSCHE. — OLDENBERG. — PIDERIT. — PREYER. — RIBOT (Th.). — SCHMIDT (O.). — SCHŒBEL. — SCHOPENHAUER. — SELDEN (C.). — STRICKER. — WUNDT. — ZELLER. — ZIEGLER.

PHILOSOPHIE ITALIENNE CONTEMPORAINE

(Voir *Bibliothèque de philosophie contemporaine*, pages 2 à 8.)

ESPINAS. — FERRERO. — FERRI (Enrico). — FERRI (L.). — GAROFALO. — LÉOPARDI. — LOMBROSO. — LOMBROSO et FERRERO. — LOMBROSO et LASCHI. — MARIANO. — MOSSO. — PILO (Marco). — SERGI. — SIGHELE.

LES GRANDS PHILOSOPHES
Publiés sous la direction de M. l'Abbé C. PIAT

Sous ce titre, M. L'ABBÉ PIAT, agrégé de philosophie, docteur ès lettres, professeur à l'Ecole des Carmes, va publier, avec la collaboration de savants et de philosophes connus, une série d'études consacrées aux grands philosophes: *Socrate, Platon, Aristote, Philon, Plotin* et *Saint Augustin; Saint Anselme, Saint Bonaventure, Saint Thomas d'Aquin* et *Dunsscot, Malebranche, Pascal, Spinoza, Leibniz, Kant, Hégel, Herbert-Spencer*, etc.

Chaque étude formera un volume in-8° carré de 300 pages environ, du prix de **5 francs**.

PARAITRONT DANS LE COURANT DE L'ANNÉE 1900 :

Avicenne, par le baron CARRA DE VAUX.
Saint Anselme, par M. DOMET DE VORGES, ancien ministre plénipotentiaire.
Socrate, par M. l'abbé C. PIAT.
Saint Augustin, par M. l'abbé JULES MARTIN.
Descartes, par M. le baron Denys COCHIN, député de Paris.
Saint Thomas d'Aquin, par Mgr MERCIER, directeur de l'Institut supérieur de philosophie de l'Université de Louvain, et par M. DE WULF, professeur au même Institut.
Malebranche, par M. Henri JOLY, ancien doyen de la Faculté des lettres de Dijon.
Saint Bonaventure, par Mgr DADOLLE, recteur des Facultés libres de Lyon.
Maine de Biran, par M. Marius COUAILHAC, docteur ès lettres.
Rosmini, par M. BAZAILLAS, agrégé de l'Université, professeur au collège Stanislas.
Pascal, par M. HATZFELD, professeur honoraire au lycée Louis-le-Grand.
Kant, par M. RUYSSEN, agrégé de l'Université, professeur au lycée de La Rochelle.
Spinoza, par M. G. FONSEGRIVE, professeur au lycée Buffon.
Dunsscot, par le R. P. DAVID FLEMING, définiteur général de l'ordre des Franciscains.

F. ALCAN.

BIBLIOTHÈQUE GÉNÉRALE
DES
SCIENCES SOCIALES

SECRÉTAIRE DE LA RÉDACTION :
DICK MAY, Secrétaire général du Collège libre des Sciences sociales.

Depuis plusieurs années, le cercle des études sociales s'est élargi ; elles sont sorties du domaine de l'observation pour entrer dans celui des applications pratiques et de l'histoire, qui s'adressent à un plus nombreux public.

Aussi ont-elles pris leur place dans le haut enseignement. La récente fondation du *Collège libre des sciences sociales* a montré la diversité et l'utilité des questions qui font partie de leur domaine ; les nombreux auditeurs qui en suivent les cours et conférences prouvent par leur présence que cette nouvelle institution répond à un besoin de curiosité générale.

C'est à ce besoin que répond également la *Bibliothèque générale des sciences sociales*.

La *Bibliothèque générale des sciences sociales* est ouverte à tous les travaux intéressants, quelles que soient les opinions des sociologues qui lui apportent leur concours, et l'école à laquelle ils appartiennent.

VOLUMES PUBLIÉS :

L'individualisation de la peine, par R. SALEILLES, professeur à la Faculté de droit de l'Université de Paris.
L'idéalisme social, par Eugène FOURNIÈRE, député.
Ouvriers du temps passé (XVᵉ et XVIᵉ siècles), par H. HAUSER, professeur à l'Université de Clermont-Ferrand.
Les transformations du pouvoir, par G. TARDE.
Morale sociale. Leçons professées au collège libre des sciences sociales, par MM. G. BELOT, MARCEL BERNÈS, BRUNSCHVICG, F. BUISSON, DARLU, DAURIAC, DELBET, CH. GIDE, M. KOVALEVSKY, MALAPERT, le R. P. MAUMUS, DE ROBERTY, G. SOREL, le Pasteur WAGNER. Préface de M. EMILE BOUTROUX, de l'Institut.
Les enquêtes, pratique et théorie, par P. DU MAROUSSEM.

Chaque volume in-8° carré de 300 pages environ, cartonné à l'anglaise.. 6 fr.

EN PRÉPARATION :

La méthode historique appliquée aux sciences sociales, par Charles SEIGNOBOS, maître de conférences à la Faculté des lettres de l'Université de Paris.
La formation de la démocratie socialiste en France, par Albert MÉTIN, agrégé de l'Université.
Le mouvement social catholique depuis l'encyclique *Rerum novarum*, par Max TURMANN.
La méthode géographique appliquée aux sciences sociales, par Jean BRUNHES, professeur à l'Université de Fribourg (Suisse).
Les Bourses, par THALLER, professeur à la Faculté de droit de l'Université de Paris.
La décomposition du Marxisme, par Ch. ANDLER, maître de conférences à l'École normale supérieure.
La statique sociale, par le Dʳ DELBET, député, directeur du Collège libre des sciences sociales.
Le monisme économique (sociologie marxiste), par DE KELLÈS-KRAUZ.
L'organisation industrielle moderne. Ses caractères, son développement, par Maurice DUFOURMENTELLE.
Précis d'économie sociale. *Le Play et la méthode d'observation*, par Alexis DELAIRE, secrétaire général de la Société d'économie sociale.

BIBLIOTHÈQUE
D'HISTOIRE CONTEMPORAINE

Volumes in-12 brochés à 3 fr. 50. — Volumes in-8 brochés de divers prix
Cartonnage anglais, 50 cent. par vol. in-12; 1 fr. par vol. in-8.
Demi-reliure, 1 fr. 50 par vol. in-12; 2 fr. par vol. in-8.

EUROPE

SYBEL (H. de). * Histoire de l'Europe pendant la Révolution française, traduit de l'allemand par Mlle DOSQUET. Ouvrage complet en 6 vol. in-8. 42 fr.

DEBIDOUR, inspecteur général de l'Instruction publique. * Histoire diplomatique de l'Europe, de 1815 à 1878. 2 vol. in-8. (Ouvrage couronné par l'Institut.) 18 fr.

FRANCE

AULARD, professeur à la Sorbonne. * Le Culte de la Raison et le Culte de l'Être suprême, étude historique (1793-1794). 1 vol. in-12. 3 fr. 50
— * Études et leçons sur la Révolution française. 2 vol. in-12. Chacun. 3 fr. 50

DESPOIS (Eug.). * Le Vandalisme révolutionnaire. Fondations littéraires, scientifiques et artistiques de la Convention. 4e édition, précédée d'une notice sur l'auteur par M. Charles BIGOT. 1 vol. in-12. 3 fr. 50

DEBIDOUR, inspecteur général de l'instruction publique. Histoire des rapports de l'Église et de l'État en France (1789-1870). 1 fort vol. in-8. 1898. (Couronné par l'Institut.) 12 fr.

ISAMBERT (G.). * La vie à Paris pendant une année de la Révolution (1791-1792). 1 vol. in-12. 1896. 3 fr. 50

MARCELLIN PELLET, ancien député. Variétés révolutionnaires. 3 vol. in-12, précédés d'une préface de A. RANC. Chaque vol. séparém. 3 fr. 50

BONDOIS (P.), agrégé de l'Université. * Napoléon et la société de son temps (1793-1821). 1 vol. in-8. 7 fr.

CARNOT (H.), sénateur. * La Révolution française, résumé historique. 1 volume in-12. Nouvelle édit. 3 fr. 50

WEILL (G.). Histoire du parti républicain, de 1814 à 1870. 1 vol. in-8. 1900. 7 fr.

BLANC (Louis). * Histoire de Dix ans (1830-1840). 5 vol. in-8. 25 fr.
— 25 pl. en taille-douce. Illustrations pour l'*Histoire de Dix ans*. 6 fr.

ÉLIAS REGNAULT. Histoire de Huit ans (1840-1848). 3 vol. in-8. 15 fr.
— 14 planches en taille-douce. Illustrations pour l'*Histoire de Huit ans*. 4 fr.

GAFFAREL (P.), professeur à l'Université de Dijon. * Les Colonies françaises. 1 vol. in-8. 6e édition revue et augmentée. 5 fr.

LAUGEL (A.). * La France politique et sociale. 1 vol. in-8. 5 fr.

SPULLER (E.), ancien ministre de l'Instruction publique. * Figures disparues, portraits contemp., littér. et politiq. 3 vol. in-12. Chacun. 3 fr. 50
— Histoire parlementaire de la deuxième République. 1 volume in-12. 2e édit. 3 fr. 50
— Hommes et choses de la Révolution. 1 vol. in-12. 1896. 3 fr. 50

TAXILE DELORD. * Histoire du second Empire (1848-1870). 6 v. in-8. 42 fr.

VALLAUX (C.). Les campagnes des armées françaises (1792-1815). 1 vol. in-12, avec 17 cartes dans le texte. 3 fr. 50

ZEVORT (E.), recteur de l'Académie de Caen. Histoire de la troisième République:
   Tome I. * La présidence de M. Thiers 1 vol. in-8. 2e édit. 7 fr.
   Tome II. * La présidence du Maréchal. 1 vol. in-8. 2e édit. 7 fr
   Tome III. La présidence de Jules Grévy. 1 vol. in-8. 7 fr.
   Tome IV. La présidence de Sadi Carnot. 1 vol. in-8. (*Sous presse.*) 7 fr.

F. ALCAN.

WAHL, inspecteur général honoraire de l'Instruction aux colonies. * **L'Algérie.** 1 vol. in-8. 3ᵉ édit. refondue. (Ouvrage couronné par l'Institut.) 5 fr.

LANESSAN (J.-L. de). *L'Indo-Chine française. Étude économique, politique et administrative sur *la Cochinchine, le Cambodge, l'Annam et le Tonkin*. (Ouvrage couronné par la Société de géographie commerciale de Paris, médaille Dupleix.) 1 vol. in-8, avec 5 cartes en couleurs hors texte. 15 fr.

— * **La colonisation française en Indo-Chine.** 1 vol. in-12, avec une carte de l'Indo-Chine. 1895. 3 fr. 50

LAPIE (P.), agrégé de l'Université. **Les Civilisations tunisiennes** (Musulmans, Israélites, Européens). 1 v. in-12. 1898. (Couronné par l'Académie française.) 3 fr. 50

WEILL (Georges), agrégé de l'Université, docteur ès lettres. **L'École saint-simonienne**, son histoire, son influence jusqu'à nos jours. 1 vol. in-12. 1896. 3 fr. 50

ANGLETERRE

LAUGEL (Aug.). * **Lord Palmerston et lord Russell.** 1 vol. in-12. 3 fr. 50

SIR CORNEWAL LEWIS. * **Histoire gouvernementale de l'Angleterre, depuis 1770 jusqu'à 1830.** Traduit de l'anglais. 1 vol. in-8. 7 fr.

REYNALD (H.), doyen de la Faculté des lettres d'Aix. * **Histoire de l'Angleterre**, depuis la reine Anne jusqu'à nos jours. 1 vol. in-12. 2ᵉ éd. 3 fr. 50

MÉTIN (Albert). **Le Socialisme en Angleterre.** 1 vol. in-12. 1897. 3 fr. 50

ALLEMAGNE

VÉRON (Eug.). * **Histoire de la Prusse**, depuis la mort de Frédéric II jusqu'à la bataille de Sadowa. 1 vol. in-12. 6ᵉ édit., augmentée d'un chapitre nouveau contenant le résumé des événements jusqu'à nos jours, par P. BONDOIS, professeur agrégé d'histoire au lycée Buffon. 3 fr. 50

— * **Histoire de l'Allemagne**, depuis la bataille de Sadowa jusqu'à nos jours. 1 vol. in-12. 3ᵉ éd., mise au courant des événements par P. BONDOIS. 3 fr. 50

ANDLER (Ch.), maître de conférences à l'Ecole normale. **Les origines du socialisme d'état en Allemagne.** 1 vol. in-8. 1897. 7 fr.

GUILLAND (A.), professeur d'histoire à l'Ecole polytechnique suisse. **L'Allemagne nouvelle et ses historiens.** NIEBUHR, RANKE, MOMMSEN, SYBEL, TREITSCHKE. 1 vol. in-8. 1899. 5 fr.

AUTRICHE-HONGRIE

ASSELINE (L.). * **Histoire de l'Autriche**, depuis la mort de Marie-Thérèse jusqu'à nos jours. 1 vol. in-12. 3ᵉ édit. 3 fr. 50

BOURLIER (J.). * **Les Tchèques et la Bohême contemporaine**, avec préface de M. FLOURENS, ancien ministre des Affaires étrangères. 1 vol. in-12. 1897. 3 fr. 50

AUERBACH, professeur à la Faculté des lettres de Nancy. **Les races et les nationalités en Autriche-Hongrie.** 1 vol. in-8, avec une carte hors texte. 1898. 5 fr.

SAYOUS (Ed.), professeur à la Faculté des lettres de Toulouse. **Histoire des Hongrois** et de leur littérature politique, de 1790 à 1815. 1 vol. in-18. 3 fr. 50

ITALIE

SORIN (Élie). * **Histoire de l'Italie**, depuis 1815 jusqu'à la mort de Victor-Emmanuel. 1 vol. in-12. 1888. 3 fr. 50

GAFFAREL (P.), professeur à la Faculté des lettres de Dijon. * **Bonaparte et les Républiques italiennes** (1796-1799). 1895. 1 vol. in-8. 5 fr.

ESPAGNE

REYNALD (H.). * **Histoire de l'Espagne**, depuis la mort de Charles III jusqu'à nos jours. 1 vol. in-12. 3 fr. 50

ROUMANIE

DAMÉ (Fr.). **La Roumanie contemporaine**, 1 vol. in-8. 1900. 5 fr.

RUSSIE

CRÉHANGE (M.), agrégé de l'Université. *Histoire contemporaine de la Russie, depuis la mort de Paul Ier jusqu'à l'avènement de Nicolas II (1801-1894). 1 vol. in-12. 2e édit. 1895. 3 fr. 50

SUISSE

DAENDLIKER. *Histoire du peuple suisse. Trad. de l'allem. par Mme Jules FAVRE et précédé d'une Introduction de Jules FAVRE. 1 vol. in-8. 5 fr.

GRÈCE & TURQUIE

BÉRARD (V.), docteur ès lettres. * La Turquie et l'Hellénisme contemporain.(Ouvrage cour. par l'Acad. française). 1 v. in-12. 2e éd. 1895. 3 fr. 50
RODOCANACHI (E.). Bonaparte et les îles Ioniennes, épisode des conquêtes de la République et du premier Empire (1797-1816). 1 volume in-8. 1899. 5 fr.

AMÉRIQUE

DEBERLE (Alf.). * Histoire de l'Amérique du Sud, depuis sa conquête jusqu'à nos jours. 1 vol. in-12. 3e édit., revue par A. MILHAUD, agrégé de l'Université. 3 fr. 50

BARNI (Jules). * Histoire des idées morales et politiques en France au XVIIIe siècle. 2 vol. in-12. Chaque volume. 3 fr. 50
— * Les Moralistes français au XVIIIe siècle. 1 vol. in-12 faisant suite aux deux précédents. 3 fr. 50
BEAUSSIRE (Émile), de l'Institut. La Guerre étrangère et la Guerre civile. 1 vol. in-12. 3 fr. 50
BOURDEAU (J.). *Le Socialisme allemand et le Nihilisme russe. 1 vol. in-12. 2e édit. 1894. 3 fr. 50
D'EICHTHAL (Eug.). Souveraineté du peuple et gouvernement. 1 vol. in-12. 1895. 3 fr. 50
DEPASSE (Hector). Transformations sociales. 1894. 1 vol. in-12. 3 fr. 50
— Du Travail et de ses conditions (Chambres et Conseils du travail). 1 vol. in-12. 1895. 3 fr. 50
DRIAULT (E.). La question d'Orient, préface de G. MONOD, de l'Institut. 1 vol. in-8. 1898. 7 fr.
GUÉROULT (G.). * Le Centenaire de 1789, évolution polit., philos., artist. et scient. de l'Europe depuis cent ans. 1 vol. in-12. 1889. 3 fr. 50
LAVELEYE (E. de), correspondant de l'Institut. Le Socialisme contemporain. 1 vol. in-12. 10e édit. augmentée. 3 fr. 50
LICHTENBERGER (A). Le Socialisme utopique, étude sur quelques précurseurs du Socialisme. 1 vol. in-12. 1898. 3 fr. 50
— Le Socialisme et la Révolution française. 1 vol. in-8. 5 fr.
MATTER (P.). La dissolution des assemblées parlementaires, étude de droit public et d'histoire. 1 vol. in-8. 1898. 5 fr.
REINACH (Joseph). Pages républicaines. 1894. 1 vol. in-12. 3 fr. 50
SCHEFER (C.). Bernadotte roi (1810—1818-1844). 1 vol. in-8. 1899. 5 fr.
SPULLER (E.).* Éducation de la démocratie. 1 vol. in-12. 1892. 3 fr. 50
— L'Évolution politique et sociale de l'Église. 1 vol. in-12. 1893. 3 fr. 50

BIBLIOTHÈQUE HISTORIQUE ET POLITIQUE

DESCHANEL (E.), sénateur, professeur au Collège de France. * Le Peuple et la Bourgeoisie. 1 vol. in-8. 2e édit. 5 fr.
DU CASSE. Les Rois frères de Napoléon Ier. 1 vol. in-8. 10 fr.
LOUIS BLANC. Discours politiques (1848-1881). 1 vol. in-8. 7 fr. 50
PHILIPPSON. La Contre-révolution religieuse au XVIe siècle. 1 vol. in-8. 10 fr.
HENRARD (P.). Henri IV et la princesse de Condé. 1 vol. in-8. 6 fr.
NOVICOW. La Politique internationale. 1 fort vol. in-8. 7 fr.
REINACH (Joseph). * La France et l'Italie devant l'histoire. 1 vol. in-8. 1893. 5 fr.
LORIA (A.). Les Bases économiques de la constitution sociale. 1 vol. in-8. 1893. 7 fr. 50

BIBLIOTHÈQUE DE LA FACULTÉ DES LETTRES DE L'UNIVERSITÉ DE PARIS

De l'authenticité des épigrammes de Simonide, par AM. HAUVETTE, professeur adjoint. 1 vol. in-8. 5 fr.

*Antinomies linguistiques, par M. le Prof. VICTOR HENRY, 1 v. in-8. 2 fr.

Mélanges d'histoire du moyen âge, par MM. le Prof. A. LUCHAIRE, DUPONT, FERRIER et POUPARDIN. 1 vol. in-8. 3 fr. 50

Études linguistiques sur la Basse-Auvergne, phonétique historique du patois de Vinzelles (Puy-de-Dôme), par ALBERT DAUZAT, préface de M. le Prof. ANT. THOMAS. 1 vol. in-8. 6 fr.

De la flexion dans Lucrèce, par M. le Prof. A. CARTAULT, 1 v. in-8. 4 fr.

Le treize vendémiaire an IV, par HENRY ZIVY. 1 vol. in-8, avec 2 pl. hors texte. 4 fr.

Essai de restitution des plus anciens Mémoriaux de la Chambre des Comptes de Paris, par MM. J. PETIT, archiviste aux Archives nationales, GAVRILOVITCH, MAURY et TÉODORU, préface de M. CH.-V. LANGLOIS, chargé de cours. 1 vol. in-8 avec un fac-similé en phototypie. 9 fr.

Étude sur quelques manuscrits de Rome et de Paris, par M. le Prof. A. LUCHAIRE, membre de l'Institut 1 vol. in-8. 6 fr.

TRAVAUX DE L'UNIVERSITÉ DE LILLE

PAUL FABRE. La polyptyque du chanoine Benoît — Etude sur un manuscrit de la bibliothèque de Cambrai. 3 fr. 50

MÉDÉRIC DUFOUR. Sur la constitution rythmique et métrique du drame grec. 1re série, 4 fr.; 2e série, 2 fr. 50; 3e série, 2 fr. 50.

A. PINLOCHE. *Principales œuvres de Herbart. 7 fr. 50

A. PENJON. Pensée et réalité, de A. SPIR, trad. de l'allem. in-8. 10 fr.

ANNALES DE L'UNIVERSITÉ DE LYON

Lettres intimes de J.-M. Alberoni adressées au comte J. Rocca, ministre des finances du duc de Parme, par Emile BOURGEOIS, maître de conférences à l'École normale. 1 vol. in-8. 10 fr.

Saint Ambroise et la morale chrétienne au IVe siècle, par Raymond THAMIN, professeur au lycée Condorcet. 1 vol. in-8. 7 fr. 50

La république des Provinces-Unies, la France et les Pays-Bas espagnols, de 1630 à 1650, par M. le Prof. A. WADDINGTON. TOME I (1630-42). 1 vol. in-8. 6 fr. — TOME II (1642-50). 1 vol. in-8. 6 fr.

Le Vivarais, essai de géographie régionale, par BURDIN. 1 vol. in-8. 6 fr.

PUBLICATIONS HISTORIQUES ILLUSTRÉES

*HISTOIRE ILLUSTRÉE DU SECOND EMPIRE, par Taxile DELORD. 6 vol. in-8 colombier avec 500 gravures de FERAT, Fr. REGAMEY, etc. Chaque vol. broché, 8 fr. — Cart. doré, tr. dorées. 11 fr. 50

HISTOIRE POPULAIRE DE LA FRANCE, depuis les origines jusqu'en 1815. — 4 vol. in-8 colombier avec 1323 gravures. Chaque vol. broché, 7 fr. 50. — Cart. toile, tr. dorées. 11 fr.

*De Saint-Louis à Tripoli
Par le Lac Tchad
Par le Lieutenant-Colonel MONTEIL

1 beau volume in-8 colombier, précédé d'une préface de M. de Vogüé, de l'Académie française, illustrations de RIOU. 1895. 20 fr

Ouvrage couronné par l'Académie française (Prix Montyon)

F. ALCAN.

RECUEIL DES INSTRUCTIONS
DONNÉES
AUX AMBASSADEURS ET MINISTRES DE FRANCE
DEPUIS LES TRAITÉS DE WESTPHALIE JUSQU'A LA RÉVOLUTION FRANÇAISE
Publié sous les auspices de la Commission des archives diplomatiques
au Ministère des Affaires étrangères.

Beaux vol. in-8 rais., imprimés sur pap. de Hollande, avec Instruction et notes.

- I. — **AUTRICHE**, par M. Albert SOREL, de l'Académie française. *Épuisé*.
- II. — **SUÈDE**, par M. A. GEFFROY, de l'Institut. . . . . 20 fr.
- III. — **PORTUGAL**, par le vicomte DE CAIX DE SAINT-AYMOUR. . . . . 20 fr.
- IV et V. — **POLOGNE**, par M. LOUIS FARGES, 2 vol. . . . . 30 fr.
- VI. — **ROME**, par M. G. HANOTAUX, de l'Académie française. . . . . 20 fr.
- VII. — **BAVIÈRE, PALATINAT ET DEUX-PONTS**, par M. André LEBON. 25 fr.
- VIII et IX. — **RUSSIE**, par M. Alfred RAMBAUD, de l'Institut. 2 vol. Le 1ᵉʳ vol. 20 fr. Le second vol. . . . . 25 fr.
- X. — **NAPLES ET PARME**. par M. Joseph REINACH. . . . . 20 fr.
- XI. — **ESPAGNE** (1649-1750), par MM. MOREL-FATIO et LÉONARDON (tome I) . . . . 20 fr.
- XII et XII *bis*. — **ESPAGNE** (1750-1789) (t. II et III), par les mêmes. . . . 40 fr.
- XIII. — **DANEMARK**, par A GEFFROY, de l'Institut. . . . . 14 fr.
- XIV et XV. — **SAVOIE-MANTOUE**, par M. HORRIC de BEAUCAIRE. 2 vol. 40 fr.

*INVENTAIRE ANALYTIQUE
DES
ARCHIVES DU MINISTÈRE DES AFFAIRES ÉTRANGÈRES
PUBLIÉ
Sous les auspices de la Commission des archives diplomatiques

- I. — **Correspondance politique de MM. de CASTILLON et de MARILLAC**, ambassadeurs de France en Angleterre (1538-1540), par M. JEAN KAULEK, avec la collaboration de MM. Louis Farges et Germain Lefèvre-Pontalis. 1 vol. in-8 raisin . . . . 15 fr.
- II. — **Papiers de BARTHÉLEMY**, ambassadeur de France en Suisse, de 1792 à 1797 (année 1792), par M. Jean KAULEK. 1 vol. in-8 raisin . . . . 15 fr.
- III. — **Papiers de BARTHÉLEMY** (janvier-août 1793), par M. JEAN KAULEK. 1 vol. in-8 raisin . . . . 15 fr.
- IV. — **Correspondance politique de ODET DE SELVE**, ambassadeur de France en Angleterre (1546-1549), par M. G. LEFÈVRE-PONTALIS. 1 vol. in-8 raisin . . . . 15 fr.
- V. — **Papiers de BARTHÉLEMY** (septembre 1793 à mars 1794), par M. Jean KAULEK. 1 vol. in-8 raisin . . . . 18 fr.
- VI. — **Papiers de BARTHÉLEMY** (avril 1794 à février 1795), par M. JEAN KAULEK. 1 vol. in-8 raisin . . . . 20 fr.
- VII. — **Papiers de BARTHÉLEMY** (mars 1795 à septembre 1796). *Négociations de la paix de Bâle*, par M. Jean KAULEK. 1 v. in-8 raisin. 20 fr.
- VIII. — **Correspondance politique de GUILLAUME PELLICIER**, ambassadeur de France à Venise (1540-1542), par M. Alexandre TAUSSERAT-RADEL. 1 vol. in-8 raisin . . . . 40 fr.

Correspondance des Deys d'Alger avec la Cour de France (1579-1833), recueillie par Eug. PLANTET, attaché au Ministère des Affaires étrangères. 2 vol. in-8 raisin avec 2 planches en taille-douce hors texte. 30 fr.

Correspondance des Beys de Tunis et des Consuls de France avec la Cour (1577-1830), recueillie par Eug. PLANTET, publiée sous les auspices du Ministère des Affaires étrangères. TOME I (1577-1700). In-8 raisin. *Épuisé*.
— TOME II (1700-1770). 1 fort vol. in-8 raisin, 20 fr. — TOME III (1770-1830). 1 fort vol. in-8 raisin . . . . 20 fr.

F. ALCAN.

REVUE PHILOSOPHIQUE
DE LA FRANCE ET DE L'ÉTRANGER

Dirigée par TH. RIBOT, Professeur au Collège de France.
(25ᵉ *année*, 1900.)

Paraît tous les mois, par livraisons de 7 feuilles grand in-8, et forme chaque année deux volumes de 680 pages chacun.

Prix d'abonnement :

Un an, pour Paris, 30 fr. — Pour les départements et l'étranger, 33 fr.
La livraison......................... 3 fr.
Les années écoulées, chacune 30 francs, et la livraison, 3 fr.

Première table des matières (1876-1887). 1 vol. in-8............ 3 fr.
Deuxième table des matières (1888-1895). 1 vol. in-8........... 3 fr.

La REVUE PHILOSOPHIQUE n'est l'organe d'aucune secte, d'aucune école en particulier.
Tous les articles de fond sont signés et chaque auteur est responsable de son article. Sans professer un culte exclusif pour l'expérience, la direction, bien persuadée que rien de solide ne s'est fondé sans cet appui, lui fait la plus large part et n'accepte aucun travail qui la dédaigne.
Elle ne néglige aucune partie de la philosophie, tout en s'attachant cependant à celles qui, par leur caractère de précision relative, offrent moins de prise aux désaccords et sont plus propres à rallier toutes les écoles. La *psychologie*, avec ses auxiliaires indispensables, l'*anatomie* et la *physiologie du système nerveux*, la *pathologie mentale*, la *psychologie des races inférieures et des animaux*, les *recherches expérimentales des laboratoires* ; — la *logique* ; — les *théories générales fondées sur les découvertes scientifiques* ; — l'*esthétique* ; — les *hypothèses métaphysiques*, tels sont les principaux sujets dont elle entretient le public.
Plusieurs fois par an paraissent des *Revues générales* qui embrassent dans un travail d'ensemble les travaux récents sur une question déterminée : sociologie, morale, psychologie, linguistique, philosophie religieuse, philosophie mathématique, psycho-physique, etc.
La REVUE désirant être, avant tout, un organe d'information, a publié depuis sa fondation le compte rendu de plus de quinze cents ouvrages. Pour faciliter l'étude et les recherches, ces comptes rendus sont groupés sous des rubriques spéciales : anthropologie criminelle, esthétique, métaphysique, théorie de la connaissance, histoire de la philosophie, etc., etc.
Ces comptes rendus sont, autant que possible, impersonnels, notre but étant de faire connaître le mouvement philosophique contemporain dans toutes ses directions, non de lui imposer une doctrine.
En un mot par la variété de ses articles et par l'abondance de ses renseignements elle donne un tableau complet du mouvement philosophique et scientifique en Europe.
Aussi a-t-elle sa place marquée dans les bibliothèques des professeurs et de ceux qui se destinent à l'enseignement de la philosophie et des sciences ou qui s'intéressent au développement du mouvement scientifique.

REVUE HISTORIQUE
Dirigée par G. MONOD

Membre de l'Institut, maître de conférences à l'École normale
Président de la section historique et philologique à l'École des hautes études

(25ᵉ *année*, 1900.)

Paraît tous les deux mois, par livraisons grand in-8° de 15 feuilles et forme par an trois volumes de 500 pages chacun.

CHAQUE LIVRAISON CONTIENT :

I. Plusieurs *articles de fond*, comprenant chacun, s'il est possible, un travail complet. — II. Des *Mélanges et Variétés*, composés de documents inédits d'une étendue restreinte et de courtes notices sur des points d'histoire curieux ou mal connus. — III. Un *Bulletin historique* de la France et de l'étranger, fournissant des renseignements aussi complets que possible sur tout ce qui touche aux études historiques. — IV. Une *Analyse des publications périodiques* de la France et de l'étranger, au point de vue des études historiques. — V. Des *Comptes rendus critiques* des livres d'histoire nouveaux.

Prix d'abonnement :

Un an, pour Paris, 30 fr. — Pour les départements et l'étranger, 33 fr.
La livraison.. .... 6 fr.
Les années écoulées, chacune 30 francs, le fascicule, 6 francs.
Les fascicules de la 1ʳᵉ année, 9 francs.

Tables générales des matières.

I. — 1876 à 1880... 3 fr. ;	pour les abonnés.	1 fr. 50
II. — 1881 à 1885... 3 fr. ;	—	1 fr. 50
III. — 1886 à 1890... 5 fr. ;	—	2 fr. 50
IV. — 1891 à 1895... 3 fr. ;	—	1 fr. 50

F. ALCAN.

ANNALES
DES
SCIENCES POLITIQUES
RECUEIL BIMESTRIEL

Publié avec la collaboration des professeurs et des anciens élèves
de l'École libre des sciences politiques

(*Quinzième année*, 1900)

COMITÉ DE RÉDACTION:

M. Émile BOUTMY, de l'Institut, directeur de l'Ecole ; M. ALF. DE FOVILLE, de l'Institut, directeur de la Monnaie ; M. R. STOURM, ancien inspecteur des Finances et administrateur des Contributions indirectes ; M. Alexandre RIBOT, député, ancien ministre ; M. Gabriel ALIX ; M. L. RENAULT, professeur à la Faculté de droit ; M. Albert SOREL, de l'Académie française ; M. A. VANDAL, de l'Académie française ; M. Aug. ARNAUNÉ, Directeur au ministère des Finances; M. Émile BOURGEOIS, maître de conférences à l'Ecole normale supérieure ; Directeurs des groupes de travail, professeurs à l'Ecole.

Rédacteur en chef : M. A. VIALLATE.

Les sujets traités dans les *Annales* embrassent les matières suivantes : *Economie, politique, finances, statistique, histoire constitutionnelle, droits international, public et privé, droit administratif, législations civile et commerciale privées, histoire législative et parlementaire, histoire diplomatique, géographie économique, ethnographie, etc.*

CONDITIONS D'ABONNEMENT

Un an (du 15 janvier) : Paris, **18** fr. ; départements et étranger, **19** fr.
La livraison, **3** fr. **50**.

Les trois premières années (1886–1887–1888) *se vendent chacune* **16** *francs, les livraisons, chacune 5 francs, la quatrième année* (1889) *et les suivantes se vendent chacune* **18** *francs, et les livraisons, chacune 3 fr. 50.*

Revue mensuelle de l'École d'Anthropologie de Paris

(10° *année,* 1900)

PUBLIÉE PAR LES PROFESSEURS :

MM. CAPITAN (Anthropologie pathologique), Mathias DUVAL (Anthropogénie et Embryologie), Georges HERVÉ (Ethnologie), J.-V. LABORDE (Anthropologie biologique), André LEFÈVRE (Ethnographie et Linguistique), Ch. LETOURNEAU (Histoire des civilisations), MANOUVRIER (Anthropologie physiologique), MAHOUDEAU (Anthropologie zoologique), SCHRADER (Anthropologie géographique), H. THULIÉ, directeur de l'Ecole.

Cette revue paraît tous les mois depuis le 15 *janvier* 1891, *chaque numéro formant une brochure in-8 raisin de 32 pages, et contenant une leçon d'un des professeurs de l'Ecole, avec figures intercalées dans le texte et des analyses et comptes rendus des faits, des livres et des revues périodiques qui doivent intéresser les personnes s'occupant d'anthropologie.*

ABONNEMENT : France et Étranger, **10** fr. — Le Numéro, **1** fr.

ANNALES DES SCIENCES PSYCHIQUES
Dirigées par le Dr DARIEX

(10° *année,* 1900)

Les ANNALES DES SCIENCES PSYCHIQUES ont pour but de rapporter, avec force preuves à l'appui, toutes les observations sérieuses qui leur seront adressées, relatives aux faits soi-disant occultes : 1° de **télépathie, de lucidité, de pressentiment ; 2°** de **mouvements d'objets, d'apparitions objectives.** En dehors de ces chapitres de faits sont publiées des **théories** se bornant à la discussion des bonnes conditions pour observer et expérimenter ; des **analyses, bibliographies, critiques,** etc.

Les ANNALES DES SCIENCES PSYCHIQUES paraissent tous les deux mois par numéros de quatre feuilles in-8 carré (**64 pages**), *depuis le* 15 *janvier* 1891.

ABONNEMENT : Pour tous pays, **12** fr. — Le Numéro, **2** fr. **50**.

F. ALCAN.

BIBLIOTHÈQUE SCIENTIFIQUE
INTERNATIONALE
Publiée sous la direction de M. Émile ALGLAVE

La *Bibliothèque scientifique internationale* est une œuvre dirigée par les auteurs mêmes, en vue des intérêts de la science, pour la popullariser sous toutes ses formes, et faire connaître immédiatement dans le monde entier les idées originales, les directions nouvelles, les découvertes importantes qui se font chaque jour dans tous les pays. Chaque savant expose les idées qu'il a introduites dans la science et condense pour ainsi dire ses doctrines les plus originales.

La *Bibliothèque scientifique internationale* ne comprend pas seulement des ouvrages consacrés aux sciences physiques et naturelles; elle aborde aussi les sciences morales, comme la philosophie, l'histoire, la politique et l'économie sociale, la haute législation, etc.; mais les livres traitant des sujets de ce genre se rattachent encore aux sciences naturelles, en leur empruntant les méthodes d'observation et d'expérience qui les ont rendues si fécondes depuis deux siècles.

Cette collection paraît à la fois en français et en anglais : à Paris, chez Félix Alcan; à Londres, chez C. Kegan, Paul et Cie; à New-York, chez Appleton.

Les titres marqués d'un astérisque* sont adoptés par le *Ministère de l'Instruction publique de France* pour les bibliothèques des lycées et des collèges.

LISTE DES OUVRAGES PAR ORDRE D'APPARITION
93 VOLUMES IN-8, CARTONNÉS A L'ANGLAISE. CHAQUE VOLUME : 6 FRANCS.

1. J. TYNDALL. * **Les Glaciers et les Transformations de l'eau**, avec figures. 1 vol. in-8. 6ᵉ édition.   6 fr.
2. BAGEHOT. * **Lois scientifiques du développement des nations** dans leurs rapports avec les principes de la sélection naturelle et de l'hérédité. 1 vol. in-8 6ᵉ édition.   6 fr.
3. MAREY. * **La Machine animale**, locomotion terrestre et aérienne, avec de nombreuses fig. 1 vol. in-8. 6ᵉ édit. augmentée.   6 fr.
4. BAIN. * **L'Esprit et le Corps**. 1 vol. in-8. 6ᵉ édition.   6 fr.
5. PETTIGREW. * **La Locomotion chez les animaux**, marche, natation. 1 vol. in-8, avec figures. 2ᵉ édit.   6 fr.
6. HERBERT SPENCER. * **La Science sociale**. 1 v. in-8. 12ᵉ édit.   6 fr.
7. SCHMIDT (O.). * **La Descendance de l'homme et le Darwinisme**. 1 vol. in-8, avec fig. 6ᵉ édition.   6 fr.
8. MAUDSLEY. * **Le Crime et la Folie**. 1 vol. in-8. 6ᵉ édit.   6 fr.
9. VAN BENEDEN. * **Les Commensaux et les Parasites dans le règne animal**. 1 vol. in-8, avec figures. 3ᵉ édit.   6 fr.
10. BALFOUR STEWART. * **La Conservation de l'énergie**, suivi d'une Étude sur la *nature de la force*, par M. P. de SAINT-ROBERT, avec figures. 1 vol. in-8. 6ᵉ édition.   6 fr.
11. DRAPER. **Les Conflits de la science et de la religion**. 1 vol. in-8. 9ᵉ édition.   6 fr.
12. L. DUMONT. * **Théorie scientifique de la sensibilité**. 1 vol. in-8. 4ᵉ édition.   6 fr.
13. SCHUTZENBERGER. * **Les Fermentations**. 1 vol. in-8, avec fig. 6ᵉ édit.   6 fr.
14. WHITNEY. * **La Vie du langage**. 1 vol. in-8. 4ᵉ édit.   6 fr.
15. COOKE et BERKELEY. * **Les Champignons**. 1 vol. in-8, avec figures. 4ᵉ édition.   6 fr.
16. BERNSTEIN. * **Les Sens**. 1 vol. in-8, avec 91 fig. 5ᵉ édit.   6 fr.
17. BERTHELOT. * **La Synthèse chimique**. 1 vol. in-8. 8ᵉ édit.   6 fr.

18. NIEWENGLOWSKI (H.). *La photographie et la photochimie. 1 vol. in-8, avec gravures et une planche hors texte. 6 fr.
19. LUYS. *Le Cerveau et ses fonctions, avec figures. 1 vol. in-8. 7ᵉ édition. 6 fr.
20. STANLEY JEVONS.* La Monnaie et le Mécanisme de l'échange. 1 vol. in-8. 5ᵉ édition. 6 fr.
21. FUCHS. *Les Volcans et les Tremblements de terre. 1 vol. in-8, avec figures et une carte en couleur. 5ᵉ édition. 6 fr.
22. GÉNÉRAL BRIALMONT. *Les Camps retranchés et leur rôle dans la défense des États, avec fig. dans le texte et 2 planches hors texte. 3ᵉ édit. *Épuisé*.
23. DE QUATREFAGES.* L'Espèce humaine. 1 v. in-8. 12ᵉ édit. 6 fr.
24. BLASERNA et HELMHOLTZ. *Le Son et la Musique. 1 vol. in-8, avec figures. 5ᵉ édition. 6 fr.
25. ROSENTHAL.* Les Nerfs et les Muscles. 1 vol. in-8, avec 75 figures. 3ᵉ édition. *Épuisé*.
26. BRÜCKE et HELMHOLTZ. *Principes scientifiques des beaux-arts. 1 vol. in-8, avec 39 figures. 4ᵉ édition. 6 fr.
27. WURTZ. *La Théorie atomique. 1 vol. in-8. 8ᵉ édition. 6 fr.
28-29. SECCHI (le père). *Les Étoiles. 2 vol. in-8, avec 63 figures dans le texte et 17 pl. en noir et en couleur hors texte. 3ᵉ édit. 12 fr.
30. JOLY.* L'Homme avant les métaux. 1 v. in-8, avec fig. 4ᵉ éd. *Épuisé*.
31. A. BAIN.* La Science de l'éducation. 1 vol. in-8. 9ᵉ édit. 6 fr.
32-33. THURSTON (R.).* Histoire de la machine à vapeur, précédée d'une Introduction par M. Hirsch. 2 vol. in-8, avec 140 figures dans le texte et 16 planches hors texte. 3ᵉ édition. 12 fr.
34 HARTMANN (R.). *Les Peuples de l'Afrique. 1 vol. in-8, avec figures. 2ᵉ édition. *Épuisé*.
35 HERBERT SPENCER. *Les Bases de la morale évolutionniste. 1 vol. in-8. 5ᵉ édition. 6 fr.
36 HUXLEY. *L'Écrevisse, introduction à l'étude de la zoologie. 1 vol. in-8, avec figures. 2ᵉ édition. 6 fr.
37 DE ROBERTY. *De la Sociologie. 1 vol. in-8. 3ᵉ édition. 6 fr.
38. ROOD. *Théorie scientifique des couleurs. 1 vol. in-8, avec figures et une planche en couleur hors texte. 2ᵉ édition. 6 fr.
39. DE SAPORTA et MARION. *L'Évolution du règne végétal (les Cryptogames). 1 vol. in-8, avec figures. 6 fr.
40-41. CHARLTON BASTIAN. *Le Cerveau, organe de la pensée chez l'homme et chez les animaux. 2 vol. in-8, avec figures. 2ᵉ éd. 12 fr.
42 JAMES SULLY. *Les Illusions des sens et de l'esprit. 1 vol. in-8, avec figures. 2ᵉ édit. 6 fr.
43. YOUNG. *Le Soleil. 1 vol. in-8, avec figures. *Épuisé*.
44. DE CANDOLLE.* L'Origine des plantes cultivées. 4ᵉ édition. 1 vol. in-8. 6 fr.
45-46. SIR JOHN LUBBOCK. * Fourmis, abeilles et guêpes. Études expérimentales sur l'organisation et les mœurs des sociétés d'insectes hyménoptères. 2 vol. in-8, avec 65 figures dans le texte et 13 planches hors texte, dont 5 coloriées. 12 fr.
47 PERRIER (Edm.). La Philosophie zoologique avant Darwin. 1 vol. in-8. 3ᵉ édition. 6 fr.
48. STALLO. *La Matière et la Physique moderne. 1 vol. in-8. 3ᵉ éd., précédé d'une Introduction par Ch. Friedel. 6 fr.
49. MANTEGAZZA. La Physionomie et l'Expression des sentiments. 1 vol. in-8. 3ᵉ édit., avec huit planches hors texte. 6 fr.
50. DE MEYER. *Les Organes de la parole et leur emploi pour la formation des sons du langage. 1 vol. in-8, avec 51 figures, précédé d'une Introd. par M. O. Claveau. 6 fr.
51. DE LANESSAN.* Introduction à l'Étude de la botanique (le Sapin.) 1 vol. in-8. 2ᵉ édit., avec 143 figures dans le texte. 6 fr.

F. ALCAN.

52-53. DE SAPORTA et MARION. *L'Évolution du règne végétal (les Phanérogames). 2 vol. in-8, avec 136 figures. 12 fr.
54. TROUESSART. *Les Microbes, les Ferments et les Moisissures. 1 vol. in-8. 2ᵉ édit., avec 107 figures dans le texte. 6 fr.
55. HARTMANN (R.).* Les Singes anthropoïdes, et leur organisation comparée à celle de l'homme. 1 vol. in-8, avec figures. 6 fr.
56. SCHMIDT (O.). *Les Mammifères dans leurs rapports avec leurs ancêtres géologiques. 1 vol. in-8, avec 51 figures. 6 fr.
57. BINET et FÉRÉ. Le Magnétisme animal. 1 vol. in-8. 4ᵉ édit. 6 fr.
58-59. ROMANES.* L'Intelligence des animaux. 2 v. in-8. 3ᵉ édit. 12 fr.
60. F. LAGRANGE. Physiologie des exercices du corps. 1 vol. in-8. 7ᵉ édition. 6 fr.
61. DREYFUS.* Évolution des mondes et des sociétés. 1 vol. in-8. 3ᵉ édit. 6 fr.
62. DAUBRÉE. * Les Régions invisibles du globe et des espaces célestes. 1 vol. in-8, avec 85 fig. dans le texte. 2ᵉ édit. 6 fr.
63-64. SIR JOHN LUBBOCK. * L'Homme préhistorique. 2 vol. in-8, avec 228 figures dans le texte. 4ᵉ édit. 12 fr.
65. RICHET (Ch.). La Chaleur animale. 1 vol. in-8, avec figures. 6 fr.
66. FALSAN (A.). *La Période glaciaire principalement en France et en Suisse. 1 vol. in-8, avec 105 figures et 2 cartes. *Épuisé.*
67. BEAUNIS (H.). Les Sensations internes. 1 vol. in-8. 6 fr.
68. CARTAILHAC (E.). La France préhistorique, d'après les sépultures et les monuments. 1 vol. in-8, avec 162 figures. 2ᵉ édit. 6 fr.
69. BERTHELOT.* La Révolution chimique, Lavoisier. 1 vol in-8. 6 fr.
70. SIR JOHN LUBBOCK. * Les Sens et l'Instinct chez les animaux, principalement chez les insectes. 1 vol. in-8, avec 150 figures. 6 fr.
71. STARCKE. *La Famille primitive. 1 vol. in-8. 6 fr.
72. ARLOING. * Les Virus. 1 vol. in-8, avec figures. 6 fr.
73. TOPINARD. * L'Homme dans la Nature. 1 vol. in-8, avec fig. 6 fr.
74. BINET (Alf.).* Les Altérations de la personnalité. 1 vol. in-8, avec figures. 6 fr.
75. DE QUATREFAGES (A.).* Darwin et ses précurseurs français. 1 vol. in-8. 2ᵉ édition refondue. 6 fr.
76. LEFÈVRE (A.). * Les Races et les langues. 1 vol. in-8. 6 fr.
77-78. DE QUATREFAGES. * Les Émules de Darwin. 2 vol. in-8, avec préfaces de MM. E. Perrier et Hamy. 12 fr.
79. BRUNACHE (P.).* Le Centre de l'Afrique. Autour du Tchad. 1 vol. in-8, avec figures. 6 fr.
80. ANGOT (A.). *Les Aurores polaires. 1 vol. in-8, avec figures. 6 fr.
81. JACCARD. Le pétrole, le bitume et l'asphalte au point de vue géologique. 1 vol. in 8, avec figures. 6 fr.
82. MEUNIER (Stan.). La Géologie comparée. 1 vol. in-8, avec fig. 6 fr.
83. LE DANTEC. Théorie nouvelle de la vie. 1 vol. in-8, avec fig. 6 fr.
84. DE LANESSAN. Principes de colonisation. 1 vol. in-8. 6 fr.
85. DEMOOR, MASSART et VANDERVELDE. L'évolution régressive en biologie et en sociologie. 1 vol. in-8, avec gravures. 6 fr.
86. MORTILLET (G. de). Formation de la Nation française. 1 vol. in-8, avec 150 gravures et 18 cartes. 6 fr.
87. ROCHÉ (G.). La Culture des Mers (piscifacture, pisciculture, ostréiculture). 1 vol. in-8, avec 81 gravures. 6 fr.
88. COSTANTIN (J.). Les Végétaux et les Milieux cosmiques (adaptation, évolution). 1 vol. in-8, avec 171 gravures. 6 fr.
89. LE DANTEC. L'évolution individuelle et l'hérédité. 1 vol. in-8. 6 fr.
90. GUIGNET et GARNIER. La Céramique ancienne et moderne. 1 vol. avec grav. 6 fr.
91. GELLÉ (E.-M.). L'audition et ses organes. 1 v. in-8, avec grav. 6 fr.
92. MEUNIER (St). La Géologie expérimentale. 1 v. in-8, avec grav. 6 fr.
93. COSTANTIN. La Nature tropicale. 1 vol. in-8, avec grav. 6 fr.

LISTE PAR ORDRE DE MATIÈRES
DES 93 VOLUMES PUBLIÉS
DE LA BIBLIOTHÈQUE SCIENTIFIQUE INTERNATIONALE

Chaque volume in-8, cartonné à l'anglaise..... 6 francs.

SCIENCES SOCIALES

* Introduction à la science sociale, par HERBERT SPENCER. 1 vol. in-8. 12° édit. 6 fr.
* Les Bases de la morale évolutionniste, par HERBERT SPENCER. 1 vol. in-8. 4° édit. 6 fr.
Les Conflits de la science et de la religion, par DRAPER, professeur à l'Université de New-York. 1 vol. in-8. 8° édit. 6 fr.
* Le Crime et la Folie, par H. MAUDSLEY, professeur de médecine légale à l'Université de Londres. 1 vol. in-8. 5° édit. 6 fr.
* La Monnaie et le Mécanisme de l'échange, par W. STANLEY JEVONS, professeur à l'Université de Londres. 1 vol. in-8. 5° édit. 6 fr.
* La Sociologie, par DE ROBERTY. 1 vol. in-8. 3° édit. 6 fr.
* La Science de l'éducation, par Alex. BAIN, professeur à l'Université d'Aberdeen (Écosse). 1 vol. in-8. 9° édit. 6 fr.
* Lois scientifiques du développement des nations dans leurs rapports avec les principes de l'hérédité et de la sélection naturelle, par W. BAGEHOT. 1 vol. in-8. 6° édit. 6 fr.
* La Vie du langage, par D. WHITNEY, professeur de philologie comparée à Yale-College de Boston (États-Unis). 1 vol. in-8. 3° édit. 6 fr.
* La Famille primitive, par J. STARCKE, professeur à l'Université de Copenhague. 1 vol. in-8. 6 fr.

PHYSIOLOGIE

* Les Illusions des sens et de l'esprit, par James SULLY. 1 v. in-8. 2° édit. 6 fr.
* La Locomotion chez les animaux (marche, natation et vol), par J.-B. PETTIGREW, professeur au Collège royal de chirurgie d'Édimbourg (Écosse). 1 vol. in-8, avec 140 figures dans le texte. 2° édit. 6 fr.
* La Machine animale, par E.-J. MAREY, membre de l'Institut, prof. au Collège de France. 1 vol. in-8, avec 117 figures. 6° édit. 6 fr.
* Les Sens, par BERNSTEIN, professeur de physiologie à l'Université de Halle (Prusse). 1 vol. in-8, avec 91 figures dans le texte. 4° édit. 6 fr.
* Les Organes de la parole, par H. DE MEYER, professeur à l'Université de Zurich, traduit de l'allemand et précédé d'une introduction sur l'*Enseignement de la parole aux sourds-muets*, par O. CLAVEAU, inspecteur général des établissements de bienfaisance. 1 vol. in-8, avec 51 grav. 6 fr.
La Physionomie et l'Expression des sentiments, par P. MANTEGAZZA, professeur au Muséum d'histoire naturelle de Florence. 1 vol. in-8, avec figures et 8 planches hors texte. 3° édit. 6 fr.
* Physiologie des exercices du corps, par le docteur F. LAGRANGE. 1 vol. in-8. 7° édit. (Ouvrage couronné par l'Institut.) 6 fr.
La Chaleur animale, par CH. RICHET, professeur de physiologie à la Faculté de médecine de Paris. 1 vol. in-8, avec figures dans le texte. 6 fr.
Les Sensations internes, par H. BEAUNIS. 1 vol. in-8. 6 fr.
* Les Virus, par M. ARLOING, professeur à la Faculté de médecine de Lyon, directeur de l'école vétérinaire. 1 vol. in-8, avec fig. 6 fr.
Théorie nouvelle de la vie, par F. LE DANTEC, docteur ès sciences, 1 vol. in-8, avec figures. 6 fr.
L'évolution individuelle et l'hérédité, par *le même*. 1 vol. in-8. 6 fr.
L'audition et ses organes, par le Docr E.-M. GELLÉ, membre de la Société de biologie. 1 vol. in-8 avec grav. 6 fr.

PHILOSOPHIE SCIENTIFIQUE

* Le Cerveau et ses fonctions, par J. LUYS, membre de l'Académie de médecine, médecin de la Charité. 1 vol. in-8, avec fig. 7° édit. 6 fr.
* Le Cerveau et la Pensée chez l'homme et les animaux, par CHARLTON BASTIAN, professeur à l'Université de Londres. 2 vol. in-8, avec 184 fig. dans le texte. 2° édit. 12 fr.
* Le Crime et la Folie, par H. MAUDSLEY, professeur à l'Université de Londres. 1 vol. in-8. 6° édit. 6 fr.
* L'Esprit et le Corps, considérés au point de vue de leurs relations, suivi d'études sur les *Erreurs généralement répandues au sujet de l'esprit*, par Alex. BAIN, prof. à l'Université d'Aberdeen (Écosse). 1 v. in-8. 6° éd. 6 fr.
* Théorie scientifique de la sensibilité : *le Plaisir et la Peine*, par Léon DUMONT. 1 vol. in-8. 3° édit. 6 fr.

F. ALCAN. — 24 —

* La Matière et la Physique moderne, par Stallo, précédé d'une préface par M. Ch. Friedel, de l'Institut. 1 vol, in-8. 2° édit. 6 fr.
Le Magnétisme animal, par Alf. Binet et Ch. Féré. 1 vol. in-8, avec figures dans le texte. 4° édit. 6 fr.
* L'Intelligence des animaux, par Romanes. 2 v. in-8. 2° éd. précédée d'une préface de M. E. Perrier, prof. au Muséum d'histoire naturelle. 12 fr.
* L'Évolution des mondes et des sociétés, par C. Dreyfus. In-8. 6 fr.
L'évolution régressive en biologie et en sociologie, par Demoor, Massart et Vandervelde, prof. des Univ. de Bruxelles. 1 v.in-8, avec grav. 6 fr.
* Les Altérations de la personnalité, par Alf. Binet, directeur du laboratoire de psychologie à la Sorbonne. In-8, avec gravures. 6 fr.

ANTHROPOLOGIE

* L'Espèce humaine, par A. de Quatrefages, de l'Institut, professeur au Muséum d'histoire naturelle de Paris. 1 vol. in-8. 12° édit. 6 fr.
* Ch. Darwin et ses précurseurs français, par A. de Quatrefages. 1 v. in-8. 2° édition. 6 fr.
* Les Émules de Darwin, par A. de Quatrefages, avec une préface de M. Edm. Perrier, de l'Institut, et une notice sur la vie et les travaux de l'auteur par E.-T. Hamy, de l'Institut. 2 vol. in-8. 12 fr.
* L'Homme avant les métaux, par N. Joly, correspondant de l'Institut. 1 vol. in-8, avec 150 gravures. 4° édit. 6 fr.
* Les Peuples de l'Afrique, par R. Hartmann, professeur à l'Université de Berlin. 1 vol. in-8, avec 93 figures dans le texte. 2° édit. 6 fr.
* Les Singes anthropoïdes et leur organisation comparée à celle de l'homme, par R. Hartmann, prof. à l'Univ. de Berlin. 1 vol. in-8, avec 63 fig. 6 fr.
* L'Homme préhistorique, par Sir John Lubbock, membre de la Société royale de Londres. 2 vol. in-8, avec 228 gravures dans le texte. 3° édit. 12 fr.
La France préhistorique, par E. Cartailhac. In-8, avec 150 gr. 2° édit. 6 fr.
* L'Homme dans la Nature, par Topinard, ancien secrétaire général de la Société d'Anthropologie de Paris. 1 vol. in-8, avec 101 gravures. 6 fr.
* Les Races et les Langues, par André Lefèvre, professeur à l'École d'Anthropologie de Paris. 1 vol. in-8. 6 fr.
* Le centre de l'Afrique. Autour du Tchad, par P. Brunache, administrateur à Aïn-Fezza (Algérie). 1 vol. in-8 avec gravures. 6 fr.
Formation de la Nation française, par G. de Mortillet, professeur à l'École d'Anthropologie. In-8, avec 150 grav. et 18 cartes. 6 fr.

ZOOLOGIE

* La Descendance de l'homme et le Darwinisme, par O. Schmidt, professeur à l'Université de Strasbourg. 1 vol. in-8, avec figures. 6° édit. 6 fr.
* Les Mammifères dans leurs rapports avec leurs ancêtres géologiques, par O. Schmidt. 1 vol. in-8, avec 51 figures dans le texte. 6 fr.
* Fourmis, Abeilles et Guêpes, par sir John Lubbock, membre de la Société royale de Londres. 2 vol. in-8, avec figures dans le texte, et 13 planches hors texte dont 5 coloriées. 12 fr.
* Les Sens et l'instinct chez les animaux, et principalement chez les insectes, par Sir John Lubbock. 1 vol. in-8 avec grav. 6 fr.
* L'Écrevisse, introduction à l'étude de la zoologie, par Th.-H. Huxley, membre de la Société royale de Londres. 1 vol. in-8, avec 82 grav. 6 fr.
* Les Commensaux et les Parasites dans le règne animal, par P.-J. Van Beneden, professeur à l'Université de Louvain (Belgique). 1 vol. in-8, avec 82 figures dans le texte. 3° édit. 6 fr.
* La Philosophie zoologique avant Darwin, par Edmond Perrier, de l'Institut, prof. au Muséum. 1 vol. in-8. 2° édit. 6 fr.
* Darwin et ses précurseurs français, par A. de Quatrefages, de l'Institut. 1 vol. in-8. 2° édit. 6 fr.
La Culture des mers en Europe (Pisciculture, piscifacture, ostréiculture), par G. Roché, insp. gén. des pêches maritimes. In-8, avec 81 grav. 6 fr.

BOTANIQUE — GÉOLOGIE

* Les Champignons, par Cooke et Berkeley. 1 v. in-8, avec 110 fig. 4° éd. 6 fr.
* L'Évolution du règne végétal, par G. de Saporta et Marion, prof. à la Faculté des sciences de Marseille :
  * I. Les Cryptogames. 1 vol. in-8, avec 85 figures dans le texte. 6 fr.
  * II. Les Phanérogames. 2 vol. in-8, avec 136 fig. dans le texte. 12 fr.
* Les Volcans et les Tremblements de terre, par Fuchs, prof. à l'Univ. de Heidelberg. 1 vol. in-8, avec 36 fig. 5° éd. et une carte en couleur. 6 fr.

* **La Période glaciaire**, principalement en France et en Suisse, par A. FALSAN. 1 vol. in-8, avec 105 gravures et 2 cartes hors texte. *Epuisé.*
* **Les Régions invisibles du globe et des espaces célestes**, par A. DAUBRÉE, de l'Institut. 1 vol. in-8, 2ᵉ édit., avec 89 gravures. 6 fr.
* **Le Pétrole, le Bitume et l'Asphalte**, par M. JACCARD, professeur à l'Académie de Neuchâtel (Suisse). 1 vol. in-8, avec figures. 6 fr.
* **L'Origine des plantes cultivées**, par A. DE CANDOLLE, correspondant de l'Institut. 1 vol. in-8. 4ᵉ édit. 6 fr.
* **Introduction à l'étude de la botanique** (*le Sapin*), par J. DE LANESSAN, professeur agrégé à la Faculté de médecine de Paris. 1 vol. in-8. 2ᵉ édit., avec figures dans le texte. 6 fr.
* **Microbes, Ferments et Moisissures**, par le docteur L. TROUESSART. 1 vol. in-8, avec 108 figures dans le texte. 2ᵉ édit. 6 fr.
* **La Géologie comparée**, par STANISLAS MEUNIER, professeur au Muséum. 1 vol. in-8, avec figures. 6 fr.

Les **Végétaux et les milieux cosmiques** (adaptation, évolution), par J. COSTANTIN, maître de conférences à l'Ecole normale supérieure. 1 vol. in-8 avec 171 gravures. 6 fr.

La **Géologie expérimentale**, par STANISLAS MEUNIER, professeur au Muséum. 1 vol. in-8, avec fig. 6 fr.

La **Nature tropicale**, par J. COSTANTIN, maître de conférences à l'École normale supérieure. 1 vol. in-8, avec fig. 6 fr.

CHIMIE

* **Les Fermentations**, par P. SCHUTZENBERGER, memb. de l'Institut. 1 v. in-8, avec fig. 6ᵉ édit. 6 fr.
* **La Synthèse chimique**, par M. BERTHELOT, secrétaire perpétuel de l'Académie des sciences. 1 vol. in-8. 8ᵉ édit. 6 fr.
* **La Théorie atomique**, par Ad. WURTZ, membre de l'Institut. 1 vol. in-8. 8ᵉ édit., précédée d'une introduction sur *la Vie et les Travaux* de l'auteur, par M. Ch. FRIEDEL, de l'Institut. 6 fr.

La **Révolution chimique** (*Lavoisier*), par M. BERTHELOT. 1 vol. in-8. 6 fr.
* **La Photographie et la Photochimie**, par H. NIEWENGLOWSKI. 1 vol. avec gravures et une planche hors texte. 6 fr.

ASTRONOMIE — MÉCANIQUE

* **Histoire de la Machine à vapeur, de la Locomotive et des Bateaux à vapeur**, par R. THURSTON, professeur à l'Institut technique de Hoboken, près de New-York, revue, annotée et augmentée d'une introduction par M. HIRSCH, professeur à l'École des ponts et chaussées de Paris. 2 vol. in-8, avec 160 figures et 16 planches hors texte. 3ᵉ édit. 12 fr.
* **Les Etoiles**, notions d'astronomie sidérale, par le P. A. SECCHI, directeur de l'Observatoire du Collège Romain. 2 vol. in-8, avec 68 figures dans le texte et 16 planches en noir et en couleurs. 2ᵉ édit. 12 fr.
* **Les Aurores polaires**, par A. ANGOT, membre du Bureau central météorologique de France. 1 vol. in-8 avec figures. 6 fr.

PHYSIQUE

La **Conservation de l'énergie**, par BALFOUR STEWART, prof. de physique au collège Owens de Manchester (Angleterre). 1 vol. in-8 avec fig. 6ᵉ édit. 6 fr.
* **Les Glaciers et les Transformations de l'eau**, par J. TYNDALL, suivi d'une étude sur le même sujet, par HELMHOLTZ, professeur à l'Université de Berlin. 1 vol. in-8, avec fig. et 8 planches hors texte. 5ᵉ édit. 6 fr.
* **La Matière et la Physique moderne**, par STALLO, précédé d'une préface par Ch. FRIEDEL, membre de l'Institut. 1 vol. in-8. 3ᵉ édit. 6 fr.

THÉORIE DES BEAUX-ARTS

* **Le Son et la Musique**, par P. BLASERNA, prof. à l'Université de Rome, prof. à l'Université de Berlin. 1 vol. in-8, avec 41 fig. 5ᵉ édit. 6 fr.
* **Principes scientifiques des Beaux-Arts**, par E. BRÜCKE, professeur à l'Université de Vienne. 1 vol. in-8, avec fig. 4ᵉ édit. 6 fr.
* **Théorie scientifique des couleurs et leurs applications aux arts et à l'industrie**, par O. N. ROOD, professeur à Colombia-College de New-York. 1 vol. in-8, avec 130 figures et une planche en couleurs. 6 fr.

La **Céramique ancienne et moderne**, par MM. GUIGNET, directeur des teintures à la Manufacture des Gobelins, et GARNIER, directeur du Musée de la Manufacture de Sèvres. 1 vol. in-8 avec grav. 6 fr.

F. ALCAN.

RÉCENTES PUBLICATIONS
HISTORIQUES, PHILOSOPHIQUES ET SCIENTIFIQUES
qui ne se trouvent pas dans les collections précédentes.

ALAUX. **Esquisse d'une philosophie de l'être.** In-8. 1 fr.
— **Les Problèmes religieux au XIX° siècle.** 1 vol. in-8. 7 fr. 50
— **Philosophie morale et politique**, in-8. 1893. 7 fr. 50
— **Théorie de l'âme humaine.** 1 vol. in-8. 1895. 10 fr. (Voy. p. 2.)
ALTMEYER (J.-J.). **Les Précurseurs de la réforme aux Pays-Bas.** 2 forts volumes in-8. 12 fr.
AMIABLE (Louis). **Une loge maçonnique d'avant 1789.** (La loge des Neuf-Sœurs.) 1 vol. in-8. 1897. 6 fr.
ANSIAUX (M.). **Heures de travail et salaires**, étude sur l'amélioration directe de la condition des ouvriers industriels. 1 vol. in-8. 1896. 5 fr.
ARNAUNÉ (A.). **La monnaie, le crédit et le change.** in-8. 7 fr.
ARRÉAT. **Une Éducation intellectuelle.** 1 vol. in-18. 2 fr. 50
— **Journal d'un philosophe.** 1 vol. in-18. 3 fr. 50 (Voy. p. 2 et 5.)
AZAM. **Hypnotisme et double conscience.** 1 vol. in-8. 9 fr.
BAËTS (Abbé M. de). **Les Bases de la morale et du droit.** In-8. 6 fr.
BAISSAC (J.). **Les Origines de la religion.** 2 vol. in-8. 12 fr.
BALFOUR STEWART et TAIT. **L'Univers invisible.** 1 vol. in-8. 7 fr
BARBÉ (É.). **Le nabab René Madec.** Histoire diplomatique des projets de la France sur le Bengale et le Pendjab (1772-1808). 1894. 1 vol. in-8. 5 fr.
BARNI. **Les Martyrs de la libre pensée.** 1 vol. in-18. 2° édit. 3 fr. 50
(Voy. KANT, p. 10, 15 et 31.)
BARTHÉLEMY-SAINT-HILAIRE. (Voy. pages 5 et 9, ARISTOTE)
— *Victor Cousin, sa vie, sa correspondance. 3 vol. in-8. 1895. 30 fr.
BAUTAIN (Abbé). **La Philosophie morale.** 2 vol. in-8. 12 fr.
BEAUNIS (H.). **Impressions de campagne (1870-1871).** In-18. 3 fr. 50
BERTAULD (P.-A.). **Positivisme et philosophie scientifique.** 1 vol. in-12. 1899. 2 fr. 50
BLANQUI. **Critique sociale.** 2 vol. in-18. 7 fr.
BLONDEAU (C.). **L'absolu et sa loi constitutive.** 1 vol. in-8. 1897. 6 fr.
BOILLEY (P.). **La Législation internationale du travail.** In-12. 3 fr.
— **Les trois socialismes** : anarchisme, collectivisme, réformisme. 3 fr. 50
— **De la production industrielle, association du capital, du travail et du talent.** 1 vol. in-12. 1899. 2 fr. 50
BOURDEAU (Louis). **Théorie des sciences.** 2 vol. in-8. 20 fr.
— **La Conquête du monde animal.** In-8. 5 fr.
— **La Conquête du monde végétal.** In-8. 1893. 5 fr.
— **L'Histoire et les historiens.** 1 vol. in-8. 7 fr. 50
— *Histoire de l'alimentation. 1894. 1 vol. in-8. 5 fr. (V. p. 5.)
BOURDET (Eug.). **Principes d'éducation positive.** In-18. 3 fr. 50
— **Vocabulaire de la philosophie positive.** 1 vol. in-18. 3 fr. 50
BOUTROUX (Em.). *De l'idée de loi naturelle dans la science et la philosophie. 1 vol. in-8. 1895. 2 fr. 50. (V. p. 2 et 5.)
BOUSREZ (L.). **L'Anjou aux âges de la Pierre et du Bronze.** 1 vol. gr. in-8, avec pl. h. texte. 1897. 3 fr. 50
BRASSEUR. **La question sociale.** 1 vol. in-8. 1900. 7 fr. 50
BROOKS ADAMS. **La loi de la civilisation et de la décadence**, et loi historique. 1 vol. in-8, trad. Aug. DIETRICH. 1899 7 fr. 50
BUNGE (N.-Ch.). **Esquisses de littérature politico-économique.** 1 vol. in-8. 1898. 7 fr. 50
CARDON (G.). *Les Fondateurs de l'Université de Douai. In-8. 10 f.
CASTELAR (Emilio). **La politique européenne.** 3 vol. in-8. 1896, 1898, 1899. Chacun. 3 fr.
CLAMAGERAN. **La Réaction économique et la démocratie.** In-18. 1 fr. 25
— **La lutte contre le mal.** 1 vol. in-18. 1897. 3 fr. 50

COIGNET (Mme). *Victor Considérant, sa vie et son œuvre. in-8. 2 fr.
COLLIGNON (A.). *Diderot, sa vie et sa correspondance. In-12. 1895. 3 fr. 50
COMBARIEU (J.). *Les rapports de la musique et de la poésie considérés au point de vue de l'expression. 1893. 1 vol. in-8. 7 fr. 50
COSTE (Ad.). Hygiène sociale contre le paupérisme. In-8. 6 fr.
— Nouvel exposé d'économie politique et de physiologie sociale. In-18. 3 fr. 50 (Voy. p. 2 et 32.)
COUTURAT (Louis). *De l'infini mathématique. In-8. 1896. 12 fr.
DAURIAC. Croyance et réalité. 1 vol. in-18. 1889. 3 fr. 50
— Le Réalisme de Reid. In-8. 1 fr. (V. p. 2.)
DAUZAT (A.), docteur en droit. Du Rôle des chambres en matière de traités internationaux. 1 vol. grand in-8. 1899. 5 fr. (V. p. 16.)
DELBŒUF. De la loi psychophysique. In-18. 3 fr. 50 (V. p. 2.)
DENEUS. De la réserve héréditaire des enfants. In-8. 5 fr.
DENIS (Abbé Ch.). Esquisse d'une apologie du Christianisme dans les limites de la nature et de la révélation. 1 vol. in-12. 1898. 4 fr.
DERAISMES (Mlle Maria). Œuvres complètes:
— Tome I. France et progrès. — Conférences sur la noblesse. 1 vol. in-12. 1895. 3 fr. 50. — Tome II. Eve dans l'humanité. — Les droits de l'enfant. 1 vol. in-12. 1896. 3 fr. 50. — Tome III. Nos principes et nos mœurs. — L'ancien devant le nouveau. 1 vol. in-12. 1896. — Tome IV. Lettre au clergé français. Polémique religieuse. 1 vol. in-12. 1898. 3 fr. 50
DESCHAMPS. La Philosophie de l'écriture. 1 vol. in-8. 1892. 3 fr.
DESDOUITS. La philosophie de l'inconscient. 1893. 1 vol. in-8. 3 fr.
DROZ (Numa). Etudes et portraits politiques. 1 vol. in-8. 1895. 7 fr. 50
— Essais économiques. 1 vol. in-8. 1896. 7 fr. 50
— La démocratie fédérative et le socialisme d'État. In-12. 1 fr.
DUBUC (P.). *Essai sur la méthode en métaphysique. 1 vol. in-8. 5 fr.
DU CASSE. Le 5e corps de l'armée d'Italie en 1859. Br. 2 fr.
DUGAS (L.). *L'amitié antique, d'après les mœurs et les théories des philosophes. 1 vol. in-8. 1895. 7 fr. 50 (V. p. 2.)
DUNAN. *Sur les formes à priori de la sensibilité. 1 vol. in-8. 5 fr.
— Les Arguments de Zénon d'Élée contre le mouvement. 1 br. in-8. 1 fr. 50 (V. p. 2.)
DUVERGIER DE HAURANNE (Mme E.). Histoire populaire de la Révolution française. 1 vol. in-18. 4e édit. 3 fr. 50
Éléments de science sociale. 1 vol. in-18. 4e édit. 3 fr. 50
ESPINAS (A.). Les Origines de la technologie. 1 vol. in-8. 1897. 5 fr.
FEDERICI. Les Lois du progrès. 2 vol. in-8. Chacun. 6 fr.
FERRÈRE (F.). La situation religieuse de l'Afrique romaine depuis la fin du IVe siècle jusqu'à l'invasion des Vandales. 1 v. in-8. 1898. 7 fr. 50
FERRIÈRE (Em.). Les Apôtres, essai d'histoire religieuse. 1 vol. in-12. 4 fr. 50
— L'Ame est la fonction du cerveau. 2 volumes in-18. 7 fr.
— Le Paganisme des Hébreux jusqu'à la captivité de Babylone. 1 vol. in-18. 3 fr. 50
— La Matière et l'énergie. 1 vol. in-18. 4 fr. 50
— L'Ame et la vie. 1 vol. in-18. 4 fr. 50
— Les Mythes de la Bible. 1 vol. in-18. 1893. 3 fr. 50
— La cause première d'après les données expérimentales. 1 vol. in-18. 1896. 3 fr. 50
— Étymologie de 400 prénoms usités en France. 1 vol. in-18. 1898. 1 fr. 50 (Voy. p. 9 et 32).
FLEURY (Maurice de). Introduction à la médecine de l'Esprit. 1 vol. in-8. 5e éd. 1898. 7 fr. 50 (V. p. 2.)
FLOURNOY. Des phénomènes de synopsie. In-8. 1893. 6 fr.
FRÉDÉRICQ (P.), professeur à l'Université de Gand. L'Enseignement supérieur de l'histoire, notes et impressions de voyage. Allemagne, France, Ecosse, Angleterre, Hollande, Belgique. 1 vol. grand in-8. 1899. 7 fr.

GAYTE (Claude). **Essai sur la croyance.** 1 vol. in-8. 3 fr.
GOBLET D'ALVIELLA. **L'Idée de Dieu**, d'après l'anthr. et l'histoire. In-8. 6 fr.
GOURD. **Le Phénomène.** 1 vol. in-8. 7 fr. 50
GREEF (Guillaume de). **Introduction à la Sociologie.** 2 vol. in-8. 10 fr.
— **L'évolution des croyances et des doctrines politiques.** 1 vol. in-12. 1895. 4 fr. (V. p. 6.)
GRIMAUX (Ed.). *Lavoisier (1748-1794), d'après sa correspondance et divers documents inédits. 1 vol. gr. in-8, avec gravures. 3ᵉ éd. 1898. 15 fr.
GRIVEAU (M.). **Les Éléments du beau.** In-18. 4 fr. 50
GUILLY. **La Nature et la Morale.** 1 vol. in-18. 2ᵉ édit. 2 fr. 50
GUYAU. **Vers d'un philosophe.** In-18. 3ᵉ édit. 3 fr. 50 (Voy. p. 2, 6 et 9.)
GYEL (le Dʳ E.). **L'être subconscient.** 1 vol. in-8. 1899. 4 fr.
HAURIOU (M.). **La science sociale traditionnelle.** 1 v. in-8. 1896. 7 fr. 50
HALLEUX (J.). **Les principes du positivisme contemporain**, exposé et critique. (Ouvrage récompensé par l'Institut). 1 vol. in-12. 1895. 3 fr. 50
HARRACA (J.-M.). **Contributions à l'étude de l'Hérédité et des principes de la formation des races.** 1 vol. in-18. 1898. 2 fr.
HIRTH (G.). **La Vue plastique, fonction de l'écorce cérébrale.** In-8. Trad. de l'allem. par L. ARRÉAT, avec grav. et 34 pl. 8 fr. (Voy. p. 6.)
— **Les localisations cérébrales en psychologie. Pourquoi sommes-nous distraits ?** 1 vol. in-8. 1895. 2 fr.
HOCQUART (E.). **L'Art de juger le caractère des hommes sur leur écriture**, préface de J. CRÉPIEUX-JAMIN. Br. in-8. 1898. 1 fr.
HORION. **Essai de Synthèse évolutionniste**, in-8. 1899. 7 fr.
ICARD (S.). **Paradoxes ou vérités.** 1 vol. in-12. 1895. 3 fr. 50
JANET (Pierre) et PROF. RAYMOND. **Névroses et idées fixes.** 2 vol. grand in-8, avec gravures. 1898-1899. Tome I, 12 fr.; tome II. 14 fr.
JOYAU. **De l'Invention dans les arts et dans les sciences.** 1 v. in-8. 5 fr.
— **Essai sur la liberté morale.** 1 vol. in-18. 3 fr. 50
KAUFMAN. **Etude de la cause finale et son importance au temps présent.** Trad. de l'allem. par Deiber. In-12. 1898. 2 fr. 50
KINGSFORD (A.) et MAITLAND (E.). **La Voie parfaite ou le Christ ésotérique**, précédé d'une préface d'Edouard SCHURE. 1 vol. in-8. 1892. 6 fr.
KUFFERATH (Maurice). **Musiciens et philosophes.** (Tolstoï, Schopenhauer, Nietzsche, Richard Wagner). 1 vol. in-12. 1899. 3 fr. 50
KUMS (A.). **Les choses naturelles dans Homère.** 1 vol. in-8. 1897. 5 fr.
— **Supplément.** 1 fr. 25
LABORDE. **Les Hommes et les Actes de l'insurrection de Paris devant la psychologie morbide.** 1 vol. in-18. 2 fr. 50
LAVELEYE (Em. de). **De l'avenir des peuples catholiques.** In-8. 25 c.
— **L'Afrique centrale.** 1 vol. in-12. 3 fr.
— **Essais et Études.** Première série (1861-1875). 1 vol. in-8. 7 fr. 50. — Deuxième série (1875-1882). 1 vol. in-8. 7 fr. 50. — Troisième série (1892-1894). 1 vol. in-8. 7 fr. 50 (Voy. p. 7 et 15.)
LÉGER (C.). **La liberté intégrale**, esquisse d'une théorie des lois républicaines. 1 vol. in-12. 1896. 1 fr. 50
LETAINTURIER (J.). **Le socialisme devant le bon sens.** in-18. 1 fr. 50
LEVY (Albert). *Psychologie du caractère. In-8. 1896. 5 fr.
LICHTENBERGER (A.). **Le socialisme au XVIIIᵉ siècle.** Etudes sur les idées socialistes dans les écrivains français au XVIIIᵉ siècle, avant la Révolution. 1 vol. in-8. 1895. 7 fr. 50 (Voy. p. 15.)
MABILLEAU (L.). *Histoire de la philosophie atomistique. 1 vol. in-8. 1895. (Ouvrage couronné par l'Institut.) 12 fr.
MALCOLM MAC COLL. **Le Sultan et les grandes puissances**, essai historique, traduct. de Jean LONGUET, préface d'Urbain GOHIER. 1 vol. in-8. 1899. 5 fr.
MANACÉINE (Marie de). **L'anarchie passive et Tolstoï.** In-18. 2 fr.
MAINDRON (Ernest). *L'Académie des sciences (Histoire de l'Académie;

fondation de l'Institut national; Bonaparte, membre de l'Institut). 1 beau vol. in-8 cavalier, avec 53 gravures dans le texte, portraits, plans, etc. 8 planches hors texte et 2 autographes. 12 fr.

MARSAUCHE (L.). **La Confédération helvétique d'après la constitution**, préface de M. Frédéric Passy. 1 vol. in-18. 1891. 3 fr. 50

MERCIER (Mgr). **Les origines de la psych. contemp.** In-12. 1898. 5 fr.

— **La Définition philosophique de la vie.** Broch. in-8. 1899. 1 fr. 50

MISMER (Ch.). **Principes sociologiques.** 1 vol. in-8. 2ᵉ éd. 1897. 5 fr.

MONCALM. **Origine de la pensée et de la parole.** In-8. 1899. 5 fr.

MONTIER (Amand). **Robert Lindet**, député à l'Assemblée législative et à la Convention, membre du Comité de Salut public, ministre des finances, préface d'E. CHARAVAY. 1 fort vol. grand in-8. 1899. 10 fr.

MORIAUD (P.). **La question de la liberté et la conduite humaine.** 1 vol. in-12. 1897. 3 fr. 50

MOSSO (A.). **L'éducation physique de la jeunesse.** 1 vol. in-12, cart., préface du commandant Legros. 1895. 4 fr.

NAUDIER (F.). **Le socialisme et la révolution sociale.** In-18. 3 fr. 50

NETTER (A.). **La Parole intérieure et l'âme.** 1 vol. in-18. 2 fr. 50

NIZET. **L'Hypnotisme**, étude critique. 1 vol. in-12. 1892. 2 fr. 50

NODET (V.). **Les agnosies, la cécité psychique.** In-8. 1899. 4 fr.

NOTOVITCH. **La Liberté de la volonté.** In-18. 3 fr. 50

NOVICOW (J.). **La Question d'Alsace-Lorraine.** In-8. 1 fr. (V. p. 3, 7 et 15.)

NYS (Ernest). **Les Théories polit. et le droit intern.** In-8. 4 fr.

PARIS (comte de). **Les Associations ouvrières en Angleterre** (Trades-unions). 1 vol. in-18. 7ᵉ édit. 1 fr. — Édition sur papier fort. 2 fr. 50

PAULHAN (Fr.). **Le Nouveau mysticisme.** 1 vol in-18. 1891. 2 fr. 50 (Voy. p. 4, 7 et 32.)

PELLETAN (Eugène). ***La Naissance d'une ville** (Royan). In-18. 2 fr.

— *Jarousseau, le pasteur du désert.** 1 vol. in-18. 2 fr.

— *Un Roi philosophe: Frédéric le Grand.** In-18. 3 fr. 50

— **Droits de l'homme.** 1 vol. in-12. 3 fr. 50

— **Profession de foi du XIXᵉ siècle.** In-12. 3 fr. 50 (V. p. 31.)

PEREZ (Bernard). **Thiery Tiedmann. Mes deux chats.** In-12. 2 f.

— **Jacotot et sa Méthode d'émancipation intellect.** In-18. 3 fr.

— **Dictionnaire abrégé de philosophie.** 1893. in-12. 1 fr. 50 (V. p. 7.)

PHILBERT (Louis). **Le Rire.** In-8. (Cour. par l'Académie française.) 7 fr. 50

PHILIPPE (J.). **Lucrèce dans la théologie chrétienne du IIIᵉ au XIIIᵉ siècle.** 1 vol. in-8. 1896. 2 fr. 50

PIAT (C.). **L'Intellect actif ou Du rôle de l'activité mentale dans la formation des idées.** 1 vol. in-8. 3 fr. (V. p. 7.)

PICARD (Ch.). **Sémites et Aryens** (1893). In-18. 1 fr. 50

PICARD (E.). **Le Droit pur, les permanences juridiques abstraites** 1 vol. in-8. 1899. 7 fr. 50

PICAVET (F.). **La Mettrie et la crit. allem.** 1889. In-8. 1 fr. (V. p. 8.)

PICTET (Raoul). **Étude critique du matérialisme et du spiritualisme par la physique expérimentale.** 1 vol. gr. in-8. 1896. 10 fr.

POEY. **Le Positivisme.** 1 fort vol. in-12. 4 fr. 50

— **M. Littré et Auguste Comte.** 1 vol. in-18. 3 fr. 50

PORT. **La Légende de Cathelineau.** In-8. 5 fr.

POULLET. **La Campagne de l'Est** (1870-1871). In-8, avec cartes. 7 fr.

*Pour et contre l'enseignement philosophique, par MM. VANDEREM (Fernand), RIBOT (Th.), BOUTROUX (F.), MARION (H.), JANET (P.) et FOUILLÉE (A.) de l'Institut; MONOD (G.), LYON (Georges), MARILLIER (L.), CLAMADIEU (abbé), BOURDEAU (J.), LACAZE (G.), TAINE (H.). 1894. In-18. 2 fr.

PRÉAUBERT. **La vie, mode de mouvement.** In-8, 1897. 5 fr.

PRINS (Ad.). **L'organisation de la liberté et le devoir social.** 1 vol. in-8. 1895. 4 fr.

PUJO (Maurice). *Le règne de la grâce. L'idéalisme intégral.** 1894. 1 vol. in-18. 3 fr. 50

F. ALCAN

RATAZZI (Mme). **Emilio Castelar**, sa vie, son œuvre, son rôle politique. (Notes, impressions et souvenirs). In-8, avec illustr., portr. 1899. 3 fr.
RIBOT (Paul). **Spiritualisme et Matérialisme**. 2e éd. 1 vol. in-8. 6 fr.
RUTE (Marie-Letizia de). **Lettres d'une voyageuse**. Vienne, Budapest, Constantinople. 1 vol. in-8. 1896. 3 fr.
SANDERVAL (O. de). **De l'Absolu**. La loi de vie. 1 vol. in-8 2e éd. 5 fr.
— **Kahel. Le Soudan français**. In-8, avec gravures et cartes. 8 fr.
SAUSSURE (L. de). **Psychologie de la colonisation française**. 1 vol. in-12. 1899. 3 fr. 50
SECRÉTAN (Ch.). **Études sociales**. 1889. 1 vol. in-18. 3 fr. 50
— **Les Droits de l'humanité**. 1 vol. in-18. 1891. 3 fr. 50
— **La Croyance et la civilisation**. 1 vol. in-18. 2e édit. 1891. 3 fr. 50
— **Mon Utopie**. 1 vol. in-18. 3 fr. 50
— **Le Principe de la morale**. 1 vol. in-8. 2e éd. 7 fr. 50
— **Essais de philosophie et de littérature**. 1 vol. in-12. 1896. 3 fr. 50
SECRÉTAN (H.). **La Société et la morale**. 1 vol. in-12. 1897. 3 fr. 50
SÉE (Paul). **La question monétaire**. Br. gr. in-8. 1898. 2 fr.
SILVA WHITE (Arthur). **Le développement de l'Afrique**. 1894. 1 fort vol. in-8 avec 15 cartes en couleurs hors texte. 10 fr.
SOLOWEITSCHIK (Leonty). **Un prolétariat méconnu**, étude sur la situation sociale et économique des juifs. 1 vol. in-8. 1898. 2 fr. 50
SOREL (Albert) **Le Traité de Paris du 10 novembre 1815**. In-8. 4 fr. 50
SPIR (A.). **Esquisses de philosophie critique**. 1 vol. in-18. 2 fr. 50
— **Nouvelles études de philosophie critique**. In-8. 1899. 3 fr. 50
STOCQUART (Emile). **Le contrat de travail**. In-12. 1895. 3 fr.
STRADA (J.). **La loi de l'histoire**. 1 vol. in-8. 1894. 5 fr.
— **Jésus et l'ère de la science**. 1 vol. in-8. 1896. 5 fr.
— **Ultimum organum**, constit. scient. de la mét. générale. 2 v. in-12. 7 fr.
— **La Méthode générale**. 1 vol. in-12. 2 fr.
— **La religion de la science et de l'esprit pur**, constitution scientifique de la religion. 2 vol. in-8. 1897. Chacun séparément. 7 fr.
TERQUEM (A.). **Science romaine à l'époque d'Auguste**. in-8. 3 fr.
THURY. **Le chômage moderne**, causes et remèdes. 1 v. in-12. 1895. 2 fr. 50
TISSOT. **Principes de morale**. 1 vol. in-8. 6 fr (Voy. KANT, p. 10.)
ULLMO (L.). **Le Problème social**. 1897. 1 vol. in-8. 3 fr.
VACHEROT. **La Science et la Métaphysique**. 3 vol. in-18. 10 fr 50
VAN BIERVLIET (J.-J.). **Psychologie humaine**. 1 vol. in-8. 8 fr.
— **La Mémoire**. Br. in-8. 1893. 2 fr.
VIALLATE (A.). **Joseph Chamberlain**. 1 vol. in-12, préface de E. BOUTMY, de l'Institut. 1899. 2 fr. 50
VIALLET (C.-Paul). **Je pense, donc je suis**. Introduction à la méthode cartésienne. 1 vol. in-12. 1896. 2 fr. 50
VIGOUREUX (Ch.). **L'Avenir de l'Europe** au double point de vue de la politique de sentiment et de la politique d'intérêt. 1892. 1 vol. in-18. 3 fr. 50
WEIL (Denis). **Le Droit d'association et le Droit de réunion** devant les chambres et les tribunaux. 1893. 1 vol. in-12. 3 fr. 50
— **Les Élections législatives**. Histoire de la législation et des mœurs. 1 vol. in-18. 1895. 3 fr. 50
WUARIN (L.). **Le Contribuable**. 1 vol. in-16. 3 fr. 50
WULF (M. de). **Histoire de la philosophie scolastique dans les Pays-Bas et la principauté de Liège jusqu'à la Révol. franç**. In-8. 5 fr.
— **Sur l'esthétique de saint Thomas d'Aquin**. In-8. 1 fr. 50
— **La Philosophie médiévale**, précédée d'un *Aperçu sur la philosophie ancienne*. 1 vol. in-8. 1899. 7 fr. 50
ZIESING (Th.). **Érasme ou Salignac**. Étude sur la lettre de François Rabelais. 1 vol. gr. in-8. 4 fr.
ZOLLA (D.). **Les questions agricoles d'hier et d'aujourd'hui**. 1894, 1895. 2 vol. in-12. Chacun. 3 fr. 50

BIBLIOTHÈQUE UTILE

122 VOLUMES PARUS
Le volume de 192 pages, broché, 60 centimes.
Cartonné à l'anglaise, 1 fr.

La plupart des livres de cette collection ont été adoptés par le *Ministère de l'Instruction publique* pour les Bibliothèques des Lycées et Collèges de garçons et de jeunes filles, celles des Écoles normales, les Bibliothèques populaires et scolaires.

Les livres adoptés par la Commission consultative des Bibliothèques des Lycées sont marqués d'un astérisque.

HISTOIRE DE FRANCE

Les Mérovingiens, par Buchez.

Les Carlovingiens, par Buchez.

Les Luttes religieuses des premiers siècles, par J. Bastide. 4ᵉ édit.

Les Guerres de la Réforme, par J. Bastide. 4ᵉ édit.

La France au moyen âge, par F. Morin.

Jeanne d'Arc, par Fréd. Lock.

Décadence de la monarchie française, par Eug. Pelletan, sénateur. 4ᵉ édit.

La Révolution française, par H. Carnot (2 volumes).

La Défense nationale en 1792, par P. Gaffarel, professeur à la Faculté des lettres de Dijon.

Napoléon Iᵉʳ, par Jules Barni. 3ᵉ édit.

Histoire de la Restauration, par Fréd. Lock. 3ᵉ édit.

Histoire de Louis-Philippe, par Edgar Zevort, recteur de l'Académie de Caen. 2ᵉ édit.

Mœurs et Institutions de la France, par P. Bondois, prof. au lycée Buffon, 2 vol.

Léon Gambetta, par J. Reinach.

Histoire de l'armée française, par L. Bère.

Histoire de la marine française, par Doneaud, prof. à l'École navale, 2ᵉ édit.

Histoire de la conquête de l'Algérie, par Quesnel.

Les Origines de la guerre de 1870, par Ch. de Larivière.

Histoire de la littérature française, par Georges Meunier, agrégé de l'Université.

Histoire de l'Art ancien et moderne, par le même (avec grav.).

PAYS ÉTRANGERS

L'Espagne et le Portugal, par E. Raymond. 2ᵉ édition.

Histoire de l'Empire ottoman, par L. Collas. 2ᵉ édition.

Les Révolutions d'Angleterre, par Eug. Despois. 3ᵉ édition.

Histoire de la maison d'Autriche, par Ch. Rolland. 2ᵉ édition.

L'Europe contemporaine (1789-1879), par P. Bondois, prof. au lycée Buffon.

Histoire contemporaine de la Prusse, par Alfr. Doneaud.

Histoire contemporaine de l'Italie, par Félix Henneguy.

Histoire contemporaine de l'Angleterre, par A. Regnard.

HISTOIRE ANCIENNE

La Grèce ancienne, par L. Combes.

L'Asie occid. et l'Égypte, par A. Ott.

L'Inde et la Chine, par A. Ott.

Histoire romaine, par Creighton.

L'Antiquité romaine, par Wilkins.

L'Antiquité grecque, par Mahaffy.

GÉOGRAPHIE

Torrents, fleuves et canaux de la France, par H. Blerzy.

Les Colonies anglaises, par H. Blerzy.

Les Iles du Pacifique, par le capitaine de vaisseau Jouan (avec une carte).

Les Peuples de l'Afrique et de l'Amérique, par Girard de Rialle.

Les Peuples de l'Asie et de l'Europe, par Girard de Rialle.

L'Indo-Chine française, par Faque.

Géographie physique, par Geikie.

Continents et Océans, par Grove (avec figures).

Les Frontières de la France, par P. Gaffarel, prof. à la Faculté de Dijon.

L'Afrique française, par A. Joyeux.

Madagascar, par A. Milhaud, prof. agrégé d'histoire et de géographie (avec carte).

Les grands ports de commerce, par D. Bellet.

COSMOGRAPHIE

Les Entretiens de Fontenelle sur la pluralité des mondes, mis au courant de la science, par Boillot.

Le Soleil et les Étoiles, par le P. Secchi, Briot, Wolf et Delaunay. 2ᵉ édition (avec figures).

Les Phénomènes célestes, par Zurcher et Margollé.

A travers le ciel, par Amigues, proviseur du lycée de Toulon.

Origines et Fin des mondes, par Ch. Richard. 3ᵉ édition.

Notions d'astronomie, par L. Catalan. 4ᵉ édition (avec figures).

SCIENCES APPLIQUÉES

Le Génie de la science et de l'industrie, par B. Gastineau.
Causeries sur la mécanique, par Brothier. 2ᵉ édit.
Médecine populaire, par le Dʳ Turck. 7ᵉ édit., revue par le Dʳ L. Larrivé.
La Médecine des accidents, par le Dʳ Broquère.
Les Maladies épidémiques (Hygiène et Prévention), par le Dʳ L. Monin.
Hygiène générale, par le Dʳ Cruveilhier.
La tuberculose, son traitement hygiénique, par P. Merklen, interne des hôpitaux
Petit Dictionnaire des falsifications, par Dufour, pharmacien de 1ʳᵉ classe.
L'Hygiène de la cuisine, par le Dʳ Laumonier.
Les Mines de la France et de ses colonies, par P. Maigne.
Les Matières premières et leur emploi, par le Dʳ H. Genevoix, pharmacien de 1ʳᵉ cl.
Les Procédés industriels, du même.
La Photographie, par H. Gossin.
La Machine à vapeur, du même (avec figures).
La Navigation aérienne, par G. Dallet.
L'Agriculture française, par A. Larbalétrier, prof. d'agriculture (avec figures).
La Culture des plantes d'appartement, par A. Larbalétrier (avec figures).
La Viticulture nouvelle, par A. Berget.
Les Chemins de fer, p. G. Mayer (av. fig.).
Les grands ports maritimes de commerce, par D. Bellet (avec figures).

SCIENCES PHYSIQUES ET NATURELLES

Télescope et Microscope, par Zurcher et Margollé.
Les Phénomènes de l'atmosphère, par Zurcher. 7ᵉ édit.
Histoire de l'air, par Albert-Lévy.
Histoire de la terre, par Brothier.
Principaux faits de la chimie, par Bouant, prof. au lycée Charlemagne.
Les Phénomènes de la mer, par E. Margollé. 5ᵉ édit.
L'Homme préhistorique, par Zaborowski. 2ᵉ édit.
Les Mondes disparus, du même.
Les grands Singes, du même.
Histoire de l'eau, par Bouant, prof. au lycée Charlemagne (avec grav.).
Introduction à l'étude des sciences physiques, par Morand. 5ᵉ édit.
Le Darwinisme, par E. Ferrière.
Géologie, par Geikie (avec figures).
Les Migrations des animaux et le Pigeon voyageur, par Zaborowski. 4ᵉ éd.
Premières Notions sur les sciences, par Th. Huxley.
La Chasse et la Pêche des animaux marins, par Jouan.
Zoologie générale, par H. Beauregard.
Botanique générale, par E. Gérardin, (avec figures).
La Vie dans les mers, par H. Coupin.
Les Insectes nuisibles, par A. Acloque.

PHILOSOPHIE

La Vie éternelle, par Enfantin. 2ᵉ éd.
Voltaire et Rousseau, par E. Noel. 3ᵉ éd.
Histoire populaire de la philosophie, par L. Brothier. 3ᵉ édit.
La Philosophie zoologique, par Victor Meunier. 3ᵉ édit.
L'Origine du langage, par Zaborowski.
Physiologie de l'esprit, par Paulhan (avec figures).
L'Homme est-il libre? par G. Renard.
La Philosophie positive, par le docteur Robinet. 2ᵉ édition.

ENSEIGNEMENT. — ÉCONOMIE DOMESTIQUE

De l'Éducation, par H. Spencer. 8ᵉ édit.
La Statistique humaine de la France, par Jacques Bertillon.
Le Journal, par Hatin.
De l'Enseignement professionnel, par Corbon. 3ᵉ édit.
Les Délassements du travail, par Maurice Cristal. 2ᵉ édit.
Le Budget du foyer, par H. Leneveux.
Paris municipal, par H. Leneveux.
Histoire du travail manuel en France, par H. Leneveux.
L'Art et les Artistes en France, par Laurent Pichat, sénateur. 4ᵉ édit.
Premiers principes des beaux-arts, par J. Collier (avec gravures).
Économie politique, par Stanley Jevons.
Le Patriotisme à l'école, par Jourdy, colonel d'artillerie.
Histoire du libre-échange en Angleterre, par Mongredien.
Économie rurale et agricole, par Petit.
La Richesse et le Bonheur, par Ad. Coste.
Alcoolisme ou épargne, le dilemme social, par Ad. Coste.
L'Alcool et la lutte contre l'alcoolisme, par les Dʳˢ Sérieux et Mathieu.
Les plantes d'appartement, de fenêtres et de balcons, par A. Larbalétrier.
L'Assistance publique en France, par le Dʳ L. Larrivé.
La pratique des vins, par A. Berget.

DROIT

La Loi civile en France, par Morin. 3ᵉ édit.
La Justice criminelle en France, par G. Jourdan. 3ᵉ édit.

www.ingramcontent.com/pod-product-compliance
Lightning Source LLC
Chambersburg PA
CBHW050753170426
43202CB00013B/2413